PaperFIRST

by Il Fatto Quotidiano

© 2023 PaperFIRST by il Fatto Quotidiano
Edizione 1 – Anno 2023
Collana diretta da: Marco Lillo
Società Editoriale Il Fatto SpA
Redazione, Sede Legale: Via di Sant'Erasmo, 2 – 00184 Roma
www.ilfattoquotidiano.it

Marco
Travaglio

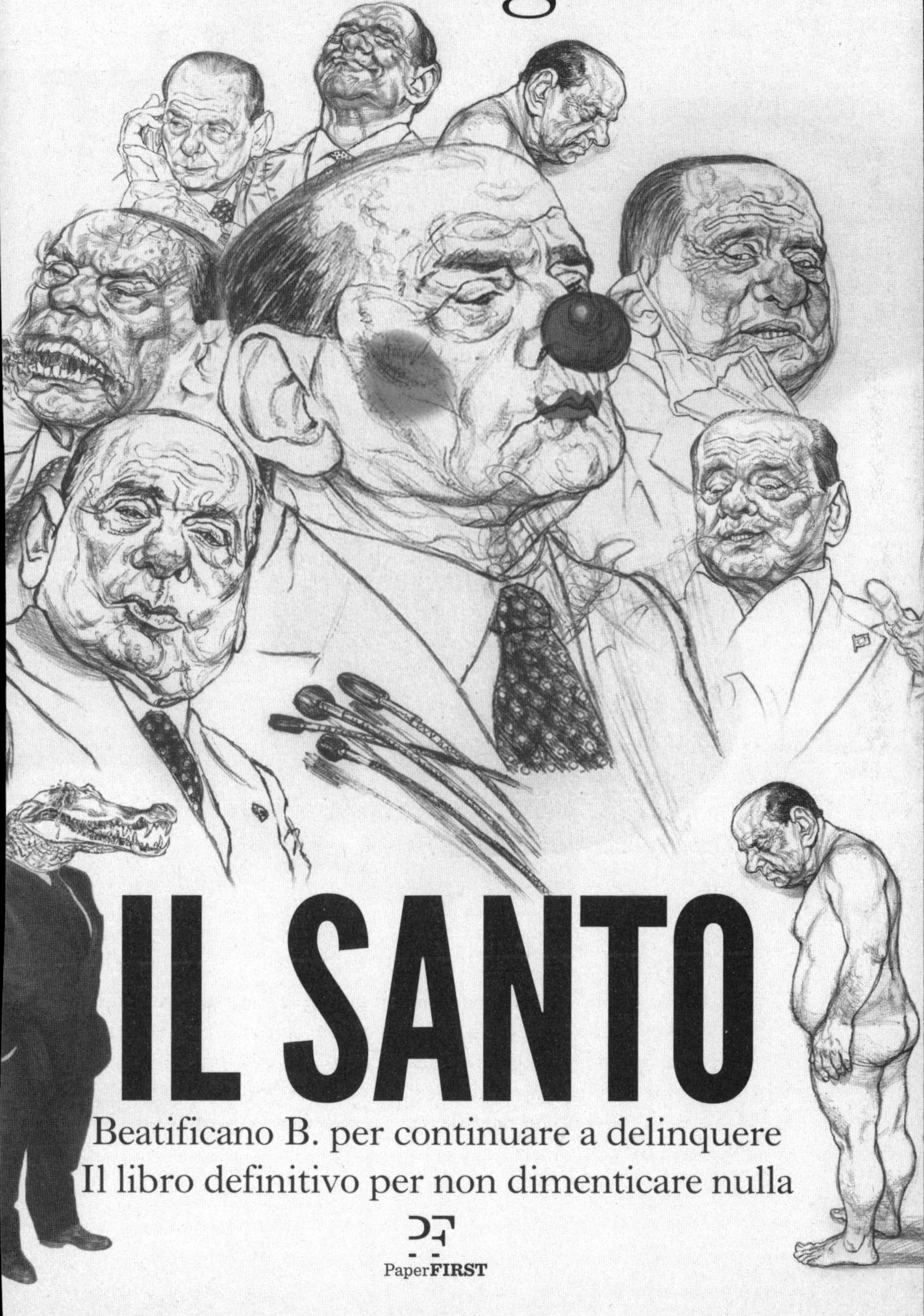

IL SANTO

Beatificano B. per continuare a delinquere

Il libro definitivo per non dimenticare nulla

PaperFIRST

A chi ha resistito, resistito, resistito.
E l'ha pagata cara.

“Nacque, nocque”
Mino Maccari

“È un mentitore professionale. Mente a tutti, sempre, anche a se stesso, al punto da credere alle sue stesse menzogne”
Indro Montanelli

“Se eleggi un clown, aspettati un circo”
Proverbio inglese

Introduzione

Avevo deciso di non scrivere più libri su Silvio Berlusconi. L'ultimo doveva essere *B. come Basta!*, come diceva il titolo stesso. Uscì durante la campagna elettorale del 2018, quando l'ex Cavaliere non si era neppure potuto candidare perché era ineleggibile a causa della sua condanna definitiva per frode fiscale. Però continuava a influenzare nefastamente la vita politica e anche le nostre con Forza Italia, le sue tv e i suoi giornali. Quel "basta" si rafforzò nel gennaio del 2022, quando mancò miseramente la corsa al Quirinale, a cui aveva fatto più di un pensierino. E non venne meno neppure nel settembre successivo, quando – scaduta la quarantena della legge Severino – il relitto tornò sul luogo del delitto – il Senato – da trionfatore, osannato da tutti i suoi simili, entusiasti di riavere con sé il Grande Ombrello sotto cui ripararsi con i loro traffici e il Grande Alibi con cui giustificare i loro delitti e misfatti, affari e malaffari, abusi di potere e conflitti d'interessi.

Ogni volta che le mani prudevano ed erano tentate di tornare a dedicargli qualcosa di più di un articolo, a dissuadermi provvedeva la dedica che la simpatica canaglia aveva scritto una decina di anni fa su un libro fotografico pesante mezzo quintale, *L'Università della Libertà*, portatomi in dono in un incontro privato dalla sua fidanzata di allora Francesca Pascale:

«A Marco Travaglio, con stima. Da un combattente per la libertà a un altro combattente per la libertà... ma su un fronte diverso. Per sempre? Chi lo sa?! Silvio Berlusconi».

Già, perché lo spietato epuratore che per vent'anni aveva tentato di rovinarmi la vita e di stroncarmi la carriera più volte, direttamente con denunce miliardarie e indirettamente creandomi il vuoto intorno attraverso editori, direttori e conduttori al suo servizio, era pure simpatico. Ci provava sempre. E il miglior modo per non cascarci era ignorarlo, dopo che avevo scritto ormai tutto di lui, o così almeno credevo.

Poi è morto. E tutto è cambiato. Non per l'indecenza del lutto nazionale e delle beatificazioni alla Camera e al Senato. Non per le pompe funebri dei suoi camerieri, impiegati, olgettine e olgettini *ad honorem*, servi sciocchi e furbi, cani da riporto e da compagnia, paraculi che si fanno chiamare «terzisti», patetici imitatori rignanesi da Bagaglino, false vedove e aspiranti eredi sparsi fra il Parlamento, le redazioni, i tg e i talk show, l'avvocatura associata, la cosiddetta intellighenzia di destra e anche un po' «de sinistra», tutti intenti a battere il feretro finché è caldo: quell'osceno avanspettacolo di servitù volontaria era scontato e forse dovuto, vista la quantità di soldi con cui il Santo aveva fatto tutti (o quasi tutti) ricchi. Non per le macchiette che già vogliono intitolargli aeroporti (Linate era il suo preferito, in caso di latitanza improvvisa), ponti, piazze, strade ("via Berlusconi" peraltro non sarebbe male), parchi, giardini, stadi (da San Siro a San Silvio?), astri, piste ciclabili, riforme della giustizia, rendendoci ridicoli all'estero quanto e più di quando c'era lui.

No, è stato quando un giornalista "indipendente" e pure "storico", Paolo Mieli, è andato in tv a scusarsi per aver fatto il suo mestiere dando una notizia vera, l'unico scoop che gli si ricordi: quello del suo *Corriere della Sera*, che il 21 novembre

1994 rivelò in anteprima (insieme ad *Avvenire*) l'invito a comparire inviato dalla Procura di Milano all'allora presidente del Consiglio per tre tangenti alla Guardia di finanza. Poi, non contento, si è molto doluto del fatto che i magistrati non l'avessero torchiato a dovere per fargli sputare il nome della sua fonte, che lui – in spregio alle più elementari regole della professione – avrebbe volentieri spiattellato, investigando sui turpi moventi della fuga di notizie. Quel tragicomico atto di pentimento, seguito dall'analogo *mea culpa* di uno dei due giornalisti che avevano firmato lo scoop, Goffredo Buccini (l'altro era Gianluca Di Feo), mi ha provocato uno sbocco di vergogna a nome della categoria a cui purtroppo appartengo. Vergogna raddoppiata quando Buccini, in un talk show, ha dato sulla voce a Gianni Barbacetto che ricordava i soldi di Berlusconi alla mafia: «A una certa sinistra manca la capacità di capire la dimensione emotiva del Paese. È una cosa demenziale, è come se quando muore Maradona tu dici "era amico dei Giuliano camorristi e pippava cocaina", vorrebbe dire non capire un accidente di calcio e del mondo». Come se Maradona fosse stato tre volte presidente del Consiglio.

Ma che Paese è – mi dissi – quello in cui due giornalisti di quel peso fanno uno scoop e, anziché vantarsene come farebbero i colleghi americani, che concorrerebbero al premio Pulitzer, se ne pentono a favore di telecamera? E, quel che è peggio, senza che nessun collega, magari l'attuale direttore del *Corriere*, salti su per domandare: «Ma che state dicendo? Ma siete impazziti? Ma che mestiere credete di fare?».

Ecco, in quel preciso istante ho raccolto tutto il materiale archiviato in quasi trent'anni e ho deciso di metterlo a disposizione dei lettori per un libro davvero definitivo. Non per sfregiare il Berlusconi morto: pace all'anima sua, ha finito di scappare, lascia un grande vuoto soprattutto nei tribunali e nelle casse dell'erario. Ma per fermare i berluschini vivi, che sono – se possibile – infinitamente peggiori di lui. Cioè per aiutare chi ha vissuto questi eventi ma non può ricordarli tutti e chi non li ha vissuti se non nella fase crepuscolare a conservarne memoria. Che poi è l'unico modo per capire perché sono accaduti, perché tanti si affannano a farceli dimenticare e che cosa possiamo fare per evitare che si ripetano.

Altro che progetto di ibernazione, come qualcuno sospettava alla vista del poderoso gruppo elettrogeno montato nel mausoleo di Arcore: qui il vero pericolo è la clonazione. Se è vero, come diceva Karl Marx, che le tragedie della storia si ripetono sempre in forma di farsa, abbiamo come il sospetto che valga anche l'opposto: e cioè che la farsa berlusconiana possa ripetersi in forma di tragedia, anche se non riusciamo ancora a immaginarla. L'antipasto ce l'ha servito il governo di Giorgia Meloni, che avrebbe potuto seppellire il berlusconismo insieme al suo creatore, da cui giurava di non essere «ricattabile». E invece ha deciso di perpetuarlo fin da subito, come se non bastassero i 12 condoni fiscali appena varati nella legge di Bilancio. Mentre il Parlamento avviava la causa di canonizzazione del Santo e un simbolo di legalità come Piercamillo Davigo veniva condannato in primo grado per violazione di un segreto di Pulcinella, il cosiddetto ministro della Giustizia Carlo Nordio dedicava al caro estinto la sua prima schiforma: quella che impone di avvertire gli arrestandi con cinque giorni d'anticipo e depenalizza il più odioso e subdolo dei reati del potere contro i cittadini, l'abuso in atti d'ufficio, legalizzando i favoritismi, le raccomandazioni e le scorciatoie giusto in tempo per arraffare la cascata di miliardi del Pnrr e dirottarla nelle solite mani (mani trasversali, visto che pure i sindaci del Pd, anch'esso ormai irrimediabilmente berlusconizzato, se le spellano per applaudire il Guardagingilli). Dal conflitto d'interessi personale all'impunità di gregge. Dalle leggi *ad personam* alle leggi *ad personas*. Non più per un Berlusconi solo, ma per tanti berluscloni.

A ben guardare, gli autodafé dei pochi giornalisti che in passato facevano il loro mestiere, così come le riabilitazioni trasversali dalla cosiddetta destra legalitaria alla presunta sinistra, è tutt'altro che casuale. È funzionale al sogno dell'establishment, che per noi cittadini è un incubo, di perpetuare il berlusconismo senza Berlusconi. E anche di evitare che, saltato il tappo, qualche boss di Cosa Nostra sepolto al 41-bis, persa ogni residua speranza di uscire con una legge *ad mafiam*, decida finalmente di dire la verità sui mandanti esterni delle stragi del 1992-94 e sulla retrostante trattativa con lo Stato. Lo scoop del *Corriere* sull'indagine per le mazzette alla Guardia di finanza riguarda la quintessenza del berlusconismo con Berlusconi: il peccato originale da cui il cosiddetto Cavaliere è fuggito per quasi mezzo secolo, nel terrore di esserne raggiunto.

Nel 1974, insieme a Marcello Dell'Utri, aveva stretto un patto di ferro con Cosa Nostra quand'era solo un palazzinaro parvenu. E pochi mesi dopo aveva lanciato la scalata al sistema televisivo, grazie alle protezioni della loggia deviata P2 e della politica marcia dei vari Craxi e Andreotti. Due imprese che richiedevano molti soldi, non solo per costruire città-satellite e per acquistare antenne ed emittenti, ma anche per pagare i protettori, mafiosi e politici. E poi per comprarsi i poteri di controllo che avrebbero potuto scoprirlo e fermarlo – la Guardia di finanza e la magistratura – e il silenzio dei testimoni e dei complici che avevano visto, saputo o collaborato con lui a violare le leggi. Soldi in nero, ovviamente. Meglio se all'estero, parcheggiati in società occulte ai bilanci del suo gruppo e nascoste in paradisi fiscali. Ecco la minaccia che gli si materializzò dinanzi agli occhi quel giorno del 21 novembre 1994, quando i carabinieri inviati dal procuratore di Milano Francesco Saverio Borrelli gli notificarono l'invito a comparire per quelle tre tangentine (che ben presto sarebbero diventate quattro) allungate dai suoi manager con i suoi soldi a un pugno di finanzieri per addomesticare gli accertamenti fiscali nelle sue società.

La quarta mazzetta era stata pagata per addomesticare un'ispezione a Telepiù, la pay tv che lui controllava al 100% tramite prestanome pagati da lui perché la legge gli vietava di superare il 10. La sanzione, in caso di violazione, era la revoca di tutte le concessioni televisive, quelle di Canale 5, di Rete4 e di Italia 1. Con tutto quello che gli erano costate, tra i due decreti Craxi del 1984 (lautamente «contraccambiati», come lui stesso promise in una lettera all'allora premier socialista che abbiamo rintracciato negli archivi parlamentari e pubblichiamo in Appendice) e la legge Mammì del 1990. Sarebbe stata la fine del suo impero televisivo, proprio quando quel formidabile propulsore di consensi l'aveva catapultato ai vertici delle istituzioni. Proprio quando non doveva più servire e pagare i politici perché le leggi su misura se le faceva da solo, gratis. Quelle quattro mazzettine, che insieme non arrivavano al mezzo miliardo di lire, potevano diventare la classica pietruzza che innesca la slavina e fa crollare tutto il castello di carte. Bastava un'ispezione seria sui conti del suo gruppo e sarebbero saltate fuori le centinaia di miliardi di fondi neri all'estero, usati per pagare premier, ministri, parlamentari, giudici, finanzieri, testimoni, correi, pali, prestanomi per scalate illegali in Italia e oltre confine, e pure Cosa Nostra. Sarebbe stato il *game over*, proprio quando il gioco sembrava appena cominciato. E tutti i fatti sono stati confermati da sentenze definitive (quelle che hanno condannato i finanzieri corrotti e i manager Fininvest corruttori, salvo Berlusconi, assolto per insufficienza di prove). Altro che pentirsi per averli raccontati in anteprima.

Quel che accade il 21 novembre 1994 concentra in un sol giorno e anticipa la storia dei 29 anni successivi, trascorsi dal Santo a scappare sempre più velocemente e spudoratamente da un passato che gli ghermisce le caviglie. Ecco allora le 60 leggi *ad personam* e *ad aziendam*, le nuove corruzioni di senatori e di testimoni (e poi di escort, anche minorenni, visto l'uso smodato e intensivo che ne faceva al tramonto della sua carriera di maschio latino), i soldi ai complici perché vadano in galera al posto suo e si cuciano la bocca (la famosa «giustizia eterologa»), gli impedimenti parlamentari suoi e dei suoi onorevoli avvocati per allontanare l'amaro calice delle sentenze. Il tutto con la complicità delle cosiddette opposizioni e di vasti settori della magistratura giudicante, che non solo non hanno mai pensato di perseguitarlo, ma anzi hanno sempre cercato ogni trucco e cavillo per salvarlo. Intanto le promesse elettorali si susseguivano sempre più mirabolanti, regolarmente tradite da un premier troppo impegnato a farsi gli affari suoi per occuparsi dei nostri. Tant'è che oggi nessuno, neppure fra i tifosi più sfegatati, è in grado di citare una sola sua riforma che abbia migliorato la vita di qualcun altro all'infuori di lui.

Chi cercasse una metafora di questa "storia italiana", per farla capire ai propri figli e metterli in guardia dal rischio del contagio, potrebbe trarla dal mondo del calcio. Immaginate il presidente di una squadra che vince sempre perché scende in campo con 13 giocatori che segnano i gol con le mani. Si compra l'arbitro per convalidare il tutto. Trucca i filmati del Var per non lasciare tracce. Acquista le reti televisive perché non li trasmettano e i giornali sportivi perché tacciano e dicano che ha vinto con merito. Fa cacciare i cronisti che minacciano di dire la verità. Corrompe i giudici sportivi perché non lo squalifichino e, nel caso qualcuno non sia corruttibile, cambia le regole sportive per legalizzare *ex post* i gol con le mani e le partite giocate in 13 contro 11, ma solo per la sua squadra. Quelle avversarie, ricoperte d'oro e invitate nelle sue tv per farsi fregare in silenzio, lo invidiano e vorrebbero fare come lui, infatti invitano i tifosi a "dialogare" con lui ed evitare la tentazione di "demonizzarlo". Il pubblico pagante vede tutto e sulle prime si indigna, ma poi si rassegna e alla fine comincia a tifare in massa per la squadra che vince sempre col trucco. Alla fine, quando il presidente muore, viene osannato dai tifosi della sua squadra e anche da quelli avversari perché, nonostante tutto, era un vincente: il più bravo di tutti. E chi obietta che era un mascalzone e che a vincere così sono buoni tutti viene sbeffeggiato: zitto tu, che sei "ossessionato" e hai fatto i soldi parlandone male.

Non tutta l'Italia, per fortuna, rientra nella corte dei miracoli e dei miracolati del Santo. Anzi, a giudicare dagli ascolti miserevoli delle telepompe funebri, si direbbe che siano la stragrande maggioranza gli italiani che si sono astenuti – in parte indifferenti, in parte schifati – da quel rito triste e umiliante, ma ristretto alle classi dirigenti (o digerenti), che beatificano lo "statista" morto per legittimare i propri vivissimi misfatti passati, presenti e futuri: il Grande Lavacro del "liberi tutti". Questo libro è rivolto a tutti loro. Certo, negli anni d'oro del berlusconismo ruggente e arrembante non furono molti quelli che osarono esporsi alla ridicola taccia di "antiberlusconiani" e uscire dalla *comfort zone* per chiamare il Santo col suo vero nome, mentre i loro colleghi se ne stavano a cuccia e a fine mese andavano a ritirare la paghetta o si accontentavano di non perdere il posto. Ma non furono neppure pochi. E pagarono prezzi altissimi: altro che "guadagnarci", come narra la leggenda nera diffusa dalla sua fabbrica di menzogne. Troverete tutti i loro nomi, nelle pagine di questo libro. Che è dedicato a loro e a tutti quelli che vogliono ricordare per non ricascarci.

Mentre lo scrivevo, mi rendevo conto che in un qualunque altro Paese sarebbe bastata una sola fra le migliaia di vergogne che il Santo ha inanellato fino al 12 giugno 2023 per stroncare la carriera di un politico. In Italia, per lui, non sono bastate neppure tutte le sue. È questa devastazione culturale e istituzionale che oggi, dopo la sua dipartita, dovrebbe preoccuparci: non ciò che ha fatto, ma che abbia potuto farlo perché tutti glielo lasciavano fare. E quei tutti, diversamente da lui, sono vivi. Pronti a lasciar fare chi vuol fare come lui. Come disse Ettore Petrolini al loggionista disturbatore: «Io non ce l'ho con te, ma con quelli che ti stanno vicino e non ti hanno ancora buttato di sotto».

M. T.

La vita. *Una scoria italiana*

1936, 29 settembre. Silvio nasce a Milano, figlio primogenito di Luigi Berlusconi e Rosa Bossi. Il padre è funzionario alla Banca Rasini, di cui diventerà direttore generale e che verrà indicata da Michele Sindona come un punto d'appoggio di Cosa Nostra al Nord per il riciclaggio del denaro sporco. La madre, già stenodattilografa alla Pirelli, è casalinga. Dopo di lui nasceranno Maria Antonietta (1943) e Paolo (1949). Al liceo classico salesiano Copernico, Silvio va forte in italiano, latino e greco. I primi soldi li guadagna vendendo i temi in classe ai compagni. Ama cantare e veste elegante. È tifoso dell'Inter e gioca a pallone da centravanti, ma non passa mai la palla, meritandosi il soprannome di "Venezia".

1954. Prende la maturità classica e si iscrive all'Università Statale, facoltà di Giurisprudenza. A tempo perso, vende spazzole elettriche porta a porta, fa il fotografo ai matrimoni e ai funerali, suona il basso e canta nella band dell'amico d'infanzia Fedele Confalonieri, anche sulle navi da crociera della compagnia Achille Lauro. Anni dopo racconterà: «La mia carriera canora è cominciata con una tournée in Libano (ma, dalle accurate ricerche del suo biografo Giuseppe Fiori, non risulta che sia mai stato in Libano); «Al Gardenia di Milano, come poi sarebbe avvenuto a Parigi, dopo aver cantato, mi buttavo in pista per ballare con le bionde» (ma non risulta che abbia mai suonato a Parigi); «Ho studiato due anni a Parigi, alla Sorbona, e per mantenermi dovevo suonare e cantare nei locali della capitale» (ma non risulta che abbia mai studiato alla Sorbona); «A Parigi facevo il canottaggio ed ero campione italiano studentesco con il Cus di Milano» (ma esistono seri dubbi anche sui suoi titoli sportivi conquistati in canoa).

1957. Lavora saltuariamente nell'impresa edile Immobiliare Costruzioni e intanto dà esami all'università, dove conosce un giovane studente palermitano di quattro anni più giovane: Marcello Dell'Utri, che per qualche tempo gli fa da segretario.

1961. Si laurea in legge con 110 e lode con una tesi su "Il contratto di pubblicità per inserzione". E vince una borsa di studio di 2 milioni di lire messa in palio dalla concessionaria Manzoni. Evita, non si sa come, il servizio militare. E si dà all'edilizia, acquistando per 100 milioni un terreno in via Alciati, grazie alla fideiussione fornitagli in garanzia dal banchiere Carlo Rasini, datore di lavoro del padre, che gli procura anche un socio: il costruttore Pietro Canali, cliente della Rasini. Nasce così la Cantieri Riuniti Milanesi.

Il palazzinaro

1963. Fonda la Edilnord Sas: soci accomandanti Carlo Rasini e il commercialista svizzero Carlo Rezzonico (a nome della misteriosa finanziaria luganese Finanzierungesellshaft fur Residenzen Ag). Berlusconi risulta soltanto «socio di opera».

1964. Apre un cantiere a Brugherio per edificare una città-modello da 4 mila abitanti.

1965. Il primo condominio è pronto, ma Berlusconi non riesce a vendere neppure un appartamento. Finché, non si sa come né perché, lo stabile viene acquistato dal Fondo di previdenza dei dirigenti commerciali. Silvio sposa la spezzina Carla Elvira Dall'Oglio, che dirà di aver conosciuto per caso alla fermata dell'autobus davanti alla Stazione Centrale di Milano, restandone folgorato. Carla gli darà due figli: Maria Elvira detta Marina (1966) e Pier Silvio detto Dudi (1969).

1968. La Edilnord acquista per appena 3 miliardi di lire 700 mila metri quadrati di terreni nel comune di Segrate, dove Berlusconi intende edificare la gigantesca città-satellite "Milano 2". L'operazione è resa possibile dalla complicità di un giovane e potente sacerdote-affarista veronese: don Luigi Verzé, che dal 1961 progetta la costruzione della clinica privata San Raffaele su terreni acquistati a Parco Lambro, ma nel 1964 è stato sospeso *a divinis* dalla Curia milanese per la sua spregiudicatezza. Berlusconi gli regala 46 mila metri quadri dei terreni di Segrate, che per altro valgono quasi zero, visto che lì a due passi c'è l'aeroporto di Linate e, a ogni ora del giorno e della notte, decollano e atterrano gli aerei. Proprio per la rumorosità della zona, è stata appena bloccata la costruzione del Nuovo Policlinico. Ma don Verzé avvia ugualmente i lavori per il San Raffaele, grazie a un mutuo agevolato di 600 milioni di lire e al riconoscimento ministeriale alla futura clinica dello status di "Istituto di ricovero e di cura a carattere scientifico". Arriva a stipulare anche una strana convenzione con l'Università di Milano. Peccato che manchi la licenza edilizia e dunque i lavori siano abusivi.

1969. L'operazione Brugherio è ultimata con mille appartamenti venduti.

1972. La prima Edilnord viene messa in liquidazione ed entra in scena la Edilnord Centri Residenziali di Lidia Borsani & C. La Borsani, cugina di Berlusconi, è socia accomandataria. Accomandante è un'altra misteriosa finanziaria svizzera luganese, l'Aktiengesellschaft fur Immobilienlagen in Residenzzentren Ag, che fornisce il capitale iniziale.

1973. Berlusconi e don Verzé, spalleggiati da fantomatici "comitati anti-rumore" creati *ad hoc*, presentano una petizione al ministero dei Trasporti perché dirotti altrove i voli degli aerei in partenza e in arrivo a Linate, per non disturbare gli abitanti di Milano 2 e soprattutto i ricoverati del San Raffaele. Che però sono ancora quattro gatti: sia Milano 2 sia il San Raffaele sono in costruzione. Ma basta ungere le ruote, anzi le ali giuste e il ministero si porta avanti col lavoro. Nel 1972 Civilavia sposta le rotte aeree verso il comune di Segrate, che invece è abitato da 200 mila persone da ben prima che nascesse l'aeroporto. Don Verzé verrà condannato per istigazione alla corruzione di alcuni politici lombardi: la sentenza collegherà il dirottamento dei voli alle sue «pressioni illecite, non esclusa la corruzione, sulle competenti autorità locali e centrali». Così migliaia di cittadini da un giorno all'altro si vedono piovere sul capo gli aerei, per proteggere la tranquillità di quelli di Milano 2 e del San Raffaele (che praticamente non esistono). Per mascherare quella decisione *ad personam*, vengono falsificate le carte di volo dei piloti Alitalia: Milano 2 diventa una grande chiazza nera di 700 mila metri quadri con una grande "H" (Hospital), come se la lussuosa città residenziale di Berlusconi fosse tutta San Raffaele. Una gigantesca No fly zone per non svegliare gli inesistenti malati. Così i prezzi dei terreni e delle case di Milano 2 raddoppiano: da 200 a 400 mila lire al metro quadro. Nel 1974 il pretore di Monza Nicola Magrone condannerà il direttore generale di Civilavia Paolo Moci per disturbo della quiete pubblica nei comuni danneggiati e definirà il San Raffaele «ospedale dai connotati molto ambigui».

Intanto nel 1973 Berlusconi fonda la Italcantieri Srl, grazie ad altre due misteriose fiduciarie ticinesi: la Cofigen (legata al finanziere Tito Tettamanti) e la Eti AG Holding (amministrata dal finanziere Ercole Doninelli). E acquista una mega-residenza con un immenso parco in Brianza, ad Arcore. È villa San

Martino, di proprietà della famiglia Casati Stampa, protagonista nel 1970 di un tragico fatto di cronaca nera: durante un gioco erotico in veste di guardone, il marchese Camillo Casati Stampa ha perso la testa e ha ucciso nella sua casa romana la moglie Anna Fallarino e il suo giovane amante Massimo Minorenti, per poi togliersi la vita. La villa di Arcore e altre proprietà passano in eredità alla figlia del marchese, Annamaria Casati Stampa, ancora minorenne. La ragazza è assistita da un giovane protutore di nome Cesare Previti, un avvocato civilista missino di origini calabresi, figlio di Umberto Previti, amministratore-prestanome della società berlusconiana Immobiliare Idra. Grazie ai suoi buoni uffici (e al suo conflitto d'interessi), la marchesina minorenne viene indotta a cedere all'amico di Previti, cioè a Berlusconi, la settecentesca villa San Martino, vasta 3.500 metri quadrati, con dipinti d'autore, biblioteca di volumi antichi, parco di un milione di metri quadri, campi da tennis, maneggio, scuderie, due piscine, cascina e tenuta agricola per un totale di 2,5 milioni di metri quadri. Una favolosa proprietà dal valore inestimabile che Berlusconi paga circa un prezzo irrisorio: 500 milioni di lire dell'epoca. E, per giunta, non in denaro frusciante, ma in azioni di alcune società immobiliari non quotate in Borsa. Così, quando la ragazza si trasferisce in Brasile e tenta di monetizzare i titoli, si ritrova in mano una carrettata di carta straccia. A quel punto Berlusconi le offre di ricomprare le azioni, ma alla metà del prezzo inizialmente pattuito. E infine sborsa la miseria di 250 milioni in contanti. Pochi anni dopo, la stessa proprietà diventerà la garanzia per un finanziamento di 7 miliardi e 600 milioni accordato a Silvio da Cariplo e Monte dei Paschi. Una sentenza del Tribunale di Roma, nel 2000, assolverà il giornalista Giovanni Ruggeri, che ha raccontato il clamoroso raggiro nel libro *Gli affari del presidente* (Kaos, 1994).

In un condominio della nascente Milano 2 inizia le trasmissioni via cavo Telemilano 58, che nel 1978 passerà sull'etere con il nome di Canale 5.

1974. Berlusconi si trasferisce con la famiglia a villa San Martino. E chiama in servizio Dell'Utri, che nel frattempo è tornato a Palermo e s'è messo a lavorare in banca alla Sicilcassa, perché si ristabilisca a Milano e gli faccia da segretario e da amministratore-prestanome della Immobiliare San Martino, fondata grazie a due fiduciarie della Bnl: Servizio Italia e Saf. Marcello fa di più. Siccome Silvio teme i sequestri di persona, il 7 luglio gli ingaggia un guardaspalle di tutto rispetto: il cosiddetto "stalliere" o "fattore" Vittorio Mangano, giovane e promettente mafioso della famiglia palermitana di Porta Nuova (guidata da Pippo Calò), raccomandato dall'amico del cuore Gaetano Cinà (mafioso anche lui) e presunto esperto di cavalli (peraltro assenti, all'epoca, nella tenuta di Arcore). Mangano ha appena 34 anni, ma è già noto alle cronache giudiziarie e alle forze di Polizia per tre arresti e varie denunce, processi e condanne. Diffidato nel 1967 come «persona pericolosa», poi indagato per reati che vanno dalla ricettazione alla tentata estorsione, Mangano è stato fermato nel 1972 in auto con un mafioso trafficante di droga. Secondo i Carabinieri di Arcore, «Dell'Utri ha chiamato Mangano pur essendo perfettamente a conoscenza del suo poco corretto passato». La sentenza definitiva della Cassazione che condannerà Dell'Utri a 7 anni per concorso esterno in associazione mafiosa accerterà che l'ingaggio di Mangano è stato suggellato da un incontro organizzato da Dell'Utri a Milano, in Foro Buonaparte, nel maggio del 1974, con Berlusconi, Cinà e i boss Stefano Bontate (capo di Cosa Nostra), Mimmo Teresi e Francesco Di Carlo (poi pentito): un summit coronato da promesse di reciproca «messa a disposizione». Infatti, da quel momento, Mangano si insedia a villa San Martino con la moglie, i due figli e la suocera, occupandosi della sicurezza dei padroni di casa, accompagnando a scuola Marina e Pier Silvio, scortando Silvio in giro per Milano e la moglie Carla a fare la spesa. Berlusconi inizia a versare ogni sei mesi somme sempre più consistenti di denaro a Cosa Nostra, almeno fino al 1994.

La sera del 7 dicembre 1974, nella villa, si tiene una festa in onore del suo caro amico Luigi D'Angerio, sedicente "principe di Sant'Agata": appena esce dal cancello a notte fonda, il finto principe viene sequestrato da una banda di malavitosi che però – a causa della nebbia – vanno a sbattere con l'auto contro un albero. L'ostaggio fugge e denuncia il fatto ai Carabinieri. Questi indagano, sospettano che il basista del rapimento sia proprio Mangano e avvertono Berlusconi. Il quale non fa una piega e, come se nulla fosse accaduto, si tiene in casa lo "stalliere" mafioso per altri due anni.

1975. Le fiduciarie della Bnl Servizio Italia e Saf danno vita alla Fininvest. Nascono anche la Edilnord e la Milano 2. Ma Berlusconi non compare mai in alcuna delle sue società. Dal 1968 è inabissato e schermato da una miriade di prestanome: casalinghe, notai, ragionieri, commercialisti, elettricisti, perfino un cecoslovacco di 90 anni colpito da ictus e paralizzato in carrozzella, e un cugino del boss mafioso Tommaso Buscetta. Fa eccezione la Italcantieri, di cui Silvio diventa presidente nel 1975. Intanto Mangano viene arrestato due volte dai Carabinieri, che vanno a prelevarlo a casa di Berlusconi per condurlo in carcere a scontare condanne definitive per truffa, porto abusivo di coltello e ricettazione (Paolo Borsellino, nella celebre intervista rilasciata a due giornalisti francesi nel maggio 1992, poco prima di morire, racconterà che all'epoca Mangano era la «testa di ponte della mafia al Nord» ed era pure specializzato nel racket delle cliniche private: ai primari che non pagavano il pizzo, era solito recapitare teste di cane o di cavallo mozzate, come nella famosa scena de *Il padrino*). Ma entrambe le volte, appena uscito dal carcere, lo "stalliere" viene riaccolto in villa da Silvio e Marcello a braccia aperte, come se nulla fosse. Il 26 maggio esplode una bomba che devasta il portone di via Rovani 2, sede milanese della Fininvest e seconda residenza di Berlusconi. Il quale si guarda bene dal denunciare l'attentato, "firmato" da una croce nera sullo stipite. In una telefonata del 1986, ricostruendo il fattaccio, Confalonieri ricorderà che il sospettato numero uno era Mangano. Che però, fra una bomba e un arresto, rimane indisturbato a gestire la sicurezza di Berlusconi & C. A domicilio.

1976. Fra ottobre (secondo la Questura di Milano) e dicembre (secondo altre fonti), Mangano lascia villa San Martino ad Arcore e si trasferisce a Milano, all'hotel Duca di York. Lì si mette in proprio e continua a gestire il traffico di droga e il riciclaggio del denaro sporco. «L'abbiamo allontanato per le voci su di lui», dirà Berlusconi. «Me ne sono andato io e ho dovuto pure insistere, perché Dell'Utri e Confalonieri volevano che restassi», ribatterà il mafioso. Sia come sia, non è alla sua fedina penale, già peraltro nota al suo arrivo, che si deve l'allontanamento. Bensì, come testimonierà lui stesso, all'articolo di un giornale locale sulla sua ingombrante presenza accanto al rampante palazzinaro milanese, che lo induce a levarlo dall'imbarazzo e soprattutto a sottrarre se stesso dalla luce dei riflettori. Infatti Berlusconi continua a stimarlo. E Dell'Utri a frequentarlo: il 24 ottobre Marcello e Vittorio partecipano al pranzo di compleanno del boss catanese Antonino Calderone, salito a Milano per festeggiare i suoi primi 40 anni al ristorante Le Colline Pistoiesi, insieme a vari picciotti in trasferta al Nord, come Nino e Gaetano Grado. Per precauzione, il Cavaliere si trasferisce per qualche mese con la famiglia in Svizzera. E poi in Spagna.

Nell'autunno dello stesso anno, finanzia con 100 milioni di lire una scissione dal Movimento Sociale Italiano-Destra Nazionale di Giorgio Almirante: quella del partitino Democrazia Nazionale. Lo racconterà nel 2011 il leader di Dn Raffaele Delfino in una lettera a Giovanni Pellegrino, presidente della commissione parlamentare Stragi, smentendo la versione di Giulio Andreotti, che aveva attribuito l'operazione alla regia di Amintore Fanfani e Benigno Zaccagnini. Invece Delfino rivelerà che la scissione era di marca andreottiana: serviva a rendere più «moderati» e «presentabili», quindi spendibili, i voti di una parte dell'estrema destra per le alleanze e i giochi di palazzo negli anni del compromesso storico Dc-Pci. E la finanziò Berlusconi, allora «non conosciuto imprenditore», anticipando di quasi vent'anni la svolta di Gianfranco Fini. Delfino va a trovarlo ad Arcore insieme al comune amico Giannetto Borromeo D'Adda, tesoriere di Dn: «Silvio ci portò in una mansarda: il suo pensatoio. Condivise il nostro progetto politico per trasformare il Msi in una destra democratica e ci indicò come suo referente nella Dc Roberto Mazzotta, all'epoca vicesegretario nazionale della Dc. Lo incontrammo. La cifra del prestito era di 100 milioni». Quando poi il nuovo partito riceve la sua quota di finanziamento pubblico, Delfino gli restituisce la somma: «Silvio, sorpreso, ci disse: "È la prima volta che degli uomini politici mi restituiscono soldi"...».

Sua Emittenza

1977. Dopo Mangano, anche Dell'Utri lascia Berlusconi: racconterà che aspirava a diventare dirigente nel gruppo del Biscione, ma Silvio non lo riteneva capace, così pensò di «prendersi un anno sabbatico per approfondire gli studi di teologia» (è da sempre vicino all'Opus Dei). Poi però opta per una missione più prosaica: va a lavorare per un amico di Cinà, Filippo Alberto Rapisarda, anche lui legato a mafiosi doc come Vito Ciancimino e il clan Cuntrera-Caruana (leader mondiale del traffico di droga fra Italia e Sudamerica). Rapisarda lo nomina amministratore delegato della Bresciano Costruzioni e ingaggia anche il suo fratello gemello, Alberto, come ad della Venchi Unica. In pochi mesi i due fratelli Dell'Utri fanno bancarotta fraudolenta all'unisono con le rispettive società: fallite sia la Bresciano sia la Venchi. Alberto finisce in galera a Torino, mentre Marcello resta a piede libero, ma perde il lavoro. Rapisarda fugge in Venezuela, ospite dei Cuntrera-Caruana, con documenti falsi a nome di Alberto Dell'Utri. Poi trasloca a Parigi. Lì Marcello si reca a trovarlo e, non sapendo come pagare l'affitto del proprio appartamento milanese, s'imbuca nella bella casa lasciata vuota da Rapisarda in via Chiaravalle. Intanto il presidente della Repubblica Giovanni Leone nomina Silvio Berlusconi Cavaliere del Lavoro. E lui, poco dopo, acquista il 12 per cento dell'editrice de *Il Giornale*, fondato nel 1974 da Indro Montanelli, di cui negli anni seguenti assumerà il controllo di maggioranza.

In autunno strappa Mike Bongiorno alla Rai e lo porta a Telemilano 58, in procinto di passare dal cavo all'etere, con un contratto da favola. «Alla Rai – racconterà Mike – in un anno mi davano più o meno 26 milioni di lire lorde. Silvio mi guarda e improvvisamente mi fa: "Io avrei pensato a seicento". Chiedo io: "Seicento che?". E lui: "Milioni, ovviamente". Ero così incredulo che gli chiesi ancora: "Oddio, per quanti anni di contratto?". Mi fa: "Per un solo anno, ovvio. Ma poi potrai arrotondare con le televendite e con gli sponsor"». L'operazione Canale 5 è pronta. La squadra dei pionieri, oltre a Berlusconi, a Confalonieri e a Bongiorno, è formata da Sandro Parenzo, Davide Rampello, Carlo Bernasconi, Urbano Cairo, Romano Comincioli, Daniele Lorenzano e Giorgio Medail.

1975-1983. In otto anni, nelle 24 (poi salite a 37) Holding Italiana che controllano la Fininvest affluiscono 113 miliardi di lire dell'epoca (circa 300 milioni di euro) di provenienza misteriosa, in parte addirittura in contanti. Berlusconi non svelerà mai l'identità degli anonimi donatori. Il consulente tecnico di Dell'Utri, il professor Paolo Iovenitti dell'Università Bocconi, dovrà ammettere al processo per mafia che alcuni di quei finanziamenti sono inspiegabili e «potenzialmente non trasparenti». Rapisarda, Massimo Ciancimino e diversi pentiti racconteranno che in quel periodo Bontate e altri boss (compreso Michele Graviano, padre dei futuri stragisti Filippo e Giuseppe) diventano soci del gruppo Fininvest, investendovi grossi capitali mafiosi. Queste accuse, suffragate anche dalle recenti dichiarazioni di Giuseppe Graviano, sono ancora al vaglio della Procura di Firenze nell'inchiesta sui mandanti esterni delle stragi del 1993-94. Negli stessi anni, in parallelo, danno la scalata al potere due amici e sodali del neo Cavaliere: Licio Gelli, maestro venerabile della loggia deviata e occulta Propaganda 2, e Bettino Craxi, segretario del Psi dal 1976.

1978. Il 26 gennaio, presentato tempo prima a Gelli dall'amico giornalista Roberto Gervaso, Berlusconi viene affiliato alla loggia P2 con la tessera numero 1816 e il grado massonico di "apprendista muratore". Di lì a poco inizia a ricevere crediti oltre ogni normalità dal Monte dei Paschi e dalla Bnl (due banche che hanno ai vertici alcuni uomini-chiave affiliati alla P2). E prende a collaborare, come commentatore di politica economica, al *Corriere della Sera* controllato dagli editori Angelo Rizzoli e Bruno Tassan Din (entrambi iscritti alla P2).

1979. Completata la costruzione di Milano 2, Berlusconi esce allo scoperto anche nella Fininvest, assumendone la presidenza, fino ad allora occupata da vari prestanome. Il 12 novembre la Guardia di finanza compie una verifica fiscale presso la sua Edilnord Centri Residenziali. E accerta «violazioni alle norme valutarie, costituenti illecito amministrativo, per un ammontare complessivo di lire 5.738.533.877», nonché «ipotesi di attività esterovestita da parte del dottor Berlusconi». Lui però disconosce la paternità delle aziende che ha fin qui creato e si spaccia per un semplice «consulente» di Edilnord, che lo avrebbe incaricato della «progettazione» e «direzione generale del complesso residenziale di Milano 2». Invece è il proprietario della società. La sua dichiarazione fasulla viene raccolta e presa per buona dal capitano Massimo Maria Berruti, che chiude frettolosamente l'ispezione nonostante le irregolarità riscontrate. Nel 1980 Berruti abbandonerà le Fiamme gialle per diventare avvocato della Fininvest (sarà poi processato insieme a Berlusconi e condannato per favoreggiamento nel processo per le tangenti alla Guardia di finanza; dopodiché diventerà deputato di Forza Italia). Il comandante di Berruti che firma con lui il rapporto è il colonnello Salvatore Gallo, anche lui affiliato alla P2.

1980. Berlusconi fonda Publitalia 80, la concessionaria pubblicitaria delle sue reti tv, che due anni dopo affiderà alle cure di Dell'Utri. Questi torna all'ovile dopo un paio d'anni di autoesilio chez Rapisarda e diverrà presto presidente e amministratore delegato della nuova società. Il 14 gennaio Dell'Utri viene intercettato dalla Criminalpol di Milano, in un'indagine per droga, al telefono con Mangano, il quale gli propone «il secondo affare che ho trovato per il suo cavallo». Dell'Utri risponde che per i «cavalli» (qualunque cosa vogliano dire: Borsellino spiegherà che spesso erano un nome in codice per indicare partite di droga) occorrono i «*piccioli*», cioè i soldi, e lui non ne ha. Mangano gli dice di farseli dare «dal suo principale Silvio». Dell'Utri risponde che «quello lì non *sura*» («non suda», cioè non paga). Il 19 aprile, tre mesi dopo la telefonata con Vittorio Mangano sui presunti "cavalli", Marcello Dell'Utri partecipa a Londra alle nozze di Jimmy Fauci, pluripregiudicato amico dei boss, che gestisce il traffico di droga del clan Caruana fra Italia, Gran Bretagna e Canada: presenti alla cerimonia anche altri mafiosi come Teresi, Di Carlo e Cinà. Mangano invece non c'è: il 5 maggio viene arrestato per traffico di droga su mandato di Giovanni Falcone, che lo farà condannare al processo Spatola per associazione per delinquere con la mafia e poi nel maxiprocesso per traffico di droga (resterà in carcere 11 anni). Secondo il pentito Angelo Siino, "ministro dei lavori pubblici" di Totò Riina, da quando Dell'Utri ha lasciato il Biscione, il clan mafioso dei Pullarà tartassa il Cavaliere con richieste di denaro sempre più stringenti («volevano tirargli il radicone»: sradicarlo, spennarlo). Anche per questo Silvio richiama Marcello di gran carriera per promuoverlo, di fatto, a numero tre del gruppo Fininvest, dietro a sé e a Confalonieri. Frattanto una soffiata lo avverte di una nuova, imminente visita della Guardia di finanza in casa Fininvest. Berlusconi, terrorizzato, prende carta e penna e scrive una lettera al segretario del Psi Bettino Craxi (appena rientrato nella maggioranza che sostiene il governo Cossiga), perché intervenga a «sventare» la minaccia: «Caro Bettino, come ti ho accennato verbalmente, Radio Fante ha annunciato che dopo la visita a Torno, Guffanti e Cabassi, la Polizia tributaria si interesserà a me... Ti ringrazio per quello che crederai sia giusto fare».

Nello stesso anno Silvio conosce l'attrice ventiquattrenne Miriam Bartolini, in arte Veronica Lario, vedendola recitare seminuda al suo teatro Manzoni nella commedia *Il magnifico cornuto*, messa in scena dalla compagnia di Enrico Maria Salerno. Se ne innamora e ne fa la sua amante, alloggiandola clandestinamente per tre anni in un'ala del palazzo di via Rovani.

A dicembre il regime dell'Uruguay, per festeggiare i 50 anni del suo primo titolo mondiale di calcio, organizza il "Mundialito", un torneo a cui sono invitate tutte le Nazionali vincitrici di almeno una coppa del mondo. Una società panamense ne acquista i diritti tv e li offre all'Eurovisione alla cifra record di 1,5 milioni di dollari. L'Eurovisione parte offrendo la metà. Ma la trattativa misteriosamente salta subito. Anche perché c'è qualcun altro pronto. In 24 ore si fa avanti Berlusconi con Canale 5, mettendo sul piatto la bellezza di 900 mila dollari. E si aggiudica i diritti, pagandoli uno sproposito. Le partite sono solo sette: 150 milioni di lire l'una (quelle del Mundial argentino del 1978 erano costate appena 20 milioni ciascuna). Ma per trasmettere in Europa e in Italia ci vuole il satellite e Canale 5 non ce l'ha. Solo la Rai ha accesso esclusivo a quelli di Telespazio. Ma alla fine – pressata da una forsennata campagna del *Corriere della Sera* e della *Gazzetta dello Sport* (gruppo Rizzoli) e da una "mediazione" tutt'altro che imparziale del governo Forlani – la Rai concede il satellite a Berlusconi, che le rivende i diritti a prezzi ancora maggiorati per la diretta delle partite dell'Italia. Canale 5, esclusa la Lombardia, la diretta non può farla e manderà in onda tutte le altre partite in differita (tranne che in Lombardia). Grazie al Mundialito, Canale 5 fa il salto di qualità nel prestigio presso l'opinione pubblica, negli ascolti e negli enormi introiti pubblicitari. E Berlusconi rompe per la prima volta il monopolio nazionale della Rai sui grandi eventi.

Si scoprirà presto che dietro il colpaccio c'è lo zampino della P2. Gelli ha la residenza ufficiale a Montevideo, vi nasconde gli archivi riservati della loggia, possiede decine di appartamenti, un'azienda agraria e cospicue azioni del Banco Finanziario Sudamericano e ha ottimi rapporti con i regimi militari di Uruguay e Argentina. Nelle liste della sua P2 figurano, oltre al nome di Berlusconi, anche quelli del presidente dell'Uefa e vicepresidente della Fifa Artemio Franchi, dell'editore Rizzoli (proprietario della *Gazzetta dello Sport* e del *Corriere della Sera*, diretto dal piduista Di Bella e amministrato dal piduista Tassan Din), del vicepresidente della Rai Giampiero Orsello, di due ministri del governo Forlani (quello della Giustizia, Adolfo Sarti, e quello del Lavoro, Franco Foschi) e di Pietro Longo, segretario del Psdi a cui appartiene il ministro delle Poste e Comunicazioni Michele Di Giesi. Ma questo nessuno ancora lo sa.

Negli stessi giorni Berlusconi tenta di comprare l'Inter, la sua squadra del cuore, dal presidente Invanoe Fraizzoli. Lo racconterà il campione nerazzurro Sandro Mazzola: «Nei giorni della trattativa per il Mundalito, Berlusconi mi domandò: "Scusi, Mazzola, può chiedere a Fraizzoli se è disposto a vendermi l'Inter?". Risposi che mi sarei informato e riferii. Sulle prime Fraizzoli non disse di no. Anzi, indicò una strada: "Potrei cedere a Berlusconi il 50 per cento delle azioni". Trascorso qualche giorno ci ripensò: "No, niente Berlusconi". Comunicai la risposta e la cosa finì lì"».

Loggia, mafia e primi processi

1981. Il nome di Berlusconi viene scoperto nelle liste della loggia P2, sequestrate a Gelli a Castiglion Fibocchi dalla Guardia di finanza per ordine dei pm Gherardo Colombo e Giuliano Turone, che indagano sul falso sequestro mafioso del bancarottiere Michele Sindona. In Sicilia, i vecchi amici boss Bontate, Teresi & C. vengono sterminati dai corleonesi, scesi a Palermo al seguito di Salvatore Riina, Bernardo Provenzano e Leoluca Bagarella per prendere il potere dentro Cosa Nostra. D'ora in poi i rapporti con Arcore li gestiranno in esclusiva i nuovi “reggenti” che hanno rimpiazzato Bontate al vertice della famiglia di Santa Maria del Gesù: i fratelli Ignazio e Giovanbattista Pullarà.

1982. Il Cavaliere acquista Italia 1 dall’editore Edilio Rusconi.

1983. Mentre l’amico Craxi diventa presidente del Consiglio, Berlusconi subisce la sua prima inchiesta giudiziaria. Nell’ambito di un’indagine su droga e riciclaggio di denaro sporco, la Guardia di finanza gli mette sotto controllo i telefoni e il 30 maggio redige un rapporto investigativo per il giudice istruttore di Milano, Giorgio Della Lucia: «È stato segnalato che il noto Berlusconi Silvio, interessato all’emittente televisiva privata Canale 5, finanzierebbe un intenso traffico di sostanze stupefacenti dalla Sicilia con diramazioni sia in Francia che nelle altre regioni italiane (in particolare Lombardia e Lazio). Il predetto sarebbe al centro di grosse speculazioni edilizie e opererebbe nella Costa Smeralda avvalendosi di società di comodo, aventi sede a Vaduz e comunque all’estero. Operativamente le società in questione avrebbero conferito ampio mandato a professionisti della zona. Roma, 30 maggio 1983». L’inchiesta sarà archiviata nel 1991.

Di certo c’è che negli anni 80 Berlusconi fa affari con il faccendiere sardo Flavio Carboni, legato alla Banda della Magliana e a uomini di Cosa Nostra. Sarà lui, nel 1982, l’ultima persona a vedere vivo il banchiere dell’Ambrosiano Roberto Calvi a Londra, prima che finisca impiccato sotto il ponte dei Frati Neri. E sarà lui a cedere al Cavaliere i terreni e il rustico su cui sorgerà Villa Certosa. In Costa Smeralda Berlusconi si lancia anche nella mega-speculazione “Olbia 2”, diventando socio di fatto di Carboni (finanziato dal boss Pippo Calò). E acquista a Porto Rotondo quattro delle dodici società create dal faccendiere: le altre otto per metà finiscono alla mafia di Calò & C., e per metà rimangono a Carboni.

1984. Il 24 maggio Berlusconi assume per la prima volta la veste di imputato. Il vicecapo dell'Ufficio Istruzione di Roma, Renato Squillante, lo interroga in quanto indiziato per interruzione di pubblico servizio. L'indagine riguarda le antenne "abusive" sul Monte Cavo che interferiscono con le frequenze radio della Protezione civile e dell'aeroporto di Fiumicino. Gli imputati sono un centinaio. Berlusconi è assistito dall'amico avvocato Cesare Previti ed è fortunato: la sua posizione verrà subito archiviata il 20 luglio 1985, mentre altri 45 imputati (rappresentanti di altre emittenti locali) rimarranno sulla graticola fino al 1992 e se la caveranno solo grazie all'amnistia. Non possono sapere che Squillante è sul libro paga della Fininvest e nasconde un conto corrente in Svizzera, comunicante con quello di Previti.

All'inizio di agosto Berlusconi si presenta da Mario Formenton, genero di Arnoldo Mondadori (ne ha sposato la figlia Cristina) nonché direttore generale della Mondadori e di Rete 4, per proporgli un armistizio sugli spot fra la sua emittente e le proprie (Canale 5 e Italia 1): «Ci stiamo dissanguando con gli sconti. Se sei d'accordo da lunedì prossimo torniamo tutti e due alle tariffe piene. Hai la mia parola, che dici?». Formenton accetta: basta una stretta di mano. E, siccome è venerdì, parte sereno per un week-end in barca. Silvio invece torna a Canale 5 e convoca il suo segretario Urbano Cairo e tutti i venditori di Publitalia: «Sincronizzate gli orologi: abbiamo solo 48 ore prima che entri in vigore l'accordo con Rete 4. Rastrellate tutti gli spot che ci sono in giro. Avete tempo fino a lunedì all'alba. Usate le vostre agende, riscuotete tutti i favori, fate tutti gli sconti che volete. Ma lunedì dovrete avere il portafoglio pieno. Andate!». E così avviene. Rientrato dal week-end, Formenton scopre che tutti i suoi clienti hanno acquistato la pubblicità in Fininvest e, rimasto senza spot, si arrende. Un mese dopo vende

Rete 4, stracarica di debiti, a Berlusconi. Che da due network passa a tre (affiliati a una miriade di emittenti regionali, appena liberalizzate da una sentenza della Consulta. Proprio come la Rai. Ma – come abbiamo già visto col Mundialito – la legge gli vieta di trasmettere i programmi in diretta o comunque in simultanea su tutto il territorio nazionale, prerogativa riservata al servizio pubblico. Lui però si organizza per aggirare le norme. È dal 1980 che fa incetta di antenne di tv locali in tutta l'Italia, grazie al suo nuovo amico e socio Adriano Galliani, detto l'Antennista, che gli ha venduto per un miliardo di lire il 50% della sua società, la Elettronica Industriale. Così ottiene una copertura quasi totale da nord a sud. E inizia a trasmettere programmi preregistrati in contemporanea su tutte le emittenti regionali con il marchio dei suoi tre network e con un "effetto diretta" palesemente fuorilegge.

Il 16 ottobre i pretori di Torino, Pescara e Roma, Giuseppe Casalbore, Nicola Trifuoggi ed Eugenio Bettiol, sequestrano gli impianti che consentono alle tre reti Fininvest le trasmissioni illegali in "interconnessione" e dispongono che rientrino nella legalità irradiando programmi in orari sfasati anche di pochi minuti da una regione all'altra. Berlusconi "auto-oscura" le sue tre reti, fingendo che i giudici gliele abbiano "spente" per impedirgli di trasmettere. E aizza il popolo dei *Puffi*, di *Dallas* e di *Uccelli di rovo* contro la magistratura. La campagna "Vietato vietare" è orchestrata da Maurizio Costanzo, anche lui iscritto alla P2 con il grado di "maestro". Il 20 ottobre il premier Craxi interrompe una visita di Stato a Londra, presso Margaret Thatcher, per rientrare precipitosamente in Italia, anticipare di tre giorni la convocazione del Consiglio dei ministri (che si riunisce di sabato) in seduta straordinaria e varare un decreto urgente *ad personam* (il primo "decreto Berlusconi") che legalizza ex post l'illegalità dell'amico Silvio e neutralizza le ordinanze dei pretori. Mai vista tanta urgenza, nemmeno per l'alluvione del Polesine e i terremoti in Belice, Friuli e Irpinia. L'estensore della prima legge vergogna pro Berlusconi è il sottosegretario alla Presidenza del Consiglio, Giuliano Amato. Il provvedimento – assicura Palazzo Chigi – è solo temporaneo, per dare tempo alle Camere di varare un'organica disciplina del Far West televisivo. Balle. Persino la Dc e con lei la maggioranza del Parlamento si ribellano allo sconcio, votando per l'incostituzionalità del decreto. Che decade. Così i pretori tornano a imporre la legge e il Cavaliere a "oscurare" i suoi network, con annessa campagna vittimistica di spot e programmi-piagnisteo. Ma il 6 dicembre Craxi vara il secondo "decreto Berlusconi", minacciando i partiti alleati con la crisi di governo e le elezioni anticipate in caso di nuova bocciatura. Berlusconi gli scrive che troverà «il modo di contraccambiarti».

1985. L'anno si apre senza che il decreto salva-Berlusconi sia stato ancora approvato. Il tempo stringe e la sinistra annuncia l'ostruzionismo parlamentare. Ma il duo Craxi&Amato strappa al presidente del Senato Francesco Cossiga il contingentamento dei tempi per i singoli interventi delle opposizioni. Poi, per far decadere gli emendamenti, il governo pone la questione di fiducia. Così il 4 febbraio il decreto diventa legge dello Stato e consacra il monopolio berlusconiano sull'emittenza privata. La versione ufficiale di Palazzo Chigi è che gli effetti del decreto scadono il 6 maggio: da allora in poi Berlusconi non potrà più trasmettere senza una nuova legge antitrust: «Sino all'approvazione della legge generale sul sistema radiotelevisivo – si legge nel decreto – e comunque non oltre sei mesi dalla data di entrata in vigore del presente decreto, è consentita la prosecuzione dell'attività delle singole emittenti televisive private...». Ma poi la nuova legge non arriva e l'ultimatum di sei mesi si rivela pura finzione: i soliti Craxi e Amato concedono al Biscione un'altra proroga fino al 31 dicembre. Data peraltro fittizia pure quella: il governo stabilisce che il decreto non è «provvisorio», bensì «transitorio». In pratica, eterno. Il 3 gennaio 1986, scaduta la proroga, basterà una «nota» del sottosegretario Amato per comunicare che la normativa non necessita di ulteriori proroghe legislative. Con tanti saluti alla legge, che recita «comunque non oltre sei mesi...». Silvio è salvo. Nel 2009 *Report* intervisterà Amato sul trucchetto del decreto «transitorio» divenuto perpetuo. E Amato, anziché arrossire e nascondersi sotto il tavolo, s'illuminerà d'immenso: «Sa, noi giuristi viviamo di queste finezze: la distinzione fra transitorio e provvisorio è quasi da orgasmo per un giurista... Quando discuto attorno a un tavolo tecnico e qualcuno dice "questa cosa è vietata", io faccio aggiungere "tendenzialmente"...». Infatti Amato diventerà giudice e poi presidente della Corte costituzionale e nel 2015 sarà il candidato di Berlusconi alla presidenza della Repubblica.

In primavera Silvio si sdebita con Bettino organizzando, su sua richiesta, una finta cordata per bloccare la privatizzazione della Sme, l'indebitatissima finanziaria alimentare dell'Iri che il presidente Romano Prodi sta per cedere per 500 miliardi di lire all'unico offerente: la Buitoni di Carlo De Benedetti, odiato da Craxi perché vicino alla sinistra. Berlusconi presenta un'offerta anonima lievemente più alta (550 miliardi), nascosto dietro un prestanome amico di Previti, l'avvocato Italo Scalera; poi convince Barilla e Ferrero a offrire insieme a lui 600 miliardi in "chiaro". La privatizzazione va in fumo. De Benedetti chiede al Tribunale di Roma di rendere esecutivo l'accordo già stipulato con l'Iri. Ma nel 1986 sempre il Tribunale di Roma, presieduto da Filippo Verde, risponde picche. Verde verrà processato per corruzione insieme a Berlusconi e Previti, ma assolto. Sarà invece provato che un altro giudice, il solito

Squillante, fu pagato nel 1988 da Barilla e poi da Previti dopo la conclusione della causa Sme in Cassazione.

Il 30 luglio Veronica Lario partorisce in una clinica svizzera, nel segreto più assoluto, la piccola Barbara, prima figlia di secondo letto di Silvio. Lui la riconosce (il padrino di battesimo è Bettino Craxi) e divorzia da Carla, liquidata e spedita a Londra con un pacco di miliardi e una catena di negozi. Poi ufficializza il legame con la nuova compagna, che gli darà altri due figli: Eleonora (1986) e Luigi (1988). La Lario e i tre figli si trasferiscono nella settecentesca villa dei Visconti a Macherio, acquistata da Berlusconi nell'estate del 1989 con il solito strascico di fondi neri. Nella villa di Arcore, invece, rimangono i due figli nati dal primo matrimonio: Marina e Pier Silvio.

L'interista-milanista copione

1986. L'interista Berlusconi acquista il Milan da Giuseppe Farina (nel 1988 vincerà il suo primo scudetto con Arrigo Sacchi). Ed espande i suoi investimenti televisivi in Europa. In Francia crea La Cinq, grazie all'appoggio dei socialisti di François Mitterrand. Il direttore dei programmi è il geniale Carlo Freccero, che dai primi anni 80 cura i palinsesti di Canale 5 e Italia 1, poi passerà a dirigere Italia1 fra il 1991 e il '92. La Cinq finirà in un mare di debiti per la gioia dei gollisti di Jacques Chirac (che annuncerà la ritirata di «Monsieur Berlusconì» dalla campagna di Francia chiamandolo, pubblicamente «*vendeur de soupes*», venditore di minestre). E chiuderà definitivamente i battenti nel 1990. In Germania il cavaliere diventa socio del magnate Leo Kirch, ma senza grandi successi. Miglior fortuna avrà l'operazione Telecinco in Spagna, a parte un processo per violazione della legge antitrust: la Spagna infatti ne ha una.

Il 28 novembre scoppia un'altra bomba contro la cancellata del palazzo di via Rovani. Berlusconi, interrogato dai Carabinieri, dice di sospettare del solito Vittorio Mangano (pensando, a torto, che sia uscito di prigione). Poi chiama Marcello Dell'Utri (intercettato dalla Procura di Milano in un'inchiesta per mafia): «È stato Mangano... Un chilo di polvere nera, una cosa rozzissima, ma fatta con molto rispetto, quasi con affetto... Un altro manderebbe una lettera raccomandata, lui invece ha messo la bomba». Dell'Utri: «Per forza, non sa scrivere!». Berlusconi aggiunge che è solo «un segnale acustico» e gli dispiacerebbe «se i Carabinieri, da questa roba qui (un attentato dinamitardo, *nda*)... gli tolgono la libertà personale». Anche i Carabinieri sono convinti che Mangano sia libero, ma il caso lo risolve Dell'Utri: convoca l'amico mafioso Gaetano Cinà e apprende dalla sua viva voce che l'ex "stalliere" di Arcore è ancora in carcere, dunque non può essere l'attentatore. Secondo il pentito Antonino Galliano, vicino a Cinà, «l'attentato fu opera dei catanesi d'accordo con Riina». I picciotti di Nitto Santapaola vogliono agganciare il premier Craxi tramite Berlusconi e Dell'Utri, in vista delle elezioni del 1987: Cosa Nostra è intenzionata a votare Psi e Radicali per punire la Dc che non ha voluto o potuto bloccare il maxiprocesso di Falcone e Borsellino. Un mese dopo, Cinà spedisce a Berlusconi, Dell'Utri e Confalonieri tre cassate in regalo per Natale: quella del Cavaliere pesa 12 chili e per contenerla è necessario fabbricare una cassa di legno su misura, con lo stemma di Canale 5. Cinà, insieme a Pierino Di Napoli, è il nuovo referente di Riina per i rapporti con Berlusconi, al posto dei fratelli Pullarà.

È un Natale movimentato, quello del 1986, per il Cavaliere. Su vari fronti. Da più di un anno, oltre a tutti i guai che ha, lo angustia un contenzioso con un vecchio e grande intellettuale torinese: Luigi Firpo. Docente universitario di Storia delle dottrine politiche, fra i massimi esperti di cultura rinascimentale, polemista e moralista su *La Stampa* con la seguitissima rubrica "Cattivi pensieri", Firpo l'ha beccato a copiare come uno scolaretto somaro e lo tiene sulle spine dall'estate precedente, quando la vicenda ha avuto inizio. Firpo se ne sta in poltrona nella sua villa sulla collina torinese con la moglie Laura. Fa zapping in tv. Su Canale 5 una graziosa signorina intervista il padrone e ne magnifica le numerose virtù, fra cui lo sterminato bagaglio culturale: «Lei è anche un grande studioso dei classici...». Il Cavaliere si schermisce: «Ma no, non dica così...». E lei: «Sì, invece, non faccia il modesto. Lei, dottore, ha appena pubblicato un'edizione pregiata dell'*Utopia* di Tommaso Moro, con una bellissima prefazione e una perfetta traduzione dal latino...». E lui: «Beh, in effetti il latino non lo conosciamo tutti, bisogna tradurlo...». Firpo drizza le antenne. Anche perché ha da poco tradotto e commentato un'edizione dell'*Utopia* per l'editore Guida di Napoli. L'intervistatrice attacca a leggere la prefazione firmata dal Cavaliere. Dopo le prime due frasi, l'anziano studioso fa un salto sul divano: «Ma quella prefazione è la mia! È tutta copiata! Ma chi è questo signore? Ma come si permette?».

L'episodio verrà raccontato vent'anni dopo all'autore di questo libro da Laura Salvetti, la vedova di Firpo, quando Berlusconi in una delle sue tele-esternazioni elettorali si descriverà in terza persona come un «presidente del Consiglio che si è nutrito di ottime letture e ha un curriculum di studi rilevantissimo». Ecco il suo ricordo: «Quando Firpo scoprì in tv che Berlusconi aveva copiato la sua versione dell'*Utopia*, si attaccò subito al telefono per avere quel libro. Gli risposero che era un'edizione privata, in pochi esemplari, riservata all'entourage del Cavaliere. Ma lui, tramite l'associazione milanese degli Amici di Thomas More, riuscì a procurarsi una copia in visione. La sfogliò e sbottò: "Non è un plagio, è peggio! Quello ha copiato non solo interi brani della mia prefazione, ma anche la mia traduzione integrale dal latino, mettendoci la sua firma. Non ha cambiato nemmeno le virgole!"». Così il professore prende carta e penna e scrive a Berlusconi, intimando di ritirare subito tutte le copie e annunciando che sporgerà denuncia. Qualche giorno dopo squilla il telefono di casa: è Berlusconi, che cerca scuse puerili per placare l'ira dell'austero cattedratico. Il quale, sbollita la furia, si diverte a giocare al gatto col topo, minacciando di mettere in piazza tutto e trascinarlo in tribunale. «Berlusconi – ricorda la moglie – incolpò subito una collaboratrice, che a suo dire aveva copiato prefazione e traduzione a sua insaputa. E implorò Firpo di soprassedere, pur precisando di non poter ritirare le mille copie già stampate e regalate ad amici e collaboratori. Firpo, capito il personaggio, cominciò a divertirsi alle sue spalle. Lo teneva sulla corda con la causa giudiziaria. E Berlusconi continuava a telefonare un giorno sì e un giorno no, con una fifa nera. Pregava di risparmiarlo, piagnucolava che uno scandalo l'avrebbe rovinato. Passava mezze ore al telefono col Cavaliere. E alla fine correva a raccontarmele, fra l'indignato e il divertito: "Sapessi quante barzellette conosce quel Berlusconi. È un mercante di tappeti, una faccia di bronzo da non credere, sembra di essere in una televendita"».

Il tira e molla si trascina per mesi. Anche con uno scambio di lettere, custodite negli archivi della Fondazione Firpo. E un biglietto autografo indirizzato alla signora, che l'ha conservato: «Accompagnava un doppio regalo per Natale, credo del 1986. Nel frattempo Berlusconi aveva pubblicato un'edizione riveduta e corretta dell'*Utopia*, senza più la prefazione copiata e con la traduzione di Firpo regolarmente citata. Ma Firpo seguitava a fare l'offeso, ripeteva che la cosa era grave e la stava ancora valutando con gli avvocati. Un giorno lo invitarono a Canale 5 per parlare del Papa e si ritrovò Berlusconi dietro le quinte che gli porgeva una busta con del denaro, "per il suo disturbo e l'onore che ci fa". Naturalmente la rifiutò. Poi a Natale arrivò un corriere da Segrate con un bouquet di orchidee che non entrava neppure dalla porta e un pacco: dentro c'era una valigetta ventiquattr'ore in coccodrillo con le cifre LF in oro». Il biglietto d'accompagnamento è intestato Silvio Berlusconi, datato «Natale 1986» (ma l'ultima cifra è uno scarabocchio) e scritto a penna: «Molti cordiali auguri ed a presto... Spero! Silvio Berlusconi». Poi una frase aggiunta a biro: «Per carità non mi rovini!!!». Ma Firpo continua il suo perfido gioco: «Rispedì la borsa a Berlusconi, con un biglietto beffardo: "Gentile dottore, la ringrazio della sua generosità, ma gli oggetti di lusso non mi si confanno: sono un vecchio professore abituato a girare con una borsa sdrucita a cui sono molto affezionato. Quanto ai fiori, la prego anche a nome di mia moglie Laura di non inviarcene più: per noi, i fiori tagliati sono organi sessuali recisi...". Non lo sentimmo mai più».

1987. Filippo Alberto Rapisarda, rientrato in Italia dopo sette anni di latitanza, accusa Dell'Utri di aver portato i boss Bontate e Teresi a investire 10 miliardi di lire (in contanti) nelle tv di Berlusconi. Dell'Utri non lo denuncia per calunnia. Anzi, nel 1988 ristabilisce con lui un rapporto di amicizia. E, fra il 1990 e il '94, si farà prestare da lui 2,5 miliardi e costituirà con lui due società immobiliari. Alle elezioni politiche, Riina ordina a tutta Cosa Nostra di abbandonare la Dc e di votare per il Psi o per i Radicali di Marco Pannella.

1988. Il 17 febbraio Berlusconi chiama l'amico immobiliarista Renato Della Valle (intercettato) e gli confida di essere sotto ricatto dalla mafia: «Mi hanno detto che, se entro una certa data, non faccio una roba, mi consegnano la testa di mio figlio a me ed espongono il corpo in piazza del Duomo... e allora ho deciso: li mando in America e buonanotte... Ma se fossi sicuro di togliermi questa roba dalle palle, pagherei tranquillo». Della Valle: «Senti, quando è quella scadenza?». Berlusconi: «Fra sei giorni». Che cosa doveva fare Berlusconi per la mafia entro sei giorni per salvare la vita al figlio? E poi la fece? E perché non denunciò l'accaduto? Impossibile saperlo, perché al processo Dell'Utri rifiuterà di rispondere ai giudici di Palermo. Secondo i pm, la mafia è insoddisfatta del rapporto con la Fininvest e con il Psi, e si rifà sotto.

A maggio Marcello Dell'Utri vola a Mosca per siglare un maxi-accordo con il governo dell'Unione Sovietica, che concede a Publitalia l'esclusiva come concessionaria per gli spot delle aziende europee in Russia sulla televisione di Stato. La trattativa è stata condotta dall'avvocato milanese del Gruppo, Vittorio Dotti. Così Berlusconi, futuro campione dell'anticomunismo fuori tempo massimo, getta un ponte sul mercato televisivo e pubblicitario appena liberalizzato da Mikhail Gorbaciov in un Paese di 250 milioni di abitanti.

Nello stesso anno Berlusconi acquista la Standa dal gruppo Ferruzzi-Montedison. E rileva le azioni di Leonardo Mondadori nel gruppo editoriale omonimo, diventandone il terzo socio dopo De Benedetti e gli eredi di Mario Formenton (scomparso da un anno). L'Ingegnere si mette al sicuro siglando con i Formenton un pre-contratto che li impegna a cedergli le loro azioni, entro il 30 gennaio 1991, per acquisire il controllo dell'azienda.

La Mondadori e la Mammì

1989. Berlusconi non si dà per vinto e scatena la "guerra di Segrate" per espugnare il primo gruppo editoriale italiano, spina nel fianco dell'amico Craxi e dei suoi alleati del pentapartito. Infatti la Mondadori, oltre al ramo libri, controlla i settimanali *L'Espresso*, *Panorama* ed *Epoca*, il quotidiano *la Repubblica* e la catena di testate locali Finegil. A novembre il Cavaliere convince i Formenton a rimangiarsi l'accordo con De Benedetti e a cedere a lui le proprie quote del gruppo.

1990. Tra gennaio e febbraio una serie di attentati mafiosi colpisce negozi e magazzini della Standa (Fininvest) e della Rinascente (Fiat) a Catania. Entrambi i gruppi, per farli cessare, pagano il pizzo a Cosa Nostra. Ma poi la Fiat sporge denuncia, collabora con la giustizia e si costituisce parte civile nei processi ai mafiosi. La Fininvest invece nega di aver pagato e addirittura di aver ricevuto richieste estorsive. In realtà – come confermano alcuni dipendenti – la Standa ha ricevuto richieste per 2 miliardi e pagato centinaia di milioni. Ma la Fininvest non si costituirà parte civile contro gli attentatori, pur avendo subìto danni per 4 miliardi. Secondo i pm, «gli attentati alla Standa puntavano ad avvicinare sempre più Berlusconi per arrivare a Craxi». Vari pentiti e un testimone riferiscono che Dell'Utri incontrò in Sicilia i mafiosi Salvatore Tuccio e Nitto Santapaola per tentare una riconciliazione. In effetti, proprio in quel periodo, risultano decine di suoi viaggi a Catania.

In due agende della cosca mafiosa di San Lorenzo, compilate dal boss Salvatore Biondo e ritrovate anni dopo in un covo grazie alle rivelazioni del pentito Giovan Battista Ferrante, gli inquirenti rinverranno l'elenco delle ditte che pagano il clan, con tanto di cifre. Fra queste, «Can. 5» per «Regalo 990 / 5 mila». Traduzione di Ferrante: Fininvest pagò 5 milioni nel 1990, come faceva ogni sei mesi, anche con altri clan. La dicitura «regalo» compare solo per il gruppo Fininvest. Le sedi di Canale 5, Rete 4 e Italia 1 a Palermo sono collocate proprio nel territorio del mandamento mafioso di San Lorenzo.

Il 25 gennaio Berlusconi s'insedia alla presidenza della Mondadori. De Benedetti, forte del pre-contratto, sostiene che il voltafaccia dei Formenton è illegittimo. Ne nasce una controversia che il Cavaliere e l'Ingegnere decidono consensualmente di affidare a un collegio arbitrale, formato da un presidente nominato dalla Cassazione e da due arbitri di parte. Il 20 giugno i tre emettono il lodo arbitrale: ha ragione De Benedetti, l'accordo con i Formenton è tuttora valido, le azioni Mondadori devono tornare a lui. Berlusconi lascia la presidenza, sostituito da Carlo Caracciolo e dagli altri manager dell'Ingegnere. Ma il Cavaliere e i Formenton rovesciano il tavolo: siccome il lodo ha dato loro torto, lo disconoscono e lo impugnano dinanzi alla magistratura ordinaria. Cioè alla Corte d'appello di Roma. Dove Previti vanta ottime entrature.

Il premier Giulio Andreotti e il Pdsi di Bettino Craxi impongono alla maggioranza mezza riottosa la legge Mammì: la "riforma" del sistema radiotelevisivo italiano tanto attesa dopo anni di Far West. Peccato che non riformi un bel nulla, ma cristallizzi l'illegalità esistente. Passerà alla storia come "legge Polaroid" perché è un'antitrust che fotografa il trust: Berlusconi può tenersi le sue tre tv e mezza (ora ha anche una quota nelle tre pay tv Telepiù dove però, per le nuove norme, non può superare il 10% del capitale) e la Mondadori, in cambio del sacrificio del *Giornale* di Montanelli (che girerà al fratello Paolo). Il 27 luglio il governo pone la fiducia e la sinistra Dc, sdegnata, ritira i suoi cinque ministri: Sergio Mattarella, Mino Martinazzoli, Riccardo Misasi, Carlo Fracanzani e Calogero Mannino. Andreotti li sostituisce in una notte. Qualche mese più tardi Craxi inizierà a ricevere sui suoi conti svizzeri una cascata di versamenti dalla Fininvest: 23 miliardi di lire solo nel 1991 dalla cassaforte occulta del Cavaliere, la società estera All Iberian.

Il 15 dicembre, dopo il divorzio dalla moglie Carla, Berlusconi sposa con rito civile Veronica Lario: officiante Paolo Pillitteri, cognato di Craxi e sindaco di Milano; testimoni degli sposi, Bettino e Anna Craxi, Fedele Confalonieri e Gianni Letta. Intanto fa costruire, per sé e per i suoi cari, un mausoleo funerario nel parco della villa di Arcore, progettato dallo scultore Pietro Cascella in un bizzarro stile egizio-massonico (o "assiro-milanese"), dotato di gruppi elettrogeni talmente potenti da far ipotizzare un progetto di ibernazione. L'opera, una volta ultimata, verrà mostrata con orgoglio a capi di Stato come Michail Gorbaciov e a giornalisti come Indro Montanelli e Giorgio Bocca, con tanto di loculi già riservati a Previti, Dell'Utri, Confalonieri, Letta ed Emilio Fede. Montanelli, al Cavaliere che gli offre un posto per il riposo eterno, risponde ironico: «*Domine, non sum dignus*». E si dà alla fuga.

1991. Il 24 gennaio la Corte d'appello di Roma ribalta il lodo Mondadori, dichiara nullo il pre-contratto Formenton-De Benedetti e riconsegna la maggioranza a Berlusconi. Relatore ed estensore della sentenza è il giudice Vittorio Metta, che sarà condannato per corruzione giudiziaria per aver venduto quel verdetto (e anche quello quasi contemporaneo sulla lite da 1000 miliardi fra Imi e Sir) ai tre avvocati berlusconiani Cesare Previti, Attilio Pacifico e Giovanni Acampora (anch'essi condannati) in cambio di una tangente in contanti di almeno 400 milioni di lire, provenienti dai conti esteri Fininvest. Berlusconi torna così al comando del primo gruppo editoriale italiano, suscitando la rivolta di direttori e giornalisti. Allarmato dallo strapotere mediatico dell'amico di Craxi, Andreotti affida la patata bollente a un mediatore di sua fiducia, Giuseppe Ciarrapico. E alla fine impone un accordo di spartizione: *Repubblica*, *Espresso* e i quotidiani Finegil tornano all'Ingegnere, mentre *Panorama*, *Epoca* e i libri restano al Cavaliere, che riceve pure 365 miliardi di lire da De Benedetti a titolo di conguaglio. Berlusconi accetta di buon grado: oltreché delle tv commerciali, ora è il numero uno anche della carta stampata e dell'editoria libraria.

Tra bombe e retate

1992. Tra gennaio e febbraio, la Cassazione condanna definitivamente i boss di Cosa Nostra nel maxiprocesso e a Milano inizia l'inchiesta Mani Pulite su Tangentopoli. Subito Cosa Nostra si vendica del "tradimento" della Dc eliminando Salvo Lima, luogotenente di Andreotti in Sicilia. In vista delle elezioni politiche del 6 aprile, Berlusconi gira uno spot per le reti Fininvest in cui compare seduto al pianoforte accanto a Bobo Craxi e alla cantante-produttrice Caterina Caselli, esalta «la grande credibilità del governo Craxi» e invita gli italiani a votare Psi.

Il 21 maggio, mentre il Parlamento vota per il nuovo presidente della Repubblica al posto di Francesco Cossiga, Paolo Borsellino, procuratore aggiunto a Palermo, rilascia un'intervista a Fabrizio Calvi e Jean-Pierre Moscardo di Canal Plus (che non la manderà mai in onda) e svela l'esistenza di indagini ancora in corso sui rapporti fra Berlusconi, Dell'Utri, Mangano e il riciclaggio mafioso. Due giorni dopo, 23 maggio, Giovanni Falcone, la moglie Francesca Morvillo e gli uomini della scorta muoiono assassinati da Cosa Nostra sull'autostrada di Capaci. Colpito e affondato dall'omicidio Lima e dalla strage di Capaci, il 25 maggio Andreotti esce dalla corsa al Quirinale e le Camere riunite eleggono capo dello Stato Oscar Luigi Scalfaro, anche lui democristiano, ma onesto. Che di lì a poco incarica Giuliano Amato di formare il nuovo governo.

Il 4 maggio Mani Pulite irrompe in casa Fininvest. Il pm Antonio Di Pietro firma un decreto di acquisizione di documenti sugli appalti assegnati alla Coge di Parma, società di Paolo Berlusconi. Da allora la valanga non si ferma più, a riprova del fatto che le indagini sul Biscione non furono l'effetto, ma la causa e il movente dell'entrata in politica del Cavaliere. Il 9 giugno i giornali scrivono che il dc milanese Maurizio Prada accusa la Fininvest di una tangente di 150 milioni di lire al suo partito. E un altro democristiano, Gianstefano Frigerio, svela di aver ricevuto una mazzetta di 150 milioni da Paolo Berlusconi per l'appalto della discarica di Cerro Maggiore. Il fratello di Silvio viene indagato per corruzione.

Fra maggio e giugno, mentre a Milano si susseguono le retate di Mani Pulite e a Palermo il Ros dei Carabinieri avvia una trattativa con Cosa Nostra attraverso Vito Ciancimino, Dell'Utri convoca un vecchio consulente di Publitalia. Si chiama Ezio Cartotto ed è un abile politico democristiano amico del Biscione. In previsione del coinvolgimento dei vertici del gruppo nelle indagini e dell'imminente crollo dei partiti amici, Dell'Utri incarica Cartotto di studiare in gran segreto «un'iniziativa politica della Fininvest» finanziata da Publitalia: nome in codice "Progetto Botticelli".

Il 19 luglio, altra strage a Palermo: in via d'Amelio muoiono Paolo Borsellino e gli uomini della sua scorta.

Il 15 settembre Augusto Rezzonico, ex presidente di Ferrovie Nord e poi senatore dc, interrogato da Di Pietro, racconta che in febbraio Dc e Psi hanno inserito nel nuovo Codice della strada un emendamento per favorire la «Fininvest, unica accreditata depositaria del know how tecnico necessario» per realizzare il sistema di segnalazione elettronico «Auxilium» per le autostrade, «un business da 1000 miliardi»: il manager Fininvest Sergio Roncucci «mi ringraziò per l'emendamento e mi confermò l'impegno Fininvest a far fronte alle contribuzioni alla Dc per il piacere ricevuto». A dicembre Paolo Berlusconi è indagato anche a Roma nello scandalo dei «palazzi d'oro»: avrebbe venduto immobili Edilnord a enti previdenziali a prezzi gonfiati in cambio di mazzette all'Ufficio tecnico erariale.

1993. Dopo l'arresto di Totò Riina il 15 gennaio in uno strano blitz del Ros, che non perquisisce e lascia incustodito il suo covo a disposizione dei mafiosi, gli altri capi di Cosa Nostra – Provenzano, Bagarella, Brusca, Cannella e i fratelli Graviano, in contatto con Gelli, gruppi neofascisti e varie logge deviate – danno vita al partito secessionista Sicilia Libera. È l'ultima di una serie di "leghe meridionali" sorte negli ultimi mesi un po' in tutto il Sud. Dell'Utri, che in Fininvest si è sempre occupato soprattutto di soldi e di pubblicità, è come tarantolato dal virus della politica, fino a quel momento esclusiva di Letta e Confalonieri. Sulle prime s'interessa anche lui a Sicilia Libera. Ma poi cambia linea e spinge per un nuovo partito tradizionale, con l'ossatura di Publitalia, guidato dall'amico Silvio: quello a cui sta lavorando da un anno sotto traccia con Cartotto. Berlusconi ne parla ai direttori delle sue testate fin da marzo. E lo annuncia come cosa fatta il 4 aprile a Bettino Craxi in un incontro ad Arcore con Cartotto, e poche settimane dopo a Indro Montanelli.

Il cerchio di Mani Pulite si stringe sempre più attorno al Biscione e si avvicina pericolosamente al Cavaliere. L'8 aprile Gianni Letta, vicepresidente di Finivest Comunicazioni, viene interrogato da Di Pietro e ammette un finanziamento illecito di 70 milioni di lire al segretario Psdi Antonio Cariglia: «La somma fu da me introdotta in una busta e consegnata tramite fattorino». Lo salverà l'amnistia del 1990, che ha già miracolato Berlusconi per una falsa testimonianza sulla sua iscrizione alla P2. Il 18 maggio viene arrestato per corruzione Davide Giacalone, già consulente del ministro delle Poste Oscar Mammì per il piano delle frequenze tv, poi ingaggiato dalla Fininvest per 600 milioni (verrà in parte assolto e in parte prescritto). Il 18 giugno il pool di Milano fa arrestare Aldo Brancher, assistente di Confalonieri, per due tangenti: una di 300 milioni al Psi e un'altra equivalente a Giovanni Marone, segretario dell'ex ministro della Sanità Francesco De Lorenzo, in cambio di spot sulle reti Fininvest per la campagna ministeriale anti-Aids. Lo stesso Berlusconi racconterà il suo panico all'idea che Brancher parlasse: «Nell'estate del '93 Aldo Brancher, uomo chiave della Fininvest, venne arrestato per una storia di finanziamenti illeciti ai partiti; con Confalonieri ci mettemmo a girare in macchina intorno a San Vittore, per fargli sentire che gli eravamo vicini, per metterci in comunicazione spirituale con lui...». Il 22 giugno la Guardia di finanza perquisisce gli uffici Fininvest in un'indagine su rimborsi Iva non dovuti. La società protesta: «È il 57° intervento della Guardia di finanza presso sedi e uffici Fininvest nell'ultimo periodo». Il 23 giugno Confalonieri e Brancher sono indagati a Milano per finanziamento illecito al Psi.

Berlusconi è terrorizzato: il gruppo è sull'orlo della bancarotta e le banche creditrici lo commissariano imponendo come nuovo ad il tagliatore di teste Franco Tatò: nel 1992 i debiti, secondo Mediobanca, hanno raggiunto i 7.140 miliardi di lire (4,3 lire di debito per ogni lira di capitale). La Standa paga i fornitori a 180 giorni e sta naufragando. I conti della Mondadori sono in profondo rosso. Tracolla l'avventura televisiva europea: fallisce Telefunf in Germania e declina La Cinq in Francia, dove persino l'amico Mitterrand si mette di traverso. E quasi tutte le aziende del Biscione sono sotto inchiesta. I protettori politici escono di scena l'uno dopo l'altro: Craxi indagato a Milano e dimissionario dal Psi, Andreotti indagato per mafia a Palermo. Il governo Amato è caduto in aprile per i troppi ministri inquisiti, sostituito dai "tecnici" di Carlo Azeglio Ciampi. Il Pds di Achille Occhetto ha appena fatto incetta di sindaci alle amministrative e ha il vento in poppa, aiutato dalla nuova legge elettorale maggioritaria in cantiere (il Mattarellum). E dalla Sicilia si fanno sempre più asfissianti le pressioni a suon di bombe degli amici degli amici.

I falchi del gruppo, da Dell'Utri a Previti a Giuliano Ferrara, spingono Berlusconi a contrattaccare: la Fininvest deve entrare in politica per salvarsi. Ma il piano preoccupa le "colombe" Letta, Confalonieri e Maurizio Costanzo, che sconsigliano l'operazione. La sera del 14 maggio, in via Fauro a Roma, uscendo dal teatro Parioli, Costanzo scampa per un soffio a un'autobomba mafiosa. Il 27 maggio un'altra autobomba provoca cinque morti e numerosi feriti alla torre dei Pulci di Firenze, in via dei Georgofili, accanto agli Uffizi. Sono i primi due attentati di Cosa Nostra fuori dalla Sicilia: una nuova strategia finalizzata a seminare il terrore e destabilizzare lo Stato colpendo simbolicamente il patrimonio storico, artistico e religioso del Paese.

29 giugno. Dell'Utri, Previti e altri due fedelissimi berlusconiani, Antonio Martino e Mario Valducci, fondano nello studio milanese del notaio Arrigo Roveda l'"Associazione per il buon governo". Le nove sezioni tematiche dell'Associazione, raccolte nel libretto *Alla Ricerca del Buongoverno*, diventano il "riferimento ideologico" dei nascenti club di Forza Italia.

3 luglio. Berlusconi riunisce ad Arcore, come ogni sabato, i dirigenti del Biscione e i direttori delle testate del gruppo. E traccia un quadro fosco della situazione politica e aziendale, dicendosi «perseguitato dai giudici». Cartotto riferirà le sue parole precise in quei giorni convulsi: «Confalonieri e Letta mi dicono che è una pazzia entrare in politica, mi distruggeranno, mi faranno di tutto, andranno a frugare tutte le carte. E diranno che sono un mafioso. Che cosa devo fare? A volte mi capita perfino di mettermi a piangere quando sono sotto la doccia...». Negli stessi giorni Salvatore Cancemi, primo boss della Cupola di Cosa Nostra a "pentirsi", si consegna alla giustizia e comincia a parlare di mafia e politica. Racconterà al pm di Caltanissetta Ilda Boccassini quel che sa sui rapporti fra Berlusconi, Dell'Utri, la mafia e le stragi del 1992-93.

12 luglio. Berlusconi dirama via fax ai direttori delle testate del gruppo un memorandum di 11 pagine approntato dai legali Fininvest dal titolo *Valutazioni dei comportamenti dei giudici di Tangentopoli*. Gli house organ del Biscione dovranno iniziare ad attaccare la magistratura, accusandola di ogni sorta di abusi e illegalità. Al punto 4 c'è una frase sospetta: «In alcuni casi (emblematico il caso Andreotti), gli inquirenti, sulla base di dichiarazioni perlopiù inattendibili di pentiti compiacenti e desiderosi di ottenere benefici, aggiungono l'addebito dell'associazione mafiosa (...) che priva l'inquisito di fondamentali garanzie processuali in materia di libertà personale». Ma ancora nessun pentito – che si sappia – ha parlato della Fininvest. Berlusconi cita Andreotti, che è indagato per mafia, ma è senatore a vita e non può essere arrestato senza il permesso del Parlamento. E nessun politico è ancora finito in carcere per mafia. Chi sono allora le presunte vittime degli inquirenti, private della «libertà personale» per le accuse dei pentiti? Berlusconi – osserveranno i pm di Palermo – «non può che riferirsi ai mafiosi, che nello stesso periodo hanno avuto garanzie da Dell'Utri».

27 luglio. Nella notte Cosa Nostra e i suoi suggeritori esterni sferrano un nuovo attacco allo Stato, con altre tre autobombe politico-mafiose, in simultanea. Una colpisce il Padiglione d'arte contemporanea in via Palestro a Milano: 5 morti e 13 feriti. Due sventrano le basiliche di San Giorgio al Velabro e San Giovanni in Laterano a Roma: alcuni feriti lievi. Quest'ultimo è un avvertimento al Vaticano, dopo la scomunica dei mafiosi da parte di Giovanni Paolo II, la lettera dei familiari dei detenuti al Papa contro il carcere duro e il coinvolgimento della Chiesa nella trattativa Stato-mafia per l'ammorbidimento del 41-bis (a cui sta lavorando il nuovo vertice del Dap col ministro della Giustizia Giovanni Conso). Ma il primo destinatario del messaggio di morte è la politica: i santi delle due basiliche richiamano i nomi di Giorgio Napolitano, presidente della Camera, e di Giovanni Spadolini, presidente del Senato. Quella notte un misterioso black-out manda in tilt le linee telefoniche di Palazzo Chigi. Ciampi, isolato e costretto a comunicare via cellulare, dirà di aver temuto un colpo di Stato.

6 settembre. Berlusconi inaugura il primo club di Forza Italia: la sede è in via Chiaravalle 7/9 a Milano, nel palazzo abitato da Rapisarda e, per alcuni anni, anche da Dell'Utri. La Procura di Torino indaga su un giro di false fatture nelle sponsorizzazioni sportive, che porterà ben presto al coinvolgimento di Publitalia e di Marcello Dell'Utri. Anche a Milano si scoprono fondi neri nelle casse di Publitalia. In ottobre Bettino Craxi consegna a Di Pietro un memoriale in cui accusa i maggiori gruppi imprenditoriali italiani, tra cui la Fininvest, di avere, «in varie forme dirette e indirette, certamente finanziato o agevolato i partiti politici e, anche personalmente, esponenti della classe politica».

20 ottobre. Paolo Liguori, direttore uscente del *Giorno* con pessimi risultati di vendite, viene premiato dal Cavaliere con la direzione di *Studio Aperto*, il notiziario di Italia 1 "inventato" da Vittorio Corona, che viene cacciato perché politicamente non allineato. Liguori invece è legato al Psi, alla Dc andreottiana e a Comunione e Liberazione (di cui Berlusconi finanzia da anni la proiezione politica, il Movimento Popolare di Roberto Formigoni, anche come sponsor fisso del Meeting di Rimini). Anche i direttori degli altri due tg Fininvest, il Tg5 e il Tg4, sono di area socialista: Enrico Mentana ed Emilio Fede.

Corona nel 1994 diventerà l'art director e il vicedirettore del nuovo quotidiano di Indro Montanelli, *La Voce*.

29 ottobre. Maria Cordova, la pm di Roma che indaga su tangenti al ministero delle Poste in cambio di vari appalti, della legge Mammì e del piano sulle frequenze tv, chiede al gip Augusta Iannini (moglie di Bruno Vespa) di arrestare Carlo De Benedetti, Adriano Galliani e Gianni Letta. Ma la Iannini arresta solo De Benedetti e si astiene sugli altri due perché sono amici di famiglia. Letta e Galliani restano a piede libero. L'inchiesta finirà fra assoluzioni e prescrizioni.

In autunno, come racconterà il suo braccio destro pentito Nino Giuffrè, Bernardo Provenzano stringe un patto con Marcello Dell'Utri: fine delle stragi in cambio dell'alleggerimento della pressione poliziesca e giudiziaria, dei sequestri dei beni e della legge sui pentiti (come già chiesto da Riina nel "papello" consegnato a uomini dello Stato nell'estate del '92). Poi interpella le famiglie mafiose in una sorta di "elezioni primarie" di Cosa Nostra. E, tra il progetto secessionista di Bagarella e Graviano (Sicilia Libera e le altre leghe meridionali) e quello tradizionale di Berlusconi e Dell'Utri, sceglie il secondo. «Provenzano – riferirà Giuffrè ai pm – ci disse: "Con Dell'Utri siamo in buone mani". E ci mettemmo tutti a lavorare per Forza Italia». La neonata Sicilia Libera viene sciolta all'improvviso.

Novembre. Il ministro Conso non rinnova il 41-bis a 334 detenuti mafiosi, venendo incontro alle aspettative di Cosa Nostra. Dell'Utri, mentre lavora con Berlusconi agli ultimi dettagli di Forza Italia, ha due appuntamenti ravvicinati con Vittorio Mangano nel suo ufficio di Publitalia a Milano 2. Dalle sue agende sequestrate alla segretaria, alla data del 2 novembre si legge: «Mangano Vittorio sarà a Milano per parlare problema personale». E più avanti: «Mangano verso 30.11, cinque giorni prima convoca con precisione». Reduce da undici anni di carcere per mafia e traffico di droga, l'ex "stalliere" di Arcore è stato promosso capo della famiglia mafiosa di Porta Nuova e ha partecipato alle decisioni della Cupola sulle stragi.

Nelle stesse settimane il boss di Brancaccio, Giuseppe Graviano, convoca Gaspare Spatuzza, il suo killer di fiducia che ha già organizzato le stragi di Milano, Firenze e Roma, e gli commissiona un'autobomba per sterminare un gran numero di carabinieri a Roma. Spatuzza chiede il movente degli "strani" attentati dell'estate, quando è stato costretto – contro le prassi di Cosa Nostra – a sparare nel mucchio, uccidendo persino una bambina a Firenze: «Ci stiamo già portando dietro un po' di morti che non ci appartengono, non sono i morti tipici di Cosa Nostra – i giudici, i poliziotti, i carabinieri, i politici scomodi – ma degli innocenti». Graviano risponde: «C'è in piedi una situazione che, se andrà a buon fine, ne avremo tutti dei benefici, a partire dai carcerati. Tu ne capisci di politica?». Giovanni Brusca aggiungerà che i Carabinieri dovevano "pagare" il mancato rispetto delle promesse fatte nella trattativa del Ros. Spatuzza si trasferisce a Roma e individua lo stadio Olimpico come il luogo ideale per la strage contro i militari dell'Arma in servizio d'ordine al termine di una partita.

23 novembre. Da un supermercato a Casalecchio di Reno, Berlusconi anticipa l'annuncio del suo ingresso in politica dichiarando che alle elezioni per il sindaco di Roma (dove lui nemmeno vota) sceglierebbe il candidato missino Gianfranco Fini contro il progressista Francesco Rutelli.

25 novembre. Angelo Codignoni, ex direttore di La Cinq, fonda a Milano l'Associazione nazionale del Club di Forza Italia. Il 1993 si chiude con due nuove inchieste che terrorizzano Berlusconi. La Procura di Torino raccoglie le confessioni del presidente del Torino Calcio, Gian Mauro Borsano, deputato del Psi, il quale racconta i fondi neri che il Milan gli versò nel marzo del 1992 in cambio dell'acquisto del calciatore Gianluigi Lentini. Il vicepresidente Adriano Galliani, alla cifra ufficiale di 18 miliardi e mezzo, aggiunse un fuoribusta di 10 miliardi e rotti di lire in nero. Ma Borsano era in trattativa anche con la Juventus e di lui il Milan non si fidava: così, a garanzia del perfezionamento del contratto, Borsano dovette cedere in pegno alla società rossonera il suo pacchetto di maggioranza del club granata. In pratica, per diversi mesi, Berlusconi si trovò a controllare due squadre di Serie A: il Milan e il Torino. Un caso clamoroso di conflitto di interessi e di illecito sportivo, che dovrebbe comportare la retrocessione dei rossoneri in Serie B. Ma la giustizia sportiva non fa nulla. Quella ordinaria, invece, procede per falso in bilancio. I pm di Torino trasmettono per competenza il fascicolo a Milano. Così il pool Mani Pulite mette per la prima volta il naso nei conti esteri del gruppo Fininvest: il caso Lentini è la classica pietruzza della slavina prossima ventura.

20 dicembre. Il procuratore capo di Milano, Francesco Saverio Borrelli, ammonisce «chi ha scheletri nell'armadio» in vista delle elezioni anticipate: «Tiratevi da parte prima che arriviamo noi». Un consiglio da amico che resterà inascoltato.

Il partito-azienda

1994, 8 gennaio. Berlusconi parte all'assalto del *Giornale* di Montanelli, pur non essendone più l'editore (lo ha girato al fratello Paolo per il divieto della legge Mammì). Da sei mesi ha firmato un sontuoso pre-contratto con Vittorio Feltri per portarlo alla direzione, ma non l'ha detto a Indro, che ne è il direttore e il fondatore. Malgrado le sollecitazioni di Silvio, Montanelli rifiuta pervicacemente di trasformare il quotidiano nell'house organ di Forza Italia. A nulla valgono i pestaggi a cui il grande giornalista è sottoposto ogni giorno dai picchiatori catodici berlusconiani, come Vittorio Sgarbi ed Emilio Fede (che il 6 gennaio ha chiesto in diretta al Tg4 le sue dimissioni). Così il Cavaliere, accompagnato dal suo neoportavoce Antonio Tajani, si presenta, all'insaputa e in assenza di Montanelli, all'assemblea dei redattori per arringarli sulla sua prossima discesa in campo e invitarli a sostenerlo dissociandosi dalla linea del direttore: «Credo che, se *il Giornale* darà segni di voler combattere una battaglia con una strategia e una tattica adeguate alle posizioni dei maggiori quotidiani italiani schierati nel polo opposto, allora non mancheranno assolutamente i mezzi per il rafforzamento della linea del *Giornale*. Credo che dobbiate mettervi d'accordo su questo: è difficile affrontare col fioretto chi scende in campo col mitra». Appena informati, Montanelli e il condirettore Federico Orlando si dimettono, seguiti da una quarantina di redattori. A marzo fonderanno un nuovo quotidiano indipendente: *La Voce*.

19-20 gennaio. Il killer Gaspare Spatuzza viene convocato dal suo boss Giuseppe Graviano al bar Doney di via Veneto a Roma. «Era gioioso, felice», racconterà ai pm: «Mi comunicò che avevamo chiuso tutto e avevamo ottenuto tutto quello che cercavamo, e questo grazie alla serietà di quelle persone con cui avevamo portato avanti questa cosa, e che non erano come quei quattro "crasti" dei socialisti che avevano tradito le attese». E chi erano le persone serie? «Quello di Canale 5», cioè Berlusconi, e «il nostro paesano», cioè Dell'Utri. I quali, dice Graviano a Spatuzza, «ci stanno mettendo l'Italia nelle mani». Graviano aggiunge che l'attentato all'Olimpico va fatto comunque per «dare il colpo di grazia». La Dia accerterà che il 18 gennaio Marcello Dell'Utri ha alloggiato all'hotel Majestic, proprio di fronte al bar Doney.

23 gennaio. L'attentato allo stadio contro i Carabinieri, programmato subito dopo la fine della partita Roma-Udinese, fallisce per un guasto al telecomando d'innesco dell'autobomba. Ma i killer mafiosi rimangono a Roma per riprovarci alla prima occasione.

26 gennaio. Berlusconi annuncia, in un videomessaggio trasmesso da tutte le tv pubbliche e private, la sua «discesa in campo» alle elezioni di marzo, perché «questo è il Paese che amo». E promette «un nuovo miracolo italiano». Poi, per non perdere voti, applaude Mani Pulite e maledice i politici tangentari: «La vecchia classe politica è stata travolta dai fatti e superata dai tempi. L'autoaffondamento dei vecchi governanti, schiacciati dal peso del debito pubblico e del sistema del finanziamento illegale dei partiti, lascia il Paese impreparato e incerto nel momento difficile del rinnovamento e del passaggio a una nuova Repubblica». Il 6 febbraio, nella prima convention azzurra al Palafiera di Roma, andrà anche oltre: «Basta con la vecchia politica, noi vogliamo una politica diversa, nuova, pulita! Siamo l'Italia che risparmia contro l'Italia che ruba!». In privato, qualche settimana prima, ha confessato a Montanelli e a Enzo Biagi: «Se non entro in politica, mi arrestano e fallisco per debiti».

27 gennaio. I boss latitanti Giuseppe e Filippo Graviano vengono arrestati a Milano, dove cenano in compagnia del loro favoreggiatore Giuseppe D'Agostino, che da mesi ospita a Palermo Giuseppe Graviano. Prima della partenza, Giuseppe gli ha dato appuntamento a Milano e gli ha offerto un lavoro in città così da aiutarlo a seguire il figlio, il baby calciatore Gaetano, che nel '92 ha fatto un provino nei "pulcini" del Milan grazie all'interessamento di Dell'Utri.

19 febbraio. Gianfranco Mascia, pubblicitario di 32 anni, sposato, due figli, dirigente dei Verdi e fondatore del Bo.Bi.,

"Boicottiamo il Biscione", è nel suo studio alla periferia di Ravenna. Due uomini a volto scoperto fanno irruzione: «Finalmente ti abbiamo trovato». Gli tappano la bocca con un tampone, gli legano mani e piedi con un filo di ferro, lo imbavagliano, lo picchiano selvaggiamente e lo seviziano con un manico di scopa. Lui sviene, riprende i sensi dopo qualche ora e viene trasportato all'ospedale in stato di choc. Al magistrato dichiara di avere ricevuto nei giorni precedenti diverse minacce telefoniche, registrate nella sua segreteria: «Smettila di rompere i coglioni. Hai la voce da deficiente. Sei una testa di cane. Bastardo. Vi facciamo chiudere tutti. Vi conosciamo tutti. Bastardi. Vi spacchiamo il culo. Gruppo Silvio forever». Il questore Vincenzo Achille dichiara: «Sono aperte tutte le piste, ovviamente anche quella politica». Le indagini si concentrano su gruppi ultrà del Milan, poi su due buttafuori di discoteche del Veronese, poi non se ne saprà più nulla e non si farà alcun processo. Mascia racconterà mesi dopo di avere ricevuto una nuova minaccia, analoga a quella giunta a Filippo Boriani, consigliere comunale dei Verdi e portavoce del Bo.Bi. a Bologna, destinatario di una busta con una lingua di vitello mozzata e una scritta: «La prossima sarà la tua».

27-28 marzo. Berlusconi vince le elezioni politiche grazie a una coalizione a scartamento variabile: al Nord Fratelli d'Italia è alleata con la Lega Nord di Umberto Bossi e nel Centro-Sud con Alleanza nazionale di Gianfranco Fini. Agli aspiranti candidati di Forza Italia, il "giustizialista" Silvio ha fatto firmare una dichiarazione scritta e giurata: «Dichiaro: 1) di non avere carichi pendenti; 2) di non avere ricevuto avvisi di garanzia; 3) di non essere stato e di non essere sottoposto a misure di prevenzione e di non essere a conoscenza dell'esistenza a mio carico di procedimenti in corso». Infatti, per la prima e unica volta nella sua carriera politica, non porta in Parlamento neppure un indagato. E, in attesa dell'incarico di formare il governo dal presidente Scalfaro, tenta subito di annettersi la bandiera del pool Mani Pulite, Antonio Di Pietro, come ministro dell'Interno, mentre Ignazio La Russa propone la Giustizia a Piercamillo Davigo. Ma entrambi i pm rifiutano.

Cambiali in scadenza

8 aprile. I boss Giovanni Brusca e Leoluca Bagarella – racconterà il primo una volta pentito – rispediscono Vittorio Mangano a Milano da Dell'Utri per recapitare un avvertimento a lui e a Berlusconi: «Devono scendere a patti altrimenti, senza la revisione del maxiprocesso e del 41-bis e la fine dei maltrattamenti in carcere, le stragi continueranno». Il fallito attentato all'Olimpico può essere ritentato in qualunque momento. Mangano deve aggiungere, per rassicurare gli "amici" milanesi, che «anche la sinistra sapeva» della trattativa. Quindi, se il governo Berlusconi farà qualcosa a beneficio di Cosa Nostra, non incontrerà opposizioni, perché dietro la prima trattativa c'era "la sinistra" (nel senso – spiegherà Brusca – della «sinistra Dc, che fino ad allora aveva governato il Paese» ed era dunque ricattabile). Mangano va e – sempre secondo il racconto dei pentiti – torna vincitore: «Dell'Utri ha detto "grazie, grazie, a disposizione"». Il commando di Spatuzza rientra da Roma a Palermo: Cosa Nostra non ha più bisogno di sparare. La guerra è finita. La trattativa sembra andare a buon fine: non resta che aspettare, dando tempo e serenità ai nuovi "referenti" politici per mantenere gli impegni. Inizia una lunga "*pax* mafiosa".

11 maggio. Il governo Berlusconi giura al Quirinale dopo un braccio di ferro tra il premier, che tenta di piazzare alla Giustizia il suo civilista di fiducia Cesare Previti, e il presidente Scalfaro, che lo blocca per il conflitto d'interessi e lo dirotta alla Difesa.

13 luglio. Approfittando della semifinale dei Mondiali di calcio, Berlusconi mette le mani sulla Rai e sulla giustizia. In viale Mazzini sfiducia il Cda dei «professori» con due anni di anticipo sulla scadenza fissata per legge. E impone alla presidenza la fedelissima Letizia Moratti e alla direzione della Sipra l'ex amministratore di Publitalia Antonello Perricone. La Moratti provvederà a sistemare alle direzioni del Tg1, del Tg2, dei tg regionali e dei giornali radio i berlusconiani Carlo Rossella, Clemente J. Mimun, Piero Vigorelli e Claudio Angelini. Sulla giustizia, il primo vero atto del governo è il decreto Biondi (Alfredo, ministro della Giustizia) che abolisce la custodia cautelare in carcere per i reati di Tangentopoli. Sulle prime si pensa solo a un provvedimento per salvare i colletti bianchi (in particolare Paolo Berlusconi e gli altri manager Fininvest appena indagati per le mazzette alla Guardia di finanza). Pochi notano, nelle pieghe del testo, tre norme favorevoli ai mafiosi. 1) La custodia cautelare diventa molto più difficile e più breve anche nei processi di mafia, così molti imputati saranno scarcerati per decorrenza dei termini prima della fine del processo e potranno darsi alla fuga prima che la pena diventi definitiva. 2) Il carcere preventivo per i reati di mafia, ora obbligatorio, diventa facoltativo: il giudice rischierà in prima persona arrestando un mafioso a sua discrezione. 3) È abolito l'articolo 371-bis del Codice penale (ideato da Giovanni Falcone contro l'omertà, ma approvato solo dopo la sua morte) che prevede l'arresto in flagranza per i testimoni falsi o reticenti: così sarà molto più facile ottenere testimonianze compiacenti, visto che chi mente o si cuce la bocca non rischia più la galera. Il decreto "Salvaladri" viene ritirato quasi subito a furor di popolo, sull'onda delle proteste di piazza sposate da Bossi e Fini. Ma è solo rimandato: diventa un disegno di legge e verrà approvato di lì a un anno. A cavallo del decreto – racconterà il pentito Salvatore Cucuzza – Dell'Utri incontra due volte Mangano nella sua villa a Como e gli annuncia in anteprima le nuove norme pro-mafia.

Nei sette mesi del suo primo governo, Berlusconi passa da una lite all'altra con Bossi. E riesce a varare anche un condono fiscale, un condono edilizio e la legge Tremonti sugli sgravi fiscali alle imprese per gli utili reinvestiti, che farà risparmiare un po' di tasse alla Fininvest. Intanto avanza l'inchiesta sulle tangenti Fininvest alle Fiamme gialle. L'ultima è stata pagata nei giorni delle elezioni, fra marzo e aprile, per addomesticare una verifica fiscale disposta dal garante per l'Editoria, Giuseppe Santaniello. Il quale sospetta che la Fininvest aggiri la legge Mammì controllando interamente i tre canali Telepiù (di cui potrebbe possedere solo il 10%) tramite prestanomi finanziati dallo stesso Berlusconi. Il che, come emergerà dalle indagini sui conti esteri del Biscione, è vero. Ma, se la cosa emergesse ora, segnerebbe la fine dell'impero berlusconiano. La sanzione infatti è la revoca delle concessioni, cioè lo spegnimento immediato di Canale 5, Italia 1 e Rete 4. Ecco che cosa non devono scoprire i finanzieri in cambio delle mazzette Fininvest.

21 novembre. Il premier Berlusconi viene indagato per complicità in tre tangenti alla Guardia di finanza, confessate dal fratello Paolo e da altri manager Fininvest. I pm di Milano hanno la prova che un consulente del gruppo, l'ex finanziere Massimo Maria Berruti, ha depistato le indagini subito dopo aver incontrato il premier a Palazzo Chigi. Di qui l'urgenza di interrogare contestualmente sia Berlusconi sia Berruti sul contenuto dello strano incontro. Borrelli invia a Roma un ufficiale dei Carabinieri a notificare al premier l'invito a comparire. Ma il Cavaliere quella sera non è nella capitale: ha cambiato programma e ha deciso di restare a Napoli, a un concerto di Luciano Pavarotti nell'ambito di un convegno internazionale dell'Onu sulla criminalità. Così l'ufficiale, consultatosi col procuratore di Milano, lo raggiunge telefonicamente da Roma per illustrargli il provvedimento e chiedergli un appuntamento per la notifica l'indomani a palazzo Chigi. Ma fa in tempo a leggergli soltanto due delle tre tangenti contestate nell'atto.

22 novembre. Il *Corriere della Sera* e *Avvenire* escono con la notizia di Berlusconi indagato. Per anni il Cavaliere racconterà di aver ricevuto un avviso di garanzia a Napoli durante il G8, di averlo scoperto dal *Corriere* e di essersi dovuto dimettere da premier a causa di quella fuga di notizie. Cinque bugie in una sola frase: non era un avviso di garanzia, ma un invito a comparire obbligatorio per legge; non gli fu notificato a Napoli, ma a Roma l'indomani; a Napoli non si teneva alcun G8 (che si era svolto a giugno), ma un semplice incontro Onu fra ministri degli Interni; Berlusconi non apprese la notizia dal *Corriere* il 22 novembre, ma dal carabiniere che lo chiamò la sera del 21 e gli lesse parzialmente il contenuto dell'atto, da quel momento non più segreto; dunque quella del *Corriere* non fu una fuga di notizie top secret (anzi è probabile che la conferma decisiva sia arrivata proprio dall'entourage berlusconiano, visto che al *Corriere* risultano solo due dei tre capi di imputazione: quelli letti dall'ufficiale al premier); falso, infine, che il suo governo sia caduto per quel motivo.

6 dicembre. Di Pietro, pressato da un'ispezione ministeriale segreta disposta da Biondi su istigazione di Previti e Paolo Berlusconi per alcune sue vicende private, si dimette dal pool Mani Pulite. Così non sarà lui a interrogare Berlusconi, che dopo tre settimane di rinvii si presenterà finalmente in Procura il 13 dicembre, negando tutto. L'ispezione ministeriale su Di Pietro, ottenute le sue dimissioni, viene subito archiviata.

7 dicembre. La Corte Costituzionale sentenzia che la legge Mammì, là dove permette alla Fininvest di possedere tre reti, dev'essere abrogata perché viola l'articolo 21 della Costituzione: «Il legislatore è vincolato ad impedire la formazione di posizioni dominanti nell'emittenza privata e favorire il pluralismo delle voci nel settore televisivo... nel senso che l'esistenza di un'emittenza pubblica non vale a bilanciare la posizione dominante di un soggetto privato... Il legislatore... doveva contenere e gradualmente ridimensionare la concentrazione esistente e non già legittimarla stabilmente, non potendo esimersi dal considerare che la posizione dominante data dalla titolarità di 3 reti su 9 assegna un esorbitante vantaggio nella utilizzazione delle risorse e della raccolta della pubblicità». In pratica, una delle tre reti va spenta, o ceduta o trasferita dall'analogico terrestre al satellite. La Corte dà tempo al Parlamento fino al 27 agosto 1996 per approvare la norma antitrust stabilita nella sentenza.

22 dicembre. Il governo Berlusconi si dimette in seguito alle mozioni di sfiducia delle opposizioni Pds e Ppi, a cui si è associata la Lega Nord per insanabili dissensi sulla riforma delle pensioni.

1995, gennaio. Il Cavaliere grida al "ribaltone" e al "golpe". Ma è tutto falso. Scalfaro, verificata l'esistenza di una maggioranza parlamentare favorevole a un governo tecnico-istituzionale per varare alcune riforme urgenti prima del voto anticipato, chiede allo stesso Berlusconi di scegliersi il successore. Lui indica il suo ministro del Tesoro uscente, Lamberto Dini. Poi però, al momento di votarlo, il centrodestra gli nega la fiducia e decide di astenersi, anche se l'ex premier ha ottenuto i due ministeri che gli interessano per due amici: le Telecomunicazioni per Agostino Gambino (uno dei suoi avvocati) e la Giustizia per l'ex giudice Filippo Mancuso (suo fan, frequentatore del salotto di Previti e nemico giurato dei pool di Milano e di Palermo). E anche se Luciano Violante, in missione per conto di D'Alema, gli ha promesso che non verranno toccate le sue tv e non verrà presentata alcuna legge sul conflitto d'interessi. Nasce così una nuova maggioranza formata da tutti gli altri partiti: la Lega Nord e il centrosinistra. Bossi inizia a chiamare Berlusconi «il mafioso di Arcore».

Fra Tonino e Stefania

Aprile. La Procura di Brescia riceve una raffica di dossier pieni di accuse, accumulati dall'entourage berlusconiano, contro Di Pietro. L'ex pm viene indagato per abuso, falso, corruzione e concussione dopo aver rifiutato l'ennesima offerta del Cavaliere (terrorizzato dai sondaggi sulla sua popolarità altissima e dalle voci sulla nascita di un suo partito) di entrare in politica con Forza Italia. Intanto il governo Dini fissa per l'11 giugno i quattro referendum sul sistema televisivo che terrorizzano Berlusconi. I primi tre, proposti da Acli, Arci e Gruppo di Fiesole (un'associazione di giornalisti di sinistra), puntano a rimettere in discussione la Mammì lasciando a Mediaset una sola rete, ridimensionandone la raccolta pubblicitaria e impedendo l'interruzione dei film con gli spot. Il quarto, proposto dai radicali, prevede l'avvio della privatizzazione Rai. Ma la campagna per il Sì è quasi inesistente. Il Pds di Massimo D'Alema perde tempo in una finta trattativa con Berlusconi, che fa credere di essere disposto a rinunciare a una rete nell'ambito di una riforma che neutralizzi i referendum. È nata addirittura un'apposita Commissione speciale per il riassetto televisivo presieduta da Giorgio Napolitano, molto stimato dal mondo berlusconiano. Così il Cavaliere porta a spasso il centrosinistra, mentre le sue tre reti inondano l'etere e le case degli italiani di spot per il No con lo slogan «Canale 5, Italia 1, Rete 4: meglio che ci siano». Il garante per l'Editoria Giuseppe Santaniello denuncia lo squilibrio delle forze in campo: gli italiani non conoscono le ragioni del Sì, ma solo quelle del No, che fra l'altro usano un messaggio «inesatto e ingannevole»: si fa credere che il referendum punti ad abolire le reti Mediaset, mentre la proposta si limita «a perseguire l'obiettivo che nessun soggetto possieda più di una rete televisiva nazionale». Santaniello ordina la rettifica. Ma Mediaset disobbedisce. E scatena le sue trasmissioni d'intrattenimento e "informazione" con una campagna martellante per il No affidata ai volti più noti del Biscione: Vittorio Sgarbi, Emilio Fede, Rita Dalla Chiesa, Iva Zanicchi, Paola Barale, Massimo Boldi, Maurizio Costanzo... Lo spiegamento di forze è impressionante: sugli autobus di Roma compaiono grandi cartelloni con scritto: «Vota No per salvare la televisione privata e la tua libertà di scegliere», «No alla chiusura della tv privata. No alla riduzione dei film in tv. No alla fine della libera concorrenza». Poi, a dieci giorni dal voto, Berlusconi rovescia il tavolo della trattativa e si va alle urne.

25 maggio. Dell'Utri viene arrestato a Torino per i fondi neri di Publitalia. Patteggerà 2 anni e 6 mesi in Cassazione per false fatture e frode fiscale.

11 giugno. Ai referendum sulle tv vince il No, con una maggioranza che da quesito a quesito varia fra il 55 e il 57%. Norberto Bobbio commenta: «Il motivo principale per cui Berlusconi ha vinto il referendum che tendeva a diminuire il suo potere televisivo è stato il fatto stesso che aveva questo potere». Il grande filosofo e senatore a vita aggiunge che la sconfitta referendaria non deve spegnere la lotta contro la legge Mammì, anzi «è la prova di fatto, più forte di qualsiasi discorso, che avevano ragione coloro che vi si sono opposti, seppure forse in una forma maldestra, e continueranno a opporsi con maggiore abilità, spero, per la sorte della nostra democrazia». Ma subito D'Alema rassicura il Cavaliere: «Il Pds non voterà mai una legge antitrust che non sia votata anche dal Polo». In pratica, chiede al tacchino di saltare in pentola per il pranzo di Natale.

7 luglio. Berlusconi è l'ospite d'onore al congresso nazionale del Pds, il primo con D'Alema segretario, presenti anche Gianni Letta e Cesare Previti. Il Cavaliere attacca i giudici, fra pochi applausi e pochi fischi. D'Alema critica anche lui i pm e promette: «Basta con la demonizzazione dell'avversario». Pochi giorni dopo Berlusconi e Dell'Utri vengono indagati dalla Procura di Palermo per concorso esterno in associazione mafiosa e riciclaggio di denaro sporco. Il secondo sarà poi processato e condannato, il primo archiviato.

20 luglio. Stefania Ariosto accetta di verbalizzare dinanzi al pm milanese Francesco Greco le informazioni che sta fornendo da febbraio alla Guardia di finanza, schermata come "fonte Olbia" e poi come "teste Omega", nell'inchiesta sui libretti al portatore usati da Berlusconi per pagamenti miliardari in contanti. La Ariosto è una nobildonna milanese, lontana discendente del Ludovico dell'*Orlando furioso*, compagna di Vittorio Dotti, presidente dei deputati di FI e avvocato civilista milanese del Cavaliere e delle sue aziende. Fin dagli anni 80 ha assistito a diversi incontri e passaggi di denaro fra Previti e alcuni giudici romani, a cominciare dall'ex vicecapo dell'Ufficio Istruzione e ora capo dei gip capitolini Renato Squillante. E racconta tutto a Greco, che si farà presto affiancare dalla collega Ilda Boccassini, oltreché da Davigo, Colombo e Ielo. I verbali vengono segretati e Stefania, per non insospettire Berlusconi e gli altri, continua a frequentarli. Ma la Prefettura di Milano, per le minacce anonime che ha iniziato a ricevere, le ha assegnato una scorta che la segue anche sulla barca di Dotti. Il Cavaliere lo viene a sapere e chiama Dotti: «Perché Stefania è scortata? È vero che sta rendendo dichiarazioni contro il nostro gruppo?». Dotti, imbarazzato, inventa una scusa. Ma non viene creduto. Sempre nel segreto più assoluto, a settembre il Cavaliere, Previti e Squillante verranno iscritti nel registro degli indagati per corruzione giudiziaria aggravata insieme a un altro avvocato-faccendiere, Attilio Pacifico. Squillante e Pacifico, non essendo parlamentari, verranno intercettati e pedinati.

7 settembre. Le indagini bresciane contro Di Pietro languono e si avviano mestamente all'archiviazione. Si avvicina l'entrata in politica del pm più popolare d'Italia. Berlusconi, terrorizzato, invita ad Arcore un suo vecchio dipendente e amico, il costruttore Antonio D'Adamo, che era in ottimi rapporti anche con l'ex pm e ora nuota in pessime acque, con 40 miliardi di lire di debiti con le banche. Il Cavaliere s'impegna ad aiutarlo finanziariamente, ma in cambio vuole una sola cosa: la testa di "Tonino". Alle 12.55 D'Adamo esce da villa San Martino e chiama sua figlia, che gli domanda: «Papà, ma tu sei riuscito a fare qualcosa per lui?». E D'Adamo: «Certo, Patrizia, c'è tutta una contropartita...». L'amico Silvio gli ha appena promesso un po' di respiro dalle banche creditrici e un intervento per sbloccare certi affari edilizi in Libia. Un anno e mezzo dopo, il 13 maggio 1997, Previti produrrà ai pm di Brescia un memoriale scritto da D'Adamo, che rievoca creativamente un prestito di 100 milioni fatto dal costruttore a Di Pietro e poi restituito, e altri particolari opportunamente ritoccati per accreditare l'ipotesi accusatoria dei pm bresciani: che Di Pietro abbia concusso il banchiere plurinquisito Pierfrancesco Pacini Battaglia per salvarlo da Mani Pulite in cambio di una tangente "parcheggiata" sui conti di D'Adamo. Berlusconi andrà a testimoniare: «D'Adamo mi ha riferito di aver ricevuto da Pacini un finanziamento di 9 miliardi. A fronte di tale finanziamento, D'Adamo avrebbe dovuto restituire a Pacini 4 miliardi e mezzo, mentre la restante somma avrebbe dovuto essere destinata al dottor Di Pietro, pienamente consapevole e consenziente». Dirà che, per puro caso, è stata registrata dal suo collaboratore Roberto Gasparotti la conversazione in cui D'Adamo gli confida il presunto peccato mortale dell'ex pm. Gasparotti presenta ai pm bresciani un "taglia e cuci" delle confidenze di D'Adamo. Ma il contenuto non è così chiaro come garantisce lui. È Berlusconi che tenta di far dire a D'Adamo che Di Pietro è un corrotto. Ma D'Adamo, finito in un gioco più grande di lui che potrebbe condurre entrambi a una condanna per calunnia, si schermisce con Silvio: «Dottore, lei sa quanto le voglio bene e quindi non ho paura di questa cosa qui, ma se dice una cosa di questo tipo si incasina... lei queste cose le lasci dire a me... lei deve stare fuori...». Nel nastro "taglia e cuci" D'Adamo spiega, mentendo, di avere ancora un credito di «100 milioni, 150, 130, non so» con l'ex pm (che invece ha estinto il debito già nel 1994). Ma quando finalmente andrà a deporre a Brescia, balbetterà, si contraddirà e non confermerà ciò che non può confermare: e cioè che Di Pietro fosse un corrotto. Alla fine l'ex pm verrà prosciolto dal gup Anna Di Martino, con queste definitive parole: «La genesi delle accuse di D'Adamo rinviene dai sedimentati risentimenti nutriti da Silvio Berlusconi nei confronti dell'ex magistrato, risultando poi *per tabulas* che proprio Berlusconi (e Previti) sospinse D'Adamo alla procura di Brescia, utilizzando ogni mezzo e facendo leva sull'antico rapporto di lavoro subordinato e sullo stato di dipendenza finanziaria e psicologica di D'Adamo». I nastri – aggiungerà la giudice – evidenziano un'«inquietante soggettiva interpretazione dei fatti da parte del Berlusconi, ma anche un abbandono strumentale del D'Adamo a rivelazioni forzatamente alterate dei suoi rapporti con Di Pietro, nella prospettiva di soddisfare l'ansia accusatoria del suo interlocutore (Berlusconi) nei confronti dell'ex pm e ottenere urgenti soccorsi». Un bel quadretto sull'uomo politico che per vent'anni tuonerà contro le intercettazioni: quelle autentiche.

23 dicembre. Un fattorino suona il campanello di casa Ariosto a Milano: «Signora, c'è un pacco dono per lei». Stefania lo scarta: una scatola. La apre: un coniglio scuoiato e sgozzato che galleggia nel sangue e un biglietto d'auguri: «Buon Natale».

1996, 21 gennaio. È domenica. Squillante si incontra per colazione al bar Tombini di Roma con i colleghi Augusta Iannini (gip a Roma e moglie di Bruno Vespa) e Roberto Napoletano (procuratore di Grosseto) e con l'avvocato Vittorio Virga, uno dei penalisti del gruppo Fininvest. Ben presto i quattro vengono raggiunti da Orazio Savia, procuratore di Cassino, e dell'avvocato Pacifico. Alla fine, sotto il posacenere a piedistallo accanto al loro tavolino, un cameriere trova una microspia. Squillante capisce che è per lui, entra nel panico e comincia a tempestare colleghi e autorità dello Stato per scoprire quale Procura possa averla piazzata e per quale reato. Tutto il mondo berlusconiano entra in fibrillazione.

8 marzo. Pacifico vola in Svizzera, pedinato dagli investigatori dello Sco, per recarsi in due banche a Lugano e a Bellinzona. Due giorni dopo, rientrato a Roma, chiama Squillante per prendere un appuntamento. È evidente che il denaro sui conti svizzeri comunicanti fra avvocati e magistrati sta prendendo il volo. La Procura di Milano deve intervenire subito.

12 marzo. All'alba gli uomini dello Sco arrestano a Roma il giudice Squillante e l'avvocato Pacifico. Berlusconi, ufficialmente indagato con Previti, intima a Dotti di prendere le distanze dalla compagna Stefania e di smentire le sue testimonianze. Dotti rifiuta, anche se rompe il rapporto con Stefania con un annuncio in diretta tv al *Fatto* di Enzo Biagi. Forza Italia lo depenna in extremis dalle liste elettorali. È la fine della sua carriera politica, ma anche un danno professionale ed economico enorme: la Fininvest gli revoca tutte le pratiche legali, che assorbivano per i tre quarti la sua attività forense. Ma la Ariosto se la passa anche peggio: sarà bersagliata per anni da minacce private e linciaggi pubblici. Piccola antologia degli epiteti che le rovescia addosso il cosiddetto Polo delle Libertà e dintorni: «Pompadour» (Piero Di Muccio, FI), «mitomane» (Berlusconi), «esaltata» (Alfredo Biondi, FI), «boccuccia di rosa, come lady Golpe» (Giuseppe Pisanu, FI), «cortigiana» (*Il Foglio* e Ombretta Colli), «donna squinternata, malata di protagonismo e del complesso di Erostrato» (Luciano De Crescenzo, scrittore e amico di Squillante), «serial killer e avventuriera» (Silvana Pompili, moglie di Previti). Il forzista Domenico Contestabile: «La Ariosto è una mitomane, dice di aver avuto tre figli morti, ma non è vero niente» (invece è vero: Stefania ha perso tutti e tre i suoi figli per fibrosi cistica; si chiamavano Alfonso, Fabio e Domizia; Contestabile verrà condannato in Tribunale a risarcirle i danni). Un elegante calembour di Giulio Maceratini di An: «Dotti è un cavallo di Troia, e la signora Ariosto non c'entra...». Sgarbi la attacca ogni sera in tv, imitato da Fede e Paolo Liguori (compagno dell'avvocato Grazia Volo, che difende Previti). Ferrara e Lino Jannuzzi, giornalisti intimi di Squillante, la insultano sul *Foglio* e su *Panorama*. In vista delle elezioni, Previti minaccia il centrosinistra: «Questa volta non faremo prigionieri».

Il Conte Max

4 aprile. A due settimane dal voto, D'Alema visita gli studi della quotanda Mediaset, a Cologno Monzese. L'iniziativa è stata da lui solennemente preannunciata, come un passo storico, in un'intervista a *l'Unità*: «Mediaset è un patrimonio per l'Italia, è un'impresa strategica che deve poter affrontare serenamente il futuro in un quadro di regole certe e all'altezza di un paese europeo». Gli sfugge che il patrimonio dell'Italia sono le frequenze, cioè l'etere, che è un bene pubblico. Mediaset, che ha le frequenze in concessione dallo Stato, è un patrimonio privato di Berlusconi. A Cologno trova ad attenderlo Confalonieri, che lo fa sedere nello studio di *Stranamore*. Lì, per due ore, D'Alema risponde alle domande dei dirigenti Mediaset: «Sono qui per sottolineare questo messaggio: voi non dovete avere timore del giorno dopo. Non ci sarà nessun day after. La tv è un altro potere rispetto alla politica. È fondamentale restituire indipendenza a questo potere. Ma voi non dovete aver timori. State tranquilli. Avremo invece la serenità sufficiente per trovare intese», con una «visione flessibile, non rigida, del concetto di antitrust». Mediaset, ripete, è «una ricchezza per il Paese».

21 aprile. L'Ulivo vince le elezioni politiche con una buona maggioranza sia al Senato (157 seggi contro i 116 del centrodestra) sia alla Camera (284 a 246), dove però sono determinanti, per raggiungere la maggioranza, i 35 deputati di Rifondazione comunista. La Lega, che ha corso da sola contro "Roma Polo e Roma Ulivo", raggiunge un buon 10 per cento. Il Pds con il 21,1% è il primo partito, mentre Forza Italia si attesta al 20,6. Il premier Romano Prodi, pur non amando gli inciuci con Berlusconi, gli tende la mano nei due dicasteri-chiave: alla Giustizia nomina il suo avvocato, il giurista ipergarantista Giovanni Maria Flick; e alle Telecomunicazioni un uomo di mondo, di salotti e di compromessi come Antonio Maccanico. E infatti, con i "comunisti" del centrosinistra il Cavaliere trova subito un accordo. A giugno il Tesoro dà il via libera alla quotazione in Borsa di Mediaset, nonostante le indagini della Procura di Milano sui reati fiscali e contabili del gruppo con l'intero comparto estero che ruota intorno alla All Iberian (utilizzata per la maxi-tangente a Craxi e per molte operazioni occulte) e ad altre 63 società totalmente sconosciute al bilancio consolidato. Così gli enormi debiti del gruppo vengono scaricati sul mercato azionario. L'apposito ministro delle Telecomunicazioni Antonio Maccanico aggira la sentenza della Consulta del 1994 che impone la riduzione delle reti Mediaset sul digitale terrestre da tre a due e concede al Biscione una proroga *sine die*. Pazienza se Rete 4 ha perso la gara per la concessione a vantaggio di Europa 7 di Francesco Di Stefano (che resta senza frequenze, abusivamente occupate dall'emittente berlusconiana). Ciliegina sulla torta: quando la giunta per le Elezioni della Camera deve ratificare il seggio per Berlusconi, ineleggibile in base alla legge Scelba n. 361/1957 in quanto titolare di concessioni pubbliche (per le sue tv), l'Ulivo vota come il Polo nel 1994. Cioè dichiara, insieme al centrodestra, Berlusconi eleggibile in barba alla legge: ineleggibile è soltanto Fedele Confalonieri, che peraltro non ha mai chiesto né pensato di essere eletto. Anni dopo, D'Alema ammetterà che quella fu «una funzione giuridica». In cambio di tanta generosità, Berlusconi fa un'opposizione perlopiù finta.

11 ottobre. Berlusconi convoca una conferenza stampa e mostra al mondo una «microspia» trovata tre giorni prima dietro il termosifone della sua residenza romana, nel salone adibito alle riunioni con gli altri leader del Polo. Viste le dimensioni e la tecnologia non molto aggiornata dell'aggeggio, qualche giornale lo ribattezza «cimicione». Ma lui giura che è «perfettamente funzionante», in grado di trasmettere «fino a 300 metri di distanza». Poi lancia un drammatico allarme sul fatto di essere spiato e parla di «Procure eversive» che calpestano l'immunità parlamentare e minacciano la democrazia. Spiega anche di aver avvertito immediatamente, prim'ancora dei Carabinieri, «l'amico Massimo»: cioè D'Alema, candidato alla presidenza della Bicamerale. D'Alema assicura subito la sua solidarietà: «È un fatto grave, che testimonia il clima torbido di un Paese inquinato da intrighi, manovre, veleni e sospetti. Bisogna reagire con fermezza, con un colpo di reni, riscrivendo le regole della convivenza civile e democratica». Il 16 ottobre il presidente Luciano Violante convoca la Camera in seduta straordinaria. Berlusconi prende la parola in un'aula gremita all'inverosimile. L'ora è drammatica, l'atmosfera carica di tensione, il clima da pre-golpe. «Onorevoli colleghi – scandisce nel silenzio generale il Cavaliere – il fatto è davvero grave: un'attività spionistica ai danni del leader dell'opposizione che, da chiunque sia stata ordita, rientra perfettamente nel panorama non limpido della vita nazionale. Mai, in nessun periodo della storia repubblicana, sono gravate sulla libera attività politica tante ombre e tanto minacciose...». Poi al microfono si alternano leader della maggioranza e dell'opposizione. Solo il leghista Maroni e il dipietrista Elio Veltri, malfidati, ipotizzano che il Cavaliere la cimice se la sia piazzata da solo. Lo sdegno è unanime e la ritrovata unità del Parlamento nella condanna del «cimicione» contribuisce ad accelerare il passo verso la Bicamerale per riformare la Costituzione, indicata come la panacea di tutti i mali. Qualche settimana dopo, le indagini della Procura di Roma appureranno che la microspia era un ferrovecchio inservibile da anni, per nulla funzionante. E che, a piazzarla in casa Berlusconi, non era stata una «Procura deviata», ma un amico del capo della sicurezza di Berlusconi, incaricato di «bonificare» la residenza romana del Cavaliere. Mestamente archiviata la denuncia del leader forzista, che ipotizzava addirittura i reati di «spionaggio politico, violazione di domicilio, intercettazione abusiva, abuso d'ufficio e attentato ai diritti costituzionali del capo dell'opposizione».

1997. Nasce la commissione Bicamerale per la riforma della Costituzione (e soprattutto della magistratura), presieduta da D'Alema. Berlusconi, che ne fa parte, viene riabilitato come padre costituente e appoggia le "riforme" d'intesa col centro-sinistra: sulla giustizia si parte dalla bozza dell'ex lottatore continuo Marco Boato, copiata in parte dal Piano di Rinascita Democratica della P2 di Licio Gelli e in parte dal programma di Forza Italia. Il 30 marzo, giorno di Pasqua, Berlusconi piange a favore di telecamera a Brindisi incontrando i migranti albanesi sopravvissuti al naufragio della nave che li trasportava, speronata per errore da una navetta della Marina militare: «Non possiamo dare l'immagine di uno Stato che butta a mare chi fugge da un Paese vicino». A maggio viene operato in gran segreto all'ospedale San Raffaele per un tumore alla prostata. Il 4 dicembre viene condannato per la prima volta dal Tribunale di Milano: 1 anno e 4 mesi per falso in bilancio sui fondi neri nell'acquisto di Medusa Cinema.

1998. Berlusconi colleziona altre due condanne in primo grado a Milano: 2 anni e 9 mesi per corruzione della Guardia di finanza e 2 anni e 4 mesi per finanziamento illecito a Craxi tramite All Iberian. Ma ormai ha incassato la riabilitazione politica con la Bicamerale: così fa saltare il tavolo delle riforme costituzionali in Parlamento, lasciando D'Alema & C. con un pugno di mosche, e torna a dichiarare guerra ai "comunisti".

David Mills, l'avvocato d'affari inglese che alla fine degli anni 80 ha costruito il "comparto B" della Fininvest all'estero, utilizzato per accumulare fondi neri da spendere per ogni sorta di reati, viene convocato come testimone in due processi-chiave per Berlusconi: quelli per le tangenti alla Guardia di finanza e a Craxi (All Iberian). I vertici del Biscione gli promettono una lauta ricompensa se mentirà per Silvio. Mills esegue e, fra il 1999 e il 2000, riceverà dai conti esteri Fininvest una mazzetta di 600 mila dollari (per cui verrà condannato in primo e secondo grado per corruzione giudiziaria e poi salvato in Cassazione dalla prescrizione; Berlusconi invece verrà giudicato a parte grazie alle sue leggi auto-impunitarie e prescritto già in primo grado). Un altro depistaggio del processo All Iberian emergerà dai diari segreti di Yasser Arafat, pubblicati vent'anni dopo dall'*Espresso*: Berlusconi paga il capo dell'Olp per dichiarare che 10 dei 23 miliardi versati estero su estero a Craxi nel 1991 erano in realtà destinati alla causa palestinese.

9 ottobre. Il governo Prodi cade per un solo voto alla Camera, sfiduciato da Rifondazione comunista di Fausto Bertinotti. Al suo posto arriva il governo D'Alema, sostenuto da un pezzo di centrodestra al seguito di Francesco Cossiga e Clemente Mastella.

31 dicembre. Dell'Utri viene filmato dalla Dia a Rimini mentre incontra un falso pentito di mafia, Pino Chiofalo, che sta organizzando un complotto per screditare i veri pentiti che accusano Dell'Utri e i boss di Cosa Nostra. Chiofalo patteggia la pena e rivela: «Dell'Utri mi promise di farmi ricco». Dell'Utri smentisce, ma il gip di Palermo dispone la sua cattura. La Camera (a maggioranza Ulivo) nega l'autorizzazione all'arresto, così come ha appena fatto con Previti salvandolo dalle manette per le sue mega-corruzioni giudiziarie.

1999. A maggio Carlo Azeglio Ciampi viene eletto presidente della Repubblica dopo Scalfaro. E Dell'Utri si candida a eurodeputato nel collegio Sicilia-Sardegna. Dalle intercettazioni ambientali di alcuni uomini di Bernardo Provenzano, si sente uno di loro, Carmelo Amato, raccomandare ai "picciotti" di votare per lui. «Purtroppo dobbiamo portare a Dell'Utri, lo dobbiamo aiutare perché se no lo fottono. Se passa lui e sale alle Europee, non lo tocca più nessuno, ma intanto è sempre bersagliato da qua, ti pare? Perché hanno detto di no là (la

Camera ha appena detto no all'arresto, *nda*). Pungono sempre, questi pezzi di cornuti (i magistrati, *nda*), compare». «Si sta lavorando, ci dobbiamo dare aiuto a Dell'Utri, perché se no questi sbirri non gli danno pace». «Purtroppo ora a questo si deve portare in Europa... Dell'Utri... Sì, qua già si stanno preparando i cristiani (i mafiosi, *nda*)». In altre conversazioni emergono rapporti tra Dell'Utri e Pierino Di Napoli, il boss che consegna i soldi della Fininvest a Riina. Il 13 giugno Dell'Utri viene eletto al Parlamento europeo, dove entra subito nella commissione Giustizia.

2000. Dopo la sconfitta del centrosinistra alle elezioni regionali, il premier D'Alema si dimette, sostituito da Giuliano Amato (al suo secondo governo). Muore il boss Vittorio Mangano, di nuovo in carcere al 41-bis dal 1995: pochi giorni prima è stato condannato all'ergastolo per duplice omicidio. Berlusconi e Dell'Utri lo definiranno "eroe" perché non ha mai parlato. Il 3 luglio Berlusconi insulta Dino Zoff, commissario tecnico della Nazionale italiana di calcio, dopo la sconfitta subita nei tempi supplementari al *golden goal* nella finale dei campionati Europei contro la Francia, con un'analisi tattica della partita che fra l'altro denota assoluta incompetenza in materia: «Sono indignato dalla conduzione della nostra Nazionale... Un dilettante l'avrebbe visto e avrebbe vinto se si fosse fermato Zidane con uno che lo anticipasse e lo marcasse da vicino. Non era possibile che un allenatore, professionista, non vedesse una cosa del genere. È una cosa indegna. Uno o ha acutezza e intelligenza o non ce l'ha». Zoff risponde da grande campione, diversamente dalle tremebonde autorità sportive che non lo difendono con l'energia dovuta: «Sono stato offeso come uomo e come sportivo, non capisco perché si debba denigrare il lavoro degli altri. Non accetto lezioni di dignità dal signor Berlusconi». E rassegna le dimissioni irrevocabili.

L'odore dei soldi

2001. La campagna elettorale per le elezioni politiche è un lungo monologo del favorito Berlusconi contro i "comunisti" (memorabile il "Contratto con gli italiani" siglato a *Porta a Porta* sulla scrivania in noce messa a disposizione da Bruno Vespa), mentre il candidato di centrosinistra Francesco Rutelli rinuncia a qualunque polemica e balbetta in attesa della scontata sconfitta. Gli unici elementi di disturbo vengono da alcuni programmi tv: *Satyricon* di Daniele Luttazzi, che ospita Marco Travaglio per presentare il libro *L'odore dei soldi* sui rapporti fra il Cavaliere e Cosa Nostra; *Il raggio verde* di Michele Santoro e *il Fatto* di Enzo Biagi, che rilanciano quel tema del tutto oscurato dalla classe politica. Berlusconi, Forza Italia, Fininvest, Mediaset e Tremonti intenteranno un totale di ben otto cause civili contro Travaglio e Luttazzi, ma anche contro il coautore del libro Elio Veltri e contro il direttore di Rai 2 Carlo Freccero, chiedendo danni miliardari sia per il best seller sia per la trasmissione: le perderanno tutte e otto, in tutti e tre i gradi di giudizio. Indro Montanelli avverte gli italiani del pericolo di un «regime» con «la destra del manganello». Un appello di intellettuali mette in guardia dai pericoli che corre la Costituzione. Lo firmano: Norberto Bobbio, Alessandro Galante Garrone, Alessandro Pizzorusso, Andrea Camilleri, Antonio Tabucchi, Paolo Flores d'Arcais, Margherita Hack, Rita Levi Montalcini.

26 aprile. Mancano 17 giorni alle elezioni e Umberto Bossi, tornato all'ovile berlusconiano dopo cinque anni di pesantissimi insulti e accuse al Cavaliere, monetizza il rientro della Lega nella coalizione di centrodestra, decisivo per la vittoria elettorale. La Banca di Roma presieduta da Cesare Geronzi conclude l'iter per concedere a Forza Italia un fido di 20,4 miliardi di lire. Ma nel documento interno alla banca che dettaglia i termini dell'operazione compare una formula inequivocabile: «Linea di credito di lit 20 miliardi, di cui lit 2 miliardi distaccati con M/C in favore della Lega Nord». In pratica, la banca romana concede l'apertura di credito a FI a fronte di due garanzie: una fideiussione personale di Silvio Berlusconi, che si fa carico del rimborso del debito qualora FI si rivelasse insolvente, e un impegno del partito a "canalizzare" presso la banca i rimborsi elettorali incassati nei mesi successivi. Quanto alla clausola sulla Lega Nord, la sigla M/C sta per "mandato di credito": il tesoriere leghista o un suo delegato è autorizzato da FI a farsi versare fino a 2 miliardi di lire dei 20,4 complessivi senza risultare debitore verso la banca. Che continua ad avere per l'intera cifra un solo debitore in prima istanza (FI) e un debitore in seconda istanza (Berlusconi). A completare il ritorno di fiamma, Berlusconi ritira le numerose querele e cause civili sporte contro Bossi e altri leghisti che gli davano del delinquente e del mafioso. Ora la Lega Nord (e – sussurra qualcuno – anche il simbolo del Carroccio) è nelle sue mani.

13 maggio. Berlusconi stravince le elezioni alla guida della Casa delle Libertà e torna a Palazzo Chigi dopo sette anni. In Sicilia il centrodestra fa cappotto: 61 collegi su 61. Anche Dell'Utri viene rieletto, questa volta come senatore. Il boss di Brancaccio, Giuseppe Guttadauro, intercettato in quei giorni, parla con il mafioso Salvatore Aragona: «Con Dell'Utri bisogna parlare», anche se «alle elezioni del '99 ha preso degli impegni, e poi non s'è fatto più vedere». Guttadauro aggiunge che Dell'Utri ha preso accordi direttamente con l'anziano capomafia Gioacchino Capizzi, capomandamento della Guadagna, la stessa famiglia mafiosa di Bontate, di Teresi e dei Pullarà. Poi Guttadauro annuncia l'intenzione di scatenare una campagna di stampa contro i pentiti e il carcere duro. Aragona gli segnala Lino Jannuzzi, giornalista del *Foglio*, di *Panorama* e del *Giornale*: «Buono è... ha scritto il libro contro Caselli, un libro pure su Andreotti ed è in intimissimi rapporti con Marcello Dell'Utri. Io sono stato invitato al Circolo, che è la sede culturale e intellettuale di Dell'Utri».

Il Cavaliere vorrebbe ministro della Giustizia il leghista Roberto Maroni, che però ha una condanna definitiva per resistenza a pubblico ufficiale: Ciampi dice no e lo fa dirottare al Welfare. Il Guardasigilli è un altro leghista, Roberto Castelli, ingegnere meccanico specializzato in abbattimento dei rumori autostradali. Nessuna obiezione dal Colle per altri ministri o sottosegretari con pendenze giudiziarie: Bossi (condannato definitivo per la maxitangente Enimont), Brancher (condannato in appello per finanziamento illecito e falso in bilancio) e Sgarbi (pregiudicato per truffa al ministero dei Beni culturali, di cui ora diventa sottosegretario). E soprattutto Berlusconi: prescritto in Cassazione per la tangente di All Iberian a Craxi; prescritto in appello per le mazzette alla Guardia di finanza; indagato a Caltanissetta per le stragi di Capaci e via d'Amelio (sarà poi archiviato); imputato in sei processi in Italia (quattro per falso in bilancio: Lentini, All Iberian-2, Sme-Ariosto-2, consolidato Fininvest; due per corruzione giudiziaria: Sme-Ariosto-1 e lodo Mondadori).

11 giugno. Il governo Berlusconi-2 giura nelle mani del presidente Ciampi e si mette subito all'opera per legalizzare l'illegalità. Il ministro delle Infrastrutture Pietro Lunardi vara una serie di norme salva-inquinatori ambientali. E comunica che «con la mafia bisogna convivere». Il ministro dell'Interno Claudio Scajola revoca la scorta e la tutela a vari magistrati ad alto rischio, compresi quelli antimafia e i pm Boccassini, Colombo e Greco che sostengono l'accusa contro il premier.

25 settembre. Il governo vara il decreto Tremonti (ministro dell'Economia) per lo "scudo fiscale" che premia il rientro dei capitali illegalmente guadagnati e/o detenuti all'estero in cambio di un modico 2,5% (le normali aliquote arrivano al 50) e della garanzia di anonimato: un mega-condono e un'operazione di riciclaggio di Stato del denaro sporco. Guardacaso il premier è imputato per aver fatto transitare oltre 1.500 miliardi di lire in nero su conti di 64 società del comparto estero Fininvest. Ma per neutralizzare i suoi processi ci vuol altro.

28 settembre. Passa a tempo di record la legge delega che depenalizza di fatto il falso in bilancio: relatore Gaetano Pecorella, legale di Berlusconi e presidente della commissione Giustizia. Le pene massime, già lievi, scendono da 5 a 4 anni per le società quotate e addirittura a 3 per le non quotate (con prescrizione ancor più breve e niente più intercettazioni né custodia in carcere). Per le non quotate, il falso in bilancio sarà perseguibile solo a querela di parte (pura utopia: chi lo commette o chi lo ordina dovrebbe denunciarsi da solo). Totalmente depenalizzati i bilanci falsi delle banche. Per rendere vieppiù impossibili i processi, si fissano anche altissime soglie di non punibilità: una gigantesca franchigia fino al 5% del risultato di esercizio della società, al 10% delle valutazioni e l'1% del patrimonio netto. Per l'*Economist*, è «una legge di cui si vergognerebbero persino gli elettori di una repubblica delle banane». Infatti manderà in fumo tutti i processi per falso in bilancio a carico di Berlusconi (oltre a cancellare le condanne e i patteggiamenti definitivi per Cesare Romiti, Carlo De Benedetti, Corrado Passera, gruppo Gemina ecc.). Ora restano da abolire le prove dell'altra specialità della casa: la corruzione.

30 ottobre. Da un anno i legali del premier chiedono ai giudici del processo Sme-Ariosto di cestinare i documenti (e le testimonianze collegate) giunti per rogatoria dalla Svizzera: istanza sempre respinta dal Tribunale. Ora la Cdl le trasforma in legge. È la "riforma delle rogatorie" firmata da due giornalisti berlusconiani promossi senatori, Paolo Guzzanti e Lino Jannuzzi: tutte le rogatorie con documenti (circa 7 mila) richiesti o già ricevuti da magistrati italiani dai colleghi stranieri diventano inutilizzabili e vanno richiesti da capo. Per fortuna, questa legge non diventerà mai operativa perché i tribunali la disapplicheranno, in quanto contrasta col diritto superiore dei trattati internazionali e delle prassi seguite in tutta Europa.

Poi c'è la mafia, che reclama qualche legge anche per sé, come promesso a suo tempo nella "trattativa". Il governo nomina a capo del Dap (Direzione amministrazione penitenziaria) l'ex procuratore di Caltanissetta Giovanni Tinebra al posto di Gian Carlo Caselli. E subito il capo dell'Ispettorato del Dap, Alfonso Sabella, scopre e sventa una manovra per favorire la "dissociazione" dei boss (uno dei punti-chiave del "papello" di Riina per mandare in fumo ergastolo, 41-bis e pentitismo in un colpo solo). Tinebra, anziché premiarlo, lo licenzia.

Novembre. A Milano, nei processi Toghe sporche (Imi-Sir/ Mondadori e Sme-Ariosto), le difese di Berlusconi, Previti & C. tentano di usare una sentenza della Consulta su alcuni vizi formali per far annullare i due dibattimenti in corso e farli ripartire da zero dall'udienza preliminare. Ma il 17 e 21 novembre i presidenti dei collegi giudicanti Luisa Ponti e Paolo Carfì stabiliscono che si può proseguire.

5 dicembre. Il sottosegretario all'Interno, avvocato Carlo Taormina, chiede «l'arresto in flagrante dei giudici» e il centrodestra approva al Senato una mozione che censura le due ordinanze del Tribunale di Milano come atti di «lotta politica», «interferenza nella vita politica del Paese» e «sovvertimento della gerarchia delle fonti stabilita dalla Costituzione e dalla legge, sostituendosi di fatto e di diritto al legislatore». Per la prima volta nella storia d'Italia, il Parlamento mette ai voti la decisione di un giudice. La giunta dell'Anm si dimette per protesta, com'era avvenuto soltanto nel 1924, dopo il delitto Matteotti e la svolta autoritaria di Mussolini.

6 dicembre. Berlusconi annuncia a Bruxelles che il governo italiano, unico nell'Ue, non voterà il «mandato di cattura europeo» perché «mette a rischio le libertà individuali». E blocca l'approvazione della norma comunitaria. Ma solo per alcuni reati: corruzione, frode, riciclaggio e altri crimini finanziari (compresi tutti quelli di cui deve rispondere in Italia e in Spagna). Dure proteste dai partner Ue. Il ministro Bossi definisce la giustizia europea «Forcolandia ex comunista». *Newsweek* spiega che Berlusconi «teme di essere arrestato dai giudici spagnoli» per Telecinco.

Al Tribunale di Milano prosegue per i giudici la corsa a ostacoli. Previti, che da marzo a novembre (quando i suoi processi erano fermi per le elezioni, le ferie e una sua presunta malattia) era un recordman di assenteismo alla Camera (80,44% di sedute disertate), scopre un'irrefrenabile vocazione oratoria, intervenendo persino sull'«adeguamento ambientale della centrale termoelettrica di Polesine Camerini», l'«impiego delle giacenze del bioetanolo nelle distillerie», l'«esecuzione dell'inno nazionale prima delle partite del campionato di calcio», senza dimenticare «la previsione di un volo diretto Roma-Washington». Ottime scuse per far rinviare le udienze per "legittimo impedimento". Anche gli avvocati-deputati del premier, Pecorella e Ghedini, s'impegnano allo spasimo, fino al punto di aderire allo sciopero delle Camere penali contro «gli interventi settoriali e la decretazione d'urgenza, sintomo della carenza progettuale»: cioè contro il governo e la maggioranza di cui fanno parte, anzi contro le leggi ispirate da loro. In pratica, scioperano contro se stessi. La melina serve a prendere tempo per dar modo al ministro Castelli di rendersi utile anche lui.

31 dicembre. Mentre gli italiani preparano il cenone di Capodanno, su richiesta «urgente» dei difensori di Previti, Castelli nega contro ogni prassi e logica la proroga in Tribunale a uno dei tre giudici del collegio Sme-Ariosto: Guido Brambilla (destinato al Tribunale di sorveglianza). E dispone la sua «immediata presa di possesso» nella nuova destinazione dal 2 gennaio. Così il processo dovrà ricominciare da capo. Fortunatamente, a salvarlo in extremis, interviene il presidente della Corte d'appello con un nuovo provvedimento di «applicazione» per Brambilla sino al termine del dibattimento.

«Resistere, resistere, resistere»

2002. L'anno si apre col passaggio dalla lira all'euro, l'entrata dell'Italia in guerra al fianco degli Usa in Afghanistan e le dimissioni del ministro tecnico degli Esteri Renato Ruggiero per le sparate antieuropee del premier (che assume l'interim per 10 mesi, poi nominerà Franco Frattini).

12 gennaio. Il pg di Milano Francesco Saverio Borrelli inaugura l'anno giudiziario invitando i cittadini a «resistere, resistere, resistere come su una irrinunciabile linea del Piave» contro lo «sgretolamento della volontà generale», il «naufragio della coscienza civica» e «la perdita del senso del diritto». Gruppi di cittadini raccolgono il suo appello manifestando in difesa dell'indipendenza della magistratura intorno a vari Tribunali: nascono i "Girotondi", sostenuti da artisti come Nanni Moretti, professori come Paul Ginsborg, Paolo Flores d'Arcais e Pancho Pardi, e testate come *Micromega* e *l'Unità*.

22 febbraio. I presidenti delle Camere, Pierferdinando Casini e Marcello Pera, nominano un Cda Rai di stretta osservanza berlusconiana: Antonio Baldassarre (in quota FI-An, intimo di Previti, nel ruolo di presidente), Ettore Albertoni (Lega), Marco Staderini (Udc), Luigi Zanda (Margherita) e Carmine Donzelli (Ds). Nuovo direttore generale: l'ex direttore di Rai 1 Agostino Saccà, che ha appena dichiarato di votare Forza Italia «con tutta la mia famiglia». Così ben presto la Cdl occuperà gran parte delle direzioni di reti e tg: Fabrizio Del Noce (FI) a Rai 1, Clemente J. Mimun (FI) al Tg1, Antonio Marano (Lega) a Rai 2, Mauro Mazza (An) al Tg2, Angela Buttiglione (Udc) ai tg regionali, Sergio Valzania (Udc) a Radio Due e Tre.

23 febbraio. Oltre 40 mila persone si assiepano dentro e fuori il Palavobis di Milano per una manifestazione promossa da *MicroMega* e dai Girotondi nel decennale di Mani pulite. Intanto passa la controriforma Castelli che mortifica il Csm, ne altera il sistema elettorale, ne taglia le competenze e i componenti (che scendono da 30 a 24: 8 laici e 16 togati, di cui 10 giudici, 2 magistrati di Cassazione e solo 4 pm).

28 febbraio. Il capogruppo Ds Luciano Violante si scaglia contro il centrodestra che accusa l'Ulivo di voler instaurare un "regime" perseguitando Berlusconi e le sue aziende. In pratica confessa l'inciucio e se ne vanta: «Non c'è un regime, sulla base dei nostri criteri. Però, cari amici e colleghi, se dovessi applicare i vostri criteri, quelli che avete applicato voi nella scorsa legislatura contro di noi che non avevamo fatto una legge sul conflitto d'interessi, non avevamo tolto le televisioni all'onorevole Berlusconi... Onorevole Anedda, la invito a consultare l'onorevole Berlusconi, perché lui sa per certo che gli è stata data la garanzia piena – non adesso, nel 1994 quando ci fu il cambio di governo – che non sarebbero state toccate le televisioni. Lo sa lui e lo sa l'onorevole Letta... A parte questo, la questione è un'altra. Voi ci avete accusato di regime nonostante non avessimo fatto il conflitto d'interessi, avessimo dichiarato eleggibile Berlusconi nonostante le concessioni... Durante i governi di centrosinistra il fatturato di Mediaset è aumentato di 25 volte!».

1° marzo. Berlusconi e Previti usano i Girotondi come scusa per chiedere alla Cassazione di trasferire i processi Sme-Ariosto, Imi-Sir, Mondadori e All Iberian da Milano a Brescia per «gravi motivi di ordine pubblico» e pericoli per «l'incolumità delle parti».

11 marzo. L'Onu invia in Italia un "osservatore sulla giustizia", il giurista malese Dato Param Cumaraswamy. Che un mese dopo, nel suo rapporto, criticherà duramente gli attacchi del governo ai magistrati e il «conflitto d'interessi» degli avvocati-parlamentari di Berlusconi & C. che possono «avvantaggiare i loro clienti».

18 aprile. Berlusconi, da Sofia, dirama l'"editto bulgaro" contro Biagi, Santoro e Luttazzi, intimando ai vertici Rai appena nominati di non farli più lavorare a causa del loro «uso criminoso della televisione pubblica».

24 aprile. Il centrodestra elegge giudice costituzionale, anche coi voti dell'Ulivo Romano Vaccarella: è il civilista di Berlusconi e Previti che seguì per la Fininvest l'affare Mondadori.

30 maggio. Le sezioni unite della Cassazione rinviano alla Corte costituzionale il presunto "vuoto legislativo" nella legge che non prevede più il "legittimo sospetto" fra le cause di rimessione dei processi ad altra sede. Intanto i dibattimenti milanesi possono proseguire.

9 luglio. Il senatore Udc Melchiorre Cirami trasforma le istanze di Berlusconi e Previti in un ddl che modifica la legge sulla rimessione dei processi, reintroducendo la formula vaghissima del "legittimo sospetto": quella che negli anni più bui dirottò i processi scomodi dai loro giudici naturali verso i porti delle nebbie (caso Matteotti, Portella della Ginestra, piazza Fontana, golpe Borghese, Vajont, schedature Fiat ecc.).

12 luglio. Collegato in videoconferenza dal carcere in un processo, il boss stragista Leoluca Bagarella si scaglia contro i politici che non mantengono «le promesse» e usano i mafiosi «come merce di scambio». E annuncia lo sciopero della fame contro il 41-bis. Il Sisde guidato dal generale Mario Mori chiede e ottiene la scorta armata per Previti, Dell'Utri e alcuni avvocati di mafia eletti in Parlamento con la Cdl: Cosa Nostra potrebbe colpire «una personalità della politica che, indipendentemente dal suo effettivo coinvolgimento in affari di mafia, venga comunque percepito come "mascariato", come compromesso con la mafia e quindi non difendibile a livello di opinione pubblica».

18 luglio. Forzando i regolamenti e scavalcando leggi ben più urgenti, il presidente del Senato Marcello Pera mette la Cirami immediatamente in discussione. Sei senatori dell'Ulivo guidati da Nando Dalla Chiesa occupano l'aula della commissione Affari costituzionali per fare ostruzionismo.

31 luglio. Moretti, Flores e Pardi guidano una manifestazione spontanea di migliaia di persone dinanzi a Palazzo Madama contro l'ennesima legge vergogna.

1° agosto. Il Senato approva la legge Cirami.

2 settembre. La Camera riapre con due settimane di anticipo per esaminare la Cirami in commissione Giustizia, presieduta da Pecorella (l'avvocato di Berlusconi).

14 settembre. I Girotondi portano in piazza San Giovanni a Roma oltre 1 milione di persone.

15 settembre. Pecorella minaccia «lo scioglimento delle Camere e le elezioni anticipate se non dovesse passare la Cirami».

19 settembre. Riprendono i processi a Milano e si scopre che la Cirami, piena di svarioni, dev'essere emendata alla Camera e poi tornare al Senato. Berlusconi & C. devono prendere tempo per evitare che arrivino le sentenze prima che la norma entri in vigore. Così Previti e i suoi coimputati, dopo averlo sempre rifiutato chiedono di essere interrogati in aula.

24 settembre. Per impedire al Csm di esprimere parere negativo sulla Cirami, i cinque membri laici del centrodestra abbandonano il plenum e fanno mancare il numero legale: un altro atto senza precedenti.

28 settembre. Previti, interrogato per sette ore al processo Imi-Sir/Mondadori, ricorda di aver nominato lui, come avvocati di Berlusconi nella causa Mondadori, i professori Romano Vaccarella e Carlo Mezzanotte: i due sono ora giudici costituzionali e tra breve decideranno sul legittimo sospetto.

10 ottobre. La Cirami passa alla Camera e torna al Senato.

16 ottobre. Salta un'altra udienza perché Previti è impegnato alla Camera a discutere il decreto blocca-tariffe, una mozione sul vertice di Johannesburg e la crisi in Medio Oriente.

19 ottobre. Esaurito l'esame degli imputati, il presidente Carfì dà la parola per la requisitoria a Ilda Boccassini, che annuncia le richieste di condanna per Imi-Sir/Mondadori: 13 anni e mezzo a Metta, 13 a Previti e Pacifico, 10 a Squillante. Il ministro Carlo Giovanardi (Udc) presenta un progetto di legge costituzionale per ripristinare l'immunità parlamentare.

24 ottobre. La Cirami viene approvata in Senato grazie a una ventina di senatori "pianisti" che votano per gli assenti. Ma contiene un emendamento restrittivo imposto da Ciampi (il trasloco dei processi dev'essere motivato da "gravi situazioni locali") e deve tornare alla Camera.

5 novembre. La Camera approva definitivamente la Cirami.

7 novembre. In serata Ciampi promulga la legge, che nella notte – a tempo di record – viene pubblicata sulla *Gazzetta Ufficiale*.

8 novembre. Gli avvocati di Previti chiedono alla Cassazione la rimessione dei processi da Milano a Brescia in base alla nuova legge, per "legittimo sospetto". In attesa del verdetto, il Tribunale sospende i dibattimenti. Previti riprende a disertare la Camera, dove negli ultimi mesi era sempre presente.

10 dicembre. Il governo Berlusconi allunga l'età pensionabile dei magistrati da 72 a 75 anni: così il primo presidente della Cassazione Nicola Marvulli e il pg Francesco Favara, ai limiti della pensione, potranno restare in servizio per altri tre anni. È un maldestro tentativo di ingraziarseli alla vigilia della decisione sullo spostamento dei processi. Il provvedimento era pronto da tempo, ma viene varato solo all'indomani del pensionamento del procuratore di Milano Gerardo D'Ambrosio. Ovviamente a 72 anni.

19 dicembre. Il centrodestra approva la legge 279 che trasforma il 41-bis da provvedimento straordinario, rinnovato di semestre in semestre in via amministrativa dal ministro della Giustizia, in una misura stabile del sistema penitenziario. Ma già due giorni dopo Berlusconi se ne scusa: il 41-bis, pur «necessario», risponde a «una filosofia illiberale».

22 dicembre. Allo stadio di Palermo, durante la partita fra la squadra di casa e l'Ascoli (il club della città dov'è detenuto Riina), compare uno striscione a caratteri cubitali: «Uniti contro il 41-bis. Berlusconi dimentica la Sicilia». Si scoprirà poi che, a scrivere lo striscione, è stato il figlio di un capomafia condannato all'ergastolo. È l'ennesimo promemoria sulla trattativa Stato-mafia, dopo il clamoroso proclama di Bagarella.

La riforma del 41-bis, strombazzata dal governo come giro di vite antimafia, sortirà l'effetto opposto. Un anno dopo si scoprirà che, su 637 detenuti al 41-bis, ben 72 ne hanno già ottenuto la revoca dai Tribunali di sorveglianza. Motivo: la nuova legge rende più difficile per i giudici dimostrare l'"attualità" dei legami tra il detenuto e la sua cosca; e, se prima era difficilissimo ottenere la revoca del 41-bis, visto che i tempi dei ricorsi erano più lunghi di quelli delle proroghe semestrali e ogni volta bisognava ricominciare daccapo, ora che il carcere duro è "stabilizzato" una volta per tutte, c'è tutto il tempo per chiedere e ottenerne l'annullamento.

30 dicembre. L'ultima porcata dell'anno è la legge finanziaria con una raffica di 12 condoni fiscali (il "tombale" per gli evasori dell'Irpef, poi quelli dell'Ici, dell'Iva, del canone Rai ecc.). Imputato in vari processi per evasione fiscale, Berlusconi tenta di minimizzare il mega-conflitto d'interessi: «Non ritengo che le aziende della mia famiglia ricorreranno ad alcun condono». Bugia: subito dopo, per mettersi in regola col fisco che reclama 197 miliardi di lire di tasse non pagate, Mediaset approfitta del condono e ne paga solo 35, risparmiandone 162. E del condono approfitteranno altre società personali del premier, come l'Immobiliare Idra che controlla le sue ville. Non contento, il Cavaliere utilizza il condono anche per cancellare le sue ulteriori pendenze personali col fisco, che la Procura di Milano quantifica nel processo Mediaset in 301 miliardi di lire di imposte evase tra il 1997 e il 2002, versando appena 1.800 euro in due comode rate (1.500 euro per gli anni 1997-2001 e 300 per il 2002). Al gip Fabio Paparella, nel 2006, non resterà che prenderne atto e dichiarare il non luogo a procedere per quei reati.

2003, 28 gennaio. Le sezioni unite della Cassazione respingono all'unanimità (nove giudici su nove) la richiesta di rimessione dei processi da Milano a Brescia e condannano i ricorrenti Berlusconi e Previti a pagare 1.500 euro di spese processuali: il Tribunale di Milano è sereno e imparziale, alieno da "legittimi sospetti".

29 gennaio. In un video a reti unificate, il premier attacca la Cassazione e la magistratura tutta, chiedendo di essere «giudicato soltanto dai suoi pari, cioè dagli eletti del popolo». Pecorella minaccia una legge per accorciare i termini di prescrizione. E il centrodestra ripesca un progetto per il ritorno all'autorizzazione a procedere firmato da Francesco Nitto Palma. Ma intanto i processi ricominciano e quello sul caso Imi-Sir/Mondadori è ormai agli sgoccioli.

1° febbraio. Il centrosinistra corre in soccorso al premier imputato con la proposta di legge di Antonio Maccanico (Margherita) che sospende i processi alle cinque più alte cariche dello Stato: cioè ai presidenti della Repubblica, del Consiglio, della Camera, del Senato e della Consulta. Dei cinque, l'unico imputato è Berlusconi. Il centrodestra sposa l'idea e ci aggiunge la firma del capogruppo al Senato Renato Schifani. Intanto Previti chiede il trasloco dei processi non più a Brescia, ma a Perugia, stavolta per competenza territoriale. Poi presenta una raffica di ricusazioni (alla fine saranno sette) e altri cavilli per impedire ai giudici di Imi-Sir/Mondadori di entrare in camera di consiglio. A rallentare il processo Sme-Ariosto provvede invece Berlusconi che, mentre invia le truppe a fare la guerra all'Iraq, annuncia a sorpresa di voler rendere «dichiarazioni spontanee» in aula. Intanto trascina l'Italia nella folle guerra all'Iraq, inviando truppe al fronte per compiacere l'amico George W. Bush. Il bilancio delle vittime supererà i 600 mila morti, di cui 33 italiani.

29 aprile. Il collegio di Imi-Sir/Mondadori riesce finalmente a emettere la sentenza: Metta è condannato a 13 anni, Previti e Pacifico a 11, Squillante a 8 e mezzo, Acampora a 5 e mezzo, Felice Rovelli a 6, la moglie Primarosa Battistella a 4 e mezzo, assolto Filippo Verde. Berlusconi, già prescritto per Mondadori, parla di giudici "golpisti".

«Più uguale degli altri»

5 maggio. Il premier compare in Tribunale per le dichiarazioni spontanee al processo Sme-Ariosto, ma parla solo un'ora, senza accettare domande da giudici e pm. Poi s'inventa un impegno a Roma e rimanda il seguito a una puntata successiva. «Fatti processare, buffone!», gli urla l'attivista Piero Ricca all'uscita. Berlusconi lo fa identificare dai carabinieri e lo denuncia per diffamazione (Ricca sarà assolto). Da allora il Cavaliere escogita gli impedimenti governativi più astrusi per allungare i tempi del processo e dare modo al Parlamento di varare il cosiddetto lodo Maccanico-Schifani, possibilmente prima del 1° luglio, quando diventerà per sei mesi presidente di turno dell'Unione europea. Così il Tribunale è costretto a stralciare la sua posizione, per arrivare a sentenza almeno sugli altri imputati.

18 maggio. La Camera approva definitivamente la legge Maccanico-Schifani. I processi a Berlusconi sono sospesi finché l'imputato non uscirà da Palazzo Chigi. Ciampi firma in meno di 24 ore: giusto in tempo per impedire alla Boccassini di iniziare la requisitoria e chiedere la condanna del premier. Il pm Gherardo Colombo propone e ottiene dal Tribunale di sollevare un'eccezione di incostituzionalità della norma dinanzi alla Consulta, prima di congelare il processo-stralcio al Cavaliere. In quello principale, Previti approfitta dei 45 giorni concessi dalla nuova legge sul patteggiamento allargato: non per patteggiare, ma per far slittare la sentenza a dopo l'estate e comunicare, alla fine, che non patteggia.

20 maggio. Nuova intimidazione del governo Berlusconi ai pm che sostengono l'accusa nei suoi processi. Su input del ministro dell'Economia Giulio Tremonti, quello della Giustizia Roberto Castelli sguinzaglia un'altra ispezione alla Procura di

Milano per fare le pulci a tutte le spese (parcelle per consulenze tecniche e perizie, costi delle intercettazioni, cancelleria, timbri ecc.). Ma anche questa si chiuderà accertando la piena correttezza dei magistrati.

29 maggio. Il pm Ilda Boccassini chiude la requisitoria nel processo Sme-Ariosto con le richieste di condanna per tutti gli imputati (tranne Berlusconi, che è stato stralciato). Ferruccio de Bortoli lascia la direzione del *Corriere della Sera* dopo un lungo braccio di ferro con gli avvocati del premier e con Previti. Negli stessi giorni la Commissione parlamentare d'inchiesta sulla Telekom Serbia (la compagnia telefonica di Belgrado acquistata dalla Stet nel 1999 sotto il governo Prodi) estrae dal cilindro un noto truffatore, tale Igor Marini, consacrandolo a "supertestimone" di presunte tangenti versate dal regime di Milosevic a Prodi, Fassino, Dini e altri politici del centrosinistra.

3 giugno. Su richiesta degli imputati Berlusconi e Previti, parte la terza ispezione straordinaria di Castelli contro il pool di Milano, stavolta per mettere le mani sul fascicolo numero 9520/95 che contiene gli atti delle indagini sulle "toghe sporche" non ancora approdate a processo e che Previti e Berlusconi pretendono di conoscere. Essendo coperto da segreto investigativo, i pm rifiutano di consegnarlo ai due imputati. Ma l'ingegner ministro, sdegnato contro una Procura che tiene segreti gli atti segreti, vuol capire il perché. L'ispezione finirà con un altro buco nell'acqua.

5 giugno. Il Senato approva il lodo Maccanico-Schifani che sospende i processi a carico delle cinque più alte cariche dello Stato, cioè del premier (unica carica dello Stato sotto processo). Per darle priorità, la norma viene inserita come emendamento alla legge Boato (Marco, ex lottatore continuo eletto nei Verdi): quella che estende l'immunità parlamentare alle intercettazioni "indirette" e impone ai giudici di chiedere l'autorizzazione a procedere alle Camere anche per captare le conversazioni su telefoni di non parlamentari che parlano con parlamentari (così si salveranno da imbarazzanti intercettazioni Dell'Utri, Cuffaro, Berlusconi, Luigi Grillo, Miccichè, ma anche i ds De Luca, D'Alema e Latorre). Vota sì il centrodestra, mentre l'Udeur di Mastella e i socialisti dello Sdi di Enrico Boselli (favorevoli) escono dall'aula; Maccanico e Boato si astengono.

11 giugno. Il Senato licenzia definitivamente un'altra legge *ad personam*: quella sul patteggiamento allargato, che consentirà agli imputati di sospendere i loro processi per 45 giorni per valutare se patteggiare la pena in fase dibattimentale. Previti la userà subito per allungare i tempi del processo Sme-Ariosto.

17 giugno. Secondo round delle dichiarazioni spontanee del premier al processo-stralcio Sme-Ariosto. Berlusconi si proclama «un cittadino un po' più uguale degli altri perché ho avuto i voti». In totale, nelle due tappe, ha parlato per due ore e ha raccontato un'ottantina di bugie sul caso Sme.

1° luglio. Berlusconi debutta a Strasburgo, nell'aula del Parlamento europeo, come presidente di turno dell'Ue dando del «kapò nazista» al capogruppo socialista, il tedesco Martin Schulz che ha osato evocare i suoi conflitti d'interessi. Poi insulta come «turisti della democrazia» tutti gli eurodeputati che lo contestano per quelle inaudite parole. Dure critiche da tutta la stampa internazionale, esclusa buona parte di quella italiana. Per tutta l'estate, per neutralizzare l'impatto mediatico delle motivazioni della sentenza Imi-Sir/Mondadori, in cui i giudici parlano del «più grave caso di corruzione della storia d'Italia e non solo», la commissione Telekom Serbia interroga il truffatore Igor Marini, nel frattempo arrestato a Torino per le sue menzogne, e amplifica sui media le sue calunnie contro Prodi, Fassino e Dini.

4 settembre. Altra figuraccia mondiale di Berlusconi. In un'intervista a Boris Johnson (il futuro premier britannico) e Nicholas Farrell per *The Spectator*, definisce i magistrati «tre volte matti e antropologicamente diversi dal resto della razza umana». Poi riabilita Benito Mussolini: «Non ha mai ucciso nessuno, anzi mandava la gente in vacanza al confino».

5 dicembre. Il centrodestra approva definitivamente la legge Gasparri per salvare Rete 4. Nel 2002 la Consulta ha dichiarato incostituzionali le proroghe concesse dalla legge Maccanico e disposto che l'emittente berlusconiana venga "spenta" sull'analogico terrestre ed eventualmente trasferita sul satellite entro il 31 dicembre 2003. Ma la Gasparri aggira la sentenza della Corte e consente a tutte e tre le reti Mediaset di continuare a trasmettere sull'analogico terrestre e persino di aumentare vieppiù a dismisura la raccolta pubblicitaria.

16 dicembre. Ciampi non firma la Gasparri e la rispedisce al Parlamento per vari profili di incostituzionalità. Mancano due settimane allo spegnimento di Rete 4. Così Gasparri, o chi per lui, appronta subito un decreto salva-Rete 4 per prorogare la scadenza di qualche altro mese, in attesa di modificare la legge appena bocciata dal Quirinale: è il decreto 352/2003, firmato dal premier Berlusconi, cioè dall'unico beneficiario, che esce dall'aula del Consiglio dei ministri mentre quelli approvano il provvedimento all'unanimità. Ciampi, nonostante l'evidente mancanza dei requisiti di necessità e urgenza, lo spudorato conflitto d'interessi e la manifesta incostituzionalità di un decreto che mira a neutralizzare due sentenze della Consulta, stavolta firma.

Il 2003 si chiude con due condoni (quello edilizio e la proroga dello scudo fiscale del 2001) e con una norma bipartisan infilata nella Finanziaria per riportare in servizio il giudice Corrado Carnevale, dimessosi dopo la condanna in appello per mafia e poi assolto dai suoi ex colleghi che hanno modificato per l'occasione la loro stessa giurisprudenza. Firmata da Santanchè (An), Maccanico (Margherita), Mastella (Udeur), Villetti (Sdi), Boato (Verdi) e votata da tutti i partiti (Ds esclusi), la norma stabilisce che l'"ammazzasentenze" che insultava Falcone e Borsellino e annullava le condanne per mafia potrà restare in servizio ben oltre l'età pensionabile (75 anni), recuperando gli anni perduti. Nel 2006 Carnevale rientrerà in Cassazione per restarci fino al 2013, quando avrà 83 anni.

2004. È l'anno degli arresti per bancarotta fraudolenta di Sergio Cragnotti e di Calisto Tanzi, insieme ai loro complici, per i due crac più spaventosi dai tempi dell'Ambrosiano, che seguono a stretto giro la catastrofe dei bond argentini: quelli dei gruppi alimentari Cirio (5 miliardi di euro di buco, 35.000 risparmiatori rimasti con un pugno di mosche) e Parmalat (15 miliardi di buco, 80.000 risparmiatori truffati), aggravati dai mancati controlli di Consob e Bankitalia e dal ruolo perverso di alcune banche. Soprattutto una: Capitalia di Cesare Geronzi. Cose che càpitano nel Paese che ha appena depenalizzato il falso in bilancio, mentre negli Usa, dopo i crac Enron e Worldcom, il presidente George W. Bush ha inasprito duramente le pene per i reati finanziari e varato regole draconiane a tutela dei risparmiatori.

13 gennaio. La Corte costituzionale dichiara illegittima la legge Maccanico-Schifani perché viola il principio di eguaglianza (art. 3 della Costituzione) e il diritto alla difesa (art. 24). I processi a Berlusconi riprendono. Ma il lodo ha già fatto danni irreparabili, consentendo al premier di liberarsi del collegio presieduto da Luisa Ponti che, avendo condannato gli imputati del processo principale Sme-Ariosto, è divenuto incompatibile a giudicare anche lui nel processo-stralcio. Il nuovo collegio è presieduto da Francesco Castellano, che in varie interviste ha già esternato la sua antipatia per la Procura di Milano e la sua simpatia per il Cavaliere (elogiando financo la controriforma del falso in bilancio), oltre ad aver concesso generosamente le attenuanti generiche sia a lui sia al fratello Paolo mandando in prescrizione altri due processi. Il processo-stralcio Sme-Ariosto si trascina per tutto il 2004, fra un ostacolo e l'altro inventato dai difensori del premier. Che intanto ne approfitta per sistemare definitivamente i suoi interessi finanziari e televisivi con altre leggi *ad personam* e *ad aziendam*.

3 febbraio. Intervistato dal *Corriere della Sera*, Umberto Scapagnini, sindaco forzista di Catania nonché medico e amico del premier, rivela: «Non si illudano: Silvio ci seppellirà tutti. La sua vera età è di 55 anni. Berlusconi è tecnicamente quasi immortale». Il tutto grazie a un elisir di lunga vita da lui stesso approntato a base di «provitamine, antiossidanti, immunostimolanti, enzimi, amminoacidi, e soprattutto minerali, magnesio e selenio attivato. Gli stessi che assorbono i centenari che ho incontrato sulla via della Seta, a sud di Urumqi e nelle oasi tra il deserto del Taklamakan e il Gobi. Poi un olio particolare e un certo yogurt».

29 aprile. Il centrodestra approva la legge Gasparri-2, quasi una fotocopia della prima versione bocciata da Ciampi, che perpetua la permanenza sul "terrestre" di Rete 4 dieci anni dopo la sentenza della Consulta che ne raccomandava lo spegnimento o il trasloco su satellite. Così la rete Mediaset "abusiva", pur non avendo la concessione dello Stato per trasmettere, continua a farlo sulle frequenze che spetterebbero a Europa7, che invece la concessione l'ha avuta nel 1999, ma non ha mai ricevuto dallo Stato i ponti radio per irradiare i suoi programmi.

4 maggio. Scoppia il caso Calciopoli. La Procura di Napoli indaga su frodi sportive che coinvolgono i vertici della Federcalcio e della Lega Calcio, i designatori arbitrali, alcuni arbitri e quattro società di serie A: Juventus, Lazio, Fiorentina e Milan. Sia pure con illeciti meno gravi della Juventus di Luciano Moggi, anche i rossoneri berlusconiani sono coinvolti. Viene indagato il dirigente Leonardo Meani, mentre la giustizia sportiva processa il vicepresidente e amministratore delegato Adriano Galliani, che è anche presidente della Lega Calcio. Il Milan verrà condannato a 30 punti di penalizzazione nella Serie A 2005-2006 e a 8 punti di penalizzazione nella Serie A 2006-2007, mentre Galliani sarà squalificato per 5 mesi.

3 luglio. Il ministro dell'Economia Tremonti è costretto a dimettersi da Gianfranco Fini, vicepremier e leader di An, che lo accusa di aver «truccato i conti» della Finanziaria del 2003. Al suo posto arriva il direttore generale del Tesoro Domenico Siniscalco.

11 luglio. L'Udc di Marco Follini chiede le dimissioni del Cda Rai e si mostra sempre più insofferente per le politiche del governo. Berlusconi, in un vertice di maggioranza, lo prende a pesci in faccia, incolpandolo per la sconfitta del centrodestra alle Amministrative e alle Europee di giugno: «La colpa è tua, Marco. Non hai voluto approvare la legge sulla par condicio. Così siamo andati alle elezioni con un sistema che ci ha penalizzato. Il tuo no ci ha impedito di ottenere un risultato migliore». Follini difende la sua posizione sul pluralismo televisivo, lamentandosi di essere stato tra i leader più penalizzati in tv. E Berlusconi: «Di che ti lamenti, Marco? Sei tu ad essere sempre presente in Rai». Follini: «Sarà per compensare i 42 secondi che Mediaset mi ha riservato in tutta la campagna elettorale». Berlusconi: «Lascia perdere, sai benissimo che le mie reti non ti hanno mai attaccato». Follini: «E vorrei pure vedere!». Berlusconi: «Marco, continua ad andare avanti in questo modo e vedrai se non ti attaccheranno in futuro». Follini: «Questa è una minaccia. Io non mi alzo da questo tavolo solo perché non ho intenzione di essere accusato di fare il sabotatore, ma voglio che sia chiaro a tutti: questa è una minaccia».

13 luglio. Viene approvata la legge Frattini sui conflitti d'interessi, priva di sanzioni e di obblighi cogenti. Anziché proibire e sanzionare il conflitto d'interessi del premier (che l'ha voluta così, in pieno conflitto d'interessi), lo legalizza e lo santifica. Tra le varie amenità, recita che chi va al governo possedendo aziende, ma ne è soltanto (si fa per dire) il "mero proprietario", non è in conflitto d'interessi e non deve cederle. L'unico sacrificio per il mero proprietario Silvio Berlusconi saranno le dimissioni da presidente del Milan.

16 agosto. In vacanza a Villa Certosa, in Costa Smeralda, Berlusconi riceve il premier inglese Tony Blair con la moglie Cherie e si fa immortalare con loro in una passeggiata col capo fasciato da una curiosa bandana. Gli serve per nascondere i bulbi piliferi appena innestati sulla sua pelata dal tricologo Piero Rosati, già autore della nuova chioma del calciatore Antonio Conte. «Quando siamo arrivati – racconterà anni dopo Cherie Blair – siamo stati un po' sorpresi nel vedere Silvio con questa "sciarpona", quella bandana famosa. In effetti sarebbe dovuta essere una visita privata. Ma eravamo in barca e lui ci ha detto: "Adesso prima di andare in mezzo alla gente mi cambio". Mio marito sperava che si togliesse la bandana perché dovevamo veder gente. In effetti no: si è messo semplicemente un'altra bandana più intonata col colore della sua camicia. Allora Tony mi ha detto: "Qualsiasi cosa succeda, non far sì che mi facciano delle foto vicino a Silvio con la bandana. Stai tu in mezzo, perché sennò la stampa britannica ci uccide"».

13 ottobre. Il governo Berlusconi chiede e ottiene la fiducia al Senato sulla "delega ambientale" che estende il condono edilizio del 2003 alle zone protette. Come quella della Costa Smeralda su cui sorge villa La Certosa, residenza estiva del premier, al quale la Procura di Tempio Pausania contesta una serie impressionante di abusi edilizi e ambientali. Subito la società Idra Immobiliare, proprietaria delle ville del premier, presenta ben dieci richieste di sanatoria e riesce a regolarizzare *ex post* tutti gli abusi per la modica cifra di 300 mila euro.

1° dicembre. Il Parlamento approva la controriforma dell'Ordinamento giudiziario firmata dal ministro Castelli per mettere il guinzaglio alla magistratura.

6 dicembre. Il presidente Ciampi rifiuta di promulgarla e la rimanda alle Camere con un messaggio di accompagnamento che spiega perché è «palesemente incostituzionale» in almeno quattro punti. È la terza volta in pochi mesi che l'ingegner ministro si vede respingere una legge dal Quirinale (era già capitato con quella su Eurojust, che inseriva un controllo del governo sulle nomine dei magistrati italiani nella Superprocura europea, bocciata dal capo dello Stato; e con quella sui Tribunali minorili, respinta addirittura dal Parlamento per il voto contrario di molti eletti dell'Udc).

10 dicembre. Il collegio presieduto da Francesco Castellano emette finalmente la sentenza di primo grado nel processo-stralcio Sme-Ariosto. Berlusconi è in gran parte assolto, mentre da un capo d'imputazione lo salva la prescrizione.

11 dicembre. Il Tribunale di Palermo condanna Marcello Dell'Utri a 9 anni di carcere per concorso esterno in associazione mafiosa (condanna che, dopo ben due appelli, sarà poi confermata in Cassazione con uno sconto di 2 anni).

29 dicembre. La legge finanziaria per il 2005 abbassa le aliquote fiscali per i redditi dei più abbienti: secondo i calcoli dell'*Espresso*, farà risparmiare al contribuente Silvio Berlusconi 764.154 euro di imposte all'anno.

31 dicembre. Mentre passeggia nei pressi di piazza Navona a Roma, il premier viene colpito alla nuca da un turista, Roberto Dal Bosco, ventottenne muratore mantovano, che gli lancia il cavalletto treppiedi della sua macchina fotografica. Berlusconi porterà per qualche giorno un vistoso cerotto dietro l'orecchio destro. L'aggressore, subito fermato, patteggerà quattro mesi di reclusione.

Scalate e porcate

2005. Oltre un anno dopo i crac Cirio e Parmalat, il governo Berlusconi annuncia una nuova "legge sul risparmio" del ministro Giulio Tremonti, che dovrebbe aumentare i controlli sul sistema finanziario e rendere temporanea la carica a vita del governatore di Bankitalia. Ma la norma si svuota per il diktat della Lega Nord, che da nemica diventa amica del governatore Antonio Fazio, artefice del salvataggio della banchetta leghista Credieuronord, sull'orlo del fallimento, tramite la Banca Popolare di Lodi (Bpl) del suo protetto Gianpiero Fiorani.

Aprile-maggio. La Procura di Milano indaga su tre scalate parallele e coordinate, patrocinate da Fazio e appoggiate da centrodestra e centrosinistra, che puntano a ridisegnare il sistema finanziario ed editoriale: quella della Bpl di Fiorani (spalleggiato da Lega e FI) alla banca Antonveneta di Padova, che fa gola anche agli olandesi dell'Abn Amro; quella dell'Unipol di Giovanni Consorte (coop rosse, spalleggiate dai vertici Ds) alla Bnl, contesa anche dallo spagnolo Bbva; e quella del rampante immobiliarista Stefano Ricucci (spalleggiato da FI, Lega e Ds, oltreché dal gruppo Caltagirone) alla Rcs-Corriere della Sera. Fiorani racconterà di aver ottenuto il via libera da Berlusconi nell'estate del 2004 in un tragicomico pellegrinaggio a Villa Certosa, dove gli portò in dono un gigantesco cactus, ferendosi il petto con le spine durante la camminata.

6 luglio. Le tre operazioni, condotte in spregio alle regole del mercato e al Codice penale, vengono bloccate dai pm e dal gip Clementina Forleo, che sequestra le azioni e le plusvalenze degli scalatori («furbetti del quartierino» li chiama Ricucci in una delle migliaia di telefonate intercettate). Fazio e i furbetti sono indagati per aggiotaggio, insider trading e altri reati finanziari. Il governatore, dopo una strenua resistenza, si dimetterà a fine anno. Il trasversale fronte politico favorevole alle scalate freme di sdegno per le intercettazioni (non per il loro contenuto) e inizia a lavorare a una legge che limiti il potere dei magistrati di disporle e la possibilità per i giornali di pubblicarle.

25 luglio. Il Parlamento approva la legge delega del ministro Castelli sul nuovo Ordinamento giudiziario, pressoché identica a quella bocciata da Ciampi. Rispolvera le vecchie ricette degli anni più bui: carriera selettiva che imbriglia i giudici in una rete di concorsi formalistici; svilimento delle competenze del Csm; ristrutturazione verticistica e gerarchica delle Procure, con il capo *dominus* assoluto dell'azione penale e il "potere diffuso" dei pm ridotto al nulla; separazione surrettizia delle carriere di pm e giudici, accompagnata da "esami psico-attitudinali" per i neomagistrati (due trovate già previste nel Piano di rinascita democratica di Licio Gelli); divieto ai pm di spiegare le loro indagini alla stampa; obbligatorietà dell'azione disciplinare su qualunque esposto venga presentato contro un magistrato, anche il più infondato (persino per aver «rilasciato dichiarazioni e interviste in violazione dei criteri di equilibrio e di misura»). Per fortuna il governo non farà in tempo a esercitare la delega con i decreti attuativi e la controriforma non entrerà in vigore. Provvederà il centrosinistra a farla propria con Mastella nel 2006-2007. Entra invece subito in vigore un codicillo *contra personam* aggiunto alla legge Castelli da Luigi Bobbio di An per impedire a Gian Carlo Caselli di candidarsi alla Procura Nazionale Antimafia (dove Piero Luigi Vigna è "scaduto" il 15 gennaio). Così viene nominato il suo rivale Piero Grasso. Nel 2007 la Consulta dichiarerà incostituzionale le norma, ma Grasso resterà al suo posto.

22 settembre. Il ministro Siniscalco si dimette perché il governo Berlusconi non appoggia la sua richiesta di dimissioni del governatore di Bankitalia Antonio Fazio, indagato nello scandalo delle scalate bancarie. E gli subentra il suo predecessore Tremonti, a cui evidentemente tutto è perdonato.

29 novembre. Il centrodestra approva in tutta fretta la legge "ex Cirielli": "ex" perché l'autore, Edmondo Cirielli di An, ne rinnega la paternità dopo gli emendamenti peggiorativi imposti dal governo. È l'ennesima legge salva-Berlusconi e salva-Previti. Sistemato il processo Sme-Ariosto, il premier deve neutralizzare due nuove indagini della Procura di Milano a suo carico: quella sui "diritti Mediaset" per i reati di appropriazione indebita, falso in bilancio e frode fiscale commessi acquistando film a prezzi gonfiati dalle major americane e utilizzando una miriade di società estere (anche offshore) del comparto occulto All Iberian per accantonarvi le plusvalenze in nero; e quella per corruzione in atti giudiziari dell'avvocato David Mills, che ha confessato al suo commercialista di aver mentito e taciuto nei processi All Iberian e Guardia di finanza per «salvare Mr B. da un mare di guai» in cambio di una stecca di 600 mila dollari datata 1999. Siccome le prove sono schiaccianti e la prescrizione è lontana, la Cirielli – nata per aumentare le pene per i recidivi – viene modificata per dimezzare i termini di prescrizione dei delitti per gli incensurati (qual è ancora incredibilmente il pluriprescritto Berlusconi). Finora i delitti puniti fino a 5 anni si prescrivevano in 15 (che scendevano a 7 e mezzo con le attenuanti generiche). Con l'ex Cirielli, si estingueranno sempre in 7 anni e mezzo (con o senza attenuanti). Il che vale per corruzione semplice, evasione e frode fiscale, truffa, bancarotta preferenziale e così via. Invece per i delitti puniti con pene massime fino a 10 anni, come la concussione e la corruzione giudiziaria, la prescrizione scende da 15 a 10 anni. Poi c'è Previti, che sta per essere condannato definitivamente per le corruzioni giudiziarie di Mondadori e Imi-Sir: la ex Cirielli pensa anche a lui prevedendo che i pregiudicati "over 70" (esclusi solo i reati di mafia e terrorismo) evitino il carcere e scontino la pena ai domiciliari (Previti ha appena compiuto 71 anni). Quanto a Berlusconi, la prescrizione del processo Mills scatterà non più nel 2014, ma nel 2009; e nel processo Mediaset evaporano subito tutti i reati del periodo 1988-1999 (prima quelli continuati si potevano sommare fino alla data dell'ultimo e da quella far decorrere la prescrizione, ora invece ogni episodio fa storia a sé) e in ciascuno degli anni successivi i giudici dovranno cancellare i fatti relativi a 7 anni e mezzo prima. Siccome il capo d'imputazione arriva fino a tutto il 2003, nel 2012 saranno prescritte tutte le appropriazioni indebite e quasi tutte le frodi fiscali (in gran parte peraltro cancellate dal condono varato dallo stesso imputato alla fine del 2002). Ma naturalmente la legge si applica a tutti gli imputati d'Italia: solo nel primo anno di rodaggio (il 2006), l'ex Cirielli manderà in fumo 35 mila processi in più rispetto ai 100 mila cancellati dal fattore-tempo nel 2005.

14 dicembre. L'ultima legge vergogna del 2005 serve a impedire all'Unione di centrosinistra, favoritissima dopo aver vinto tutte le amministrative degli ultimi due anni e ricandidato Romano Prodi a premier, di aggiudicarsi le elezioni politiche del 2006. È la controriforma elettorale firmata dal ministro leghista delle Riforme Roberto Calderoli e imposta da Berlusconi minacciando la crisi di governo, che reintroduce il sistema proporzionale (in barba al referendum del 1993), consente ai partiti di nominarsi i futuri parlamentari con le liste bloccate (senza più preferenze) e introduce i collegi esteri per eleggere 12 deputati e 6 senatori. Una norma che sarà definita dallo stesso Calderoli «una porcata», ribattezzata «Porcellum» da Giovanni Sartori e dichiarata incostituzionale dalla Consulta nel 2013.

2006, 1° gennaio. L'anno si apre, a tre mesi dalle elezioni, con le furiose polemiche sullo scoop del *Giornale*, che a San Silvestro ha pubblicato una telefonata segretata e non depositata dai pm di Milano agli atti dell'inchiesta sulle scalate bancarie, perché penalmente irrilevante. È quella della primavera del 2005 fra il patròn di Unipol Giovanni Consorte e il leader Ds Piero Fassino, che gli domanda a proposito di Bnl: «E allora siamo padroni di una banca?». Il contraccolpo politico-mediatico contribuirà a ridurre il vantaggio del centrosinistra sul centrodestra. Il resto lo fanno lo scandalo dei buchi e dei derivati di un'altra banca vicina ai Ds, il Monte dei Paschi di Siena, e le calunnie lanciate a Romano Prodi su fantomatici rapporti con il Kgb dal "supertestimone" farlocco Mario Scaramella nella commissione Mitrokhin presieduta dal forzista Paolo Guzzanti. Si scoprirà poi che l'intercettazione Fassino-Consorte è stata trafugata da un dirigente della società privata che l'ha captata per conto della Procura, il quale l'ha portata in dono prima a Paolo Berlusconi e poi a Silvio, dopodiché i due fratelli l'hanno girata al *Giornale* di famiglia. Silvio e Paolo Berlusconi verranno condannati in primo grado per violazione del segreto e poi salvati in appello dalla solita prescrizione.

11 gennaio. Berlusconi e i suoi approfittano degli ultimi giorni di legislatura per sistemare le ultime faccende che stanno a cuore al premier, prima dello scioglimento delle Camere fissato per il 29 gennaio. Per cominciare, FI blocca un ddl di An, sostenuto da tutti gli altri partiti di maggioranza e di opposizione, per la vendita collettiva dei diritti televisivi delle partite di calcio: così il grosso della torta seguiteranno ad accaparrarselo i soliti big (Juventus, Milan e Inter) a scapito di tutti gli altri club.

12 gennaio. Il Parlamento approva definitivamente, a tempo di record, la legge Pecorella che vieta al pm e alle parti civili di appellare le assoluzioni e i proscioglimenti di primo grado; per le condanne, invece, l'imputato potrà seguitare a ricorrere in appello. Il tutto in barba alla parità fra accusa e difesa sancita dalla Costituzione. Guardacaso Berlusconi è in attesa del verdetto d'appello del processo Sme-Ariosto, dove la Procura di Milano ha impugnato la sua assoluzione e la sua prescrizione di primo grado. Il processo ora viene abolito da una legge imposta dall'imputato e firmata dal suo onorevole avvocato.

20 gennaio. Ciampi boccia la legge Pecorella perché «palesemente incostituzionale». E in nove giorni non si fa più in tempo a modificarla e riapprovarla. Berlusconi però sfida il Quirinale: la ripresenta pressoché identica e minaccia di spostare le elezioni a maggio o giugno. Il capo dello Stato si piega al ricatto: rinvia lo scioglimento delle Camere di due settimane e firma la Pecorella-2, che è addirittura peggiore della prima versione (un emendamento dell'Udc l'ha estesa ai processi d'appello che tornano indietro dalla Cassazione dopo l'annullamento con rinvio: è il caso del processo a Mannino, parlamentare dell'Udc). Nel gennaio del 2007 la Corte costituzionale cancellerà la Pecorella: tutti i processi d'appello da essa aboliti riprenderanno vita. Compreso quello al Cavaliere per l'affare Sme-Ariosto.

1° marzo. Silvio Berlusconi, in piena campagna elettorale, riesce a farsi invitare – grazie ai buoni uffici dell'amico Bush – a tenere un discorso al Congresso americano. Ma purtroppo i banchi parlamentari presentano moltissimi seggi vuoti, malgrado gli sforzi del cerimoniale di riempirli con figuranti, stagisti, segretarie e portaborse. Il premier italiano chiude con una *captatio benevolentiae*: «Vorrei concludere ricordando una breve storia. La storia di un ragazzo che alla fine degli studi liceali fu portato dal padre a visitare il cimitero in cui riposano molti giovani valorosi soldati che avevano attraversato l'oceano per ridare libertà e dignità a un popolo oppresso. Nel mostrargli quelle croci, quel padre fece giurare a quel ragazzo che non avrebbe mai dimenticato il supremo sacrificio con cui quei soldati americani avevano difeso la sua libertà... Quel padre era mio padre, quel ragazzo ero io. Quel giuramento non l'ho mai dimenticato e non lo dimenticherò mai». Per alcuni giorni gli osservatori s'interrogano su quale cimitero di caduti americani abbia visitato il giovane Silvio, visto che in tutta la Lombardia ci sono soltanto 400 tombe di vittime a stelle e strisce. Poi il 6 marzo Berlusconi svela l'arcano: «Era il cimitero di Nettuno ad Anzio» (come se le due località fossero la stessa cosa). Si intuisce subito che sta improvvisando, anche perché poi aggiunge: «Mio padre era un grande estimatore di De Gasperi e andava spesso a Roma quando c'erano delle situazioni con lui. Una volta portò anche me e l'indomani mi condusse al cimitero. Avevo vent'anni, era il 1956 o il 1957». Ma purtroppo De Gasperi è morto il 19 agosto 1954: un anno prima che il giovane Silvio (classe 1936) si diplomasse e due-tre anni prima della sua presunta missione al cimitero di «Nettuno ad Anzio». Che evidentemente è frutto della sua sconfinata fantasia.

24 marzo. Esce il film di Nanni Moretti *Il Caimano*.

L'Unione per Previti

10 aprile. Dopo una notte di drammatica incertezza, l'Unione di centrosinistra guidata da Prodi vince per un soffio le elezioni politiche. Berlusconi grida ai "brogli", si proclama il vero vincitore e invoca il ricalcolo delle schede (che gli darà torto), rifiutando per un mese di lasciare Palazzo Chigi di riconoscere la sconfitta. La beffa peggiore, per lui, è la scoperta che col vecchio Mattarellum avrebbe rivinto il centrodestra: è stato proprio il suo Porcellum, grazie al voto degli italiani all'estero, a propiziare la vittoria dell'Unione per sole 25 mila schede. Il governo Prodi-2 si regge al Senato su una maggioranza pericolante di appena tre seggi. Berlusconi avvia una forsennata campagna acquisti fra i senatori del centrosinistra per ribaltare l'esito delle elezioni e rovesciare l'esecutivo. E dire che non ha nulla da temere: i "comunisti" nominano alla Giustizia il suo ex alleato ed ex ministro Clemente Mastella e alle Telecomunicazioni un caro amico di Confalonieri, Paolo Gentiloni.

11 aprile. All'indomani del voto, in una masseria presso Corleone, la Polizia arresta il boss Bernardo Provenzano, latitante da quarantatré anni.

4 maggio. La Cassazione conferma la condanna del neo-rieletto deputato Cesare Previti a 6 anni per la corruzione giudiziaria Imi-Sir.

5 maggio. Previti si consegna al carcere romano di Rebibbia, per evitare che i Carabinieri lo traducano a San Vittore sotto la giurisdizione dei giudici di Milano.

10 maggio. Dopo soli quattro giorni e mezzo di detenzione, Previti ottiene dal rapidissimo Tribunale di sorveglianza di Roma gli arresti domiciliari, previsti dall'apposita ex Cirielli per gli ultrasettantenni come lui. Però dovrà lasciare il Parlamento, essendo stato interdetto in perpetuo dai pubblici uffici, e restare chiuso per sei anni nella sua casa di piazza Farnese. A meno che il Parlamento non vari un'amnistia o un indulto. Da quel giorno, nell'agenda sovraffollata di una classe politica in tutt'altre faccende affaccendata (elezione del capo dello Stato, prime misure economiche del nuovo governo, referendum costituzionale ecc.), irrompe da destra, dal centro e da sinistra l'irrefrenabile desiderio di un provvedimento di clemenza.

15 maggio. Giorgio Napolitano viene eletto presidente della Repubblica al posto di Carlo Azeglio Ciampi.

25-26 giugno. Il Cavaliere e il centrodestra perdono rovinosamente il referendum costituzionale sulla controriforma della "devolution": 61,3% di No e 38,7 di Sì.

27-29 luglio. Mentre Berlusconi fa shopping nelle sue file, l'Unione regala a lui, a Previti e agli altri imputati un indulto extralarge di tre anni firmato dal nuovo guardasigilli Mastella e votato a tappe forzate da tutti i partiti, tranne Idv, Pdci e Lega. La Camera lo approva il 27 e il Senato il 29. La scusa è la solita: il sovraffollamento delle carceri. Ma il "liberi tutti" – che in pochi mesi farà uscire 30 mila criminali e non ne farà più entrare almeno il doppio – è esteso ai reati finanziari e fiscali, alla concussione e alla corruzione, che sulla popolazione detenuta incidono zero; e persino ad alcuni delitti di mafia, come l'estorsione e il voto di scambio. Così i sei anni che deve scontare Previti in carcere (cui presto si aggiungeranno altri 18 mesi per la corruzione giudiziaria Mondadori) diventano una burletta. In cella ha trascorso solo cinque giorni, grazie all'ex Cirielli. Ma dovrebbe almeno restare ai domiciliari per tre anni prima di ottenere l'affidamento ai servizi sociali. Invece quei tre anni gli vengono abbuonati dall'indulto e così già nel febbraio 2007 l'onorevole corruttore verrà affidato a una comunità antidroga per qualche visita sporadica, tornando di fatto completamente libero, ad appena otto mesi dall'arresto. Berlusconi invece, ancora in attesa della prima condanna definitiva, intasca un bonus di impunità triennale da spendere alla prima necessità. Già che c'è, l'Unione in piena sindrome di Stoccolma lo salva anche dall'ineleggibilità, calpestando per la seconda volta (come già nel 1996) la legge

361 del 1957 sui concessionari pubblici, col solito trucco di dichiarare ineleggibile Confalonieri al posto suo, fra le proteste solitarie di Di Pietro e dei Comunisti italiani.

7 settembre. Il senatore Sergio De Gregorio, eletto nell'Italia dei Valori con Di Pietro, lascia il suo partito per confluire nel gruppo Misto e di lì a poco in FI, che l'ha votato come presidente della commissione Difesa al posto della candidata dell'Unione Lidia Menapace. Nei mesi seguenti, Berlusconi avvicina e fa avvicinare altri senatori unionisti, promettendo anche ruoli a Rai Fiction per attricette loro "amiche" grazie al fido direttore Agostino Saccà. Nel 2013 De Gregorio verrà arrestato e patteggerà la pena, confessando di aver ricevuto 3 milioni di euro dal Cavaliere (due in nero e uno in contanti) in cambio del suo salto della quaglia. Berlusconi verrà condannato a 3 anni in primo grado per corruzione elettorale e poi salvato in appello dalla consueta prescrizione.

22 settembre. Due clamorose indagini della Procura di Milano scoperchiano le deviazioni dei servizi segreti sotto il secondo governo Berlusconi: quella sul Sismi del generale Niccolò Pollari e del suo fido analista Pio Pompa; e quella sulla "security" Telecom, affidata dal patron filo-berlusconiano Marco Tronchetti Provera all'ex carabiniere Giuliano Tavaroli. Pollari è indagato con vari dirigenti e agenti della Cia per il sequestro dell'imam di Milano Abu Omar nel 2003 e per i dossieraggi del fedelissimo Pompa ai danni di giornalisti, politici, magistrati ritenuti avversari del Cavaliere. Altre schedature vengono contestate a Tavaroli e al suo amico spione Marco Mancini. Terrorizzati da quel che potrebbe uscire da quei plichi, centrosinistra e centrodestra votano insieme un decreto del ministro Mastella che impone l'immediata distruzione di tutti i dossier Telecom (cioè del corpo del reato), prim'ancora che i magistrati possano esaminarli. Da quel momento tutti i governi – Prodi-2, Berlusconi-3, Monti, Letta e Renzi – imporranno e confermeranno il segreto di Stato, allargandone vieppiù le maglie, per impedire ai giudici di processare Pollari, Pompa e Mancini. Tavaroli invece patteggerà 4 anni di pena.

Dicembre. Anziché cancellare le leggi vergogna di Berlusconi come aveva promesso in campagna elettorale, l'Unione le lascia tutte in vigore e completa anche quelle lasciate a metà dal Cavaliere: come l'Ordinamento giudiziario Castelli, che è una legge delega rimasta sospesa in mancanza dei decreti attuativi. Tra la fine del 2006 e l'estate del 2007 Mastella li completa, d'intesa col centrodestra, lasciando quasi intatti i punti più devastanti. Con l'Ordinamento giudiziario Castelli-Mastella le Procure tornano a essere organi verticistici come negli anni 50 e 60, in mano ai procuratori capi e generali, con potere di revoca e di avocazione delle indagini scomode. Aumentano i poteri disciplinari del ministro della Giustizia sui magistrati. Viene di fatto separata la carriera degli inquirenti da quella dei giudicanti. I capi e gli aggiunti degli uffici giudiziari non potranno restare più di 8 anni nella stessa sede, mentre i pm dei pool specializzati (contro mafia, tangenti, reati finanziari, reati sessuali, delitti ambientali ecc.) "scadranno" dopo 10 anni: cioè, quando saranno diventati davvero bravi, dovranno cambiare settore. L'Unione aveva anche promesso una seria legge sul conflitto d'interessi e una severa normativa antitrust, al posto delle burlette di Gasparri e Frattini: invece conserva anche quelle. Non solo: il ministro delle Telecomunicazioni Paolo Gentiloni, gradito a Berlusconi e Confalonieri, si guarda bene dall'assegnare a Europa7 le frequenze occupate abusivamente da sette anni da Rete 4 e difende la legge Gasparri addirittura davanti all'Unione europea.

I valori della famiglia

2007, 8 aprile. Nel giorno di Pasqua il settimanale *Oggi* pubblica un servizio di copertina dal titolo «L'harem di Berlusconi» con le foto scattate da Antonello Zappadu qualche settimana prima a Villa Certosa. Il leader dell'opposizione è ritratto nel parco seduto su una panchina con tre ragazze sulle sue ginocchia e le mani «a piovra», l'una infilata sotto la t-shirt di una di esse e l'altra fra le gambe di una seconda. Ma il suo staff assicura che quella era un'innocente «riunione politica con i giovani di Forza Italia».

17 aprile. L'Unione continua a completare l'opera di Berlusconi. Alla vigilia del deposito delle intercettazioni dei politici di destra e di sinistra a colloquio con i "furbetti del quartierino" sulle scalate bancarie, il centrosinistra approva alla Camera insieme al centrodestra il disegno di legge "bavaglio" firmata da Mastella per vietare la cronaca giudiziaria sulle inchieste dei magistrati. La norma passa all'unanimità: 447 Sì, nessun No e solo 9 fra astenuti e non partecipanti al voto. I giornalisti non potranno più pubblicare atti d'indagine né intercettazioni sino all'inizio del processo, nemmeno quelli non più coperti da segreto, e neanche raccontarli in forma "parziale", o accennare al loro "contenuto", o parafrasarli "per riassunto". Chi lo fa rischia multe pesantissime (da 10 mila a 100 mila euro) o il carcere fino a 30 giorni. Il giornalista dovrà anche rimuovere dagli atti notificati dai pm agli indagati tutti gli elementi e i nomi relativi a persone coinvolte ma non indagate: come se un fatto non penalmente rilevante fosse politicamente, moralmente, deontologicamente e giornalisticamente insignificante. Ma il ddl Mastella contiene anche pesanti limiti alla proroga delle intercettazioni da parte dei magistrati dopo i primi tre mesi. La norma fortunatamente non farà in tempo ad approdare in

Senato, per la fine anticipata della legislatura. Ma verrà ripresa dal governo Berlusconi-3.

25 aprile. Come già nel 2002, il tradimento del centrosinistra che le dà tutte vinte al "Caimano" (così l'ha ribattezzato Franco Cordero su *Repubblica*) e si arrocca col resto della classe politica a difesa dei propri privilegi suscita sempre più adeguate reazioni nella società civile. Il comico Beppe Grillo, animatore dal 2005 di un visitatissimo blog insieme all'esperto di comunicazione web Gianroberto Casaleggio, organizza il V-Day e riunisce centinaia di migliaia di simpatizzanti in piazza Maggiore a Bologna e in altre decine di piazze collegate, raccogliendo 350 mila firme sotto tre proposte di legge di iniziativa popolare ("Parlamento pulito"): incandidabilità per i condannati definitivi per reati di una certa entità; tetto massimo di due legislature per i parlamentari; ripristino della preferenza nella legge elettorale (le tre leggi marciranno per anni nei cassetti del Senato, senza che si riesca a discuterne nemmeno una).

2 maggio. La Rizzoli pubblica il libro *La casta* di due inviati del *Corriere della Sera*, Gian Antonio Stella e Sergio Rizzo, che in pochi mesi sfiora i 2 milioni di copie e diventa un altro detonatore della rivolta della società civile contro la classe politica sempre più chiusa in se stessa.

12 maggio. Berlusconi torna in pubblico dopo lo scandalo delle foto a Villa Certosa. E lo fa sfilando in piazza San Giovanni a Roma per il Family Day, organizzato dagli oltranzisti cattolici contro il progetto del governo Prodi per normare le coppie di fatto e in difesa della "famiglia tradizionale". «Sono qui perché noi cattolici dobbiamo reagire», tuona marciando fra preti, suore e famigliuole modello: «C'è un rigurgito di laicismo che vuole impedire alla Chiesa Cattolica di parlare. I cattolici non possono stare a sinistra».

Giugno-settembre. La Procura di Napoli, indagando su alcuni fornitori di Rai Fiction, intercetta il direttore Agostino Saccà al telefono con Silvio Berlusconi, che gli chiede di sistemare varie "attrici" per compiacere alcuni senatori che sta tentando di portare via al centrosinistra. Ma ovviamente i due interessati ancora non lo sanno.

20 luglio. Il gip Clementina Forleo, in base alla legge Boato, chiede al Parlamento l'autorizzazione a usare le intercettazioni di sei parlamentari captate sui telefoni di alcuni "furbetti" a proposito delle scalate a Bnl, Antonveneta e Rcs: i Ds Massimo D'Alema, Nicola Latorre e Piero Fassino e i forzisti Luigi Grillo, Romano Comincioli e Salvatore Cicu. Così tutti capiscono la gran fretta di sinistra e destra di imbavagliare la stampa su intercettazioni e atti d'indagine. Il Parlamento, dopo una guerra forsennata e trasversale alla Forleo (alla fine scaricata anche dal Csm, che la trasferirà a Cremona con un provvedimento poi giudicato illegittimo dalla Cassazione), negherà l'autorizzazione per cinque dei sei eletti, mentre D'Alema verrà salvato dal No del Parlamento europeo.

1° agosto. Dopo 13 anni di presenza in Parlamento, 14 mesi di permanenza abusiva alla Camera e un'infinità di cavilli, pretesti e rinvii, l'aula di Montecitorio dichiara finalmente decaduto il deputato Cesare Previti, condannato definitivamente a 7 anni e mezzo per aver comprato le sentenze Imi-Sir e Mondadori e interdetto in perpetuo dai pubblici uffici.

8 settembre. Grillo e Casaleggio organizzano a Torino (e in molte piazze collegate da tutta Italia) il secondo V-Day, questa volta per raccogliere le firme su tre referendum per la libertà di informazione: i quesiti chiedono di abrogare la legge Gasparri, l'Ordine dei giornalisti e i finanziamenti pubblici ai giornali. I quesiti saranno poi bocciati dalla Cassazione, che riterrà insufficienti le firme raccolte.

21 settembre. Il ministro della Giustizia Mastella chiede al Csm il trasferimento cautelare del pm Luigi De Magistris lontano da Catanzaro. De Magistris ha iscritto sia Mastella sia il premier Prodi nel registro degli indagati (come «atto dovuto») dell'inchiesta Why Not.

14 ottobre. Dalla fusione a freddo di Ds e Margherita, nasce il Partito democratico, che elegge segretario Walter Veltroni. Questi si mette subito all'opera per avviare un «dialogo sulle riforme istituzionali» con Berlusconi. Pd e centrodestra lavorano a una legge elettorale maggioritaria e bipartitica, all'americana, per "tagliare le ali" ai due schieramenti. Così i partiti piccoli e medi che sostengono il già traballante governo Prodi entrano in fibrillazione, a cominciare dall'Udeur di Mastella, mentre Berlusconi prosegue la sua campagna acquisti fra i senatori dell'Unione. Il Professore ha i mesi contati.

12 dicembre. Berlusconi è indagato dalla Procura di Napoli per due vicende emerse dalle intercettazioni dell'inchiesta su Rai Fiction. La prima, con l'accusa di istigazione alla corruzione, riguarda il tentato (e fallito) acquisto del senatore Nino Randazzo, eletto col centrosinistra in Australia, in cambio di ricompense politiche ed economiche. La seconda, con l'accusa di corruzione, si riferisce ai tentativi del Cavaliere di agganciare i senatori Willer Bordon e Pietro Fuda perché passino anch'essi dal centrosinistra al centrodestra, mettendo in crisi il governo Prodi. Il fascicolo, su richiesta dei difensori del leader forzista, verrà trasferito a Roma e lì si inabisserà in una selva di archiviazioni.

2008, 14 gennaio. La Procura di Santa Maria Capua Vetere indaga per corruzione diversi dirigenti dell'Udeur in Campania, a cominciare dal segretario e ministro Mastella e dalla moglie Sandra Lonardo (presidente del Consiglio regionale), che finisce agli arresti domiciliari. L'inchiesta, poi trasferita a Napoli e finita nel nulla, riguarda la lottizzazione di cariche pubbliche, soprattutto nelle Asl. Il Guardasigilli attacca a testa bassa la magistratura in Parlamento, ricevendo applausi a scena aperta da quasi tutti i partiti.

17 gennaio. Mastella si dimette da ministro e ritira l'appoggio dell'Udeur al governo Prodi.

18 gennaio. Attaccato per mesi da Mastella, ma soprattutto dal presidente Napolitano e da molti esponenti del centrodestra e del centrosinistra, spogliato dai suoi superiori di due delle sue maggiori inchieste (Poseidone e Why Not), il pm De Magistris viene trasferito d'urgenza dal Csm dalla Procura di Catanzaro al Riesame di Napoli, con il divieto di svolgere mai più funzioni requirenti, proprio mentre sta scrivendo le richieste di rinvio a giudizio della terza indagine (Toghe lucane).

24 gennaio. Il governo Prodi – privo dell'appoggio dell'Udeur e dei seguaci di Lamberto Dini, passati anch'essi armi e bagagli col centrodestra – cade in Senato. Un anno dopo Mastella verrà ricompensato da Berlusconi con un seggio sicuro al Parlamento europeo.

30 gennaio. Napolitano, che continua a lavorare segretamente per un governo di larghe intese con Berlusconi, affida un incarico esplorativo e "condizionato" al presidente del Senato Franco Marini, che dovrà partire da un'ampia maggioranza in grado di approvare una nuova legge elettorale. Ma l'ammucchiata centrosinistra-centrodestra fallisce. Marini rinuncia e al presidente non resta che sciogliere le Camere e indire le elezioni anticipate.

3 febbraio. Muore a 97 anni Rosa Bossi Berlusconi, madre di Silvio e Paolo.

Febbraio-marzo. L'idillio Veltroni-Berlusconi prosegue in campagna elettorale. Il leader Pd si fa un vanto di «non attaccare mai il Cavaliere», infatti non lo nomina neppure: per non disturbare, lo chiama «il principale esponente dello schieramento avversario». Invece Berlusconi attacca a testa bassa i "comunisti", dopo aver definito "coglioni" gli elettori del centrosinistra.

L'eterno ritorno

14 aprile. Il Cavaliere stravince le elezioni per la terza volta in 15 anni alla guida del Popolo delle Libertà (che unisce FI e An), alleato con la Lega Nord. Tra le opposizioni, le sole a superare il quorum sono il Pd, l'Idv di Di Pietro e l'Udc. Berlusconi torna a Palazzo Chigi con una maggioranza schiacciante: al Senato 172 seggi su 315, alla Camera 345 su 630.

17 aprile. Il presidente russo Vladimir Putin è ospite di Berlusconi nella sua villa a Porto Rotondo. Nella conferenza stampa congiunta la cronista russa Natalia Melikova della *Nezavisimaya Gazeta* domanda al capo del Cremlino se sia vero che, dopo le voci del suo divorzio dalla moglie Ljudmila, sposerà la ventiquattrenne ginnasta olimpionica Alina Kabaeva. Putin smentisce, invitando la stampa russa a «non ficcare il naso» nella sua vita privata. La giornalista però insiste e Berlusconi interviene fissandola con occhi torvi e mimando con le mani il gesto della raffica di mitra. Putin annuisce. La cronista si allontana in lacrime.

19 maggio. Il primo atto del Berlusconi-3 è il decreto Sicurezza del ministro dell'Interno Roberto Maroni. A cui subito viene agganciato, in sede di conversione al Senato, l'emendamento Vizzini-Berselli che sospende per un anno tutti i processi per reati commessi prima del 2002: quanto basta per bloccare la sentenza ormai imminente sul caso Mills (e altri 100 mila processi). Il Senato lo approva a giugno. Ma è solo un ricatto. La norma ammazza-processi viene lasciata decadere alla Camera, in cambio però del via libera di Napolitano e della finta opposizione del Pd a un nuovo lodo: quello firmato dal ministro della Giustizia Angelino Alfano che sospende i processi alle prime quattro cariche dello Stato (escluso, stavolta, il presidente della Consulta) fino al termine del mandato. Così, con legge ordinaria, si scardina il principio costituzionale di eguaglianza (come già col lodo Maccanico-Schifani, bocciato proprio per questo dalla Consulta). A tappe forzate.

27 giugno. Il Consiglio dei ministri licenzia la legge Alfano.

10 luglio. La Camera la approva.

22 luglio. Il Senato vota in via definitiva fra le proteste dei Girotondi, risorti in piazza Navona.

24 luglio. Napolitano la firma, sostenendo che soddisfa le osservazioni della Consulta sul lodo Maccanico-Schifani. Ma è una bugia: la Corte costituzionale boccerà anche questa legge vergogna, in quanto viola l'articolo 3 della Carta. Intanto il premier si libera per un po' dei processi Mills e Mediaset. Come già nel caso Sme, anche nel processo Mills il Tribunale stralcia la sua posizione e procede contro il solo avvocato inglese, poi investe la Consulta dell'incostituzionalità del lodo. Non contento, Berlusconi pretende subito dopo una legge-bavaglio contro la pubblicazione delle intercettazioni, terrorizzato dal rischio che emergano quelle captate dalla Procura di Napoli fra le ragazze che raccomandò a Saccà per Rai Fiction e le loro amiche. Ma poi l'allarme rientra quando i giudici di Napoli distruggono le conversazioni piccanti, in quanto penalmente irrilevanti. Così per qualche mese il premier può dedicarsi alle altre sue faccende private: salvare un'altra volta le frequenze di Rete 4, cedendo a Europa7 (che ha finalmente vinto la sua battaglia davanti alla giustizia europea) non le frequenze di rete 4, ma una di Rai 1; e colpire la concorrenza con il raddoppio dell'Iva a Sky.

5 agosto. Entra in vigore il "pacchetto Sicurezza" Maroni, cui ne seguiranno altri due nei mesi successivi. È un coacervo di norme discriminatorie contro gli stranieri (che infatti la Consulta provvederà a cancellare negli anni seguenti). Una consente alla Polizia di schedare i bambini rom. Una punisce più gravemente i reati se a commetterli è un immigrato senza documenti. Una autorizza i respingimenti dei clandestini in alto mare, senza poter distinguere eventuali profughi di guerra e rifugiati politici con diritto d'asilo. Una addirittura punisce come reato il semplice status di clandestino (quest'ultima norma verrà ridimensionata in sede europea con la cancellazione dell'arresto per quel reato inesistente). Altre norme "sicuritarie" di pura propaganda prevedono l'impiego di 3.000 soldati per mansioni di ordine pubblico urbano e autorizzano la creazione di "ronde" private per affiancare le forze dell'ordine nel controllo del territorio.

Negli stessi giorni l'imprenditore Gianpaolo Tarantini, 34 anni, titolare insieme al fratello Claudio di un'azienda che fornisce protesi sanitarie alle Asl, viene intercettato dalla Procura di Bari in un'inchiesta su tangenti e gare truccate nella sanità pugliese. "Gianpi", indagato per corruzione, ma anche per spaccio di cocaina, ha deciso di allargare l'attività e di entrare nel gran giro degli appalti romani della Protezione civile e di Finmeccanica. Come? Agganciando il premier Berlusconi con la più allettante delle esche: le ragazze facili. In agosto affitta una villa hollywoodiana in Costa Smeralda, molto vicina a quella del Cavaliere, e organizza festini con una folta presenza femminile: da Belén Rodriguez a Manuela Arcuri, da Sara Tommasi a Carolina Marconi. La voce gira e un bel giorno Sabina Began detta "l'Ape Regina", intima di Berlusconi, lo invita a Villa Certosa e gli presenta il capo del governo. I due diventano amici, Gianpi è ospite fisso dei party in casa del Cavaliere e troneggerà in terza fila al primo congresso del Pdl.

Lo zimbello d'Europa

Ottobre. Berlusconi chiede a Tarantini di portare un po' di ragazze a una festa che sta organizzando a Palazzo Grazioli, la sua residenza romana in via del Plebiscito. Gianpi si attiva e nella sera indicata, a metà ottobre, fa arrivare da Bari Patrizia D'Addario, 42 anni splendidamente portati, e altre due ragazze. Tarantini sale con loro a Palazzo Grazioli. Patrizia, che per l'occasione si fa chiamare "Alessia", entra subito in confidenza col premier. Nessuno la controlla, così registra le conversazioni col cellulare. Seduta al tavolo di fronte a Silvio, gli chiede aiuto per una pratica edilizia bloccata a Bari su un progetto per trasformare un rustico in un residence. Lui le promette di provvedere. E, dopo cena, proietta alle signorine un filmino dei suoi incontri con George W. Bush e mostra un album di foto di Villa Certosa. Poi le solite barzellette, qualche ballo (anche sulle note di *Meno male che Silvio c'è*) e l'immancabile cantatina al pianoforte, con Apicella alla chitarra. Patrizia non viene invitata per la notte: quella sera c'è troppa gente, una ventina di ragazze in tutto, comprese – ricorderà lei – «due escort che lavorano in coppia». Così torna in albergo, dove Tarantini le allunga un assegno di mille euro, «perché non ti sei fermata a dormire con Silvio»: altrimenti la tariffa sarebbe stata doppia. Il Cavaliere però dice a Tarantini che vuole rivedere "Alessia". Cioè Patrizia.

4 novembre. La D'Addario torna a Palazzo Grazioli per una serata più intima. Nessun'altra ospite, a parte lei, Tarantini e due "ragazze immagine" reclutate da Gianpi: Barbara Montereale, 23 anni, e Lucia Rossini, 25 anni. Le due giovani si fotografano nel bagno privato del capo del governo, poi lasciano l'edificio col pappone, non prima di aver ricevuto dal padrone di casa anelli e collane a forma di farfalla («li ho disegnati io», dice lui) e i cd delle sue canzoni composte con Apicella. Così Patrizia rimane sola con Berlusconi, che le ripromette aiuto per la pratica edilizia e le chiede di fermarsi per la notte. Lei accetta. E continua a registrare tutto, anche durante i rapporti sessuali nel lettone a baldacchino, dono di Vladimir Putin, e le ripetute docce gelate a cui si sottopone, *dopo*, il premier (per neutralizzare l'effetto del Viagra e, si dice, di micro-iniezioni sul pene che gli vengono praticate in quelle occasioni dopo l'asportazione della prostata). È la sera dell'elezione di Barack Obama a presidente degli Stati Uniti.

5 novembre. Alle 8 del mattino, dopo la colazione, Silvio regala a Patrizia un ciondolo a forma di tartarughina, le promette di inviare due suoi uomini a Bari per risolvere la sua questione edilizia e la fa riaccompagnare da un segretario all'albergo. Intanto lo attendono allo Spazio Etoile, dove la Fondazione Italia-Usa ha organizzato una cena per festeggiare Obama con 500 ospiti, politici e diplomatici italiani e americani. Ma non arriverà mai. Tarantini raggiunge Patrizia in hotel e le passa una busta con 2 mila euro. In serata, appena rientrata a Bari, la D'Addario riceve una chiamata di Berlusconi dal suo cellulare privato per i commenti di rito. «Come va, bambina mia?». «Bene, sono un po' rauca». «Non ho sentito strilli ieri notte». «Sono state le docce fredde». «Parto per Mosca e, quando torno, ti richiamo». Il premier insisterà più volte per rivederla, ma Patrizia rifiuterà sempre. È furibonda, si sente presa in giro: nonostante le promesse, il suo progetto edilizio resterà bloccato. Invece la Montereale sarà invitata a una festa con altre venti ragazze a Villa Certosa, a fine novembre e il Cavaliere le consegnerà una busta con 10 mila euro. Tarantini organizzerà al premier altri party a base di ragazze sempre nuove nella beauty farm di Mességué, a Todi. Ma tutto questo gli italiani ancora non lo sanno.

18 novembre. Berlusconi accoglie Angela Merkel al vertice bilaterale italo-tedesco di Trieste nascondendosi dietro il pennone portabandiera in piazza Unità d'Italia. E, all'arrivo della cancelliera, sbuca fuori facendole cucù: «Sono qui!». Sorrisi imbarazzati.

2009, 17 febbraio. David Mills viene condannato a 4 anni e mezzo in primo grado come testimone corrotto da Berlusconi (sentenza confermata in appello il 27 ottobre). Il corruttore invece s'è sfilato dal processo con la legge Alfano e dorme sonni tranquilli.

2 aprile. A Buckingham Palace per il G20, i leader del mondo posano per la foto di gruppo quando il silenzio viene squarciato da un urlo: «*Mister Obamaaaaa!*». È Berlusconi. La regina Elisabetta II, infastidita, si volta e sbotta: «Ma perché deve urlare così forte?». Risate generali.

3 aprile. Berlusconi arriva a Baden-Baden, in Germania, per il vertice dei Paesi Nato. Ma, anziché dirigersi verso Angela Merkel, che fa gli onori di casa, si apparta sulla riva del Reno per una lunga telefonata fuori programma. La Merkel lo attende invano sotto il sole e intanto riceve gli altri leader, che attraversano con lei la passerella sul fiume e si incontrano simbolicamente a metà strada col presidente francese Sarkozy, accompagnati da una banda musicale, sempre in assenza del premier italiano. Il quale manca anche al minuto di silenzio in ricordo dei caduti della Nato e arriva trafelato soltanto per la seconda foto di gruppo, scusandosi con gli altri. Alla fine fa dire che il misterioso interlocutore che l'ha costretto a saltare il cerimoniale è il premier turco Tayyip Erdoğan, con cui lui doveva improrogabilmente decidere il nuovo segretario generale della Nato. Come se quel compito spettasse a lui. Poi conclude degnamente la giornata con una sfuriata ai giornalisti che hanno osato raccontare la ramanzina della regina Elisabetta: «Non parlo più con voi. Io lavoro per l'Italia e voi contro. Non farò più conferenze stampa».

6 aprile. Anche il terremoto in Abruzzo, maldestramente gestito dalla Protezione civile di Guido Bertolaso (dopo sei mesi di scosse e "sciami sismici" non è stato neppure predisposto un piano di evacuazione, anzi la popolazione è stata rassicurata sul cessato allarme, col risultato di 300 morti e migliaia di feriti) diventa un'occasione di passerelle propagandistiche per Berlusconi e il suo capo della Protezione civile, Guido Bertolaso. Poco importa se, proprio alla vigilia del sisma, il Cavaliere ha annunciato un Piano Casa per consentire ai proprietari di appartamenti e capannoni di allargarli fino al 20% del volume con procedure semplificate e leggi aggirate. Comprese quelle antisismiche.

25 aprile. Il premier si presenta nel comune abruzzese più devastato, Onna, col fazzoletto da partigiano al collo per celebrare la Liberazione (per la prima volta in vita sua) a favore di telecamera. E viene elogiato come "statista" anche dal centrosinistra e da Eugenio Scalfari. Poi, per autocelebrarsi davanti ai grandi della terra, trasferisce all'ultimo momento il G8 dall'isola della Maddalena (dove Bertolaso ha buttato centinaia di milioni di euro in opere inutili) all'Aquila. Il tutto alla vigilia delle elezioni europee e amministrative di maggio e giugno. Intanto lavora alle liste, in cui intende candidare una ventina di giovani soubrette televisive, "veline", vallette e ragazze che partecipano alle sue feste. Per loro allestisce una "scuola di formazione" nella sede azzurra di via dell'Umiltà a Roma: un corso intensivo serale di tre giorni tutto compreso, una *full immersion* con un corpo docente eccezionale. Ammaestrano l'harem, oltre a Silvio medesimo, Verdini, La Russa, Frattini e Brunetta. Sui banchi, a seguire le lezioni, ci sono le giovani deputate Laura Ravetto, Gabriella Giammanco, Annagrazia

Calabria, Beatrice Lorenzin e Barbara Mannucci. E poi Barbara Matera (ex concorrente di Miss Italia, già valletta di Davide Mengacci su Rete 4 a *Fornelli d'Italia*), Angela Sozio (la "rossa" del *Grande Fratello 3* fotografata sulle ginocchia di Silvio a Villa Certosa), Chiara Sgarbossa (ex Miss Veneto, ex "meteorina" del Tg4), Susanna Petrone (valletta di *Guida al campionato* su Italia 1, fotografata sullo yacht di Berlusconi), Elisa Alloro (presentatrice tv e showgirl con qualche trascorso a Mediaset, nota anche per il reality web *Ciccio Ciccio* in cui si mostra in ogni momento della giornata, anche sotto la doccia, con un serpente verde dipinto sul busto), Emanuela Romano (napoletana, presidentessa del comitato "Silvio ci manchi" fondato nel 2006 da Francesca Pascale), Rachele Restivo (già protagonista del programma di Italia1 *Passion: erotismo per le donne*), Cristina Ravot (pianista e cantante sassarese che allieta le feste a Villa Certosa duettando col padrone di casa e Apicella), Adriana Verdirosi (pittrice e cantante fotografata senza veli su *Panorama*), Silvia Trevaini (già finalista di Miss Muretto ad Alassio), Giada Martirosianaite (Miss Lituania 2008), Eleonora Gaggioli (comparsa nelle fiction *Don Matteo*, *Centovetrine* ed *Elisa di Rivombrosa*) e Camilla Ferranti (tronista a *Uomini e donne* di Maria De Filippi). «Alcune di voi saranno candidate», promette alle alunne il Cavaliere nella lezione introduttiva: «Voglio volti giovani, facce nuove per rinnovare l'immagine del Pdl e dell'Italia in Europa».

Hardcore ad Arcore

28 aprile. La moglie del premier, Veronica Lario, denuncia pubblicamente lo scandalo delle "veline" candidate dal marito al Parlamento europeo, definendole «ciarpame senza pudore». Berlusconi cancella quasi tutte le ragazze in extremis dalle liste del Pdl per tentare di salvare la quiete famigliare.

29 aprile. *Repubblica* rivela che tre giorni prima, in un equivoco ristorante di Casoria (Napoli), il premier ha festeggiato il diciottesimo compleanno di una sua giovane pupilla, Noemi Letizia, che lo chiama «Papi» e lo frequenta da quattro anni. La moglie Veronica chiede il divorzio e dichiara: «Mio marito è un uomo malato, frequenta minorenni, vergini che si offrono al drago».

30 maggio. Il fotoreporter Antonello Zappadu immortala altri festini di un anno prima a Villa Certosa con decine di ragazze, in parte aviotrasportate da Roma su aerei di Stato. La Procura di Roma apre subito un'inchiesta per peculato, per poi farla archiviare a tempo di record. Intanto il Cavaliere tenta di bloccare con denunce per violazione della privacy i nuovi scatti del fotografo: fra i più compromettenti, quelli che ritraggono l'allora premier ceco e ora presidente di turno del Consiglio europeo, Mirek Topolanek, nudo in giardino e in evidente stato di erezione accanto a una ragazza discinta. Le foto usciranno a giugno sul sito online del quotidiano spagnolo *El País*.

17 giugno. Il *Corriere della Sera* svela l'inchiesta di Bari su Tarantini e il suo giro di prostituzione a Palazzo Grazioli. Giornali e tv (soprattutto quelle straniere) si riempiono dei racconti di Patrizia D'Addario. Berlusconi parla di «spazzatura». L'onorevole avvocato Niccolò Ghedini dichiara: «Il presidente Berlusconi non ha mai incontrato la signora D'Addario e non c'è alcuna registrazione dell'incontro. A meno che qualcuno non la inventi». Poi se ne esce con una strepitosa ipotetica del terzo tipo: «Ancorché fossero vere le indicazioni della ragazza, e vere non sono, il presidente del Consiglio sarebbe l'utilizzatore finale e quindi mai penalmente punibile». Il direttore del Tg1

Augusto Minzolini annuncia che il primo telegiornale Rai non parlerà del caso: «È solo gossip».

28 agosto. Il direttore di *Avvenire* Dino Boffo, che si è permesso qualche timida critica allo stile di vita del premier, viene sbattuto in prima pagina dal *Giornale*, diretto da Vittorio Feltri e vicediretto da Alessandro Sallusti, che pubblicano una vecchia sentenza a suo carico per molestie e un falso rapporto di Polizia sulla sua presunta omosessualità.

2 ottobre. Il terzo "scudo fiscale" del ministro Giulio Tremonti, varato dal governo a luglio, viene definitivamente convertito in legge dalla Camera, grazie alle decisive assenze nelle file della cosiddetta opposizione di centrosinistra (che, a ranghi compatti, avrebbe battuto la maggioranza piena di assenti e neutralizzato il decreto). Napolitano, incurante dell'appello lanciato dal neonato *Fatto Quotidiano* e sottoscritto da 80 mila cittadini, lo firma all'istante. Così chi ha depositato capitali all'estero senza pagare le tasse, o li ha accumulati con traffici d'armi o di droga o di esseri umani o di organi o con sequestri di persona o con tangenti, può depositarli presso una banca italiana che funge da "intermediario" e trattiene per lo Stato una modica tassa del 5% (il 50% dei soli interessi: il capitale è esente). Oltre a risparmiare un 40-45% di imposte, l'evasore rimane anonimo e può spendere i suoi capitali sporchi come gli pare, senza più rischiare accertamenti, ispezioni, sanzioni amministrative, tributarie e previdenziali. E tutto ciò non vale solo per il denaro, ma anche per ville, yacht e beni di lusso in generale, che ovviamente restano dove sono, cioè all'estero. Una gigantesca sanatoria che cancella anche tutti i reati finanziari, contabili e tributari. E le banche intermediarie non sono più tenute a segnalare le operazioni sospette all'antiriciclaggio. Ultima delizia: i milioni rimpatriati potranno essere reinvestiti in titoli, azioni e strumenti finanziari. Cioè tornare all'estero. Alla fine rientreranno poco più di 100 miliardi, ma lo Stato ne incasserà appena 5: una miseria, se si pensa che nel 2008, abrogando l'Ici sopra i 100 mila euro, il governo ha rinunciato a incamerare 4 miliardi l'anno, e altri 4 li ha sperperati per cedere a prezzi stracciati la parte sana di Alitalia a un gruppo di finanzieri (ribattezzati «capitani coraggiosi») riuniti nella Cai e capitanati da Roberto Colaninno, accollando le perdite alla collettività. Il tutto nel primo biennio della più grave crisi finanziaria internazionale dal dopoguerra, che solo il governo italiano si ostina a negare e a non affrontare.

4 ottobre. Beppe Grillo e Gianroberto Casaleggio, nella festività di San Francesco d'Assisi, fondano a Milano il Movimento 5 Stelle.

5 ottobre. Il giudice civile di Milano Raimondo Mesiano condanna la Fininvest e Silvio Berlusconi a risarcire con 750 milioni di euro la Cir di Carlo De Benedetti per lo scippo della Mondadori (cifra poi ridotta in appello a 560 milioni) e definisce il premier «corresponsabile nella corruzione» del giudice Metta a opera di Previti. Il magistrato viene subito linciato dai giornali berlusconiani, addirittura pedinato da una troupe di Canale 5 e messo alla berlina per i suoi calzini turchesi.

6 ottobre. È il giorno alla sentenza della Consulta sul lodo Alfano. Il Cavaliere per vincere la partita le ha provate tutte. Ha persino partecipato a una cena con due giudici costituzionali, Luigi Mazzella e Paolo Maria Napolitano. Intanto – come si scoprirà nel 2010 – la loggia P3 con gli amici Marcello Dell'Utri, Denis Verdini e Flavio Carboni (faccendiere massone e pregiudicato per la bancarotta dell'Ambrosiano) si è attivata in ogni modo per condizionare i supremi giudici. Ma invano: la Corte boccia la legge Alfano in quanto incostituzionale, smentendo Napolitano che l'aveva firmata garantendone la legittimità. I processi al premier sui casi Mills e Mediaset ripartono. E la maggioranza cerca affannosamente una soluzione per bloccarli di nuovo. Tenta di trasformare il lodo appena bocciato in una legge costituzionale, che però richiede tempi troppo lunghi e viene subito accantonata. S'inventa la legge sul "processo breve", che estingue i dibattimenti se durano più di 3 anni dalla richiesta di rinvio a giudizio alla sentenza di primo grado, più di 2 anni da quella di primo grado a quella di secondo, più di 1 anno e mezzo da quella d'appello a quella di Cassazione: proprio il caso dei processi Mills e Mediaset. Ma questa norma viene approvata solo dal Senato, poi finisce su un binario morto, perché i suoi effetti criminogeni allarmano persino il Quirinale (la copierà pari pari, peggiorandola un po', nel 2021 la ministra Marta Cartabia nel governo Draghi, e riuscirà a farla approvare). A quel punto, Berlusconi ritenta con la "prescrizione breve", che accorcia vieppiù i termini di estinzione dei reati per gli incensurati, come se non bastassero gli effetti rovinosi dell'ex Cirielli. Ma anche questa si incaglierà contro le perplessità di Fini e Bossi. Alla fine si opta per il "legittimo impedimento": una norma ordinaria che consente ai membri del governo di addurre impegni governativi ai Tribunali per non comparire in udienza per sei mesi di seguito, prorogabili fino a un massimo di 18. La legge inizia il suo iter in Parlamento.

9 ottobre. In conferenza stampa, Berlusconi si dice fortunato: «In tutti i processi che ho subìto, la mia disponibilità economica mi ha permesso di spendere 200 milioni di euro per pagare i consulenti e i giudici». Il ministro Brunetta corregge all'istante il lapsus-confessione: «Vuol dire gli avvocati». E il premier: «Ma certo, gli avvocati».

5 dicembre. Il Popolo Viola, figlio dei Girotondi e animato da attivisti come Gianfranco Mascia, organizza a Roma il No

Berlusconi Day: una grande manifestazione per chiedere le dimissioni di Berlusconi da presidente del Consiglio.

10 dicembre. I giudici di Napoli chiedono l'arresto di Nicola Cosentino, sottosegretario forzista all'Economia e presidente del Cipe, per concorso esterno in associazione camorristica con il clan dei Casalesi. Ma la Camera lo salva con 360 No (Pdl e Lega, mezza Udc, radicali del Pd e Api di Rutelli) e 226 Sì (Pd, Idv, l'altra metà dell'Udc).

12 dicembre. Durante un comizio di Berlusconi in piazza Duomo a Milano, uno squilibrato gli lancia sul volto una statuetta dello stesso Duomo. Il Cavaliere viene ricoverato sanguinante per la rottura del setto nasale e di un paio di denti. Il capogruppo del Pdl alla Camera Fabrizio Cicchitto accusa Travaglio, Santoro, Di Pietro e i pm di Palermo di essere i "mandanti morali" dell'insano gesto.

2010, 10 febbraio. Blitz della Procura di Firenze contro la "cricca" della Protezione civile: una superlobby di costruttori e alti funzionari dello Stato, protetti da Guido Bertolaso, Denis Verdini e Gianni Letta (quest'ultimo non indagato), che avrebbero pilotato a prezzi gonfiati gli appalti per la ricostruzione post-terremoto in Abruzzo e i "grandi eventi" (dai mondiali di nuoto al G8 alla Maddalena, poi trasferito all'Aquila). Bertolaso, indagato per gli appalti alla Maddalena e per presunti favori dall'imprenditore Diego Anemone (inclusi «massaggi particolari» al Salaria Sport Village), si dimette da sottosegretario alla Protezione civile (verrà poi assolto). Se ne va anche l'arrestato Angelo Balducci, potentissimo presidente del Consiglio superiore dei lavori pubblici. La Procura di Firenze (e poi quella di Perugia) scoprono che Anemone nel 2004 pagò 900 mila euro per aiutare il ministro dell'Interno Claudio Scajola ad acquistare un appartamento di 250 metri quadri con vista sul Colosseo: «a mia insaputa», assicura Scajola con grave sprezzo del ridicolo, prima di dimettersi. Dinanzi allo sdegno dell'opinione pubblica per gli sprechi e le mazzette (amplificato da un'intercettazione in cui il costruttore Francesco De Vito Piscicelli se la ride con un amico nella notte del terremoto, pregustando gli appalti per la ricostruzione), Berlusconi annuncia una legge anticorruzione, che viene licenziata a marzo dal Consiglio dei ministri. Ma non verrà mai approvata.

25 febbraio. Mills, condannato in primo e secondo grado a 4 anni e mezzo per corruzione giudiziaria, si salva in Cassazione grazie alla prescrizione (scattata da appena due mesi). Ma resta comunque colpevole di essere stato «corrotto nell'interesse di Berlusconi» e dovrà risarcire lo Stato italiano con 250 mila euro.

10 marzo. Mentre la crisi finanziaria partita due anni prima dagli Usa travolge l'Europa e soprattutto l'Italia (-3,1% di Pil, sistema bancario sull'orlo del collasso), governo e maggioranza continuano a occuparsi a tempo pieno degli affari di Berlusconi. Il Senato approva definitivamente il ddl Alfano sul "legittimo impedimento" per sospendere di nuovo i processi del Cavaliere, ripartiti dopo la bocciatura del lodo: il premier e i ministri imputati potranno accampare impegni governativi dinanzi ai tribunali per non comparire in udienza per 18 mesi consecutivi, senza che i giudici possano verificarli o contestarli (basterà la dichiarazione scritta di un segretario di Palazzo Chigi). Il presidente Napolitano promulga anche questa sconcezza. Di Pietro raccoglie le firme per abrogarla con un referendum, mentre il Tribunale di Milano ricorre alla Consulta perché la dichiari incostituzionale.

12 marzo. Il *Fatto* rivela che Berlusconi è indagato a Trani per aver minacciato con telefonate di fuoco il suo fedelissimo commissario dell'Agcom, Giancarlo Innocenzi, affinché inducesse l'Autorità garante delle comunicazioni a fornire al fido direttore generale della Rai, Mauro Masi, le armi giuridiche per chiudere *Annozero* di Michele Santoro. I reati ipotizzati sono concussione e minaccia a corpo politico dello Stato. Il processo verrà trasferito a Roma, dove si chiuderà con la consueta archiviazione.

15 marzo. Berlusconi, alla festa per i 90 anni di don Luigi Verzé, rivela: «Il San Raffaele e don Verzé vogliono portare la vita media a 120 anni. Si tratta però di vita media. Io e don Verzé puntiamo a vivere 30 anni di più, ad arrivare a 150 anni e mi sto convincendo che questo progetto, come tutti quelli di don Verzé, sia realizzabile. Finanzieremo un centro di ricerca che sorgerà a Verona, la sua città natale». Don Verzé morirà nel 2011 a 91 anni.

27 marzo. Berlusconi incontra il dittatore libico Gheddafi al vertice della Lega Araba a Sirte e gli fa il baciamano. Il colonnello si pulisce subito la mano sulla tunica.

«Che fai, mi cacci?»

22 aprile. Nella prima assemblea del Consiglio nazionale del Pdl, in diretta tv, Berlusconi si scontra con Gianfranco Fini, presidente della Camera e membro del Pdl, che da settimane critica le sue leggi vergogna sulla giustizia. Fini: «A volte diamo l'impressione di voler garantire sacche d'impunità. Col processo breve e la prescrizione breve avremmo spazzato via 600 mila processi». Berlusconi: «Basta con la magistratura politicizzata! Se vuoi fare politica, dimettiti e vieni a farla nel partito, non da presidente della Camera!». Fini: «Perché sennò che fai, mi cacci?». I finiani Italo Bocchino, Carmelo Briguglio e Fabio Granata criticano la decisione del governo di negare la protezione a Gaspare Spatuzza, il pentito che aiuta i pm siciliani a riscrivere la storia del delitto Borsellino e della trattativa Stato-mafia e accusa anche Berlusconi e Dell'Utri (di nuovo indagati a Firenze per concorso nelle stragi del '93). I tre vengono deferiti ai probiviri del Pdl. Fini li difende.

29 giugno. La Corte d'appello di Palermo condanna Marcello Dell'Utri per concorso esterno in associazione mafiosa a 7 anni (2 in meno del primo grado). Intanto, nel silenzio dei media e della politica, la Procura di Palermo indaga per concorso esterno il presidente del Senato Renato Schifani (che sarà poi archiviato). Berlusconi approfitta dell'estate per piazzare altre due leggi vergogna. Ripresenta in Senato la legge Bavaglio di Alfano (che riprende e peggiora la legge Mastella contro il diritto di pubblicare atti d'indagine e intercettazioni e limita pesantemente anche i poteri dei magistrati di intercettare indagati), rinviata un anno prima per le perplessità del Quirinale. E manda avanti alla Camera il "processo breve", già approvato a Palazzo Madama, che estinguerebbe decine di migliaia di processi (fra cui i suoi). Le proteste di giornalisti, editori, magistrati e Popolo Viola inducono il centrosinistra (ma anche i finiani) a dare battaglia con più determinazione del solito.

1° luglio. Grande manifestazione a Roma, in piazza del Popolo, contro la legge Bavaglio. Napolitano la seppellisce: «I punti critici sono chiari. Mi riserverò di valutare il provvedimento al momento della firma». Così il ddl finisce sul binario morto.

5 luglio. Il primo membro del governo ad approfittare del "legittimo impedimento" è il forzista Aldo Brancher, che Berlusconi ha appena nominato ministro del Federalismo per consentirgli di rinviare la sentenza nel processo per i soldi di Fiorani ai tempi delle scalate bancarie. Stavolta protesta persino Napolitano e Brancher deve lasciare subito il governo e farsi processare: verrà condannato fino in Cassazione a 2 anni per appropriazione indebita e ricettazione. Invece nessuno si lamenterà quando

Berlusconi userà il "legittimo impedimento" per congelare i suoi processi per i casi Mills, Mediaset e Mediatrade.

29 luglio. Fini viene espulso dal Pdl per ordine di Berlusconi, in quanto "incompatibile" con i "valori" del Pdl. E l'indomani fonda Futuro e Libertà per l'Italia (Fli), portandosi dietro 34 deputati e 10 senatori. Ma per ora non toglie l'appoggio al governo che, senza Fli, non avrebbe più la maggioranza. La formula è quella della «fiducia con riserva». Dalle tv e dai giornali berlusconiani parte l'assalto all'arma bianca contro il presidente della Camera, accusato di ogni nefandezza per la storia di un alloggio a Montecarlo di 50 metri quadri, ereditato da An, ceduto a due società offshore e rilevato da Giancarlo Tulliani, fratello della sua compagna Elisabetta. Ne nascerà un processo per riciclaggio, tutt'oggi in corso.

7 novembre. Fini chiede a Berlusconi di dimettersi per allargare la maggioranza all'Udc, altrimenti Fli passerà all'opposizione. Il premier minaccia: «Piuttosto che dimettermi, meglio la guerra civile». Napolitano gli lancia l'ennesimo salvagente: non tollererà crisi di governo prima della «inderogabile approvazione» della legge di Stabilità. Nelle stesse settimane una voce inquietante si rincorre in Transatlantico: i fedelissimi del Cavaliere sono terrorizzati che esca, dalla Procura di Bari che indaga sui suoi festini, qualche intercettazione con i suoi papponi e le sue escort, in cui il premier chiami la cancelliera Merkel come abitualmente la chiama in presenza di amici e parlamentari: «la culona inchiavabile». Le intercettazioni poi non usciranno (o perché non ci sono, o perché verranno distrutte per irrilevanza penale). Ma chi lo conosce bene sa che Silvio quel soprannome lo usa spesso. La voce viene raccolta dal *Fatto* e da Selvaggia Lucarelli nel suo blog, poi rimbalzerà sui giornali tedeschi, dalla *Bild* al *Die Welt*, senza che dall'entourage berlusconiano arrivino commenti o smentite. Anzi, i quotidiani a lui più devoti – dal *Giornale* a *Libero* – inizieranno a chiamare la Merkel con quel grazioso vezzeggiativo, pensando di fare cosa gradita al Cavaliere.

15 novembre. Fli ritira i suoi ministri e passa all'opposizione, garantendo solo un'ultima fiducia sulla legge di Stabilità. Le opposizioni sono ormai maggioranza alla Camera, dove il centrodestra resta con 305 deputati su 620. E proprio lì Fli, centrosinistra e Udc presentano tre mozioni di sfiducia. Il Pdl risponde con una mozione di fiducia al Senato, dove conserva una piccola maggioranza, sia pur minacciata dalle continue fughe verso Fli.

16 novembre. Riecco il pronto soccorso Napolitano, che impone al Parlamento una *road map* al rallentatore fatta apposta per le tattiche dilatorie di Berlusconi. La legge di Stabilità sarà varata nella prima decade di dicembre. Il 13 Berlusconi parlerà alle Camere e solo dopo si potranno discutere e votare le mozioni di sfiducia. Il caso vuole che proprio il 14 la Consulta abbia fissato da mesi il verdetto sul legittimo impedimento, che viene subito rinviato a gennaio. Così Berlusconi allontana i due amari calici: la ripartenza dei processi e la caduta del governo. E guadagna un mese per scatenare la campagna acquisti fra i gruppi di opposizione e rimpiazzare i transfughi finiani, come già ai tempi del governo Prodi-2. Ma stavolta il mercato delle vacche si svolge alla luce del sole, senza risparmio di mezzi e di promesse: soldi, poltrone, seggi sicuri alle prossime elezioni. I voltagabbana che passano dall'opposizione al Pdl si fanno chiamare "Responsabili". Saranno una ventina fra ex dipietristi (Antonio Razzi e Domenico Scilipoti), ex Pd, ex Udc e qualche finiano di ritorno. La Procura di Roma apre un'inchiesta, per archiviarla quasi subito.

14 dicembre. Berlusconi strappa la fiducia alla Camera con 3 voti di scarto, rendendo ininfluente la fuga dei finiani: 314 No alla sfiducia, 311 Sì, 3 astenuti, 2 assenti. Altri "responsabili" saliranno sul carro del vincitore nei mesi seguenti, puntellando il governo per un altro anno.

30 dicembre. Napolitano firma l'ultima porcata dell'anno: la controriforma Gelmini dell'università. Un augurio di buon anno per docenti e studenti.

Che fai, Ruby?

2011, 13 gennaio. La Corte costituzionale, dopo il rinvio deciso il 10 dicembre dal presidente Ugo De Siervo per il «clima politico surriscaldato», dichiara incostituzionale gran parte della legge Alfano sul legittimo impedimento per il premier e i ministri, là dove prevede la sospensione automatica e insindacabile dei processi di sei mesi in sei mesi: spetta invece al giudice valutare gli impedimenti caso per caso. Per la minima parte giudicata legittima, in giugno si terrà il referendum abrogativo indetto da Antonio Di Pietro. I processi a Berlusconi sui casi Mills, Mediaset e Mediatrade ripartono.

14 gennaio. La Procura di Milano, che ha atteso il verdetto della Corte per non turbarne la serenità, invia al premier Berlusconi un invito a comparire per concussione e induzione alla prostituzione minorile. È lo "scandalo Ruby", anticipato dal *Fatto Quotidiano* a dicembre. Al centro di tutto c'è la giovane immigrata Karima El Mahroug, detta "Ruby Rubacuori", nata in Marocco l'11 novembre 1992, che risulta aver partecipato a numerosi festini nella villa di Arcore quando non aveva ancora compiuto 18 anni con decine di altre ragazze, molte delle quali escort professioniste. Indagati anche (ma per sfruttamento e favoreggiamento della prostituzione) i tre procacciatori di squillo assoldati dal premier: il direttore del Tg4 Emilio Fede, l'agente delle star Lele Mora e la consigliera regionale del Pdl Nicole Minetti, ex igienista al San Raffaele. Berlusconi è accusato di avere fatto sesso a pagamento con la minorenne (reato punito più gravemente in base alle leggi Prestigiacomo e Carfagna varate dal suo governo); e di avere concusso il capo di gabinetto della Questura di Milano, Pietro Ostuni, telefonandogli per ben sette volte nella notte del 27 maggio 2010 da un vertice internazionale a Parigi, per indurlo a rilasciare l'allora diciassettenne Ruby (fermata dalla Polizia per furto), minacciando una crisi diplomatica con l'Egitto in quanto la giovane marocchina era a suo dire la nipote di Mubarak. Così la Questura la affidò nelle mani della Minetti, che poi la riportò dall'amica prostituta Michelle Conceicao che già la ospitava in casa sua. Il tutto contro le disposizioni del pm minorile Annamaria Fiorillo, che chiedeva di trattenerla in attesa di trovarle un posto in una comunità per minori non accompagnati. I pm Ilda Boccassini, Pietro Forno e Antonio Sangermano intendono chiedere il processo con rito immediato per il premier e lo convocano per interrogarlo.

17 gennaio. La Procura di Milano chiede alla Camera l'autorizzazione a perquisire l'ufficio milanese del ragionier Giuseppe Spinelli, il contabile del Cavaliere che stipendiava per suo conto decine di squillo (dette "olgettine" perché alloggiate in uno stabile in via dell'Olgettina a Milano). Motivo: l'ufficio di Spinelli risulta incredibilmente coperto da immunità parlamentare in quanto spacciato per «segreteria politica dell'onorevole Silvio Berlusconi». Negli atti inviati a Montecitorio ci sono montagne di imbarazzanti prove (documenti e intercettazioni) a carico del premier puttaniere. Che scatena i suoi giornali, le sue tv e i suoi parlamentari nell'ennesimo assalto ai pm. Lo scandalo del "bunga-bunga" (la pratica di sesso anale che, secondo Ruby, Silvio avrebbe imparato dall'amico Gheddafi) fa il giro del mondo. Nel tentativo disperato di rifarsi una verginità, il premier assicura che i festini hard erano semplici "cene eleganti", inizia a pagare profumatamente i (e le) possibili testimoni ed esibisce una "fidanzatina" nuova di zecca per darsi l'aria di monogamo impenitente: Francesca Pascale, ventiseienne napoletana, già fondatrice del circolo "Silvio ci manchi".

22 gennaio. L'onorevole Salvatore Cuffaro, ex presidente della Regione Sicilia, da poco passato dall'Udc al Pdl e condannato in Cassazione a 7 anni per favoreggiamento alla mafia, si consegna nel carcere romano di Rebibbia per scontare la pena.

15 febbraio. Il gip di Milano Cristina Di Censo dispone il giudizio immediato per Berlusconi, attribuendone la competenza al Tribunale di Milano e non al Tribunale dei ministri come chiede il premier perché, per concutere Ostuni, «abusò della sua qualità e non della funzione di presidente del Consiglio». Prima udienza il 6 aprile.

19 febbraio. Dopo tre giorni di rivolte in Libia, represse nel sangue dalle milizie del colonnello Gheddafi con oltre 120 morti, Berlusconi riesce a non condannare l'amico dittatore. E a chi gli chiede perché non lo chiami per riportarlo alla ragione, risponde: «La situazione ci preoccupa, ma è in evoluzione e quindi non mi permetto di disturbarlo».

5 aprile. La Camera dei deputati, presente il governo al gran completo a eccezione di Berlusconi, approva a maggioranza la proposta del Pdl di sollevare un conflitto di attribuzioni fra poteri dello Stato contro il Tribunale di Milano, che avrebbe «leso le prerogative del Parlamento» sottraendo il premier al Tribunale dei ministri e negando la natura "ministeriale" dei reati a lui contestati. È la famosa mozione su Ruby nipote di Mubarak, che certifica la bufala del Cavaliere sulle sue telefonate in Questura fatte «nell'esercizio delle funzioni di governo» e scriminate dall'avere «agito per la tutela di un interesse dello

Stato costituzionalmente rilevante o per il perseguimento di un preminente interesse pubblico»: cioè per far rilasciare Ruby nella ferma convinzione che la minorenne marocchina fosse la nipote del presidente egiziano e che l'Italia rischiasse un incidente diplomatico con il Cairo. Mentre fuori da Montecitorio protestano migliaia di persone riunite dal Popolo Viola, l'aula approva la barzelletta con 314 sì e 302 no. Votano a favore i 232 deputati del Pdl (precettati a uno a uno dallo staff berlusconiano), i 59 della Lega, i 21 Responsabili, più i centristi Nucara, Mannino e Misiti. Luca Barbareschi di Fli si astiene. Contrari il centrosinistra e Fli (la scena si ripeterà il 15 settembre al Senato, con un'identica mozione approvata con 151 sì, 129 no e 2 astenuti). Non contento, il premier accusa i magistrati di «brigatismo giudiziario».

25 aprile. Berlusconi si rimangia gli impegni di neutralità sulla guerra civile in Libia e cede alle pressioni di Napolitano, Obama e Sarkozy: l'Italia parteciperà ai bombardamenti della Nato contro il suo amico Gheddafi. Ma solo, precisa, «contro obiettivi militari».

30 maggio. Berlusconi e il Pdl perdono rovinosamente le elezioni comunali. A Milano vince l'avvocato di sinistra Giuliano Pisapia contro la sindaca uscente Letizia Moratti. A Napoli trionfa l'ex magistrato dipietrista Luigi de Magistris.

12-13 giugno. Il referendum voluto da Di Pietro per abrogare la parte superstite della legge sul "legittimo impedimento" raggiunge il quorum con il 54,78% dei votanti: i Sì sfiorano il 95%. Passano anche altri tre quesiti: due contro la privatizzazione dei servizi idrici e uno contro la costruzione di nuove centrali nucleari. Inizia l'estate nera del terzo governo Berlusconi, a suon di scandali che coinvolgono altri pezzi grossi del sistema di potere berlusconiano. Salta fuori la loggia P4 che ruota intorno al faccendiere piduista Luigi Bisignani, vicinissimo a Gianni Letta.

Viene arrestato il deputato Pdl Alfonso Papa. Viene indagato il deputato Pdl Marco Milanese, braccio destro di Tremonti. Il faccendiere Valter Lavitola, editore e direttore de *l'Avanti!*, fugge a Panama per scampare a un mandato di arresto per aver pagato mezzo milione di euro per conto del premier a Tarantini in cambio del suo silenzio. Il neoministro delle Risorse agricole Francesco Saverio Romano viene rinviato a giudizio a Palermo per concorso esterno in associazione mafiosa (sarà assolto). L'ad di Finmeccanica Pierfrancesco Guarguaglini si dimette per le indagini su tangenti e fondi neri del colosso pubblico. Lele Mora finisce in carcere per la bancarotta fraudolenta delle sue società. Piomba in coma profondo il gruppo Ligresti. Il San Raffaele di don Verzé sprofonda in un crac da 1,5 miliardi di euro (il sacerdote morirà d'infarto il 31 dicembre). E si susseguono gli arresti e le indagini per corruzione alla Regione Lombardia, feudo di Roberto Formigoni.

Lo spread comunista

Luglio. Mentre il governo continua a occuparsi dei processi e degli affari del premier, al suo crollo reputazionale si accompagna quello finanziario: la Borsa tracolla, lo spread sfonda quota 400, gli speculatori scommettono contro l'Italia anello debole della Ue. Il governo è spaccato, inerte e paralizzato dagli scontri interni Berlusconi&Brunetta (ministro della Pa) annunciano una mega-riduzione fiscale, mentre il ministro dell'Economia Tremonti la ritiene impossibile e Bossi si oppone alla riforma delle pensioni. Risultato: nessuna reazione credibile al panico finanziario. Il Consiglio dei ministri vara una drammatica manovra finanziaria estiva firmata da Tremonti, che subito viene svuotata dai partiti della maggioranza. E viene riscritta tre volte in tre settimane. Nemmeno la quarta versione soddisfa però la Commissione Ue e la Bce. Napolitano lavora sottotraccia, d'intesa con le cancellerie europee, per sostituire il governo Berlusconi con un esecutivo tecnico guidato da Mario Monti. E il premier lo sa: così, pur di restare in sella e comprare altro tempo, si fa commissariare da una lettera della Bce, firmata dal presidente Jean-Claude Trichet e dal successore designato Mario Draghi. Il tutto all'insaputa del Parlamento e dell'opinione pubblica. Alla missiva hanno collaborato varie manine italiane. Tremonti sospetterà di Brunetta, che negherà. Di certo c'è il contributo di Daniele Franco, alto dirigente di Bankitalia e futuro ministro dell'Economia del governo Draghi. Il documento impone all'Italia una serie di riforme strutturali giugulatorie rateizzate nel tempo e l'anticipo al 2013 del pareggio di bilancio (già fissato per il 2014). In cambio la Bce acquisterà titoli di Stato italiani sul mercato, facendone scendere i rendimenti e dunque lo spread. Una scelta – quella del pareggio anticipato – che si rivelerà catastrofica per l'Italia: nell'estate successiva, quella del 2012, basterà la promessa di Draghi di intervenire con acquisti illimitati di debito pubblico dei Paesi che ne faranno richiesta («*whatever it takes*»), per placare i mercati e far calare lo spread, rimasto fino ad allora altissimo nonostante l'arrivo del governo Monti. Insomma: senza quella lettera, agli italiani si sarebbero risparmiati sacrifici per decine di miliardi.

5 agosto. Berlusconi, firmata la lettera della Bce, ne rende nota l'esistenza, ma non il contenuto (top secret per altri due mesi), per addossare a Trichet e Draghi la colpa della manovra estiva. Tremonti è stato tenuto all'oscuro di tutto, essendo noto il suo astio per Draghi e per l'asse Bankitalia-Bce. E ora paragona la missiva alle "lettere di minacce delle Br". Sarà Brunetta, d'ora in poi, a gestire i rapporti con la Bce, aggiornandola sulle misure via via adottate. E a instaurare un ottimo rapporto con Draghi, con cui dieci anni dopo ritornerà ministro. Il premier, come se nulla fosse, parte per le vacanze in Costa Smeralda: non si farà vedere a Roma per 23 giorni e non avvierà nessuna delle riforme promesse alla Bce.

24 agosto. Il faccendiere Valter Lavitola si trova in Bulgaria. *Panorama* anticipa l' indagine della Procura di Napoli su di lui e su Gianpi Tarantini. Lavitola allora chiama il premier e gli chiede cosa fare. Il presidente del Consiglio non ha dubbi: «Non tornare in Italia. Resta all'estero».

5 settembre. Napolitano, interpretando la costernazione di Draghi e Trichet dinanzi al governo che s'è già rimangiato gli impegni, commissaria il governo commissariato dalla Bce e gli intima di riscrivere la manovra per la quinta volta. Tremonti tenta ancora di convincere Bossi a tagliare le pensioni, ma il Senatùr risponde picche. Berlusconi si riappalesa a Roma e impapocchia un testo che più o meno ricalca i precedenti già bocciati dall'Europa e dal Colle.

19 ottobre. Angela Merkel, Nicolas Sarkozy, Trichet e Draghi si incontrano alla cerimonia di benvenuto per il banchiere italiano, in procinto di assumere la guida della Bce. Lì – scriverà a fine anno il *Wall Street Journal* – i quattro discutono del caso Italia e l'indomani la Merkel chiama Napolitano per chiedergli «con modi diplomatici di sostituire il capo del governo, se Berlusconi non si dimostra in grado di cambiare l'Italia» con «riforme più incisive». A quel punto «Napolitano inizia a sondare i partiti sull'appoggio a un nuovo governo». La ricostruzione verrà smentita da Napolitano e dalla Merkel. Ma è molto verosimile.

20 ottobre. Gheddafi viene brutalmente assassinato dai rivoltosi appoggiati dai bombardamenti Nato. A un anno dal baciamano, Berlusconi lo liquida così: «*Sic transit gloria mundi*».

23 ottobre. Al vertice europeo di Bruxelles, Merkel e Sarkozy incontrano Berlusconi. Poi, in conferenza stampa, una giornalista domanda loro: «Il premier italiano vi ha rassicurati?». I due si scambiano un'occhiata densa di ilarità e trattengono a stento le risate. Il video fa il giro del mondo: è la pietra tombale sul governo italiano.

1° novembre. Draghi si insedia ufficialmente alla presidenza alla Bce.

3 novembre. Il bluff del governo e della sua manovra farlocca crolla definitivamente al G20 di Cannes, dove Berlusconi non rivolge la parola a Tremonti e viceversa. I due si presentano con un pugno di mosche in mano: cioè senza le misure aggiuntive necessarie a garantire il promesso pareggio di bilancio. Lo spread schizza oltre quota 500. È la fine. Dai gruppi parlamentari di centrodestra inizia il fuggi-fuggi, in perfetta coordinazione con le manovre di Napolitano per il governo Monti.

4 novembre. L'unico a ignorare la drammatica situazione finanziaria è Berlusconi: «Macché crisi! I ristoranti sono pieni!».

8 novembre. La Camera vota sul Rendiconto dello Stato: il governo ottiene appena 308 voti, 8 in meno della soglia minima di maggioranza (316). Il testo passa solo perché le opposizioni abbandonano l'aula per abbattere il quorum ed evitare il disastro definitivo. Lo spread è a 574 punti. Bossi invita Berlusconi a fare «un passo di lato». Lui annuncia che resisterà. Ma, scaricato anche da Confindustria e Vaticano, vacilla. Poi il tracollo in Borsa del gruppo Mediaset e le pressioni dei figli, di Confalonieri e degli azionisti (in primis Ennio Doris di Mediolanum) lo inducono a mollare la presa per salvare almeno gli affari di famiglia.

9 novembre. Napolitano nomina Monti senatore a vita. Un mese prima, il professore ha definito sul *Corriere* l'Italia «un "protettorato" tedesco-francese e della Banca centrale europea».

12 novembre. Berlusconi sale al Quirinale per rassegnare le dimissioni. Poi se ne va da un'uscita secondaria, per sfuggire alla folla festante che lo attende all'ingresso.

Lo Stato Montificio

13 novembre. Napolitano incarica di formare il nuovo governo Mario Monti, presidente della Bocconi, già consigliere di amministrazione della Fiat, già consulente di Goldman Sachs, già commissario europeo, habitué del Gruppo Bilderberg ed editorialista del *Corriere*. Il suo è un "governissimo" tecnico appoggiato da tutti i gruppi di destra, di centro e di sinistra, tranne la Lega Nord (che presto sarà raggiunta all'opposizione dall'Ivd di Di Pietro). Una maggioranza bulgara, mai vista prima, che sfiora il 90%: 281 seggi su 315 al Senato e 556 su 630 alla Camera. È ciò che serve per attuare pedissequamente il piano di austerità "lacrime e sangue" voluto da Bce, Ue e Germania. Monti vara subito una manovra finanziaria da 30 miliardi che aumenta le tasse e colpisce i ceti più deboli, dai pensionati ai lavoratori, anziché tagliare i privilegi della casta, delle banche e delle grandi lobby. Risultato: salgono il debito pubblico e la disoccupazione, mentre cala la produzione industriale. In una parola: ancor più recessione di prima. Il paradosso è che è il leader del Pd Pier Luigi Bersani ad apparire il principale sponsor di Monti. Berlusconi è abilissimo a stare al governo fingendosi all'opposizione. Una scena destinata a ripetersi nel 2021, con Mattarella al posto di Napolitano, Draghi al posto di Monti, Salvini in aggiunta a Berlusconi e la Meloni al posto di Bossi.

2012, 12 gennaio. La Camera salva dall'arresto per la seconda volta in un anno Nicola Cosentino, stavolta accusato di riciclaggio con l'aggravante camorristica: determinanti i voti pro Cosentino dei radicali eletti nel Pd e della Lega Nord. La Corte costituzionale boccia i referendum promossi da Antonio Di Pietro, Arturo Parisi e Mario Segni per abolire il Porcellum e ripristinare il Mattarellum: le firme di 1.210.466 cittadini che speravano di tornare a scegliere i propri parlamentari finiscono nel cestino.

25 febbraio. Processo Mills a carico di Berlusconi per corruzione giudiziaria: grazie alle manovre dilatorie della difesa e dei giudici, il Tribunale di Milano salva le larghe intese di governo e dichiara la prescrizione del reato (scattata il 15 febbraio, cioè da appena dieci giorni). Le motivazioni della sentenza saranno firmate dalla sola presidente Francesca Vitale e non dalle due giudici a latere.

2 marzo. Al vertice europeo del Ppe, Berlusconi confida ai suoi che al segretario del Pdl e suo delfino designato Angelino Alfano «manca un *quid* e soprattutto la storia».

9 marzo. Anche la Cassazione salva il clima di larghe intese evitando che una sentenza possa turbare la "tregua" politica. E annulla con rinvio a un nuovo appello la condanna di Marcello Dell'Utri a 7 anni per concorso esterno in associazione mafiosa. I giudici ritengono provati i suoi rapporti con Cosa Nostra dai primi anni 70 al 1977 e dal 1982 al '92, ma non nel quinquennio intermedio. Dell'Utri, fuggito a Santo Domingo alla vigilia del verdetto per paura di finire in carcere, può rientrare serenamente in Italia. Anzi, in Senato. Alla vigilia della sentenza, come scoprirà la Procura di Palermo, Berlusconi ha bonificato somme milionarie sui conti dell'amico Marcello (il totale versato negli ultimi 10 anni si aggira intorno ai 40 milioni). Non solo: il Cavaliere ha acquistato la villa di Dell'Utri sul lago di Como per la bellezza di 20 milioni, contro un valore di 9,3 stimato da una perizia del 2004.

13 giugno. La Procura di Palermo, a fine inchiesta, deposita gli atti sulla trattativa Stato-mafia e si accinge a chiedere il rinvio a giudizio per 12 indagati. Sei per Cosa Nostra: Riina, Provenzano, Bagarella, Brusca, Cinà e Massimo Ciancimino. E sei per lo Stato: gli ex ufficiali del Ros Antonio Subranni, Mario Mori e Giuseppe De Donno, il senatore Marcello Dell'Utri e gli ex ministri Dc Calogero Mannino e Nicola Mancino. Sono tutti accusati di violenza o minaccia a corpo politico dello Stato, tranne Mancino che risponde "soltanto" di falsa testimonianza. Il presidente Napolitano scatena la guerra ai pm, trascinandoli addirittura dinanzi alla Consulta, perché hanno intercettato sui telefoni di Mancino diverse conversazioni con il consigliere del Colle Loris d'Ambrosio (trascritte e depositate agli atti) e alcune anche con il capo dello Stato in persona (stralciate e segretate).

23 giugno. La Procura di Milano indaga il presidente della Regione Lombardia, Roberto Formigoni, per corruzione: avrebbe ricevuto tangenti dai gruppi Maugeri e San Raffaele.

27 settembre. Napolitano chiede «provvedimenti di clemenza», cioè un'amnistia o indulto, e una riforma costituzionale che riabbassi la maggioranza parlamentare necessaria per approvarli (da quella dei due terzi a quella semplice).

24 ottobre. Berlusconi annuncia che non si ricandiderà a premier e fissa per il 16 dicembre le primarie del centrodestra per designare il suo successore. Il favorito rimane Alfano.

26 ottobre. Nel processo sui diritti Mediaset, il Tribunale di Milano condanna Berlusconi per frode fiscale a 4 anni di reclusione e a 5 di interdizione dai pubblici uffici. Lui tuona: «Condanna politica, incredibile e intollerabile, da Paese barbaro e incivile».

28 ottobre. Pessime notizie per il Cavaliere anche dalle elezioni regionali in Sicilia, dove i suoi acerrimi nemici 5 Stelle diventano il primo partito (14,9%), mentre il Pdl perde 20 punti precipitando al 12,9. Per effetto della legge elettorale regionale, che premia le coalizioni e le liste civetta, diventa presidente il candidato del centrosinistra Rosario Crocetta.

6 dicembre. Berlusconi si rimangia la promessa e fa annunciare da Alfano che il candidato premier del centrodestra sarà ancora lui: le primarie sono annullate. Giorgia Meloni, che intendeva concorrervi, lascia il Pdl e fonda Fratelli d'Italia con Ignazio La Russa e Guido Crosetto.

7 **dicembre.** Berlusconi, sempre tramite Alfano, dichiara «conclusa l'esperienza del governo Monti». Il Pdl garantisce ancora il voto alla legge di Bilancio, poi basta. L'indomani Monti si dimette e Napolitano, anziché rinviarlo al Parlamento per istituzionalizzare la crisi, accetta le sue dimissioni e scioglie le Camere un mese prima della scadenza. Poi anticipa anche le elezioni comunali e regionali di primavera, per tenerle insieme a quelle parlamentari nell'Election Day del 24-25 febbraio 2013. Così avrà ben due mesi per gestire il dopo-voto prima di dover lasciare la poltrona al successore, visto che il suo mandato "scade" a metà aprile.

31 dicembre. Il Parlamento approva definitivamente il decreto Anticorruzione n. 235/2012 della ministra della Giustizia Paola Severino, votato da tutti i partiti: 480 sì e 19 no alla Camera, 256 sì e 7 no al Senato. Contro la corruzione la legge Severino fa poco o nulla di nuovo (anzi, la norma che spacchetta la concussione, scorporandone la fattispecie per "induzione" e trasformandola nel reato minore di "induzione indebita", finirà per favorire Berlusconi nel processo Ruby). Ma contiene una norma dirompente che dichiara decaduti dal mandato e ineleggibili per 6 anni i condannati definitivi a pene superiori ai 2 anni. È una versione light della proposta Parlamento Pulito lanciata al V-Day del 2007 da Beppe Grillo e fatta propria dal

Movimento 5 Stelle. Berlusconi, dando il via libera di FI alla legge nella speranza di arginare l'avanzata "grillina", non sa che nel nuovo Parlamento sarà il primo a farne le spese.

2013, 4 gennaio. Il premier dimissionario e senatore a vita Mario Monti, che aveva sempre negato di volerlo fare, presenta la sua lista di centro, Scelta civica, in alleanza con i finiani di Fli e l'Udc di Casini. Napolitano, che aveva pubblicamente escluso una discesa in campo del suo premier tecnico, ora la sponsorizza. Tuoni e fulmini invece, da tutti i palazzi e i giornali, contro gli arrembanti 5 Stelle. Ma anche contro il nuovo movimento di sinistra Rivoluzione Civile, fondato dall'ex pm Antonio Ingroia (che assorbe l'Iv dipietrista, i Verdi, i Comunisti italiani, Rifondazione comunista e gli Arancioni di De Magistris): su pressione del Colle, si vede negare l'apparentamento dal Pd di Bersani, alleato della sola Sel di Nichi Vendola. Complici i nuovi scandali che mandano in coma il Monte dei Paschi di Siena, è l'ennesimo il suicidio del centrosinistra. Che, prima di sposare il governo Monti, era strafavorito in tutti in sondaggi.

10 gennaio. Berlusconi è ospite di Michele Santoro a *Servizio Pubblico*, su La7. Ai due interventi di Marco Travaglio, che gli rinfaccia i suoi misfatti, replica spolverando con il fazzoletto la sedia su cui il giornalista era seduto. Il programma viene visto da 8.670.000 spettatori, pari al 33,58% di share: record di tutti i tempi per La7.

Mamma li Grilli!

24-25 febbraio. Alle elezioni il Pdl di Berlusconi perde 6 milioni e mezzo di voti. Ma il Pd, malgrado la promessa del segretario Pier Luigi Bersani, non riesce a "smacchiare il Giaguaro": dissanguato dalle politiche antisociali di Monti, lascia per strada 3 milioni e mezzo di voti, pareggia con i 5 Stelle (passati da zero al 25,5%) e incassa il premio di maggioranza del Porcellum solo grazie all'alleanza con Sel. Ma al Senato non ha i numeri per governare. È quel che sperava Napolitano, che ha già in mente la riedizione delle larghe intese montiane appena bocciate dagli elettori, per tagliare fuori l'unico vincitore: il M5S. Infatti incarica Bersani "con riserva" (cioè a condizione che abbia una maggioranza numerica solida), già sapendo che fallirà col suo progetto spericolato di un governo di minoranza Pd-Sel sostenuto da qualche astensione dell'ala più moderata del M5S.

7 **marzo.** Il presidente della Bce, Mario Draghi, dichiara di non nutrire soverchi timori per il dirompente risultato delle elezioni malgrado l'«eccitazione dei politici e dei giornalisti»: in Italia, spiega, «gran parte delle misure di consolidamento dei conti continueranno a procedere con il pilota automatico». Berlusconi viene condannato a Milano a 1 anno di reclusione per violazione del segreto nel processo sulla telefonata segreta Fassino-Consorte passata al *Giornale* a fine 2005. E il gup di Palermo Piergiorgio Morosini rinvia a giudizio Dell'Utri e gli altri imputati per la trattativa Stato-mafia.

11 marzo. Berlusconi precetta 150 fra deputati e senatori appena eletti per protestare sulla scalinata del Tribunale di Milano contro i giudici che stanno concludendo il processo Ruby. Una scena degna del film di Nanni Moretti *Il Caimano*. Lui però non c'è: è ricoverato da giorni al San Raffaele per un'uveite, una forma di congiuntivite curabile con un banale collirio che i suoi medici e i suoi legali ritengono addirittura ostativa alla sua presenza in udienza. Ma i giudici del processo Mediaset non hanno abboccato e hanno proseguito senza di lui. Alla fine i parlamentari, compreso il segretario del Pdl Alfano, irrompono dentro il Tribunale per presidiare l'aula del processo Ruby, dove i giudici devono ancora decidere sul legittimo impedimento oculistico. E, sotto quel po' po' di pressione, lo accolgono, rinviando la requisitoria finale di Ilda Boccassini. L'indomani Napolitano riceve al Quirinale Alfano, Gasparri e Cicchitto che, reduci dalla gazzarra milanese, gli esprimono il loro allarme per «l'accanimento giudiziario» e l'«emergenza democratica». Non contento, il capo dello Stato convoca il vertice del Csm per invitare i magistrati a evitare «tensioni destabilizzanti»: in pratica invoca un prolungamento della tregua elettorale. Detto, fatto: i processi a Berlusconi sono rinviati fino al 20 aprile, cioè a dopo il voto per il Quirinale.

26 marzo. Nel secondo processo di appello, la Corte di Palermo ricondanna Dell'Utri a 7 anni per concorso esterno in associazione mafiosa.

30 marzo. Bersani non può sciogliere la riserva perché i 5 Stelle non vogliono donargli i loro voti gratis e lui non intende chiederli a Berlusconi. Napolitano congela la crisi fino all'elezione del suo successore. E nomina dieci "saggi" per dettare al futuro esecutivo il programma che vuole lui, riforma costituzionale compresa. Un'iniziativa senza precedenti.

9 aprile. Bersani e Berlusconi si incontrano in segreto a Montecitorio per parlare del Quirinale, accompagnati da Letta jr. e Alfano. E concordano sull'elezione di un presidente "condiviso" (da loro) e "*super partes*" (a parte le loro). L'indomani il Cavaliere si fa intervistare da *Repubblica*, all'epoca considerata un quotidiano ostile, e detta le sue condizioni per votare un presidente del Pd: un impegno del nuovo capo dello Stato contro «l'uso politico della giustizia», cioè una bella amnistia. Intanto Napolitano continua a giurare che non si farà rieleggere: «Sarebbe un pasticcio ridicolo».

16 aprile. Alle "Quirinarie" online fra gli iscritti 5 Stelle vincono Milena Gabanelli, Gino Strada e Stefano Rodotà. Grillo, intervistato dal *Fatto*, invita il Pd a eleggere insieme al M5S la Gabanelli, dopodiché potrà nascere il governo fra le due forze politiche, respinto inizialmente dai grillini in un incontro in diretta streaming fra Bersani e i capigruppo Vito Crimi e Roberta Lombardi: «Noi abbiamo alcune proposte come l'anticorruzione, la legge sul conflitto d'interessi e quella per l'ineleggibilità della salma (Berlusconi, *nda*). Bersani si prenda le sue responsabilità, sarebbe il primo passo per governare insieme». Ma nessun dirigente del Pd lo degna di risposta: i dem sono attestati, per ordine di Napolitano, sull'asse Bersani-Berlusconi per eleggere Giuliano Amato o Sabino Cassese.

17 aprile. Dopo le rinunce di Gabanelli e Strada, Grillo lancia Rodotà: il giurista progressista, già presidente del Pds, è sostenuto anche da Sel e da ampi settori della base dem. Ma Bersani rivede Berlusconi, stavolta a casa di Enrico Letta. E Rodotà è escluso in partenza. Il leader Pd propone Sergio Mattarella, ma il Cavaliere lo stoppa, memore delle sue dimissioni contro la legge Mammì: il suo prediletto è Amato, che però rischia di spaccare il Pd. Così i due leader convergono su Franco Marini, democristiano del Pd, che piace anche a Lega e Scelta civica. Il Cavaliere lo va a trovare nella sua casa ai Parioli per sapere che governo abbia in mente. La risposta è scontata: governo del Presidente, larghe intese, niente dialogo con Grillo, premier più probabile Enrico Letta. L'ideale, per Berlusconi.

18 aprile. Al primo scrutinio delle Presidenziali, Marini viene impallinato da 218 franchi tiratori, quasi tutti del Pd (renziani e non solo). La base dem si ribella ai vertici e invoca Rodotà contro l'inciucio con Berlusconi: nasce il movimento Occupy Pd, animato da giovani attivi come Elly Schlein.

19 aprile. L'assemblea dei grandi elettori del Pd, all'unanimità e per acclamazione, rompe l'asse con Berlusconi e candida Romano Prodi, da votare al quarto scrutinio (non più con la maggioranza dei due terzi, ma con quella assoluta). Però anche il Professore, nel segreto dell'urna, viene massacrato da almeno 101 cecchini del Pd. Principali indiziati: i renziani, i dalemiani e i fedelissimi di Napolitano. Bersani, delegittimato, annuncia che si dimetterà da segretario dopo l'elezione del nuovo capo dello Stato. E Berlusconi gongola: il dialogo Pd-5 Stelle è definitivamente tramontato.

Re Giorgio II

20 aprile. Tutti i leader dei vecchi partiti, da Bersani a Berlusconi, salgono in pellegrinaggio al Colle per "convincere" Napolitano al bis. Ma non ce n'è bisogno: il "pilota automatico" della Restaurazione non chiede di meglio. Accetta subito. E nel pomeriggio Pd, Pdl e centristi lo rieleggono presidente. Sono le prove generali della "nuova" maggioranza di larghe intese. «Silvio ha parlato da statista», fa trapelare Napolitano. «Meno male che Giorgio c'è», canticchia a Montecitorio il Cavaliere. E si prepara a tornare nella maggioranza di governo, fresco delle condanne in primo grado per frode fiscale, corruzione di senatori e violazione di segreto, alla vigilia della sentenza Ruby per concussione e prostituzione minorile. Dalla porta principale.

24 aprile. Dopo l'inaudito discorso alle Camere riunite in cui strapazza i parlamentari che l'hanno appena rieletto e minaccia di lasciare il Quirinale se il governo non sarà di larghe intese e non riformerà la Costituzione come vuole lui, il ri-presidente Giorgio Napolitano dà l'incarico a Enrico Letta. Il quale, ancora l'8 aprile, aveva dichiarato: «Pensare che, dopo 20 anni di guerra civile in Italia, nasca un governo Bersani-Berlusconi non ha senso. Il governissimo com'è stato fatto in Germania qui non ha senso». Infatti ora presiede un governissimo

Letta-Berlusconi, appoggiato da Forza Italia e dai centristi di Scelta civica-Udc-Fli. È stato proprio il Cavaliere a sceglierlo come premier, preferendolo all'altro pretendente: Matteo Renzi, giovane e rampante candidato alla segreteria dem, che lui ha già ricevuto ad Arcore nel dicembre 2010 da sindaco di Firenze, ma giudica un po' troppo ambizioso per i suoi gusti. «Letta nipote – dichiara Berlusconi – appartiene a una famiglia che conosciamo bene, anche lui è un'ottima persona». In nove mesi, il governo farà una sola cosa degna di nota: il rinvio di un anno delle due rate dell'Imu per tutti i proprietari di prime case, inclusi i ricchissimi magnati con ville e castelli (primo punto del programma elettorale del Pdl). Per il resto resterà paralizzato dai veti incrociati di Pd e centrodestra.

6 maggio. La Cassazione respinge l'ultima mossa disperata dei legali di Berlusconi: l'istanza di rimessione di tutti i suoi processi da Milano a Roma.

8 maggio. La Corte d'appello di Milano conferma la condanna di Berlusconi a 4 anni per frode fiscale (più 5 di interdizione dai pubblici uffici) e deposita contestualmente le motivazioni della sentenza, perché mancano pochi mesi alla prescrizione anche per le ultime due frodi sopravvissute alla falcidie della legge ex Cirielli. Il condannato insulta i giudici: «Sono accecati dall'odio, una patologia da eliminare».

11 maggio. Il Pdl inscena a Brescia un'altra gazzarra di piazza contro i giudici di Milano alla presenza dei neoministri Alfano, Lupi, Quagliariello e naturalmente di Berlusconi, che arringa la folla paragonandosi a Enzo Tortora. Napolitano, anziché intervenire da capo del Csm in difesa dei giudici, dice di «capire chi si trova impigliato in processi e vicende giudiziarie di rilievo». Impigliato per non dire imputato, anzi condannato. Il Pd nomina segretario reggente Guglielmo Epifani al posto del dimissionario Bersani.

4 giugno. Letta nomina 35 saggi per riformare la Costituzione come vuole Napolitano. Tre di essi – Beniamino Caravita di Toritto, Giuseppe de Vergottini e Niccolò Zanon – stanno preparando un parere *pro veritate* per supportare il ricorso di Berlusconi alla Corte dei diritti dell'uomo dl Strasburgo contro la legge Severino, che lo espellerà dal Parlamento in caso di condanna definitiva.

19 giugno. La Consulta boccia un'altra mossa dilatoria dei suoi difensori: il conflitto di attribuzioni sollevato dalla Camera per far annullare il processo Mediaset, a causa di un impedimento di Berlusconi dichiarato illegittimo dal Tribunale. Il Cavaliere attacca i giudici costituzionali e Napolitano («un comunista che non rispetta i patti») per non averli fermati. Ma anche perché non lo nomina senatore a vita.

24 giugno. Il Tribunale di Milano condanna Berlusconi a 7 anni di reclusione (Ilda Boccassini ne aveva chiesti 6) nel processo Ruby per prostituzione minorile e concussione per costrizione. E invia gli atti alla Procura perché proceda contro 32 testimoni che hanno mentito in aula, probabilmente a pagamento. Il condannato strilla al «plotone di esecuzione» e all'«emergenza democratica», invocando l'ennesima «riforma della giustizia». Il premier Letta lo invita a cena a Palazzo Chigi per tenerselo buono. Giuliano Ferrara, con parrucca, rossetto e trucco pesante, raduna una piccola folla in piazza Farnese sotto lo striscione "Siamo tutti puttane". C'è anche la fidanzata di Silvio, Francesca Pascale, che tira in ballo Napolitano e le sue intercettazioni con Mancino appena distrutte per ordine della Consulta. Brunetta si associa alla minaccia: «Faremo per Berlusconi ciò che ha fatto Napolitano per difendere i suoi diritti costituzionali».

26 giugno. Napolitano riceve al Quirinale il neocondannato Berlusconi, che lo invita a «non restare neutrale» in vista della sentenza della Cassazione sul caso Mediaset.

Reo Silvio

9 luglio. La sezione feriale della Cassazione, guidata dal presidente di turno Antonio Esposito, fissa l'udienza Mediaset per il 30 luglio, senza attendere la ripresa ordinaria delle attività a metà settembre. Così infatti prevede la legge per i processi urgenti: quelli con detenuti e quelli che rischiano la prescrizione durante la pausa estiva o nei successivi 45 giorni. Fra questi ultimi c'è anche il processo Mediaset, iniziato nel 2005, che ha già visto prescriversi per la ex Cirielli 360 milioni di dollari di frodi fiscali, appropriazioni indebite e falsi in bilancio, lasciando due soli reati superstiti: le frodi di 4,9 milioni di euro del 2002 e di 2,4 del 2003. Ma la prima andrà in prescrizione il 1° agosto (secondo i giudici) o a metà settembre (secondo le difese): dunque la Corte deve sentenziare subito. Berlusconi, sconvolto dalla sola idea di essere un cittadino come gli altri, tuona contro la «nuova piazzale Loreto» e i giudici che «vogliono farmi fuggire come Craxi». Minaccia di affossare il governo Letta in caso di condanna. E ottiene un'incredibile sospensione dei lavori di Camera e Senato per 24 ore in segno di protesta, anche con i voti del Pd, pronto a dargliele tutte vinte pur di salvare l'esecutivo. Infatti negli stessi giorni i dem si rimangiano la promessa di appoggiare la proposta dei 5 Stelle di rendere ineleggibile Berlusconi in base alla legge 361/1957. E, sempre su pressione di Napolitano, salvano pure il ministro dell'Interno Alfano dalla mozione di sfiducia M5S-Sel (sostenuta anche da Renzi) per il sequestro di Alma e Alua Shalabayeva, moglie e figlioletta di un dissidente kazako, da parte della Polizia italiana al servizio del regime di Astana.

19 luglio. Nel processo Ruby-bis per sfruttamento e favoreggiamento della prostituzione, il Tribunale di Milano condanna a 7 anni Lele Mora ed Emilio Fede e a 5 anni Nicole Minetti.

Le pene, ridotte in appello, ammonteranno definitivamente in Cassazione a 6 anni e 1 mese (incluso un patteggiamento per bancarotta) per Mora, a 4 anni e 7 mesi per Fede e a 2 anni e 10 mesi per la Minetti. Anche questa volta i giudici inviano gli atti alla Procura perché proceda contro Berlusconi e i suoi legali per corruzione o subornazione di una trentina di testimoni. A Bari intanto la Procura chiude le indagini sul Cavaliere, accusato di aver indotto il suo pappone Gianpi Tarantini a mentire a pagamento sulle prostitute che portava a Palazzo Grazioli (Patrizia D'Addario & C.).

30 luglio. Inizia l'udienza del processo Mediaset dinanzi alla sezione feriale della Cassazione. I giornali berlusconiani sono pieni di messaggi minacciosi e allusivi a Napolitano perché «rispetti i patti». Davanti al Palazzaccio si riunisce una piccola folla di fan berlusconiani: l'Esercito di Silvio.

1° agosto. Alle 20.15, dopo due giorni di udienza e 7 ore di camera di consiglio, la Corte di Cassazione condanna definitivamente Silvio Berlusconi per frode fiscale sui diritti Mediaset a 4 anni di reclusione (di cui 3 coperti da indulto). Quanto alla pena accessoria di 5 anni di interdizione dai pubblici uffici, dispone il rinvio alla Corte d'appello di Milano per rideterminarla alla luce della legge penale tributaria del 2000 (che prevede un massimo di 3 anni e non i 5 fissi statuiti dal Codice penale per tutti i reati puniti oltre i 3 anni di reclusione). Ma la pena detentiva è irrevocabile fin da subito, dunque il Cavaliere eviterà il carcere grazie all'indulto e alla legge ex Cirielli, che prevede gli arresti domiciliari per gli over 70 (senza però escludere il carcere *in toto*) o, a richiesta, i servizi sociali. Il neopregiudicato scatena la guerra termonucleare. Invia a tutte le tv un videomessaggio di nove minuti contro i «magistrati non eletti dal popolo» divenuti «variabile incontrollabile e incontrollata» che «dal 1992 condizionano la vita politica» e hanno «messo fuori gioco» prima «i cinque partiti» di governo della prima Repubblica e ora lui, ultimo baluardo contro «la minaccia del comunismo» con «oltre 50 processi che non hanno alcun fondamento nella realtà: un vero e proprio accanimento giudiziario che non ha eguali nel mondo civile». I suoi legali annunciano il ricorso alle Corti europee, i suoi giannizzeri (ministri compresi) strillano al «colpo di Stato», all'«eversione», al «terrorismo giudiziario», reclamano un intervento di Napolitano per garantire «agibilità politica» al frodatore e lanciano oscuri ricatti al governo Letta. Napolitano, anziché difendere la Cassazione e zittire l'eversore, dirama una lunare noterella dalle vacanze in val Fiscalina per elogiare «il clima più rispettoso e disteso che in altri procedimenti in cui era coinvolto l'on. Berlusconi» e auspicare una fantomatica «riforma della giustizia».

2 agosto. I carabinieri consegnano a Berlusconi l'ordine di esecuzione della sentenza, cioè il mandato di arresto sospeso fino al termine della pausa feriale. Poi a Palazzo Grazioli arrivano gli agenti della Questura a notificargli la revoca del passaporto e il divieto di espatrio. Il premier Letta lo chiama subito per esprimergli «umana comprensione e vicinanza» ed esortarlo a restare fedele al governo. Il Cavaliere riunisce parlamentari e ministri del Pdl per pianificare il percorso di guerra: o Napolitano gli concede la grazia, o i suoi si dimetteranno in massa dal governo e dal Parlamento per costringerlo a sciogliere le Camere e a indire le elezioni anticipate il 27 ottobre, nella speranza che il Senato non l'abbia ancora dichiarato decaduto e ineleggibile (altrimenti è pronta a subentrargli la figlia Marina). Dal Colle filtra una breve e incredibile nota: «C'è la legge a stabilire quali sono i soggetti titolati a presentare la domanda di grazia». Quindi il tema è all'ordine del giorno, anche se la giurisprudenza costituzionale prevede la grazia solo a notevole distanza dalla sentenza, quando il condannato abbia scontato gran parte della pena, e solo per ragioni "umanitarie" (senza contare che il candidato alla clemenza ha altri cinque processi e tre indagini in corso).

3 agosto. La stampa berlusconiana inizia a bombardare il presidente della Cassazione Antonio Esposito a colpi di calunnie e fake news sul suo passato, con l'aggiunta di allusioni e minacce ricattatorie al Quirinale. Sandro Bondi evoca una "guerra civile". Fabrizio Cicchitto ricorda a Napolitano che FI è entrata nel governo Letta con la promessa di una "pacificazione" che invece la Consulta e la Cassazione avrebbero disatteso.

4 agosto. Da un palco abusivo davanti a Palazzo Grazioli, non autorizzato dal Comune, Berlusconi arringa alcune migliaia di fan autotrasportati e spesati dal partito: insulta i giudici, grida al «regime», giura di «combattere per la libertà» e annuncia che per ora il governo resta in piedi. Letta jr. ringrazia, Napolitano esprime addirittura «sollievo e apprezzamento».

5 agosto. Napolitano rientra dalle ferie e riceve subito al Quirinale i capigruppo di FI Brunetta e Schifani (ancora indagato per mafia a Palermo), che gli chiedono di graziare Berlusconi. Il Quirinale parla di «incontro cordiale, affettuoso e costruttivo» e promette: «il capo dello Stato esaminerà tutti gli aspetti delle questioni prospettate». Beppe Grillo chiede le dimissioni di Napolitano «garante del fallimento» e le elezioni anticipate.

8 agosto. I 5 Stelle chiedono di avviare subito le procedure per la decadenza di Berlusconi alla Giunta per le immunità, ma Pd, Pdl e centristi rinviano tutto al 9 settembre. Il vicepresidente Udc del Csm, Michele Vietti, richiama i consiglieri dalle ferie per aprire una pratica immediata di trasferimento del giudice Esposito per incompatibilità ambientale: il pretesto è una sua intervista manipolata al *Mattino*.

13 agosto. Altro incredibile monito di Napolitano: «È comprensibile che emergano turbamento e preoccupazione per la condanna a una pena detentiva di una personalità che ha guidato il governo... e che è per di più rimasto leader incontrastato di una formazione politica di innegabile importanza» (dunque è un cittadino più uguale degli altri). Ma «non è accettabile che vengano ventilate forme di ritorsione ai danni del funzionamento delle istituzioni democratiche». Quanto alla grazia, è «essenziale la presentazione di una domanda» e che «si possa procedere in un clima di comune consapevolezza degli imperativi della giustizia e delle esigenze complessive del Paese». Quindi Berlusconi o chi per lui chieda la grazia e se ne potrà parlare, ma intanto sostenga il governo Letta.

21 agosto. Napolitano riceve Gianni Letta (non si sa a che titolo, visto che non ricopre cariche elettive né pubbliche né di partito).

22 agosto. Alfano, al Meeting di Rimini, paragona Silvio a Gesù in croce e chiede al Pd di votare contro la sua decadenza.

24 agosto. Gran Consiglio del Pdl ad Arcore: vincono i falchi Verdini e Santanchè, che annuncia l'uscita del Pdl dal governo e dalla maggioranza. Ma è solo l'ennesimo penultimatum a scopo ricattatorio.

26 agosto. Luciano Violante, sul *Corriere*, suggerisce alla Giunta del Senato di non votare la decadenza di Berlusconi, ma di sollevare un'eccezione alla Consulta per far dichiarare incostituzionale la legge Severino là dove prevede la sua applicazione ai condannati per reati commessi prima che venisse approvata. Parte così un'assurda polemica sulla presunta "retroattività" della legge, che invece fu votata apposta nel dicembre 2012 per impedire ai condannati (ovviamente per reati commessi prima) di candidarsi alle elezioni del febbraio 2013. Dopo Violante, lanciano salvagenti a Berlusconi tutti i politici e i giuristi più vicini a Napolitano. Oltre, naturalmente, a quelli di centrodestra. L'Operazione Salva-Silvio è cominciata.

27 agosto. Berlusconi minaccia di «rivelare le promesse fattemi da Napolitano quando abbiamo acconsentito di far nascere il governo». Gianni Letta risale al Quirinale.

29 agosto. La Cassazione deposita le motivazioni della sentenza Mediaset: «Berlusconi fu l'ideatore, l'organizzatore e il beneficiario» del sistema di frodi fiscali nei paradisi offshore da lui "creato" e "sviluppato" fin dagli anni 80. Sono firmate da tutti e cinque i giudici, compreso il relatore Amedeo Franco, che poi se ne dissocerà privatamente, recandosi in visita a casa del condannato.

3 settembre. Il *Giornale* definisce Napolitano «mandante» e «carnefice» di Berlusconi e lo accusa di «attentare alla Costituzione».

4 settembre. Gianni Letta risale al Quirinale.

5 settembre. La Corte d'appello di Palermo deposita le motivazioni della condanna di Dell'Utri a 7 anni per concorso esterno in associazione mafiosa. Ce n'è anche per Berlusconi: nel 1974 siglò un "patto" con i boss Bontate e Teresi con la mediazione di Dell'Utri e da allora, «nell'arco di un ventennio ha versato a Cosa Nostra somme di denaro per la sua protezione personale tramite Dell'Utri che ha consentito che l'associazione mafiosa rafforzasse e consolidasse il proprio potere sul territorio». Napolitano riceve al Quirinale pure il presidente di Mediaset, Fedele Confalonieri, per un «colloquio riservato»: i due, secondo il *Corriere*, parlano di come «garantire l'agibilità personale per Berlusconi con un gesto di clemenza». Il Cavaliere torna a minacciare il governo Letta tramite gli appositi Schifani e Santanchè. La trattativa Stato-Mediaset continua.

9 settembre. Prima seduta della Giunta del Senato sulla decadenza del pregiudicato. Il relatore Pdl Andrea Augello sposa la linea di Berlusconi, citando Violante, con una raffica di pregiudiziali di incostituzionalità contro la legge Severino. Pd, M5S e Sel annunciano il No e gli concedono 24 ore di rinvio prima del voto. Poi, bocciata la relazione, nomineranno un relatore pro decadenza. Schifani definisce la Giunta «una camera a gas».

10 settembre. Schifani minaccia: «Se la Giunta vota oggi, si apre la crisi di governo». Ma nel pomeriggio, poco prima che la Giunta si riunisca, Napolitano monita da Barletta: «Se non consolidiamo i pilastri della nostra convivenza nazionale, tutto è a rischio». I soliti «ambienti del Quirinale» insufflano la sua «sorpresa e irritazione» per la presunta «intransigenza» del Pd. Infatti Napolitano telefona ai capigruppo Luigi Zanda e Anna Finocchiaro: «Se anche nel Pd prevalgono i falchi, io vado davanti al Paese a dire che avete tradito il patto sottoscritto quando mi avete chiesto di restare al Quirinale». Il premier Letta chiama il segretario Epifani: «La decadenza è nell'ordine delle cose, ma non forzate i tempi». Risultato: la Giunta rinvia il voto di un'altra settimana.

11 settembre. A tre mesi dalle primarie per la segreteria del Pd, il pretendente Matteo Renzi, sindaco di Firenze, dichiara: «In un qualsiasi Paese dove un leader politico viene condannato con sentenza definitiva, la partita è finita: game over». In seguito diventerà un fan del condannato.

18 settembre. In un altro videomessaggio, Berlusconi invita i suoi a «protestare e reagire contro i giudici» che Magistratura Democratica avrebbe trasformato abusivamente in «contropotere» per la «via giudiziaria al socialismo». Epifani protesta, Letta minimizza, Napolitano tace. Ma i quirinalisti sostengono che il capo dello Stato è irritatissimo: non per i deliri del pregiudicato, ma perché così «la grazia si allontana». In Giunta, il fronte Pd-M5S-Sel-Sc boccia la relazione del presidente Augello e lo sostituisce con Dario Stefàno.

19 settembre. Monito di Napolitano, ma non per difendere i magistrati aggrediti, bensì per invitarli a «spegnere nell'interesse del Paese il conflitto tra politica e giustizia», che non devono essere «mondi ostili guidati dal sospetto reciproco». Quindi tocca ai magistrati osservare «equilibrio, sobrietà, riserbo, assoluta imparzialità e senso della misura e del limite». Il Pdl applaude a scena aperta. Protestano i 5 Stelle e l'Anm. L'appello è un messaggio anche alle Corti d'assise di Palermo e Caltanissetta che si accingono a sentire lo stesso Napolitano come testimone nei processi Borsellino-quater e Trattativa.

24 settembre. Alfano, segretario Pdl, vicepremier e ministro dell'Interno, viene ricevuto al Quirinale da Napolitano. E gli chiede ufficialmente di nominare Berlusconi senatore a vita e concedergli la grazia. Quel che accade dopo lo racconteranno lui stesso e Berlusconi un anno dopo nel libro di Bruno Vespa. Secondo il Cavaliere, Napolitano è pronto a graziarlo se si dimetterà subito da senatore e si ritirerà dalla politica: condizioni che lui rifiuta. Secondo Alfano, il capo dello Stato promette la grazia "unilaterale" (senza neppure la richiesta dell'interessato) in cambio delle dimissioni da senatore prima del voto in Giunta. Ma non solo: Napolitano si impegna anche a diffondere un comunicato per precisare che la condanna di Berlusconi riguarda solo la sua esperienza imprenditoriale e non quella politica, che «va valutata nel suo complesso»; e addirittura a lanciare un appello per l'amnistia e l'indulto. Alfano esce dal Quirinale "entusiasta" e corre a riferire al padrone. Che tace, così come Gianni Letta. Parla invece l'on. avv. Ghedini: «Disse – ricorderà Alfano – che di fatto la proposta di Napolitano equivaleva a far ritirare Berlusconi dalla politica e che quello che a me appariva un grande risultato in realtà era il nulla». Così la grazia tramonta.

25 settembre. Berlusconi chiede a tutti i suoi parlamentari, ministri compresi, una lettera di dimissioni in bianco da usare come arma di ricatto in vista del voto in Giunta del 4 ottobre: «Sono 55 notti che non dormo, ho perso 11 chili, uno per ogni anno di galera che vorrebbero farmi fare per Mediaset e Ruby. C'è un'operazione eversiva contro di me, la democrazia non c'è più». Pare che tema, perduta l'immunità, di essere arrestato a Napoli per la compravendita dei senatori o a Milano per il Ruby-ter, che lo vede indagato per corruzione di decine di testimoni.

26 settembre. Brunetta e Schifani raccolgono le firme dei parlamentari Pdl per le dimissioni da rassegnare in massa il 4 ottobre. E parlano di «colpo di Stato» e «operazione eversiva» ai danni del Cavaliere. Napolitano realizza finalmente che il destinatario del ricatto è lui e parla di «annuncio inquietante» finalizzato a «esercitare un'estrema pressione sul capo dello Stato per il più ravvicinato scioglimento delle Camere».

27 settembre. Schifani e Brunetta annunciano che l'Aventino del Pdl non tocca il governo, ma l'unica via d'uscita è rinviare la Severino alla Consulta. Il premier Letta sale al Quirinale, dove incontra lo zio Gianni, che ormai fa parte dell'arredamento.

28 settembre. Berlusconi riunisce i falchi ad Arcore: Verdini, Santanchè, Bondi, Ghedini e la figlia Marina. Ghedini lo convince che arriverà, non si sa bene da dove, una richiesta di arresto entro 20 giorni («Farai la fine di Silvio Pellico»). Napolitano, in visita al carcere di Poggioreale, annuncia un imminente messaggio alle Camere per l'indulto e l'amnistia, che cancellerebbero integralmente sia la pena sia il reato di Berlusconi. Questi però pretende ben altro che un annuncio e chiede ai suoi ministri di lasciare il governo. Alfano, Lupi, Quagliariello, De Girolamo e Lorenzin obbediscono come un sol uomo e si dimettono. Berlusconi annuncia anche la ricusazione della Giunta del Senato e aggiunge: «E ora vediamo se oseranno arrestare il capo dell'opposizione». Napolitano si dice «dispiaciuto anche per Berlusconi», ma qualifica la mossa con termini come «brutalità» e «orrore». Il premier Letta parla di «gesto folle per motivi personali» e inizia a lavorare con Napolitano per spaccare il Pdl e salvare il governo con una pattuglia di ex berlusconiani «governisti».

29 settembre. Berlusconi compie 77 anni. Quattro dei cinque ministri dimissionari – Alfano, Quagliariello, Lorenzin e Lupi – si dissociano da se stessi e ritirano le dimissioni. Alfano comunica: «Siamo diversamente berlusconiani». E raduna le sue truppe siciliane, oltre a Cicchitto e Giovanardi, per fondare il Nuovo Centro Destra (Ncd). Berlusconi minaccia di cacciare i governisti e sfiduciare il governo. Poi ci ripensa: «Sono pronto a votare la legge di Stabilità».

1° ottobre. Il premier Letta incontra Napolitano al Quirinale e due volte lo zio Gianni a Palazzo Chigi. Respinge le dimissioni dei ministri Pdl e si prepara a chiedere la fiducia alle Camere. Berlusconi annuncia la sfiducia perché Letta e Napolitano «hanno permesso il mio omicidio politico», violando la promessa di «garantirmi l'agibilità politica e i diritti politici». Inizia la caccia ai "responsabili" fra i trasformisti berlusconiani ansiosi di salvare la poltrona al seguito di Alfano.

2 ottobre. In mattinata Bondi e Brunetta confermano che il Pdl voterà la sfiducia. Poi però Verdini porta a Berlusconi i numeri del gruppo al Senato, spaccato in tre fra sfiducia (32 senatori), fiducia (25) e uscita dall'aula (24). È la resa. Mentre Bondi s'immola alla Camera sparando sul governo Letta («Vergognatevi! Vergognatevi!»), il Cavaliere prende la parola a Palazzo Madama: «L'Italia ha bisogno di un governo che produca riforme. Abbiamo deciso, non senza travaglio, per il voto di fiducia». Letta se la ride: «È un grande!». In realtà Berlusconi si appiglia alle incredibili aperture che gli ha appena fatto il premier, nei suoi discorsi alle due Camere, sulla "riforma della giustizia" e sulla giunta del Senato che deve «evitare voti *contra personam*». Due passaggi suggeriti da Napolitano.

4 ottobre. La Giunta del Senato, dopo infiniti rinvii e polemiche, approva la relazione Stefàno per la decadenza del pregiudicato: 15 Sì e 8 No. Berlusconi grida alla «fine della democrazia» per «eliminarmi per via giudiziaria». Ora iniziano le manovre per rinviare alle calende greche il voto dell'Aula.

5 ottobre. Berlusconi si sfoga: «Napolitano può pure continuare a negare, ma da lui la parola che le cose non sarebbero andate come sono andate io l'ho avuta». E chiede di scontare la pena ai servizi sociali. Il Tribunale di sorveglianza di Milano, oberato di arretrati, esaminerà il caso nella primavera del 2014.

8 ottobre. Napolitano dirama un messaggio alle Camere per un'amnistia sui reati minori e un indulto di tre anni per tutti. Ma per entrambi occorrono i due terzi del Parlamento. Il Pdl ovviamente è favorevole, ma i 5 Stelle dicono no e così Renzi, candidato alla segretaria del Pd. Napolitano, da Cracovia, attacca i 5 Stelle e chiama Renzi per fargli una lavata di capo. Il Senato rinvia il voto dell'aula sulla decadenza di Berlusconi a dopo il 19 ottobre, quando la Corte d'appello di Milano ricalcolerà l'interdizione dai pubblici uffici.

15 ottobre. La battaglia sulla decadenza si sposta alla Giunta per il regolamento del Senato, che deve decidere la modalità di voto in Aula: scrutinio segreto (come chiede il M5S seguito a ruota da Sel e Pd) o palese (come vorrebbe il Pdl)?

19 ottobre. La Corte d'appello di Milano ridetermina da 5 a 2 anni l'interdizione dai pubblici uffici per Berlusconi. Che ricorre in Cassazione.

23 ottobre. Il gup di Napoli Amelia Primavera rinvia a giudizio Silvio Berlusconi e il faccendiere Valter Lavitola per la corruzione di Sergio De Gregorio (che patteggia la pena).

30 ottobre. La giunta per il Regolamento del Senato decide che sulla decadenza del Caimano si voterà a scrutinio palese, con 7 voti (M5S, Sel, Pd e Sc) contro 6 (Pdl e Lega). Il Pd, dove gli inciucisti e gli amici di Napolitano avevano una gran voglia di dare una mano al Cavaliere, è incastrato dall'intransigenza dei 5 Stelle. E Berlusconi, che sperava nei franchi tiratori dem, strilla alla «democrazia violata» e torna a minacciare la sfiducia al governo. Alfano parla di «sopruso».

5 novembre. La conferenza dei capigruppo del Senato rinvia ancora il voto sulla decadenza di Berlusconi, fissandolo per il 27 novembre, dopo la legge di Stabilità. Lui manda a dire che «Napolitano è ancora in tempo» a concedergli la grazia, se è vero che «per averla bisogna iniziare a scontare la pena». Il Quirinale, informalmente, rammenta il supermonito del 13 agosto di Napolitano: la grazia la deve chiedere lui, così gli uffici del Colle potrebbero procedere a «un esame obiettivo e rigoroso» per verificare se «sussistano le condizioni» per «motivare un eventuale atto di clemenza che incida sull'esecuzione della pena principale», ma non di quella accessoria (l'interdizione dai pubblici che, anche se cadesse la condanna e dunque l'incandidabilità per la legge Severino, lo terrebbe fuori dal Parlamento per due anni).

8 novembre. Marcello Dell'Utri annuncia: «Tutti e cinque i figli di Berlusconi, in modo compatto, hanno chiesto la grazia per Silvio». Ma Ghedini lo smentisce: «Notizia destituita di ogni fondamento». E anche il Quirinale: «Non è arrivato nulla. Già da tempo al presidente della Repubblica era stato escluso da persone vicine all'onorevole Berlusconi ogni ipotesi di domanda di grazia». In realtà pare che i figli una domanda l'abbiano stesa e firmata, ma non l'abbiano inoltrata al Colle per la contrarietà del padre e del suo onorevole avvocato. Che spiega al *Corriere*: «La grazia non conviene al presidente Berlusconi perché, come dice Napolitano, non estinguerebbe l'interdizione. Invece, all'esito positivo dei servizi sociali, dopo dieci mesi e quindici giorni, sarebbe tutto estinto, compresa l'interdizione». Non, dunque, dopo due anni, ma già alla fine del 2014.

13 novembre. L'altro avvocato di Berlusconi, Franco Coppi, annuncia che «la richiesta di grazia per Berlusconi è un'ipotesi ormai tramontata». Il Csm archivia la pratica di trasferimento d'ufficio per il giudice Esposito a proposito della sua intervista (manipolata) al *Mattino*. Ma contemporaneamente segnala presunti «profili di natura disciplinare e deontologica» al pg della Cassazione Gianfranco Ciani e alla ministra della Giustizia Annamaria Cancellieri, perché valutino un'azione disciplinare contro di lui.

14 novembre. Berlusconi dichiara: «Se avessi ancora il passaporto, me ne andrei ad Antigua».

15 novembre. I governisti di Alfano formano i gruppi parlamentari del Ncd. Il capogruppo al Senato, Renato Schifani, è con loro. In tutto sono 33 al Senato e 27 alla Camera: quanti ne bastano per sorreggere il governo Letta nel caso di sfiducia dal Pdl. Ma Alfano annuncia che sulla giustizia «continueremo a difendere Berlusconi dal governo» e tenta di far rinviare il voto sulla decadenza addirittura a gennaio.

16 novembre. Berlusconi riesuma Forza Italia come partito autonomo e archivia il Pdl. Poi torna a tirare in ballo il Quirinale: «Napolitano non può stare ancora a guardare, ho fatto di tutto per farlo rieleggere e per dar vita al governo che lui voleva, ora deve fare qualcosa. Mi dicono che c'è ancora la possibilità di fare un patto *in extremis* con il Colle».

19 novembre. Su pressione di Napolitano, il Pd salva la ministra Cancellieri, coinvolta nello scandalo Ligresti, dalla mozione di sfiducia M5S-Sel (appoggiata anche da Renzi).

Il reietto

27 novembre. A quattro mesi dalla condanna definitiva, il Senato convalida finalmente la decadenza di Silvio Berlusconi da senatore, respingendo nove ordini del giorno di FI contro la delibera della Giunta (192 Sì, 113 No e 2 astenuti). Il pregiudicato, per ritorsione, ritira tutti i suoi sottosegretari dal governo Letta (di ministri non ne ha più: sono passati tutti al Ncd) per traslocare ufficialmente all'opposizione l'8 dicembre, mentre Renzi vince le primarie del Pd e ne diventa segretario. Espulso dal Parlamento, ineleggibile e incandidabile per 6 anni, interdetto dai pubblici uffici per 2, privo dell'elettorato attivo e passivo, ma anche dell'immunità e del passaporto, detenuto a piede libero in attesa dei servizi sociali o degli arresti domiciliari, Berlusconi sembra politicamente finito. Ma ora alla guida del Pd c'è un nuovo amico, pronto a resuscitarlo.

2014, 18 gennaio. Matteo Renzi, 40 giorni dopo aver vinto le primarie per la segreteria del Pd, riceve Berlusconi nella sede del Pd in largo del Nazareno. I due sono accompagnati rispettivamente da Lorenzo Guerini e Gianni Letta. Alla fine il sedicente "rottamatore" esprime "profonda sintonia" con il pregiudicato decaduto. È il Patto del Nazareno sulle riforme elettorale (l'Italicum) e costituzionale, che riporta surrettiziamente il Caimano nell'area di governo, ma soprattutto lo riabilita e lo ricolloca al centro della scena politica.

22 febbraio. Dopo aver giurato per giorni e giorni di non farlo (fino al tweet «Enrico stai sereno»), Renzi rovescia il governo Letta e va a Palazzo Chigi con la stessa maggioranza. Per la Giustizia indica il pm calabrese Nicola Gratteri, ma Napolitano lo depenna dalla lista e lo sostituisce con Andrea Orlando. A Palazzo Chigi ormai Berlusconi è di casa: in un anno Renzi lo riceverà almeno dieci volte, sotto lo sguardo furbo del gran mediatore e teorico del "renzusconismo": il plurimputato Denis Verdini, che fa da paraninfo al loro idillio. Nei tre anni e mezzo di governo Renzi, Forza Italia voterà la stragrande maggioranza dei suoi provvedimenti, anche perché sono copiati dal programma berlusconiano: Jobs Act, abolizione dell'articolo 18 dello Statuto dei lavoratori, Buona Scuola, responsabilità civile dei giudici, soglie di impunità più alte per la frode e l'evasione fiscale, aumento a 3 mila euro della soglia per i pagamenti in contanti, riforma costituzionale per un premier più forte e un Parlamento più debole (con il Senato ridotto a dopolavoro per sindaci e consiglieri regionali baciati dall'immunità), legge elettorale Italicum (deputati non eletti ma ancora nominati dai capi-partito e premio di maggioranza abnorme per chi arriva primo, come nel Porcellum), abrogazione dell'Imu sulle prime case dei ricchi, rilancio del Ponte sullo Stretto di Messina. Senza contare l'occupazione militare della Rai, i continui attacchi ai magistrati più impegnati, i conflitti d'interessi familiari di Renzi (scandalo Consip) e della inseparabile Maria Elena Boschi (crac di Banca Etruria).

13 marzo. Federica Gagliardi, la misteriosa "dama bianca" (e bionda) immortalata accanto a Berlusconi in una missione internazionale in Canada, viene fermata a Fiumicino con 24 chili di cocaina nel trolley. «Era l'amante di Silvio», dirà Vittorio Sgarbi. Verrà condannata in Cassazione a 5 anni e 4 mesi.

18 marzo. La Cassazione conferma per Berlusconi l'interdizione di 2 anni dai pubblici uffici. Fino al 2016 non potrà neppure votare, mentre per tornare eleggibile dovrà attendere i 6 anni della legge Severino (cioè il 2019).

19 marzo. Berlusconi si autosospende dalla Federazione nazionale dei Cavalieri del Lavoro un attimo prima di esserne espulso dai probiviri. Ma né Napolitano né Mattarella lo cancelleranno mai dall'albo delle onorificenze presidenziali.

10 aprile. Un mese prima dell'udienza del suo processo per mafia in Cassazione, Marcello Dell'Utri fugge in Libano. Berlusconi lo copre con una delle sue migliori menzogne: «L'ho mandato io. Marcello è partito per Beirut perché il presidente russo Putin mi ha chiesto di sostenere la campagna elettorale di Gemayel». I magistrati di Palermo ne chiedono l'estradizione e spiccano un mandato di cattura internazionale.

15 aprile. Il Tribunale di sorveglianza di Milano dispone per Berlusconi l'affidamento in prova al servizio sociale per 12 mesi (3 dei 4 anni della condanna sono coperti da indulto), che poi diventeranno 10 grazie alla "liberazione anticipata" prevista dall'Ordinamento penitenziario.

9 maggio. La Cassazione condanna definitivamente Dell'Utri, ancora latitante in Libano, a 7 anni di reclusione per concorso esterno in associazione mafiosa.

14 maggio. Berlusconi inizia i servizi sociali all'ospizio per anziani Sacra Famiglia di Cesano Boscone (Milano). In concreto, la "pena" consiste in una visita settimanale di qualche ora – di solito il venerdì – al reparto San Pietro occupato da malati di Alzheimer. Per il resto, libertà assoluta di movimento.

20 maggio. Il giornalista della Bbc Jeremy Paxman intervista Berlusconi e gli domanda ciò che nessun collega italiano ha mai osato chiedergli: «Scusi, è vero che ha definito Angela Merkel "culona inchiavabile"?». Dopo un lungo e imbarazzato silenzio, tipo paresi, il leader forzista fa cenno all'intervistatore di passare alla domanda successiva. E la sua portavoce Deborah Bergamini verga una nota ufficiale per smentire qualsivoglia imbarazzo, incolpare la Bbc di un taglio politico sul video originale, precisare che nell'integrale Berlusconi smentiva di aver mai insultato la Merkel e spiegare l'apparente paralisi con la vigile attesa della traduzione. Ma la smentita sarà smentita un anno più tardi dallo stesso smentitore-mentitore in un colloquio con Alan Friedman, che lo intervista per l'agiografia *My Way* (Rizzoli, 2015). E al quale Berlusconi racconta che l'ex cancelliere Gerhard Schröder si era complimentato con lui per la geniale definizione della rivale: «Hai fatto benissimo: è totalmente vero!».

12 giugno. Dell'Utri viene estradato dal Libano e tradotto nel carcere di Parma, dov'è recluso anche Totò Riina: deve scontare 7 anni.

18 luglio. Berlusconi viene assolto in appello (come poi in Cassazione) al processo Ruby, anche perché la legge Severino del 2012 ha modificato il reato di concussione in «induzione indebita»: per quest'accusa, «il fatto non sussiste»; per la prostituzione minorile, invece, «il fatto non costituisce reato». Le motivazioni della sentenza chiariranno che nella villa di Arcore «ci fu prostituzione», ma non è abbastanza provato che Berlusconi sapesse che Ruby era minorenne quando ci fece sesso a pagamento. E le telefonate al capo di gabinetto della Questura Pietro Ostuni per farla rilasciare illegalmente non sono più reato, perché non si è dimostrato un vantaggio indebito anche per l'"indotto" (all'epoca "concusso" con la vecchia legge), cioè per Ostuni.

18 dicembre. Rieletto appena un anno e mezzo prima, Napolitano annuncia «l'imminente conclusione del mio mandato presidenziale». Per il successore si voterà a fine gennaio.

L'amico Matteo

24 dicembre. Una manina molto vicina a Renzi infila un codicillo "salva Berlusconi" di cinque righe nel decreto attuativo della Delega fiscale: una norma che non figurava nel testo uscito dal ministero dell'Economia (che anzi l'aveva bocciata), ma è riapparsa poco prima di entrare nel Consiglio dei Ministri per l'approvazione finale. Il codicillo prevede la non punibilità per le evasioni e le frodi fiscali «non superiori al 3% dell'imponibile dichiarato». In pratica, ogni miliardo di reddito, si possono evadere o frodare fino a 30 milioni. Un colpo di spugna per i delitti fiscali futuri, ma anche – in base al *favor rei* – passati. Inclusi quelli per cui Berlusconi è stato condannato, interdetto dai pubblici uffici ed espulso dal Senato: le sue due frodi sopravvissute alla prescrizione sono di 4,9 milioni nel 2002 e di 2,4 nel 2003 e corrispondono rispettivamente all'1,2% e allo 0,7% dell'imponibile dichiarato: entrambe al di sotto della nuova soglia di impunità del 3%. Se il decreto restasse tale, Berlusconi potrebbe chiedere un "incidente di esecuzione" al Tribunale di Milano e ottenere la cancellazione *ex post* della condanna, non solo terminando anzitempo i servizi sociali, ma anche e soprattutto tornando senatore, eleggibile e incensurato. Il Patto del Nazareno, alla vigilia dell'elezione del nuovo capo dello Stato, funziona a meraviglia.

2015, 4 gennaio. Il *Fatto* e il *Tempo* scoprono il Salva-Berlusconi e scoppia la polemica politica. Renzi prova a difendere e a rivendicare il provvedimento, poi è costretto ad annunciare che verrà riesaminato. Lo cancellerà in primavera, dopo il voto sul Quirinale e sull'Italicum: per ora FI gli serve.

7 gennaio. Berlusconi chiede al Tribunale di sorveglianza la "liberazione anticipata", cioè uno sconto sull'anno di affidamento in prova ai servizi sociali: «Ho rispettato le prescrizioni e riflettuto sulle condizioni degli anziani».

14 gennaio. Napolitano si dimette da presidente.

27 gennaio. Il Senato approva l'Italicum, ma 24 deputati del Pd non lo votano in polemica contro i capilista bloccati. Renzi si salva grazie ai voti di Forza Italia.

31 gennaio. Sergio Mattarella viene eletto presidente della Repubblica al quarto scrutinio con 665 voti (Pd, Scelta Civica, Ncd e centristi vari). Il centrodestra non lo appoggia. E Berlusconi, furioso per non essere stato coinvolto, annuncia la fine del Patto del Nazareno: a suo dire l'accordo con Renzi prevedeva un capo dello Stato "condiviso" (con lui), tipo il solito Giuliano Amato che (dirà lui) «mi aveva promesso la grazia per Dell'Utri». Nei mesi seguenti si vendicherà per il "tradimento" del suo pupillo schierandosi contro l'Italicum e la controriforma costituzionale, che ha contribuito a scrivere. Ma il governo Renzi non ha nulla da temere: continua a regalare favori a lui e alle sue aziende, che ne beneficiano con ottimi risultati in Borsa; e il fedelissimo Verdini diventa ufficialmente renziano, creando in Parlamento il gruppo Ala con una pattuglia di berlusconiani al servizio del premier Pd.

8 marzo. Finiti i servizi sociali, Berlusconi riacquista la piena libertà, pur restando incandidabile sino al 2019 per la Severino.

5 giugno. Berlusconi vende il 48% del Milan al misterioso broker thailandese Bee Taechaubol, "garantito" da Ads Securities (della famiglia reale di Abu Dhabi), da China Citic Bank (del governo cinese) e dal fondo d'investimento Doyen.

8 luglio. Berlusconi viene condannato dal Tribunale di Napoli a 3 anni di reclusione, insieme al faccendiere Valter Lavitola, per aver corrotto con 3 milioni il senatore Sergio de Gregorio.

3 ottobre. La berlusconiana Mondadori acquista dal gruppo Rcs la Rizzoli Libri per 127,5 milioni e forma la più spaventosa concentrazione mai vista nel mercato dell'editoria. L'Antitrust ci dorme sopra.

22 ottobre. Al congresso del Partito Popolare Europeo a Madrid, Berlusconi fa la pace con la Merkel dopo gli attacchi suoi e dei suoi giornali alla cancelliera a proposito della crisi del suo governo nel 2011 e delle indiscrezioni sul soprannome di «culona inchiavabile»: «Abbiamo chiarito tutto, ma Angela sapeva già che la frase offensiva che mi era stata attribuita era completamente inventata». Ora deve accreditarsi in Europa come baluardo del centrodestra italiano contro i "populisti" e "sovranisti" Matteo Salvini e Giorgia Meloni, peraltro suoi alleati.

3 novembre. Processato con rito abbreviato separato dagli altri imputati, Calogero Mannino viene assolto nel processo sulla trattativa Stato-mafia per «non aver commesso il fatto».

19 novembre. La Procura di Milano chiede il rinvio a giudizio per Berlusconi e altri 30 imputati per corruzione in atti giudiziari nel processo Ruby-ter.

2016, 16 febbraio. Muore Licio Gelli, già membro venerabile della loggia P2.

29 aprile. Il gup di Milano accoglie le richieste dell'avvocato Ghedini e spacchetta il processo Ruby-ter in sette dibattimenti in altrettante sedi diverse. Il principale resta a Milano, a carico di Berlusconi e 23 coimputati. Gli altri sei traslocano altrove: l'ex Cavaliere verrà processato a Roma per aver corrotto Mariano Apicella; a Monza per i soldi alle showgirl Elisa Toti e Aris Espinosa; a Pescara per l'ex "meteorina" Miriam Loddo; a Treviso per Giovanna Rigato, ex del *Grande Fratello*; a Siena per il pianista Danilo Mariani; a Torino per la soubrette Roberta Bonasia. In seguito quattro processi-stralcio torneranno a Milano, tranne quelli di Roma e Siena.

5-20 giugno. Disastro del centrodestra alle Comunali: a Roma e a Torino vincono i 5 Stelle con Virginia Raggi e Chiara Appendino. A Milano e a Bologna prevale il Pd con Beppe Sala e il riconfermato Virginio Merola. A Napoli viene rieletto Luigi De Magistris.

7 giugno. Spossato dalla campagna elettorale, Berlusconi viene ricoverato d'urgenza al San Raffaele per una grave insufficienza cardiaca e operato per cinque ore con la sostituzione della valvola aortica (dieci anni prima, a Cleveland, gli era stato installato un bypass coronarico).

4 dicembre. Renzi straperde il referendum costituzionale e lascia il governo (ma non la politica, come invece aveva promesso). È anche la vendetta di Berlusconi, che ha schierato FI insieme al resto del centrodestra per il No. Il nuovo premier è Paolo Gentiloni, a lui molto gradito per gli ottimi rapporti con Fedele Confalonieri.

12 dicembre. Si rompe anche l'idillio fra Berlusconi e il finanziere francese Vincent Bolloré, patron di Vivendi e azionista al 24% di Telecom. Ad aprile Bolloré ha rilevato Mediaset Premium e ora annuncia una scalata ostile al gruppo Mediaset, puntando al 30%. Ma fallirà.

22 dicembre. Il presidente della Regione Lombardia, Roberto Formigoni, viene condannato a 6 anni in primo grado per associazione per delinquere, corruzione e finanziamento illecito. La pena, ridotta a 5 anni e 10 mesi, verrà confermata fino in Cassazione: un altro berlusconiano doc pregiudicato.

2017, 25 gennaio. La Consulta dichiara incostituzionale l'Italicum. Renzi ricomincia a trattare con Berlusconi per una legge elettorale che faccia comodo a entrambi e sbarri la strada ai 5 Stelle.

13 aprile. Berlusconi, dopo 31 anni, vende il Milan al misterioso investitore cinese Li Yonghong per 740 milioni di euro.

9 giugno. La Procura di Palermo deposita al processo Trattativa le conversazioni fra il boss stragista Giuseppe Graviano e il suo compagno di cella Umberto Adinolfi, intercettate nel carcere di Ascoli tra il marzo del 2016 e l'aprile del 2017. Graviano, condannato per le stragi del 1992-94, si sfoga contro «Berlusca» che – rivela – nell'estate del 1992 gli chiese una «cortesia» (le stragi?) per «salire» al governo, ma poi si dimenticò degli impegni assunti come contropartita. Ora il boss è intenzionato a inviargli un emissario per rinfrescargli la memoria, nel momento del suo ritorno al centro della vita politica, con messaggi ricattatori. Parole che inducono la Procura di Firenze a riaprire le indagini archiviate nel 2011 a carico di Berlusconi e di Dell'Utri come «mandanti esterni» delle stragi realizzate e tentate nel 1993-94 a Firenze, Milano e Roma.

26 ottobre. A cinque mesi dalle elezioni, Renzi e Berlusconi fanno pace e cambiano la legge elettorale a propria immagine e somiglianza per tentare di neutralizzare l'annunciata vittoria dei 5 Stelle e propiziare l'ennesimo governo di larghe intese Pd-FI-Centro nella nuova legislatura. Il "Rosatellum" (dal nome del proponente Ettore Rosato, Pd) è fatto apposta per produrre ingovernabilità, creare finte coalizioni elettorali, consegnare ai capi-partito la nomina di oltre i due terzi dei parlamentari (con le solite liste bloccate). È l'ultimo argine escogitato dall'establishment italiano e internazionale contro il pericolo che l'Italia cambi per davvero. La legge viene approvata con la tagliola della fiducia sia alla Camera sia al Senato da Pd, FI, Lega e centristi. Contrari M5S, Mdp (la sinistra bersaniana fuoriuscita dal Pd) e FdI. L'inciucio prossimo venturo è benedetto dalla grande stampa italiana ed estera, compresa quella di "sinistra". Da Eugenio Scalfari all'ex direttore dell'*Economist* Bill Emmott, dal *Financial Times* al *New York Times*, è tutta una corsa a riabilitare Berlusconi come il "male minore" o addirittura il "salvatore dell'Italia" dal presunto pericolo "populista" e "antieuropeista" (proprio lui, il più grande populista e antieuropeista mai visto al governo). *Le Monde* si scusa persino per averlo accostato alla mafia: cioè per aver detto la verità.

5 novembre. Alle Regionali in Sicilia, i 5 Stelle si confermano il primo partito nell'isola, ma anche stavolta vengono penalizzati dalla legge elettorale che premia le coalizioni con più liste. Così vince il centrodestra con Nello Musumeci (39,8%), davanti al 5 Stelle Giancarlo Cancelleri (34,7), ai candidati del Pd-Ncd (18,7) e della sinistra (6,1).

8 dicembre. Giovanni Paparcuri, ex collaboratore di Giovanni Falcone, sfogliando vecchie carte nell'ufficio-museo del giudice assassinato, ritrova un foglio di block-notes con un appunto che corrisponde alla sua calligrafia: «Cinà in buoni rapporti con Berlusconi. Berlusconi dà 20 milioni ai Grado e anche a Vittorio Mangano». Le annotazioni furono vergate dal giudice antimafia durante l'audizione del pentito Francesco Marino Mannoia, il 6 novembre 1989. Il magistrato sottolineò due volte il cognome «Berlusconi» e una volta quello di Mangano con un cerchietto. Tutti questi nomi non finirono mai nei verbali di Mannoia, che si rifiutò sempre di verbalizzare le dichiarazioni ufficiali sul Cavaliere.

Fuori dai giochi

2018, gennaio-febbraio. Pur incandidabile per un altro anno grazie alla legge Severino, Berlusconi fa scrivere nel simbolo di Forza Italia sulle schede elettorali «Berlusconi Presidente». E attacca ogni giorno i 5 Stelle: «Sono un pericolo per la democrazia, a Mediaset li manderei a pulire i cessi». Alessandro Di Battista si reca ad Arcore per leggere in piazza, davanti a Villa San Martino, i passi salienti della sentenza Dell'Utri che definisce Berlusconi finanziatore di Cosa Nostra.

4-5 marzo. I 5 Stelle stravincono le elezioni col 32,68. Il Pd renziano (18,76%) e FI (14%) si dimezzano. La Lega balza al 17,35, FdI si attesta al 4,35 e LeU al 3,39. Berlusconi perde la leadership del centrodestra a vantaggio di Salvini: per la prima volta dal 1994 è fuori da tutti i giochi. Malgrado il Rosatellum non ci sono i numeri né per un governo di larghe intese "Renzusconi" né per uno di centrodestra, né tantomeno di centrosinistra. Le carte le dà il leader del M5S Luigi Di Maio. Il pentastellato Roberto Fico diventa residente della Camera e la berlusconiana Maria Elisabetta Alberti Casellati presidente del Senato.

12 marzo. Renzi si dimette da segretario del Pd, sostituito dal reggente Maurizio Martina.

4 aprile. Il presidente Mattarella avvia il primo giro di consultazioni (ne farà ben tre). Berlusconi sale al Quirinale come leader della sola FI. Salvini parla a nome dell'intero centrodestra, ma il Caimano gli ruba la scena in diretta tv, facendogli il controcanto e mimando la conta dei punti programmatici sulle dita delle mani.

20 aprile. Al processo Trattativa, la Corte d'assise di Palermo condanna tutti gli imputati per violenza o minaccia a corpo politico e assolve solo Nicola Mancino (imputato per falsa testimonianza): 12 anni agli ex capi del Ros, Mario Mori e Antonio Subranni, a Marcello Dell'Utri e al medico mafioso Antonino Cinà; 8 anni all'ex capitano del Ros Giuseppe De Donno e a Massimo Ciancimino (ma per calunnia a Gianni De Gennaro); 28 anni al boss Leoluca Bagarella; prescrizione per il boss pentito Giovanni Brusca.

24 aprile. Esce nelle sale la prima parte di *Loro*, il film di Paolo Sorrentino dedicato a Berlusconi (interpretato da Toni Servillo). La seconda uscirà il 10 maggio. Appena uscito dalle sale, il dittico del regista premio Oscar sparirà dalla circolazione dopo la vendita dei diritti extra-cinema dalla Universal a Mediaset-Medusa: introvabile sia sulle piattaforme tv sia in dvd.

29 aprile. Renzi, non più segretario ma sempre padrone del Pd, chiude le porte a Di Maio e getta i 5 Stelle fra le braccia di Salvini. Il capo leghista ottiene il via libera da Berlusconi alla "fuitina" con gli acerrimi nemici 5 Stelle, ma a una condizione:

che Di Maio, presidente del Consiglio *in pectore* in quanto leader del partito di maggioranza relativa, accetti di incontrarlo per un "riconoscimento politico". Di Maio però rifiuta. Allora il leghista rilancia con due alternative: una telefonata da rendere pubblica o anche soltanto una "carrambata" per strada («Tu passi casualmente da via del Plebiscito e, per combinazione, Silvio esce da Palazzo Grazioli: così vi stringete la mano»). Altro no di Di Maio. Renato Brunetta chiama il pentastellato da numero sconosciuto: «Ciao, sono Brunetta, ti passo il presidente». *Clic.* Senza il via libera del Caimano, Salvini non può governare con i 5 Stelle. Così Lega e M5S, mentre preparano il "Contratto del governo del cambiamento", iniziano a cercare un premier "terzo".

12 maggio. Il Tribunale di sorveglianza di Milano "riabilita" Berlusconi ripulendogli la fedina penale, malgrado i numerosi processi e indagini ancora in corso. Ma il Caimano resta incandidabile per un altro anno.

14 maggio. Accordo fra Di Maio e Salvini: il premier del governo giallo-verde sarà l'avvocato e professore Giuseppe Conte, che in campagna elettorale ha accettato di comparire da indipendente nella lista dei possibili ministri 5 Stelle per occuparsi di Pubblica amministrazione e Semplificazione.

1° giugno. Quasi tre mesi dopo le elezioni, nasce il governo Conte sostenuto da 5 Stelle e Lega. Per la prima volta nella sua storia, Berlusconi è fuori da tutti i giochi e senza poteri di ricatto per gli affari suoi. Le deleghe di Giustizia e delle Telecomunicazioni vanno a due suoi nemici pentastellati: Alfonso Bonafede e Luigi Di Maio. Infatti, in pochi mesi, vengono cancellate alcune sue leggi vergogna e ne vengono approvate altre che l'Italia attendeva da 30 anni, ma lui aveva sempre bloccato: la Spazzacorrotti (con la prescrizione cancellata dopo la sentenza di primo grado), il nuovo reato di voto di scambio politico-mafioso, il divieto di spot sul gioco d'azzardo, il decreto Dignità contro il precariato e, nel 2019, le manette agli evasori.

28 settembre. Berlusconi acquista il Monza Calcio, che milita in serie serie C e nel 2020 verrà promosso in B.

26 novembre. La Corte dei diritti dell'uomo di Strasburgo, dopo anni di annunci e proclami arcoriani, archivia senza neppure esaminarlo il ricorso avanzato nel 2013 da Berlusconi contro la sua decadenza e incandidabilità per la legge Severino dopo la condanna definitiva. A luglio è stato lui stesso a rinunciarvi, prevedendone la bocciatura, con la scusa che ormai è stato riabilitato dal Tribunale di sorveglianza.

2019, 4 febbraio. I legali di Berlusconi annunciano che il loro cliente è candidato come capolista di FI alle Europee del 26 maggio e chiedono ai tribunali di sospendere i suoi processi fino ad allora. Quello di Bari rinvia al 7 giugno. Quello di Milano prosegue.

1° marzo. Imane Fadil, testimone chiave nel processo Ruby-ter, muore in circostanze misteriose dopo un'atroce agonia. La Procura di Milano indaga per avvelenamento. Una perizia stabilirà che a ucciderla è stata una rarissima aplasia midollare.

15 aprile. Anche il Tribunale di Milano sospende il processo Ruby-ter fino al 10 giugno. Ma prima respinge la richiesta della difesa di trasferirlo a Siena. La "olgettina" Marysthell Polanco annuncia in aula: «Può darsi che la mia versione ai giudici sarà diversa da quella del Ruby-bis, adesso ho dei figli e voglio dire la verità. Magari la mia posizione non è tanto diversa da quella di Imane Fadil».

26 maggio. Berlusconi è eletto eurodeputato con 594 mila preferenze (il candidato più votato in Italia dietro a Salvini e l'eletto più anziano d'Europa con i suoi 82 anni). Ma FI crolla all'8,8, mentre la Lega balza al 34,3, il M5S precipita al 17, il Pd del nuovo segretario Nicola Zingaretti sale al 22,7 e FdI al 6,5.

10 giugno. Riprende a Milano il Ruby-ter, iniziato da oltre due anni. Ma subito i giudici rinviano al 1° luglio. I pm chiedono che il processo si svolga di venerdì, perché Berlusconi potrebbe accampare impedimenti al Parlamento europeo, che si riunisce dal lunedì al giovedì. Ma i giudici confermano che le udienze si terranno tendenzialmente il lunedì.

19 agosto. Nella causa di divorzio fra Berlusconi e Veronica Lario, la Cassazione conferma la sentenza d'appello che azzerava l'assegno di mantenimento di 1,4 milioni al mese fissato dal Tribunale di Monza. L'ex moglie dovrà restituire all'ex marito i 45 milioni finora percepiti.

5 settembre. Nasce il Conte-2, sostenuto da M5S e LeU dopo la crisi aperta da Salvini l'8 agosto. Anche stavolta Berlusconi non tocca palla.

26 settembre. Citato come testimone dalla difesa di Dell'Utri, Berlusconi rifiuta di deporre in favore dell'amico al processo Trattativa. La moglie Miranda esprime «sorpresa, rabbia e incredulità», perché intanto «Marcello rischia la vita».

28 ottobre. Drammatica testimonianza di Chiara Danese al Ruby-ter sui festini a luci rosse nel 2010 nella villa di Arcore. La ragazza, 27 anni, già concorrente di Miss Italia, racconta di ragazze che «si travestivano e facevano spogliarelli al palo della lap dance», «simulavano rapporti orali con la statuetta di Priapo», «baciavano in bocca Berlusconi chiamandolo "papi"»; e della Minetti che «ballava attorno al palo, si spogliò tutta e si fece baciare i seni da Berlusconi». Poi, in lacrime, aggiunge: «Berlusconi mi ha messo le mani addosso. Ci ha chiesto: "Siete pronte per il bunga-bunga?". Poi, mentre ci accompagnava giù, ci toccava dietro, a me e ad Ambra Battilana. Io avevo paura. Ho visto e subìto una violenza psicologica e fisica, poi ho sofferto tanto di depressione e di anoressia, anche ora sono in cura e prendo farmaci. Questa situazione mi ha rovinato la vita, non potevo più uscire di casa dopo che il mio nome era finito su tutti i giornali, ora ho ricominciato a studiare per trovarmi un lavoro, la mia famiglia mi sta aiutando». La donna aggiunge particolari inquietanti sulle intimidazioni subite durante le inchieste e i processi: «Sono stata minacciata da persone che conoscevano quello che era successo a favore di personaggi che fanno parte di questo processo. Mi dicevano "Stai attenta, guardati le spalle"... Ho avuto paura». E indica ai giudici un ex collaboratore di Lele Mora.

2020, 13 febbraio. Al processo Ruby-ter di Siena, il pm Valentina Magnini conclude la requisitoria chiedendo ai giudici di condannare per corruzione giudiziaria Berlusconi a 4 anni e 2 mesi e il suo pianista Danilo Mariani a 4 anni e 6 mesi (comprensivi anche della falsa testimonianza). Dopo le arringhe si attende la sentenza, ma Berlusconi ferma tutto chiedendo di rendere spontanee dichiarazioni, in aula. Non si presenterà mai, facendo slittare il verdetto per 20 mesi con i soliti legittimi impedimenti e certificati medici.

Fuga dal Covid e dai tribunali

9 marzo. Il premier Conte annuncia il lockdown in tutta Italia a causa della pandemia da Covid-19. Poche ore prima Berlusconi lascia Arcore e si rifugia in Provenza, nella villa della figlia Marina, a Chateauneuf-de-Grasse Valbonne, a 35 km da Nizza. Con lui c'è la nuova "fidanzata", la deputata forzista Marta Fascina. I suoi processi, come tutti, sono rinviati *sine die*.

29 giugno. A *Quarta Repubblica* su Rete 4, il giornalista Mediaset Nicola Porro trasmette gli audio dell'ex giudice di Cassazione Amedeo Franco, che nel 2013, dopo aver firmato la condanna di Berlusconi con i quattro colleghi della Cassazione, andò a Palazzo Grazioli per dissociarsene. Senza sapere che il padrone di casa avrebbe registrato di nascosto le sue parole. Eccole: «Berlusconi deve essere condannato a priori perché è un mascalzone!... Ha subìto una grave ingiustizia. L'impressione è che tutta questa vicenda sia stata guidata dall'alto... per colpire gli avversari politici... Hanno fatto una porcheria... La sentenza faceva schifo». E giù calunnie al presidente del collegio Antonio Esposito. Peccato che la sentenza portasse anche la firma di Franco (e in veste di relatore), che Franco sia morto nel 2019 e che la registrazione venga riesumata soltanto ora dopo sei anni. Ma tanto basta alla macchina del fango berlusconiana per riattaccare la solfa della persecuzione giudiziaria. E a Berlusconi per chiedere alla Corte d'appello di Brescia la revisione del processo Mediaset e alla Cedu la condanna dell'Italia per violazione della giurisprudenza europea sul "giusto processo".

14 luglio. Carlo De Benedetti, dopo che i figli hanno venduto il gruppo Repubblica-Espresso alla Gedi della famiglia Agnelli-Elkann, annuncia al *Foglio* la nascita di un nuovo quotidiano: «Sono pronto a tutto, anche a mandare Berlusconi al governo, pur di liberarci di Conte e dei 5 Stelle... Berlusconi rappresenta nel mondo dell'economia e della politica quello che Sordi è stato nel cinema, l'arci-italiano, ma comunque è un grande. È sempre sul pezzo, non perde mai un'occasione, non si ferma mai. E in questo è straordinario». La grande stampa sdogana il Caimano e persino la Lega per preparare il terreno al governissimo dell'ex presidente della Bce Mario Draghi.

22 luglio. Conte rovina i piani dei suoi nemici tornando da quattro giorni e quattro notti di battaglia al Consiglio europeo di Bruxelles sul Recovery Fund con 209 miliardi per l'Italia. La sua popolarità è alle stelle. Il Parlamento italiano lo accoglie con una standing ovation. Lo elogia persino Berlusconi, in pubblico e con una telefonata da Nizza: «Sei stato molto bravo».

12 agosto. Rientrato dalla Francia all'inizio del mese e subito volato in Costa Smeralda, Berlusconi riceve a Villa Certosa Flavio Briatore, che di lì a poco risulterà positivo al Covid (ma l'amica Daniela Santanchè garantirà che la sua «è solo una prostatite»).

2 settembre. Berlusconi e Marta Fascina, appena tornati in Provenza, risultano positivi al Covid, forse contagiati da una delle figlie di lui, e volano ad Arcore per la quarantena.

4 settembre. Berlusconi è ricoverato per polmonite bilaterale da Covid al San Raffaele di Milano nel reparto di rianimazione del prof. Alberto Zangrillo. Dimesso undici giorni dopo, dichiarerà: «È stata la prova più pericolosa della mia vita: i medici mi hanno assicurato che la mia era la carica virale più alta tra le decine di migliaia osservate al San Raffaele».

28 settembre. Berlusconi, ancora in quarantena, chiede e ottiene il rinvio del processo Ruby-ter milanese al 19 ottobre.

1° ottobre. Il Ruby-ter senese, in attesa di sentenza da febbraio, slitta al 25 novembre per il solito impedimento sanitario dell'imputato principale.

7 ottobre. Berlusconi guarisce miracolosamente e partecipa con la Fascina e tutta la famiglia alla festa di nozze del figlio Luigi con Federica Fumagalli nella villa di Macherio.

16 ottobre. Lascia Arcore e torna in Provenza.

19 ottobre. Risulta di nuovo malatissimo e ottiene l'ennesimo rinvio del Ruby-ter milanese al 16 novembre.

18 novembre. Promette il sì di Forza Italia allo scostamento di bilancio per il nuovo decreto Ristori alle categorie colpite dalle restrizioni per la seconda ondata Covid. Salvini e Meloni, scavalcati, sono furibondi, ma si adeguano.

30 novembre. Ruby-ter a Milano: la difesa Berlusconi chiede di riformulare il capo d'imputazione perché due ville di Bernareggio progettate da Mario Botta e concesse in uso gratuito dal Caimano alle testimoni Barbara Guerra e Alessandra Sorcinelli, valgono non 900 mila euro ciascuna (come sostenuto dai pm), ma 1,1 milioni. Il Tribunale accetta e rinvia l'udienza.

15 dicembre. I difensori di Berlusconi certificano suoi «seri problemi cardiologici» e ottengono il rinvio anche del Ruby-ter romano fino a maggio del 2021.

21 dicembre. Rinviato al 2021 anche il Ruby-ter milanese perché la difesa Berlusconi obietta che dalla notifica del capo d'imputazione modificato sono trascorsi 19 giorni anziché 20.

2021, 9 gennaio. Conte cerca una manciata di "responsabili" al Senato per sostituire i renziani, usciti dal governo. Berlusconi chiama a uno a uno i suoi parlamentari, minacciando di espulsione chiunque votasse col governo. Gianni Letta vola da lui in Provenza per chiedergli il via libera all'uscita "in pace" di alcuni governisti, ma quello risponde picche: nessun aiuto a Conte, i voti di FI andranno solo a un "governo dei migliori" col centrodestra. Meglio se guidato dal suo amico Mario Draghi che – ripete ai suoi – «ho mandato io alla Bce».

14 gennaio. Berlusconi è atteso contemporaneamente al Tribunale di Siena (per la dichiarazione spontanea che ha chiesto di rendere prima della sentenza) e alla Procura di Roma (che indaga sull'audio del defunto giudice Amedeo Franco). Ma non si presenta in nessuno dei due uffici. I suoi legali annunciano che da tre giorni è ricoverato al Centro Cardiotoracico di Montecarlo per un «grave problema di aritmia cardiaca» che Zangrillo ha ritenuto addirittura incompatibile col suo trasferimento al San Raffaele. E invocano il legittimo impedimento per tutti i processi. Il Ruby-ter senese è rinviato all'8 aprile. Quello di Bari slitta direttamente a maggio.

15 gennaio. Berlusconi viene già dimesso dall'ospedale di Montecarlo.

24 gennaio. Conte si dimette in vista del voto sulla relazione sulla giustizia del ministro Bonafede, che ha buone probabilità di non avere la maggioranza al Senato. Salvini, per tener fermi i forzisti tentati di sostenere un Conte-3, annuncia: «Berlusconi può fare il capo dello Stato».

27 gennaio. Dimesso da 12 giorni, Berlusconi necessita di «riposo domiciliare assoluto per 15 giorni a partire dal 19 gennaio»: lo dichiara il suo avvocato Federico Cecconi al Ruby-ter milanese, esibendo un certificato di Zangrillo. Tutto rinviato al 24 marzo.

2 febbraio. Fallita l'esplorazione del presidente della Camera Roberto Fico, Mattarella decide di non rinviare alle Camere il Conte-2 (che ha appena ricevuto la fiducia da entrambi i rami del Parlamento) e di non consultare i partiti sul da farsi. Convoca subito Draghi per un «governo di alto profilo che non debba identificarsi con alcuna formula politica» e invita «tutte le forze politiche presenti in Parlamento» a sostenerlo: in caso contrario scioglierà le Camere per votare in primavera. È quello che chiedono da giorni Berlusconi, Salvini e Renzi.

4 febbraio. Berlusconi, da Nizza, assicura all'amico Draghi il massimo appoggio di FI.

9 febbraio. Prodigiosamente guarito dopo tanti ricoveri, Berlusconi atterra pimpantissimo a Roma e corre a Montecitorio per il secondo giro di consultazioni di Draghi. Che gli riserva il saluto più caloroso, con un siparietto di sorrisi, battute e "gomitini" anti-contagio. «Grazie per essere venuto», dice Mario. «Ti sei preso una bella gatta da pelare», ricambia Silvio, raggiante per l'insperato ritorno al governo grazie a Renzi.

12 febbraio. Draghi sale al Colle con la lista dei 23 ministri: 8 tecnici e 15 politici, fra cui tre di FI (Brunetta, Gelmini e Carfagna). Berlusconi, dopo tre anni di astinenza, torna al centro della vita politica e occupa tutte le pedine-chiave per i suoi affari: oltre al giornalista Mediaset Alberto Barachini alla presidenza della Commissione parlamentare di Vigilanza Rai, piazza il forzista Gilberto Pichetto Fratin come viceministro del Mise (che comprende la delega alle Telecomunicazioni), il forzista Giuseppe Moles come sottosegretario all'Informazione e all'Editoria, e il forzista Francesco Paolo Sisto (già suo difensore nel processo Escort a Bari) come sottosegretario alla Giustizia.

18 febbraio. Più che mai in forma, Berlusconi si reca in visita ai giocatori del Monza.

27 febbraio. Assiste in tribuna alla partita di serie B Monza-Cittadella.

11 maggio. Il Ruby-ter a Siena sta per ripartire e Berlusconi si sente di nuovo male: rientra al San Raffaele per «gli strascichi del Covid» e i suoi legali, certificato medico di Zangrillo alla mano, chiedono almeno due mesi di legittimo impedimento.

13 maggio. Il Tribunale di Siena si arrende. Stralcia la corruzione giudiziaria, che vede imputati Berlusconi e il suo pianista Mariani, rinviandola a un nuovo processo che inizierà il 21 ottobre. E giudica il solo Mariani per falsa testimonianza, condannandolo a 2 anni per aver negato dinanzi ai pm i bunga-bunga nella villa di Arcore.

17 maggio. La Cedu dichiara preliminarmente ammissibile il nuovo ricorso di Berlusconi contro la sua condanna e chiede al governo italiano di rispondere, tramite l'Avvocatura, a 10 domande sulla regolarità del processo Mediaset. I legali del Cavaliere invocano il legittimo impedimento alla vigilia dell'udienza del Ruby-ter del 19, dov'è prevista la testimonianza del suo ufficiale pagatore di testimoni, il ragionier Giuseppe Spinelli.

25 maggio. Al Ruby-ter romano i legali di Berlusconi assicurano che «è assolutamente impedito a comparire» per la salute «altamente compromessa con un generale peggioramento del quadro clinico». Dopo Siena, anche il Tribunale romano capitola: stralcia la corruzione giudiziaria di Berlusconi e Apicella, rinviata a un nuovo processo dal 2 novembre, e procede contro il menestrello per la sola falsa testimonianza.

26 maggio. Dopo quattro udienze a vuoto, viene rinviato all'8 settembre anche il Ruby-ter milanese per il long Covid di Berlusconi.

Giugno. Berlusconi torna in gran forma e avvia la campagna elettorale per le Amministrative con una raffica di interventi telefonici per i candidati di FI a Torino e a Milano.

Luglio. Visibilmente ritemprato dopo il rinvio dei processi, Berlusconi si trasferisce con la Fascina in Costa Smeralda.

11 luglio. Riceve a Villa Certosa Adriano Galliani per la finale degli Europei di calcio.

18 luglio. Riceve Gianluigi Donnarumma, il portiere della Nazionale che ha appena vinto gli Europei, accompagnato da Vincenzo Raiola (cugino del procuratore calcistico Mino).

3 agosto. A Villa Certosa arrivano Giorgia Meloni e Ignazio La Russa, che poi racconta: «Silvio si è messo a guidare la macchinetta elettrica come un pazzo per portarci in giro per il parco, prendendo le curve come un pilota di Formula 1».

7 agosto. Berlusconi riceve Zlatan Ibrahimovic.

20 agosto. Ospita Matteo Salvini, che si fa una foto con lui nel parco in pantaloncini e maglia del Milan.

25 agosto. Riceve Pierferdinando Casini e il presidente del Coni Giovanni Malagò, reduce dalle Olimpiadi di Tokyo.

26 agosto. La ripresa dei processi si avvicina e Berlusconi si risente male al cuore: ricoverato per 24 ore al San Raffaele.

6 settembre. Antivigilia del Ruby-ter milanese: Berlusconi torna al San Raffaele per un controllo di un'ora: «aritmia cardiaca».

8 settembre. Al processo di Milano, fermo da tre mesi e mezzo, i suoi legali depositano una corposa documentazione medica che lo descrive come una larva umana con gravissimi problemi fisico-psichico-sanitari e bisognosa di lungo «riposo assoluto» per fibrillazioni atriali e altro. I pm stavolta si oppongono: «Quest'estate abbiamo visto l'imputato scorrazzare in kart nella sua Sardegna, prendere in mano la situazione dell'Italia, discutere del nostro futuro e di quello dei nostri figli, venire fotografato con altri leader politici. Le sue patologie sono compatibili con la vecchiaia. Se dietro di lui non ci fosse un pool di avvocati e medici di alto livello, sarebbe a processo». Il Tribunale dispone una perizia medico-legale per stabilire le reali condizioni psico-fisiche dell'imputato e la loro compatibilità con la sua partecipazione alle udienze. Intanto rinvia il processo.

16 settembre. Berlusconi scrive al Tribunale di Milano: «La perizia psichiatrica è lesiva della mia storia e onorabilità» e «dimostra, per ciò che ho fatto nella vita in molteplici settori, fra cui l'imprenditoria, lo sport e la politica, un evidente pregiudizio nei miei confronti e ben mi fa comprendere quale sarà l'esito finale di questo ingiusto processo». Dunque «si proceda in mia assenza». Niente più perizia, né legittimi impedimenti.

23 settembre. Processo Trattativa: la Corte d'assise d'appello di Palermo assolve Mori, De Donno e Subranni perché «il fatto non costituisce reato» e Marcello Dell'Utri per «non aver commesso il fatto». E conferma la condanna per i boss Bagarella e Cinà, che evidentemente trattano da soli.

6 ottobre. Al Ruby-ter milanese parla Barbara Guerra, una delle "olgettine" imputate con Berlusconi per corruzione giudiziaria: «Cene eleganti? Mi viene da ridere, non scherziamo. Silvio ci ha rovinato la vita». Alessandra Sorcinelli, anche lei imputata, annuncia: «Dirò ai giudici la verità sulle feste ad Arcore».

20 ottobre. La Guerra rivela ai giudici: «Il giorno dopo la mia presenza in Tribunale (del 6 ottobre, *nda*), ho ricevuto una telefonata da Berlusconi che mi invitava ad Arcore. Io ho rifiutato l'invito dicendo che, se voleva, poteva contattare i miei legali. I toni di Silvio non erano molto amichevoli». Idem la Sorcinelli: «Anche a me il giorno dopo è arrivata una telefonata, ma non ho voluto rispondere sapendo che era lui. Ho il diritto di difendermi e di chiarire situazioni in cui sono stata coinvolta da gente che aveva la responsabilità di quanto è accaduto. Onestamente, non posso risponderne io: io sono piccola così, rispetto a un uomo così potente. Ho anche un po' di paura». L'avvocato Cicconi non esclude che Berlusconi si presenti per farsi interrogare: «Valuteremo più avanti, tenendo conto delle sue condizioni di salute». Intanto l'illustre infermo si candida a presidente della Repubblica (e del Csm), carica che porterebbe all'immediata sospensione dei suoi processi per sette anni. E inizia a contattare parlamentari con promesse di ogni genere.

21 ottobre. Dopo un anno e mezzo di rinvii (otto) per legittimo impedimento, riprende il Ruby-ter a Siena. La requisitoria s'è conclusa 20 mesi prima e finalmente i giudici entrano in camera di consiglio. L'avvocato Cicconi tenta di bloccarli sull'uscio, chiedendo di sentire altri tre testimoni e annunciando la ricusazione dell'intero collegio. Ma il Tribunale respinge la richiesta ed emette la sentenza. Che, sorpresa!, assolve Berlusconi e Mariani dalla corruzione giudiziaria. Resta la condanna del pianista per falsa testimonianza: dunque disse il falso e ricevette 170 mila euro dal Caimano, ma forse solo perché suonava bene (e non cantava).

27 ottobre. Raffica di perquisizioni della Dia, su mandato della Procura di Firenze che indaga su Berlusconi e Dell'Utri per le stragi del 1993-94, fra Roma, Palermo e Rovigo in abitazioni e uffici di una decina di familiari e amici del boss Giuseppe Graviano. Il quale ha rivelato ai pm di aver incontrato almeno tre volte Berlusconi, l'ultima nel dicembre '93 in un appartamento a Milano 3, a suo dire messo a disposizione dei suoi cugini proprio dal Cavaliere. E ha parlato del presunto investimento di 20 miliardi di lire fatto a suo tempo dal nonno (Filippo Quartararo, morto nel 1985) nelle aziende del Cavaliere, con un accordo scritto per il ritorno del 20% della somma versata: «Mio nonno ha consegnato a mio cugino Salvatore una carta, che mi ha mostrato: era firmata da Berlusconi e dalle persone che avevano fatto l'investimento. Sono convinto che io e mio cugino siamo stati arrestati (il 27 gennaio '94 a Milano, all'indomani dell'annuncio della discesa in campo di Berlusconi, *nda*) per impedirci di formalizzare l'accordo economico con Berlusconi, e le stragi sono cessate per addossare tutte le precedenti a me».

3 novembre. Il Tribunale di Milano, con un'ordinanza che contraddice gran parte della giurisprudenza, accoglie l'istanza presentata nel gennaio 2019 dalla difesa Berlusconi e dichiara inutilizzabili le dichiarazioni rese nei processi Ruby 1 e 2 da 18 "olgettine" ora imputate. Motivo: già sospettate di corruzione, le ragazze furono interrogate come testimoni (con l'obbligo di dire la verità) anziché come indagate (con la facoltà di tacere o di mentire). Così evapora per tutte l'accusa di falsa testimonianza, mentre rimane quella di corruzione giudiziaria in concorso con Berlusconi (ma col rischio che il reato si tramuti, per lui, in «induzione a mentire di indagati in procedimento connesso», che ha pene più lievi e sarebbe prescritto già dal 2020).

12 novembre. Marysthell Polanco aveva promesso dichiarazioni spontanee per dire finalmente la verità su "cene eleganti" e bonifici. Ma ora, dopo l'ordinanza del Tribunale, annuncia che tacerà: perché mai dovrebbe confessare una falsa testimonianza ormai svanita?

1° dicembre. Anche la Guerra e la Sorcinelli si cuciono la bocca: nessuna dichiarazione spontanea sui bunga-bunga e i soldi di Silvio. Il quale intanto prosegue l'arruolamento di parlamentari in vista del Quirinale, elogiando financo i 5 Stelle e il Reddito di cittadinanza. Tra i reclutatori e i facilitatori, si segnalano Vittorio Sgarbi, Marcello Dell'Utri e Denis Verdini: tutti e tre pregiudicati.

Lo statista mancato

2022, 14 gennaio. Vertice del centrodestra a Villa Grande, la nuova residenza romana di Berlusconi sull'Appia Antica, appartamento del regista Franco Zeffirelli. La nota congiunta finale è un capolavoro: «I leader della coalizione hanno convenuto che Silvio Berlusconi sia la figura adatta a ricoprire in questo frangente difficile l'Alta Carica con l'autorevolezza e l'esperienza che il Paese merita e che gli italiani si attendono. Gli chiedono pertanto di sciogliere in senso favorevole la riserva fin qui mantenuta». Alla Corte europea per i diritti dell'uomo pende ancora il suo ricorso contro la sua condanna definitiva: è il procedimento n. 8683/14, intitolato "Berlusconi contro Italia". Più che un titolo, il motto di una vita.

29 gennaio. Al momento di votare, il centrodestra non ci pensa neppure a eleggere Berlusconi capo dello Stato, anche perché i famigliari hanno fatto sapere a Meloni e Salvini che le sue condizioni di salute non lo consentono. Dopo un tentativo miseramente abortito di issare sul Colle più alto la presidente forzista del Senato Elisabetta Casellati, si consuma un lungo stallo fra i partiti a causa della pretesa del premier Draghi di succedere a Mattarella. Sfuma anche la candidatura della direttrice del Dis, l'ambasciatrice Elisabetta Belloni, su cui si erano accordati Meloni, Salvini, Conte e Letta, per la strenua opposizione dello stesso Draghi e dei suoi fedelissimi Giorgetti, Di Maio, Renzi, Guerini (Pd) e Gianni Letta per conto di Berlusconi. Così viene rieletto Mattarella, l'"usato sicuro".

24 febbraio. L'esercito russo, su ordine di Vladimir Putin, invade l'Ucraina. Il suo miglior amico italiano, Silvio Berlusconi, osserva un mese e mezzo di silenzio.

20 marzo. L'ex Cavaliere "sposa" in finte nozze a Villa Gernetto, in Brianza, la sua nuova fidanzatina, la trentaduenne parlamentare forzista Marta Fascina.

9 aprile. Dopo 44 giorni consecutivi di afasia, ritrova la favella e riesce finalmente a nominare Putin: «Mi ha deluso e addolorato per la gravissima responsabilità che si è assunto di fronte al mondo: finora mi era sempre sembrato un uomo di democrazia e di pace».

17 maggio. Berlusconi cambia già idea su Putin: «Un leader mondiale (Biden, *nda*) gli ha dato del criminale di guerra e ha detto che deve andare via dal governo russo. Così Putin è lontano dal sedersi a un tavolo. Se l'Italia invia altre armi a Kiev è in guerra». Poi, dopo le proteste della ministra forzista Gelmini, ci mette una toppa: «Sono stato frainteso, Putin non si giustifica e sono sempre fedele alla Nato».

12 giugno. Flop clamoroso dei cinque referendum radicali contro la Giustizia sostenuti da Salvini, Berlusconi, Renzi, Bonino e Calenda: l'affluenza è del 20,9%, la più bassa della storia referendaria.

20 luglio. In una riunione a Villa Grande, presenti Berlusconi, Fascina e lo stato maggiore di FI, ma anche Meloni, Salvini e i centristi, l'intero centrodestra decide di non votare la fiducia al governo Draghi in Senato. FI, Lega e centristi, che ne fanno parte, escono dall'aula. FdI, all'opposizione da sempre, vota la sfiducia. I 5 Stelle restano in aula, ma non partecipano al voto. La fiducia la votano soltanto Pd, Leu, Azione e Italia Viva. Draghi si dimette. Mattarella scioglie le Camere e fissa le elezioni anticipate al 25 settembre. I ministri forzisti Mara Carfagna, Maria Stella Gelmini e Renato Brunetta lasciano Foza Italia: le prime due passano ad Azione di Carlo Calenda, il terzo non si ricandida.

1° settembre. Berlusconi sbarca su TikTok, il social network preferito dai giovanissimi, con un video di un minuto e 29 secondi: «Ciao ragazzi, eccomi qua! Vi do il mio benvenuto sul mio canale ufficiale di TikTok». In poche ore supera i 4 milioni di visualizzazioni, con 320 mila like, 19.500 commenti, 71 mila condivisioni e 27 mila salvataggi video.

22 settembre. A tre giorni dal voto, collegato con Bruno Vespa a *Porta a Porta*, Berlusconi afferma che Putin voleva solo «rovesciare il governo ucraino per metterci delle persone perbene».

Sul luogo del delitto

25 settembre. A nove anni dalla decadenza dal Senato per la condanna definitiva, Berlusconi viene rieletto senatore nel collegio uninominale Lombardia 6 (Monza) con il 50,26%. Ma la vera vincitrice è Giorgia Meloni: FdI raggiunge il 26% alla Camera, contro l'8,7 della Lega, l'8,1 di FI (dimezzata rispetto al 2018, come il partito di Salvini) e lo 0,9 di Noi Moderati. Il centrodestra ottiene la maggioranza relativa dei votanti (43,7%) che, grazie al premio previsto dal Rosatellum, gli assegna la maggioranza assoluta dei seggi in Parlamento (237 su 400 alla Camera e 115 su 200 al Senato). L'altro partito premiato dagli elettori, rispetto ai sondaggi, è il M5S di Conte (15,46%). Il Pd si attesta poco sopra il suo minimo storico del 2018 (19%) e la sua coalizione progressista si ferma al 26,1%, con gli alleati Sinistra Italiana-Verdi (3,6), +Europa (2,8) e Impegno Civico (0,6). Il presunto "Terzo polo" di Renzi e Calenda arriva sesto col 7,7. Il primo partito però è quello degli astenuti: 36,1%

(+9% rispetto al 2018). Si dice che Berlusconi punti alla presidenza del Senato, ma lui smentisce.

13 ottobre. Ignazio La Russa (FdI) viene eletto presidente del Senato da FdI, Lega e 17 senatori dell'opposizione (soprattutto centristi e renziani), che sopperiscono all'astensione di FI. Il partito di Berlusconi, ancora in mano agli oltranzisti di Licia Ronzulli, si è astenuto in polemica per i veti che la premier *in pectore* Meloni ha posto sui dicasteri che interessano all'ex Cavaliere – la Giustizia e lo Sviluppo Economico (con annesse Telecomunicazioni) – e su alcuni aspiranti ministri, fra cui la stessa Ronzulli.

14 ottobre. Il leghista Lorenzo Fontana, noto per le sue posizioni oscurantiste, anti-gay e filo-russe, viene eletto presidente della Camera. Stavolta i voti arrivano anche da FI, ma tra i deputati del centrodestra si contano 15 defezioni. Berlusconi, per attaccare la Meloni, ostenta in Senato un grande album con su scritto di suo pugno il nome della futura premier e sotto: «Un comportamento supponente, prepotente, arrogante, offensivo». Meloni replica: «Ha dimenticato di aggiungere che non sono ricattabile».

18 ottobre. L'agenzia LaPresse divulga un audio con brani dell'intervento di Berlusconi nell'assemblea di FI, tenuta a porte chiuse alla Camera per l'elezione del capogruppo: «I ministri russi hanno già detto che siamo in guerra con loro perché forniamo armi e finanziamenti all'Ucraina. Io non posso fornire il mio parere, perché se viene raccontato alla stampa viene fuori un disastro, ma sono molto, molto, molto preoccupato... Troppo spesso sentiamo parlare di bombe nucleari. Dio ci salvi e scampi da questo pericolo. L'Ucraina ha chiesto addirittura di entrare nella Nato. Se entrasse nella Nato, sarebbe la guerra mondiale... Ho riallacciato i rapporti con il presidente Putin un po' tanto... Putin per il mio compleanno mi ha mandato 20 bottiglie di vodka e una lettera dolcissima. Io gli ho risposto con bottiglie di Lambrusco e una lettera altrettanto dolce. L'ho conosciuto come una persona di pace e sensata... Sono stato dichiarato da Putin il primo dei suoi cinque veri amici». La Meloni è furiosa, ma si cuce la bocca.

19 ottobre. LaPresse divulga un secondo audio con altre frasi di Berlusconi all'assemblea forzista: «Sapete com'è avvenuta la cosa della Russia? Anche su questo vi prego, però, il massimo riserbo. Promettete? Nel 2014 a Minsk, in Bielorussia, si firma un accordo tra l'Ucraina e le due neocostituite repubbliche del Donbass per un accordo di pace senza che nessuno attaccasse l'altro. L'Ucraina butta al diavolo questo trattato un anno dopo e comincia ad attaccare le frontiere delle due repubbliche. Le due repubbliche subiscono vittime tra i militari che arrivano, mi si dice, a 5-6-7mila morti. Arriva Zelensky, triplica gli attacchi alle due repubbliche... Disperate, le due repubbliche... mandano una delegazione a Mosca... e finalmente riescono a parlare con Putin: "Vladimir, non sappiamo che fare, difendici tu". Lui è contrario a qualsiasi iniziativa, resiste, subisce una pressione forte da tutta la Russia. E allora si decide a inventare un'operazione speciale: le truppe dovevano entrare in Ucraina, in una settimana raggiungere Kiev, deporre il governo in carica, Zelensky eccetera, e mettere un governo già scelto dalla minoranza ucraina di persone perbene e di buon senso, un'altra settimana per tornare indietro. È entrato in Ucraina e si è trovato di fronte a una situazione imprevista e imprevedibile di resistenza da parte degli ucraini, che hanno cominciato dal terzo giorno a ricevere soldi e armi dall'Occidente. E la guerra, invece di essere un'operazione di due settimane, è diventata una guerra di duecento e rotti anni (*sic*, *nda*)... Io non vedo come possano mettersi a un tavolo di mediazione Putin e Zelensky, perché non c'è nessun modo possibile. Zelensky, secondo me... lasciamo perdere, non posso dirlo... Non fatemi dire che cosa penso di lui». Applausi scroscianti dei deputati azzurri. Berlusconi aggiunge: «Oggi, purtroppo, nel mondo occidentale, non ci sono leader, non ci sono in Europa e negli Stati Uniti d'America. Posso farvi sorridere? L'unico vero leader sono io...».

Le sue parole suscitano un'ondata di sdegno e stupore nel mondo politico e mediatico. Sdegno per quelle che riflettono la verità, sugli otto anni di massacri ucraini in Donbass, sul tradimento degli accordi di Minsk, sulla corresponsabilità della Nato nella guerra e sull'escalation che rischia di portare al conflitto atomico. Stupore per le panzane che giustificano Putin. Peccato che Berlusconi le avesse già dette identiche a *Porta a Porta*, tre giorni prima delle elezioni. Ma allora tutti fecero finta di non sentirle, impegnati com'erano a spacciarlo per un argine liberale, moderato, atlantista ed europeista contro i populisti, sovranisti, putinisti e orbanisti. Ora, di botto, tutti scoprono ciò che si era sempre saputo da oltre vent'anni e che lui non aveva mai nascosto. La Meloni rompe il silenzio e rimette in riga la maggioranza agli ordini della Nato: «Su una cosa sono stata, sono e sarò sempre chiara. Intendo guidare un governo con una linea di politica estera chiara e inequivocabile: l'Italia è a pieno titolo e a testa alta parte dell'Europa e dell'Alleanza Atlantica. Chi non fosse d'accordo con questo caposaldo non potrà far parte del governo. Con noi al governo l'Italia non sarà mai l'anello debole dell'Occidente, la nazione inaffidabile tanto cara ai nostri detrattori».

21 ottobre. Nasce il governo Meloni, con un'unica vera novità: Giorgia Meloni, prima premier donna d'Italia. Il resto è una squadra scadentissima, in continuità con il gattopardismo di Draghi. Su 24 ministri, 11 sono reduci dai governi Berlusconi. Le donne sono soltanto 6. L'età media altissima – 60 anni – ne fa il quarto esecutivo più anziano della storia repubblicana. Nulla cambia neppure nella politica estera, dove il dossier ucraino verrà gestito con lo stesso bellicismo del governo Draghi: agli Esteri va Tajani, totalmente allineato al *mainstream* atlantista del governo europeo (di cui è stato commissario); e alla Difesa il meloniano Guido Crosetto, filo-americano, finora capo della lobby dei costruttori di armi e consulente di Leonardo, in plateale conflitto d'interessi.

30 ottobre. Berlusconi, intervistato da Vespa per il suo nuovo libro, chiede lo stop a nuovi invii di armi a Kiev: «La pace può arrivare solo se a un certo punto l'Ucraina capisse di non poter più contare sulle armi… e se invece l'Occidente promettesse di fornirle centinaia di miliardi per la ricostruzione… In quel caso forse Zelensky accetterebbe di sedersi al tavolo per una trattativa». E aggiunge che la Crimea deve restare russa, mentre per il Donbass dovrebbe decidere la popolazione con un nuovo referendum, ma sotto il controllo occidentale.

17 novembre. Sentenza del filone romano del Ruby-ter, che vede imputati Berlusconi e Apicella. Su richiesta dello stesso pm, il Tribunale assolve entrambi dalla corruzione giudiziaria e dichiara prescritta la falsa testimonianza di Apicella.

30 dicembre. Putin pubblica sul sito del Cremlino la lista dei personaggi a cui ha inviato gli auguri di buon anno scritti di suo pugno. Fra questi, il cinese Xi Jinping, l'indiano Modi, il turco Erdoğan, il venezuelano Maduro, il cubano Raul Castro, il bielorusso Lukashenko, il serbo Vucic, l'ungherese Orbán, il siriano Assad, il kazako Narzarbayev, il tedesco Schröder e l'italiano Berlusconi.

2023, 25 gennaio. Crosetto, ora che l'Italia spedisce all'Ucraina i missili terra-aria Aspid e lo scudo antimissile Samp-T, avverte che bisognerà procurarsene altri, con nuove spese militari fino all'agognato 2% del Pil: sennò restiamo «senza scorte». E giù nuove commesse ai suoi ex soci, clienti e committenti della lobby armata. Salvini e Berlusconi tentano fino all'ultimo di convincerlo a evitare la nuova escalation, ma il ministro della Guerra li respinge con perdite.

15 febbraio. Anche il processo principale Ruby-ter, quello milanese, approda alla sentenza di primo grado. Il Tribunale assolve Berlusconi, Ruby e altri 27 fra Olgettine e testimoni prezzolati, chi dalla corruzione giudiziaria, chi dalla falsa testimonianza, chi da entrambi i reati: «il fatto non sussiste». Secondo i giudici, i fatti ricostruiti dalla Procura sono confermati: i testimoni hanno mentito ai giudici dei processi Ruby-1 e Ruby-2, quasi tutti in cambio di soldi e «utilità» (case, auto e regali) da Silvio Berlusconi. Ma non possono essere condannati per un cavillo giuridico: i testimoni andavano interrogati come indagati, col diritto di tacere e mentire, dunque mentendo non possono avere commesso la falsa testimonianza; e, ricevendo soldi, non possono avere commesso la corruzione, perché non erano pubblici ufficiali. Lo stesso vale per Berlusconi che li pagava: niente corruzione neppure per lui.

27 marzo. Berlusconi viene ricoverato per tre giorni all'ospedale San Raffaele, dopo aver accusato «dolori» imprecisati.

5 aprile. Rientra nella clinica milanese, dove gli viene diagnosticata una polmonite bilaterale insorta nel quadro di una «leucemia mielomonocitica cronica». E inizia a sottoporsi a chemioterapia.

23 aprile. Al processo Trattativa, la Cassazione conferma le assoluzioni per Dell'Utri e gli ex ufficiali del Ros, tutte però per «non aver commesso il fatto». I boss invece si salvano per prescrizione: la loro «violenza o minaccia» allo Stato fu soltanto «tentata».

6 maggio. Un Berlusconi affaticato e truccatissimo invia dal San Raffaele alla convention milanese di Forza Italia un imbarazzante videomessaggio registrato di una ventina di minuti (ma alla troupe sono occorse tre ore per mettere insieme qualcosa di guardabile). È un mesto amarcord della sua "discesa in campo" di 29 anni prima: «Forza Italia è per noi come una religione laica, la religione della libertà di cui parlava Benedetto Croce, una religione del cuore, della mente, un impegno verso noi stessi, i nostri figli, gli italiani. Mi raccomando, andiamo avanti così, con convinzione, entusiasmo, passione. Nessuno riuscirà a sconfiggerci, vedrete che gli italiani ci considereranno i loro santi laici, i santi della loro libertà e del benessere... Tutto ebbe inizio quando i sondaggisti delle mie tv in quel giugno del 1993 parteciparono a una mia riunione e interrogati da me sulle elezioni, che erano vicine, affermarono con sicurezza: "Vinceranno i comunisti! Solo lei, presidente, può batterli perché lei col suo Milan è diventato il simbolo della vittoria"...».

12 maggio. Altro videomessaggio dall'ospedale, in vista delle elezioni comunali di due giorni dopo: «Mi raccomando, andate tutti a votare!».

19 maggio. Berlusconi viene dimesso dal San Raffaele dopo 45 giorni di ricovero, di cui 12 in terapia intensiva. Nella villa di Arcore viene allestito un attrezzatissimo reparto sanitario per consentirgli di trascorrere in casa gli ultimi giorni di vita.

9 giugno. Berlusconi è di nuovo ricoverato al San Raffaele per una serie di controlli. Lì continua a lavorare a un appello che sta preparando per la pace tra Russia e Ucraina, convinto che Zelensky debba rinunciare alla controffensiva, cessare il fuoco e negoziare con Putin, perché «l'Ucraina non potrà mai vincere la guerra». Telefona persino a Michele Santoro per proporgli di tornare in Mediaset, come nel 1996-99, con quattro prime serate speciali per la pace. Nelle ultime telefonate, lamenta spesso che i giornali di destra che lo intervistano, compreso quello di famiglia appena ceduto agli Angelucci, censurano le sue parole sulla guerra. Ma quell'appello non fa in tempo a completarlo, né a lanciarlo. Il quadro clinico si aggrava, stavolta irrimediabilmente.

12 giugno. Ore 10.51, agenzia Ansa: «È morto all'ospedale San Raffaele di Milano l'ex premier Silvio Berlusconi. Il presidente di Forza Italia aveva 86 anni».

Le sentenze. *Lo chiamavano Impunità*

Siccome Silvio Berlusconi, i suoi impiegati e moltissimi giornalisti "indipendenti" hanno diffuso la frottola che sarebbe sempre risultato innocente (e dunque perseguitato dai magistrati) in tutti i suoi processi tranne uno, riepiloghiamo le sue principali vicende giudiziarie fino alle sentenze. Che dimostrano come siano stati accertati a suo carico gravissimi delitti e altrettanti misfatti; e come la stragrande maggioranza dei giudici, lungi dall'"accanirsi" contro di lui, abbia sempre trovato il modo di salvarlo.

Bugie sulla P2 (falsa testimonianza)

Nel 1988 Silvio Berlusconi finisce in Tribunale nella veste del tutto eccezionale di testimone, anzi di presunta parte lesa. È uscita infatti per gli Editori Riuniti la sua prima biografia non autorizzata, *Inchiesta sul signor Tv* di Giovanni Ruggeri e Mario Guarino, dove si racconta fra l'altro del suo tormentato rapporto con la legge. Il Cavaliere querela non gli autori, ma soltanto i pochi, incauti recensori. Ne nasce una causa davanti al Tribunale di Verona, dove il Cavaliere querelante giura di dire tutta la verità. Poi racconta un sacco di frottole a proposito della sua affiliazione alla P2. «Non ricordo – dice – la data esatta della mia iscrizione alla P2, ricordo comunque che è di poco anteriore allo scandalo... Non ho mai pagato una quota di iscrizione, né mai mi è stata richiesta». Peccato che lo scandalo sia del 1981 e la sua iscrizione risalga al 26 gennaio 1978, con tanto di pagamento della quota associativa di centomila lire. Così, da parte offesa, Berlusconi si tramuta in imputato di falsa testimonianza davanti alla Corte d'appello di Venezia. Questa, nel maggio 1990, sentenzia: «Ritiene il Collegio che le dichiarazioni dell'imputato non rispondano a verità... smentite dalle risultanze della commissione Anselmi e dalle stesse dichiarazioni rese del prevenuto avanti al giudice istruttore di Milano, e mai contestate... Ne consegue quindi che il Berlusconi ha dichiarato il falso», rilasciato «dichiarazioni menzognere e compiutamente realizzato gli estremi obiettivi e subiettivi del delitto di falsa testimonianza». Ma il Parlamento, nel 1990, ha approvato una provvidenziale amnistia. Così il teste spergiuro riesce a farla franca: «Il reato va dichiarato estinto per intervenuta amnistia».

Tangenti alla Guardia di finanza (corruzione)

L'indagine. Il 26 aprile 1994 Berlusconi ha appena vinto le sue prime elezioni e sta preparando la lista dei ministri. Un giovanissimo vicebrigadiere della Guardia di finanza, Pietro Di Giovanni, del Nucleo regionale di Polizia tributaria di Milano, chiede udienza al suo colonnello. E gli racconta un episodio sconcertante che gli è appena accaduto. Il giorno 21 il suo capopattuglia, maresciallo Francesco Nanocchio, gli ha fatto uno strano discorso: «Mi hanno contattato quelli dell'Edilnord, dicono che vogliono farci un regalino». Lui gli ha subito detto di rifiutare. Ma Nanocchio ha insistito: «Macché, ho già detto che siamo d'accordo, è una sciocchezza, non c'è da preoccuparsi». E il 26 aprile gli ha consegnato una busta bianca con 2 milioni e mezzo di lire. Il colonnello ascolta il racconto del vicebrigadiere e lo manda in Procura. I pm perquisiscono Nanocchio e scoprono in casa sua altri 47,5 milioni in contanti (che, con i 2,5 dati a Di Giovanni, fanno 50). La classica pietruzza che in poche settimane, a furia di arresti e confessioni, innesca una slavina. Ben 130 finanzieri (su su fino al comandante del Nucleo operativo di Milano, generale Giuseppe Cerciello) e 500 fra imprenditori e top manager di aziende fra le più importanti di Milano vengono indagati e/o arrestati per verifiche fiscali addomesticate a suon di mazzette. I manager corrono a confessare dinanzi ad Antonio Di Pietro, per patteggiare la pena ed evitare guai peggiori.

Quattro delle centinaia di società corruttrici appartengono al gruppo Fininvest e sono possedute dal presidente del Consiglio in carica. Il quale, non potendo confessare né patteggiare nulla, gioca d'anticipo. Il 13 luglio impone il decreto Biondi per vietare la custodia cautelare in carcere per i reati di corruzione e simili. L'indomani vengono scarcerati quasi tremila detenuti. Fra questi, tutti i finanzieri appena arrestati. Poi però viste le proteste di piazza, Fini e Bossi costringono il Cavaliere a ritirare il decreto. E subito, previo vertice ad Arcore con il premier e i loro avvocati, vengono arrestati il capo dei servizi fiscali della Fininvest Salvatore Sciascia (ex finanziere addetto alla corruzione delle Fiamme gialle) e Paolo Berlusconi, patron della Edilnord. Che tenta di accollarsi tutte le colpe per tener fuori il fratello premier. Anche Sciascia confessa di aver pagato tre tangenti: 100 milioni di lire nel 1989 per la verifica a Videotime, 130 nel 1991 per Mondadori, 100 nel 1992 per Mediolanum. Ma dice di non sapere nulla di una quarta, già svelata da alcuni finanzieri arrestati: 50 milioni versati nel

1994 per Telepiù. Perché è così cruciale quest'ultima mazzetta? Perché è recentissima, appena scucita dalle aziende del premier, addirittura dopo la sua discesa in campo. E soprattutto perché, in seguito alla legge Mammì, Berlusconi ha dovuto spogliarsi, almeno apparentemente, del 90 per cento delle quote della pay tv, pena la perdita delle concessioni per le altre reti televisive. Delle tre emittenti a pagamento Telepiù 1, Telepiù 2 e Telepiù 3 – dice la legge – il Cavaliere può possedere soltanto il 10 per cento. E così sulla carta risulta. Ma la Procura di Roma e il garante per l'editoria Giuseppe Santaniello sospettano che ne abbia mantenuto il controllo pressoché totale, affidando le quote eccedenti ad amici e prestanome. Se così fosse, il garante avrebbe l'obbligo di ritirargli le concessioni, «spegnendo» Canale 5, Rete 4 e Italia 1. E, per il già disastrato gruppo del Biscione, sarebbe la fine.

Il 22 novembre 1994 Silvio Berlusconi riceve il suo primo invito a comparire: dovrà presentarsi il giorno 26 alla Procura di Milano per essere interrogato in veste di indagato per «concorso in corruzione continuata» della Guardia di finanza. Com'è riuscito il pool Mani Pulite a risalire a lui? Mettendo insieme, tessera dopo tessera, un mosaico di indizi piuttosto stringente. La svolta è del 9 novembre. Spulciando fra le carte sequestrate negli uffici dell'avvocato Massimo Maria Berruti, arrestato per favoreggiamento in estate, il pm Gherardo Colombo trova nella sua agenda un *pass* d'ingresso a Palazzo Chigi. Un cartoncino di quattordici centimetri per dieci con lo stemma della Repubblica Italiana, l'intestazione «Presidenza del Consiglio dei Ministri», la scritta «passi di udienza», la data timbrata «Roma, 8 giu. 1994». Seguono alcune voci prestampate e compilate a mano: «Il sig. avv. Berruti... Chiede di parlare: Pres. Berlusconi». Orario d'ingresso: «20.45». «Oggetto della visita»: in bianco. Quel cartoncino non dovrebbe essere lì: Berruti, al termine della visita, avrebbe dovuto restituirlo alla portineria di Palazzo Chigi. Invece è passato da un'altra uscita, oppure se l'è dimenticato in tasca e l'ha incautamente conservato. Incautamente perché quel *pass* segnerà l'inizio di tutti i guai del premier.

Il pool incrocia i nuovi dati con quelli già emersi dai tabulati telefonici di Berruti (ex ufficiale delle Fiamme gialle al servizio di Berlusconi, come pure Sciascia) e dell'ex maresciallo della Finanza Alberto Corrado, nonché dai verbali di interrogatorio di Corrado e del colonnello Angelo Tanca. E ricostruisce minuto per minuto il giorno cruciale dell'8 giugno, quando è iniziata l'operazione di depistaggio per occultare la tangente Fininvest per ammorbidire la verifica fiscale alla Mondadori.

Quel giorno Berruti parte da Milano per Roma con l'aereo delle 15.40. Alle 20.45 entra a Palazzo Chigi e comunica all'usciere di avere un appuntamento con il presidente Berlusconi. Ritira il *pass* e sale. L'argomento del colloquio dev'essere di estrema delicatezza, altrimenti Berruti non si sarebbe scomodato a volare apposta da Milano a Roma: è solito chiamare il premier da Milano con grande frequenza, anche dopo la mezzanotte. «Volevo invitare il presidente a tenere almeno un comizio per la campagna elettorale delle europee in Sicilia», dirà al pool. Missione decisamente tardiva, visto che si vota il 12 giugno e la campagna elettorale si chiude alla mezzanotte del 10: come si può chiedere al premier, la sera dell'8, di precipitarsi l'indomani in Sicilia, scombussolando tutti i programmi fissati da tempo, per tenere un normale comizio? È certo comunque che, appena uscito da Palazzo Chigi, alle 21.19 Berruti riaccende il telefonino, rimasto muto per 17 minuti. E chiama la sua segretaria, poi il suo ufficio e alle 21.28 il servizio 12 della Sip per farsi dare un numero. Dopodiché telefona a casa del maresciallo Corrado, a Bresso (Milano). È ancora nei pressi di Palazzo Chigi: il tabulato registra la chiamata proprio dalla «cella» territoriale corrispondente a quella zona di Roma. Corrado è fuori con il cane: risponde la moglie. Berruti dice che richiamerà l'indomani. Poi compone il numero di una certa Dijana B., una bella ragazza bosniaca che aspira a sfondare nel mondo della televisione e frequenta alcuni alti dirigenti della Fininvest, fra i quali Valerio Ghirardelli (ex manager di Publitalia, ora a Telepiù, sul cui capo pende da marzo una richiesta di arresto della Procura di Milano). È stato proprio quest'ultimo a convincerla a uscire, quella sera, con Berruti. L'avvocato passa a prenderla a casa e la porta a cena al ristorante Il Bolognese, dove li attende Ghirardelli con altre due amiche.

«Ghirardelli – racconta Dijana al pool – mi aveva promesso una rubrica sportiva televisiva su Telepiù 2... Fu proprio per questo che accettai di uscire con l'avvocato (Berruti, *nda*), poiché Ghirardelli mi segnalò che Berruti doveva svolgere qui a Roma una faccenda importantissima per conto di Ghirardelli e per il Cavaliere, essendo Berruti il miglior amico e avvocato personale di Berlusconi». Forse – le domandano i magistrati – una faccenda che riguardava la campagna elettorale in Sicilia? «No, assolutamente, Berruti non parlò mai della campagna elettorale in Sicilia». La ragazza racconta che anche Ghirardelli, per la vicenda Telepiù, «temeva di andare in galera»: nel qual caso, per lei, addio rubrica sportiva. «Valerio mi aveva detto: "Se le cose vanno bene per me, andranno bene anche a te..."». Ma Berruti, durante la cena, la rassicura: «No, Ghirardelli non andrà dentro, lo salveremo». La serata prosegue alla Casina Valadier. Berruti tenta inutilmente di convincere Dijana a passare anche il resto della notte con lui. Ma la ragazza respinge le sue *avances* e se ne torna a casa in taxi.

L'indomani, 9 giugno, Berruti rientra a Milano con l'aereo delle 13.30. I tabulati del suo cellulare registrano una chiamata alle 15.11 per Corrado: i due ex colleghi si danno appuntamento per le 18.30 alla sede del Milan. E qui – secondo Corrado – Berruti gli chiede di «tacitare» Tanca sulla mazzetta ricevuta da Mondadori. Il 10 giugno, come dimostra il registro degli ingressi della Dia di Milano, Corrado va a trovare Tanca: missione compiuta. Ce n'è abbastanza per sospettare che l'8 giugno a Palazzo Chigi Berlusconi e Berruti abbiano concordato come garantirsi il silenzio di Tanca sulla mazzetta Mondadori. Berruti infatti organizza il depistaggio solo dopo aver visto il premier. E va a colpo sicuro. Manda Corrado da Tanca perché è certo che a prendere i soldi per quella verifica sia stato proprio lui. E chi altri può averglielo detto, se non il Cavaliere? Altrimenti perché partire da Milano per incontrarlo prima di mettersi in azione? In questo quadro, interrogare il presidente del Consiglio per chiedergli spiegazioni nella veste d'indagato diventa un atto dovuto. E obbligato. Del resto, anche altre telefonate dal cellulare di Berruti appaiono sincronizzate con i momenti chiave dell'inchiesta Fininvest-Guardia di finanza. Il 19 maggio c'è l'arresto del finanziere Ballerini: il 20 Berruti chiama Corrado. Il 5 luglio c'è l'arresto di Tanca: Berruti chiama Berlusconi in via dell'Anima. Il 18 luglio il maresciallo Spazzoli rivela la tangente Mediolanum: fra il 21 e il 22 luglio, appena i giornali accennano alla notizia, Berruti chiama tre volte Corrado. Il 9 agosto c'è l'arresto di Corrado, che confessa di aver messo la sordina a Tanca per ordine di Berruti: il 10 agosto Berruti, in vacanza a Sciacca (Sicilia), chiama un'altra volta il Cavaliere.

Ma il primo a mettere il pool sulle piste di Silvio Berlusconi è il fratello Paolo. Gli domanda Di Pietro: «Perché Sciascia, al momento della richiesta di denaro da parte della Guardia di finanza, non l'ha girata ai responsabili delle tre società interessate, e cioè Galliani per Videotime, Tatò per Mondadori e Doris per Mediolanum?». Risponde Paolo: «Perché la struttura aziendale del gruppo Fininvest, al di là delle singole cariche formali, ha dei suoi referenti di vertice precisi. E cioè, per ciò che riguarda l'aspetto tattico-strategico, me personalmente; e per ciò che riguarda la strategia globale dell'impresa, Silvio Berlusconi. Io posso considerarmi il numero due del gruppo, mentre mio fratello Silvio il numero uno... È evidente che, per questioni delicate come il pagamento di tangenti alla Guardia di finanza, era bene che non venissero interessati i manager del gruppo, ma che facesse carico direttamente a me, in quanto rappresentante della proprietà, questa incombenza». Poi aggiunge che la «provvista» per le tangenti proveniva dai fondi neri dell'Edilnord. Sciascia, sostanzialmente, conferma: «Non ho mai consegnato denaro di testa mia e all'oscuro della dirigenza da cui dipendevo... Io personalmente ho sempre goduto della massima stima e fiducia da parte della famiglia Berlusconi, e quindi sia di Silvio che di Paolo, i quali certamente non hanno mai dubitato che io potessi trattenere per me le somme che chiedevo onde far fronte a queste pretese. Allorché io mi trovavo in situazioni tali da dover consegnare il denaro a questi pubblici ufficiali, riferivo e relazionavo al numero due del gruppo, cioè a Paolo Berlusconi... al quale mi guardavo bene dal chiedere se aveva a sua volta il consenso di Silvio Berlusconi o meno».

Il pool però scopre che ad avere rapporti con Sciascia non era Paolo, ma Silvio. E che, nel periodo delle mazzette Mondadori (dicembre 1991) e Mediolanum (aprile 1992), il serbatoio dei fondi neri dell'Edilnord si era prosciugato (per pagare altre tangenti in cambio di appalti nell'hinterland milanese). E Paolo non ha indicato provviste alternative. Negli stessi anni invece il cassiere centrale della Fininvest, Giuseppino Scabini, per ordine del ragionier Giuseppe Spinelli, amministratore del patrimonio personale di Silvio Berlusconi, andava a consegnare buste piene di contanti sia nella villa di Arcore sia a Sciascia:

svariati miliardi provenienti da decine di libretti al portatore del Cavaliere.

Anche la mazzetta per Telepiù porta soltanto a Silvio e non a Paolo. Leggendo i verbali delle riunioni dei "Comitati Corporate" di Arcore, il gruppo di vertice che decideva le strategie del Biscione scavalcando i dirigenti delle singole società, il pool si rende conto che a occuparsi delle complesse trattative per la cessione (fittizia) delle quote di Telepiù in seguito alla Mammì il fratello maggiore, non il minore. Era Silvio – scriverà il Tribunale nella sentenza– ad avere interesse a «controlli superficiali» della Guardia di finanza su quei traffici, non Paolo. Se si fosse scoperta «l'intestazione fittizia delle quote e il fatto che i vertici Fininvest fossero in grado di indirizzare la politica commerciale di Telepiù», sarebbe scattata la sanzione prevista dalla legge Mammì: revoca delle concessioni pubbliche e oscuramento delle tre reti Fininvest. La tangente per Telepiù fu pagata nel marzo-aprile 1994, quando Paolo Berlusconi era uscito ormai da due anni dal gruppo Fininvest, dopo la «divisione dei beni» seguita alla Mammì, che l'aveva confinato all'Edilnord e al *Giornale*. A chi chiese dunque il permesso necessario per pagare, Sciascia, visto che Paolo, il numero due, non glielo poteva più dare? Secondo il pool, al numero uno: Silvio.

Ma non basta. Quando Sciascia, ricercato, decide di costituirsi il 26 luglio 1994. Il suo avvocato corre ad Arcore ad avvertire Silvio, non Paolo. E poi è Silvio a coprire Sciascia di regali: donazioni in denaro da 500 milioni, assegni da 100 milioni, oggetti in oro (orologi per lui, collier per la moglie), versamenti in contanti dai libretti al portatore personali. Sciascia partecipava inoltre alle riunioni operative dei Comitati Corporate insieme a Silvio e agli altri dirigenti di vertice, mentre Paolo era assente o non apriva bocca.

Inoltre il Cavaliere intrattiene ottimi rapporti con i massimi vertici della Guardia di finanza, fin dai tempi in cui sedeva nella loggia P2 insieme ai generali delle Fiamme gialle Raffaele Giudice e Donato Loprete. Poi la Fininvest ha ingaggiato come dirigenti o consulenti una decina di ex finanzieri, da Berruti ad Acampora e lo stesso Sciascia, affiancato da altri due finanzieri in congedo. Nel 1990, poi, il ministro socialista delle Finanze Rino Formica ha allontanato da Milano il colonnello Vincenzo Tripodi e l'ispettore del Secit Carlo Capitanucci, che avevano chiesto una tangente alla Fininvest: l'ordine è partito da Craxi su richiesta di Berlusconi (Formica negherà la circostanza in Tribunale e verrà condannato definitivamente a un anno e mezzo per falsa testimonianza). Un fatto che porterà a escludere la tesi della concussione tanto cara a Berlusconi: quando voleva, il suo gruppo sapeva e poteva resistere alle richieste di tangenti. Anche perché le mazzette Sciascia non le versava con la pistola puntata alla tempia, ma al ristorante, dopo aver invitato a pranzo i militari. E infatti la gran parte degli ufficiali e sottufficiali pagati dalla Fininvest patteggeranno la pena per corruzione: Morabito, Tanca, Barberini, Gilardino, Spazzoli, Mastrototaro, Licheri, Sicuro, Di Gennaro. E gli altri, Capone e Nanocchio, verranno puntualmente condannati, sempre per corruzione. Così come i pagatori della Fininvest, Salvatore Sciascia e Alfredo Zuccotti. Unici assolti: Silvio e Paolo Berlusconi, numero uno e numero due della Fininvest.

Il premier Berlusconi dev'essere dunque interrogato il 26 novembre 1994. Ma fa slittare l'appuntamento per due settimane: prima deve riuscire a far dimettere Di Pietro, con un abile disegno a base di dossier ricattatori e ispezioni ministeriali segrete, che coinvolge Previti e il fratello Paolo. Poi, liberatosi del pm più popolare d'Italia, eccolo entrare in Procura il 13 dicembre. L'interrogatorio si svolge nella grande anticamera dell'ufficio di Borrelli, presenti Colombo e Davigo. Intanto Francesco Greco, in un altro ufficio, interroga sugli stessi fatti Berruti. Prima domanda: perché Sciascia riceveva da Silvio donazioni da 500 milioni alla volta, più gioielli e oggetti preziosi? E perché si incontrava con lui due o tre volte alla settimana, se davvero dipendeva esclusivamente da Paolo? E dove ha preso i fondi occulti per pagare i 330 milioni alla Guardia di finanza? «A me piace chiamarli "fondi non contabilizzati" – precisa il premier – anche se erano totalmente occulti a me... Mio fratello mi ha riferito che decideva lui come utilizzarli... Ma questa vicenda ha dimensioni infinitesimali per un gruppo come la Fininvest... Un importo di 100 milioni rappresenta un millesimo delle operazioni giornaliere». Strano, obietta Borrelli: risultano una decina di miliardi di fondi neri persino per il calciatore Lentini: «Sono cose che non ho mai conosciuto e se le avessi conosciute non sarebbero capitate... Trovo che aver pagato 18 miliardi e mezzo per Lentini sia già di per sé una follia».

Interviene Davigo: quando ha saputo dei fondi neri nell'Edilnord? «Nell'estate di quest'anno», cioè dopo l'arresto di Sciascia e di Paolo. Appunto, insiste Davigo: fin dal 1992 suo fratello è stato coinvolto in varie storie di tangenti e finanziamenti illeciti, com'è possibile che non gli abbia chiesto nulla per due anni? «Ancora non mi spiego – si duole Berlusconi – come mai mio fratello non avesse adempiuto alle formalità richieste dalla legge sul finanziamento pubblico dei partiti».

Che cosa seppe – domanda Colombo – dopo l'arresto di Sciascia? Berlusconi racconta che il manager, una volta scarcerato, gli parlò di altre richieste di denaro della Guardia di finanza, alle quali però aveva resistito. Allora lui gli disse: ma non potevate resistere anche per Mondadori, Videotime e Mediolanum? E Sciascia: «Non in quell'occasione. Quella è gente che non perdona. Dottore, dei veri gangster! Ne ho avuto paura».

A questo punto i pm fanno finalmente scivolare sul tavolo l'unico argomento che davvero li interessa: i rapporti con Berruti. Il Cavaliere tenta di minimizzare: «Non ricordo di avere mai parlato personalmente di fatti che riguardavano la Fininvest con l'avv. Berruti, né di aver avuto con lui riunioni di lavoro». Ma ricorda male: dai tabulati telefonici relativi al solo cellulare dell'ex ufficiale, risultano da gennaio all'8 giugno 1994 più di 60 conversazioni fra i due, alcune anche notturne. E allora che bisogno aveva mai Berruti di precipitarsi da Milano a Roma l'8 giugno per incontrarlo personalmente a Palazzo Chigi? L'abilità dei pm sta nell'introdurre il fulcro dell'accusa senza quasi farsene accorgere: nessuno conosce ancora il loro asso nella manica, il *pass* di Palazzo Chigi. Ecco dunque la domanda, buttata lì con nonchalance: Berlusconi ricorda che Berruti andò a trovarlo a Palazzo Chigi nel mese di giugno? Il Cavaliere non ha dubbi: «Voleva che prima della scadenza elettorale andassi in Sicilia per aiutarlo nella campagna elettorale». Il ricordo di quella serata di sei mesi prima è vivido, il premier ne rammenta anche i particolari: Berruti «insisteva moltissimo, voleva che andassi in Sicilia... Io mi spazientii addirittura». Borrelli allora gli rivela che, appena uscito da quel colloquio, Berruti telefonò a Corrado perché mettesse il «silenziatore» ai finanzieri corrotti. E Berlusconi: «Escludo nel modo più categorico che il Berruti mi abbia mai parlato di una vicenda del genere. Escludo di aver mai parlato negli ultimi tempi con Berruti della Fininvest... Lo incontravo a San Siro, in tribuna d'onore... Se mi avesse parlato di argomenti del genere, lo avrei buttato fuori dal mio studio». Come spiega allora che Berruti abbia preso quell'iniziativa? «Non me lo spiego. Se avesse fatto una cosa del genere sarebbe un'iniziativa sua... Non vorrei che un eccesso di preoccupazione politica l'abbia spinto a ciò... Io, da quando sono presidente del Consiglio, ho un grandissimo senso dello Stato, vieto a chiunque di parlarmi nel mio ufficio di fatti che riguardano la Fininvest... Io non ho mai parlato con Berruti della Fininvest e di questi fatti qua».

A questo punto il premier si rende conto di essere caduto in trappola. E la sua rabbia esplode in una lunga filippica contro i magistrati che lo stanno interrogando: «Vorrei aggiungere una cosa. Mi sembra che non siano emerse da questo interrogatorio prove circa una mia diretta responsabilità sulle tre vicende che sono contenute nell'invito a presentarmi. Ora, vi rendete conto del danno che questo invito a presentarmi ha causato a me personalmente come persona e, come presidente del Consiglio, al nostro Paese, avendomelo voi mandato mentre stavo a presiedere la conferenza sulla criminalità? Io non ho colto nessun fatto che mi coinvolga... Io ho ricevuto questo avviso, oltretutto con una violazione enorme del segreto istruttorio, perché prima che mi venisse consegnato dai Carabinieri ho visto la notizia sul *Corriere della Sera*!... Forse la vostra professione, e tutto quello che avete visto in questi anni, vi hanno portato a perdere i contatti con la realtà».

Borrelli, gelido, risponde: «Io non credo che siamo tenuti a dare delle risposte, senonché l'iscrizione nel registro delle notizie di reato è il presupposto per poter svolgere delle indagini». Davigo gli chiarisce meglio la situazione: «Insomma, risulta che alle 20.45 del giorno 8 giugno 1994 l'avvocato Berruti chiede di conferire con lei a Palazzo Chigi. Poco dopo, alle 21.28, l'avvocato Berruti chiama la Sip e un minuto dopo, alle 21.29, chiama il numero del maresciallo Corrado. Il giorno 10 il maresciallo Corrado avverte il colonnello Tanca che sta per essere coinvolto nelle indagini e di tacere l'episodio Mondadori. Io non so se le è chiara la sequenza temporale e la valenza indiziaria». Berlusconi conferma che non gli è chiara: «Se questa lei la può considerare una prova tale da fare un atto carico di conseguenze nei confronti del primo ministro italiano, a me sembra una cosa che non sta né in cielo né in terra... Sono fuori di me».

Primo grado. Dopo il rinvio a giudizio per corruzione nel 1995, il processo a Silvio e Paolo Berlusconi, Salvatore Sciascia e Alfredo Zuccotti inizia il 16 gennaio 1996 al Tribunale di Milano. Mancano tre mesi alle elezioni politiche. Secondo la Procura, ad autorizzare le quattro mazzette per circa 350 milioni di lire a ufficiali e sottufficiali della Guardia di finanza furono sia Silvio sia Paolo. Secondo le difese, soltanto Paolo, che ammette i fatti, ma si proclama vittima di concussione. Il Cavaliere, al solito, si difende non nel processo, ma dal processo. I suoi legali chiedono più volte la ricusazione del collegio del Tribunale presieduto da Carlo Crivelli, per imprecisati motivi di "ostilità". L'impresa fallisce per alcuni mesi. Poi, il 18 settembre 1996, un microfono lasciato acceso al termine di un'udienza registra le voci del presidente Crivelli e del pm Colombo. I due parlano, come spesso avviene prima di lasciare l'aula, del calendario delle prossime udienze: quali testimoni sentire e quando. Il giudice ha deciso di venire incontro alle richieste della difesa di Berlusconi, che ha chiesto di anticipare dal 2 al 1° ottobre l'udienza successiva, per impegni concomitanti in un altro processo. «Allora andiamo all'1 invece che al 2 ottobre?», domanda il pm. E il presidente: «Sì, dobbiamo dirlo, è la tecnica del bastone e della carota, si cerca di utilizzarla al massimo». Cioè: una volta si viene incontro alle esigenze dei difensori, un'altra a quelle dei pm. Riguardando le immagini registrate del processo, un tecnico della Fininvest si accorge del dialogo. E la macchina mediatica berlusconiana trasforma subito quella normale conversazione in uno scandalo nazionale: è la prova che i giudici fanno il tifo per l'accusa, sono «appiattiti» sulla Procura, bisogna separare le carriere. I difensori si affrettano a chiedere la ricusazione del presidente. Il 4 novembre la Corte d'appello respinge l'istanza, pur criticando la «leggerezza» di Crivelli. Questi, bersagliato da giornali e tv, resiste altri due mesi. Poi, il 20 gennaio 1997, decide di astenersi. E il processo, esattamente dopo un anno, deve ricominciare da capo, davanti a una nuova presidente: Francesca Manca.

La sentenza del Tribunale arriva il 7 luglio 1998. Silvio Berlusconi viene condannato a 2 anni e 9 mesi per corruzione insieme a Sciascia e a Zuccotti e ai finanzieri corrotti per tutte e quattro le tangenti alle Fiamme gialle (Videotime, Mondadori, Mediolanum e Telepiù). Condannato anche l'avvocato Berruti, ma "soltanto" per favoreggiamento. Paolo Berlusconi invece viene assolto anche se reo confesso. Accusò se stesso da innocente soltanto per coprire il fratello: «Non è raro che il sospettato più debole si assuma ogni responsabilità, anche a costo di una conseguenza giudiziaria negativa, sapendo di poter così contare sulla riconoscenza del sospettato più forte. Ed è esperienza quotidiana che il minorenne, forte dell'indulgenza codificata nei suoi confronti, si assuma anche le responsabilità del coimputato maggiorenne».

Appello. Il 9 maggio 2000 la Corte d'appello conferma l'impianto della prima sentenza, ma concede al Cavaliere e a Zuccotti le attenuanti generiche, che dimezzano la prescrizione e la fanno scattare per le tre tangenti più «antiche»: Videotime, Mondadori e Mediolanum. Resta quella per Telepiù, ma i giudici non la ritengono sufficientemente provata e assolvono tutti in base al comma 2 dell'articolo 530 (la vecchia insufficienza di prove). Motivo: Renato Della Valle, socio del Cavaliere in Telepiù, aveva interesse a controlli blandi della Finanza, dunque la mazzetta potrebbe averla pagata lui. Silvio Berlusconi dunque è ritenuto responsabile di tre tangenti su quattro, anche se evita la pena per questioni puramente tecniche, che prescindono dai fatti: «Le risultanze acquisite consentono di ritenere provata la responsabilità di Silvio Berlusconi, a titolo di concorso morale, nel pagamento delle tangenti Videotime, Mondadori e Mediolanum... Il giudizio di colpevolezza dell'imputato poggia su molteplici elementi indiziari, certi, univoci, precisi e concordanti, per ciò dotati di rilevante forza persuasiva, tali da assumere valenza probatoria». E non per «la sua posizione di vertice in seno alla Fininvest» (il famigerato "non poteva non sapere" non c'entra nulla), bensì perché «gli elementi acquisiti, nel loro nesso logico, danno sicura certezza di una sua autorizzazione alle illecite dazioni ai finanzieri».

A ben guardare, la motivazione di appello presenta parecchie falle. Si torna a ipotizzare la responsabilità anche di Paolo. Che però, dopo l'assoluzione, non può essere processato una seconda volta, in assenza di elementi nuovi. Inoltre i giudici di secondo grado ignorano inspiegabilmente la visita di Berruti a Palazzo Chigi pochi minuti prima della telefonata-depistaggio a Corrado, nonché le imbarazzanti contraddizioni fra Berruti e il Cavaliere sull'episodio (evidentemente tutt'altro che trascurabile). E non spiegano se i due fratelli autorizzassero le tangenti di volta in volta, oppure si fossero limitati a dare a Sciascia un «via libera» generale, una volta per tutte. Le motivazioni insomma sono deboli, contraddittorie e irte di autogol.

Cassazione. Il 19 ottobre 2001 la VI sezione della Cassazione conferma tutte le condanne di appello per le tangenti Fininvest alla Guardia di finanza, salvo per Silvio Berlusconi, assolto «per non aver commesso il fatto». Il Cavaliere grida al «colpo di Stato» per il famoso invito a comparire. Solo dopo il deposito della motivazione, il 7 novembre, si scopre che il presidente del Consiglio ha poco di cui andare fiero e molto di cui ringraziare i giudici e la buona sorte. La Cassazione non può entrare dichiaratamente nel merito, né dunque annullare la sentenza d'appello con formula dubitativa: è obbligata a emettere un verdetto secco («conferma» oppure «annulla»). E qui annulla. Ma nella motivazione i giudici fanno ben due riferimenti al comma 2 dell'articolo 530, surrogato della vecchia insufficienza di prove. Prima accennano esplicitamente all'«articolo 530 cpv» (dove «cpv» significa «capoverso», cioè comma 2, cioè insufficienza di prove). Poi, a scanso di equivoci, sono ancora più espliciti: «Tenuto conto di quanto già osservato sulla insufficienza probatoria, nei confronti di Berlusconi, del materiale indiziario utilizzato dalla Corte d'appello a proposito delle vicende Mondadori, Videotime e Mediolanum...».

Tutti gli altri imputati vengono condannati in via definitiva. Pure la Cassazione conferma ciò che il Biscione e Berlusconi hanno sempre negato: si trattava di corruzione, non di concussione. È dimostrata – recita la sentenza – una «predisposizione della Fininvest» a corrompere le Fiamme gialle, cioè «a gestire in modo programmato le situazioni oggetto di causa, anche con la formazione di fondi per pagamenti extrabilancio e la designazione di uno specifico soggetto delegato a tenere gli opportuni contatti» con i finanzieri: «Sciascia – che certamente operava per il gruppo e non a titolo personale – ...non agì sotto la pressione condizionante dei pubblici ufficiali, ma, utilizzandone scientemente e deliberatamente la presumibile disponibilità correlata a una nota prassi di malcostume (su cui ha particolarmente insistito la difesa Berlusconi), interloquì paritariamente con loro, per l'illecito vantaggio del gruppo». Un vantaggio che consisteva nella «deliberata sommarietà e compiacenza delle verifiche fiscali» in cambio di «consistenti dazioni» e altri «favori».

Ma, se Sciascia non agiva a titolo personale, chi lo autorizzava a corrompere i finanzieri? Il Tribunale diceva Silvio. La Corte d'appello diceva Silvio, ma forse anche Paolo. La Cassazione ritiene che le motivazioni siano prive della necessaria «consequenzialità logica» e dunque giudica insufficienti le prove a carico di Silvio. Così, alla fine, per quelle tangenti pagano soltanto gli esecutori materiali: il corruttore Sciascia, i finanzieri corrotti Nanocchio e Capone. E poi Berruti, condannato a 8 mesi definitivi per favoreggiamento: tentò di coprire Berlusconi, mettendo la sordina ai finanzieri sulla mazzetta Mediolanum, salvo poi scoprire che Berlusconi forse era innocente.

A gettare altre ombre sull'assoluzione del Cavaliere in Cassazione provvederà nel 2004 un retroscena davvero emblematico: la falsa testimonianza dell'avvocato David Mills, ricompensato dalla Fininvest con 600 mila dollari nel 1999-2000 per aver tenuto Berlusconi – parole sue, scritte al suo commercialista – «fuori da un mare di guai». Testimoniando sotto giuramento al processo Guardia di finanza nel 1997, Mills ha evitato di svelare ai giudici come una serie di società offshore (da lui costituite per conto della Fininvest) che nei primi anni 90 controllavano Telepiù fossero di Silvio Berlusconi. Se l'avesse detto, il Cavaliere avrebbe corso seriamente il rischio di essere condannato anche in appello per la mazzetta Telepiù: solo lui infatti, e non il socio Della Valle, aveva interesse ad ammorbidire la verifica della Guardia di finanza disposta dal Garante per l'editoria sulla reale proprietà della pay tv in violazione della legge Mammì. Dunque, in caso di condanna in appello anche per quell'episodio, forse persino la Cassazione avrebbe ritenuto sufficienti le prove. Invece le ha ritenute insufficienti anche perché chi avrebbe dovuto fornirle, cioè Mills, mentì a pagamento. Ma questo i magistrati lo scopriranno troppo tardi.

All Iberian-1 (finanziamento illecito ai partiti)

L'indagine. Nel 1995, indagando sul comparto estero della Fininvest e incrociandone i conti con quelli svizzeri di Bettino

Craxi, il pool Mani Pulite scopre una maxitangente, la più grossa mai pagata a un singolo politico italiano: quella versata da Silvio Berlusconi all'ex segretario socialista fra il gennaio e l'ottobre del 1991, cioè subito dopo l'approvazione della fatidica legge Mammì. Circa 23 miliardi di lire in diverse tranche. Berlusconi e Craxi vengono indagati per illecito finanziamento ai partiti, il Cavaliere risponde anche di falso in bilancio insieme a vari manager del suo gruppo. I soldi partono dalla società capofila della Fininvest offshore, la All Iberian, vera e propria tesoreria occulta del Biscione, definita dal pm Francesco Greco «un ufficio affari riservati» gestito «con tecniche di raffinato riciclaggio», «alimentato anche con fondi di provenienza delittuosa» e utilizzato «per operazioni illecite e occulte».

Primo grado. Il 13 luglio 1998, in piena Bicamerale per la riforma della Costituzione, arriva la sentenza di primo grado. Che però riguarda soltanto il finanziamento illecito, per una dimenticanza della Procura che s'è scordata di citare, come previsto dalla legge, la Fininvest come parte lesa dei falsi in bilancio, cioè come vittima dei reati imputati al suo padrone. Ovviamente i vertici aziendali non si sarebbero mai sognati di costituirsi parte civile contro Berlusconi, ma tant'è. Le finte lagnanze dei vertici del gruppo servono a dimezzare il processo: il Tribunale di Milano è costretto a stralciare in un dibattimento separato l'accusa di falso in bilancio. Berlusconi viene condannato a 2 anni e 4 mesi e a 10 miliardi di multa per la maxitangente a Craxi. Assolti, invece, i manager Ubaldo Livolsi e Alfredo Zuccotti, mentre il cugino del Cavaliere, Giancarlo Foscale, si prende 1 anno e 9 mesi in quanto "owner" (beneficiario dei conti segreti). Più alta la pena per Craxi: 4 anni di reclusione e 20 miliardi di multa.

Appello. Il processo comincia il 17 ottobre 1999, quando il reato di finanziamento illecito è già caduto in prescrizione. Infatti il 24 ottobre la Corte d'appello dichiara il reato prescritto, pur confermando che è stato commesso. E compila, sulla scorta delle testimonianza dei vari prestanome di Craxi, la lunga lista delle spese private effettuate dall'allora leader del Psi dai suoi conti svizzeri imbottiti di miliardi targati Berlusconi. «Craxi – scrivono i giudici d'appello – dispose prelievi» non soltanto «per pagare gli stipendi dei redattori dell'*Avanti!*». Ma anche per altre, più prosaiche destinazioni: «sia a fini di investimento immobiliare (l'acquisto di un appartamento a New York), sia per versare alla stazione televisiva Roma Cine Tivù (di cui era direttrice generale Anja Pieroni, legata a Craxi da rapporti sentimentali) un contributo mensile di 100 milioni di lire. Lo stesso Craxi, poi, dispose l'acquisto di una casa e di un albergo (l'Ivanhoe, *nda*) a Roma, intestati alla Pieroni». Alla quale Craxi pagava anche «la servitù, l'autista e la segretaria». Lo diceva sempre, a Tradati: «Diversificare gli investimenti». E Tradati eseguiva: dagli atti risultano varie «operazioni immobiliari: due a Milano, una a Madonna di Campiglio, una a La Thuile». E Bettino non dimenticava gli affetti familiari: ecco dunque una villa e un generoso prestito di 500 milioni per il fratello Antonio (seguace del guru Sai Baba) e per sua moglie Sylvie Sarda. Il prestito doveva servire per una mostra itinerante e per una fondazione dedicate al santone indiano. Craxi però raccomandò a Tradati di raccontare al fratello che il denaro era frutto di una colletta di amici: «Altrimenti – spiegò – i soldi passano in cavalleria e non li rivediamo più...».

Intanto il Psi era finito in bolletta per esaurimento dei canali di finanziamento occulto. «Lo stesso Raggio (Maurizio Raggio, l'ex barista di Portofino a cui Craxi affidò i suoi conti svizzeri dopo che il pool Mani Pulite aveva scoperto i precedenti prestanome, *nda*) ha manifestato stupore per il fatto che, dopo la sua cessazione dalla carica di segretario del Psi, Craxi si sia astenuto dal consegnare al suo successore i fondi contenuti nei conti esteri. È del tutto infondata pertanto la linea difensiva incentrata sull'assunto che Craxi non abbia avuto alcuna parte nelle vicende che hanno riguardato detti conti». Bettino aveva scaricato tutto sul defunto tesoriere del Psi Vincenzo Balzamo, il quale esce almeno in parte «riabilitato» dalla sentenza: in quanto segretario amministrativo del partito aveva, sì, fatto aprire i conti in Svizzera, ma poi – come ha confermato Bartolomeo De Toma (manager del settore energia, fedelissimo di Craxi) – «non li aveva mai amministrati, e si lamentava delle difficoltà che incontrava a far rientrare i soldi in Italia quando aveva bisogno di fondi per le esigenze del partito. Il che smentisce la tesi, prospettata dalla difesa Craxi, di un ingiusto addebito a lui di fatti riferibili a Balzamo».

Poi vengono, appunto, le spese di Raggio, che nel 1993 svuotò i conti esteri di Craxi (contenenti almeno 40 miliardi di lire) e fuggì in Messico con la fidanzata, la contessa Francesca Vacca Agusta. Una quindicina di miliardi – dice lui – li bruciò per «il mantenimento della sua detenzione» in Messico e della sua latitanza in Centroamerica, durata poco meno di due anni, in compagnia della nobildonna. Raggio si concedeva svaghi piuttosto costosi: 235.000 dollari (mezzo miliardo di lire) tutti in un colpo «per un'amica messicana»; e una Porsche, acquistata in saldo a Miami. Il resto – assicura – rimase nella disponibilità di Craxi, a parte alcune spese che Bettino gli aveva commissionato: l'acquisto di «un velivolo "Sitation" del costo di un milione e mezzo di dollari» (3 miliardi di lire), l'estinzione di un piccolo «mutuo personale» acceso a suo tempo da Raggio (circa 800 milioni), le parcelle degli avvocati e un'altra serie di «bonifici specificatamente ordinati da Craxi, effettuati tutti in favore di banche elvetiche, tranne che per i seguenti accrediti». Il primo, da 100.000 dollari, destinato al finanziere arabo Zuhair Al Katheeb; il secondo, datato 23 maggio 1994, per «$ 40.000/s. Fr. 50.000 Bank of Kuwait Ltd», cioè 80 milioni di lire «utilizzati in pagamento del canone relativo a un'abitazione affittata dal figlio di Craxi in Costa Azzurra». A Saint-Tropez. «Il figlio di Craxi – spiega Raggio ai pm milanesi – aveva affittato una villa sulla Costa nell'ottobre-novembre 1993, per sottrarsi al clima poco favorevole creatosi a Milano.» Anche Bobo, a suo modo, esule. Insomma – scrive il Tribunale – i conti di Craxi servivano «alla realizzazione di interessi economici innanzitutto propri»: «Craxi è incontrovertibilmente responsabile come ideatore e promotore dell'apertura dei conti destinati alla raccolta delle somme versategli a titolo di illecito finanziamento quale deputato e segretario esponente del Psi. La gestione di tali conti... non confluiva in quella amministrativa ordinaria del Psi, ma veniva trattata separatamente dall'imputato tramite suoi fiduciari, così da mettere in difficoltà lo stesso Balzamo... Significativamente Craxi non mise a disposizione del partito questi conti, se non per soccorrere finanziariamente Gbr, in cui coltivava soprattutto interessi "propri", politici e non politici».

Come un consumato finanziere – aggiungono i giudici milanesi citando il prestanome Giorgio Tradati – Craxi «si informava sempre dettagliatamente dello stato dei conti esteri e dei movimenti sugli stessi». «Un giorno – racconta Tradati – Bettino ebbe un moto di ilarità, quando seppe che anziché 10 miliardi preannunciati, ne erano giunti 15...». Chi li avesse preannunciati, Tradati non lo ricorda o non lo vuole dire. Rammenta, però, la genesi di quel bonifico. Tutto ha inizio nella suite dell'hotel Raphael, a cavallo fra ottobre e novembre 1991. Lì il segretario del Psi spiega a Tradati che sui suoi conti svizzeri stanno per arrivare 10 miliardi in cinque rate, da girare su un conto presso la Bil, la Banque Internationale à Luxembourg. Figurarsi la sorpresa di Tradati quando da Ginevra arriva a Milano il fido

Hugo Cimenti per esporgli «un problema»: i miliardi bonificati non sono 10, ma addirittura 15. I due non sanno che fare. Poi, agitatissimi, scendono in un mezzanino della metropolitana e da un telefono pubblico, per evitare intercettazioni, chiamano Craxi. Che ordina: «Rimandate quei cinque miliardi di troppo al mittente». L'indomani Tradati lo raggiunge a Roma per parlargli di persona. «Craxi – ricorda il suo prestanome – si informò di tutti i particolari. Poi esplose in una grassa risata».

Le rogatorie in Svizzera dimostreranno che Tradati non mente. Il 18, il 21 e il 31 ottobre 1991, sul conto 7105 Northern Holding, i 15 miliardi targati Berlusconi sono effettivamente arrivati. Poi, rapidamente, sono stati trasferiti su un deposito acceso alla Banker Trust, per giungere nel gennaio 1992 al conto Bellhart presso la Bil del Lussemburgo. Da dove venivano? Da un conto aperto fin dal 1989 presso la Sbs da una società offshore, la All Iberian Ltd, con sede nelle isole del Canale britanniche: è il conto Q5-772077 acceso da Candia Camaggi, responsabile della Fininvest Service di Lugano. Un conto, insomma, della Fininvest. Che però, in barba alla legge, si è sempre guardata dal menzionare la All Iberian nei suoi bilanci.

La prescrizione in appello per All Iberian dimostra la gravità della dimenticanza dei pm di Milano, che avrà conseguenze a catena sulla carriera giudiziaria di Berlusconi, segnando irrimediabilmente gli esiti di molti suoi processi successivi. Se la notifica alla Fininvest come parte lesa fosse regolarmente avvenuta, il processo non sarebbe stato sdoppiato e Berlusconi sarebbe stato condannato nel 1998 anche per falso in bilancio, dunque a una pena ben più severa di quei 28 mesi. Ma, soprattutto, il termine di prescrizione si sarebbe allungato, consentendo di celebrare tutti e tre i gradi di giudizio. Con una condanna definitiva per All Iberian, il Cavaliere sarebbe divenuto un pregiudicato già nel 2000 anziché nel 2004 e non avrebbe potuto ottenere le attenuanti generiche che poi l'avrebbero salvato, facendo scattare la prescrizione in appello, dai processi sulla Guardia di finanza, sul lodo Mondadori e sui terreni di Macherio (oltre a All Iberian). Insomma, le quattro prescrizioni si sarebbero ragionevolmente trasformate in condanne e qualcuna sarebbe forse giunta indenne in Cassazione prima della mannaia del fattore-tempo. Invece quel banale errore causerà non solo la prima prescrizione, ma anche quelle successive. E salverà il Cavaliere dalla galera.

Cassazione. Il 22 novembre 2000 la Cassazione conferma la prescrizione per Berlusconi e Craxi: «Le operazioni societarie e finanziarie prodromiche ai finanziamenti estero su estero dal conto intestato alla All Iberian al conto Northern Holding (uno dei tre conti cifrati di Craxi in Svizzera, *nda*)furono realizzate in Italia dai vertici del gruppo Fininvest spa, con il rilevante concorso di Silvio Berlusconi quale proprietario e presidente, da Foscale quale amministratore delegato, da Vanoni quale responsabile del settore estero». Anche per la Suprema Corte, All Iberian è in tutto e per tutto riferibile alla Fininvest e al suo massimo vertice. E quindi assolvere Berlusconi nel merito è impossibile: «Non emerge negli atti processuali l'estraneità dell'imputato». Il quale infatti viene condannato a pagare le spese di giudizio. Il che non gli impedirà di continuare a raccontare che lui, con quella società delle isole del Canale, non ha nulla a che fare. «All Iberian?», sorride il 7 dicembre 2000: «Mai conosciuta. Vi pare che, col mio senso estetico, avrei potuto accettare una società con quel nome?».

All Iberian-2 (falso in bilancio)

Il processo-stralcio All Iberian-2 per falso in bilancio inizia il 27 ottobre 1998. Berlusconi è indagato per centinaia di miliardi di lire che ruotano intorno al sistema estero All Iberian, usati negli anni 80 e 90 per scopi inconfessabili: pagare giudici, prestanome (per esempio in Telepiù e in Telecinco) e politici (come Craxi), scalare occultamente società (da Standa a Mondadori). Il dibattimento si apre con la solita raffica di eccezioni difensive. Una viene subito accolta: il Tribunale annulla il rinvio a giudizio degli imputati, cioè di Berlusconi e degli altri top manager Fininvest, per una «sostanziale equivocità dell'imputazione». Secondo i giudici, non si capisce se le accuse si riferiscano a Fininvest spa o al gruppo Fininvest nel suo complesso, né quali siano le somme fatte sparire dai conti, visto che si parla di falsi che risalgono già al 1989, mentre i versamenti a Craxi sono del 1991. Si riparte da zero in udienza preliminare davanti al gup. I berluscones esultano tutti tranne uno: il manager Giorgio Vanoni, che qualche settimana prima ha commesso l'imprudenza di patteggiare un anno di reclusione con la condizionale. A lui, l'accusa era parsa già sufficientemente chiara.

La Procura prepara una nuova richiesta di rinvio a giudizio. E Berlusconi è allarmatissimo: tale è la sua certezza di essere «innocente» e «perseguitato», come ripete pubblicamente, che pensa seriamente di patteggiare. Stavolta, infatti, la prescrizione non lo salverà, visto che quello di false comunicazioni sociali è ancora un reato grave, che il codice estingue soltanto dopo 15 anni (salvo attenuanti generiche). Insomma, la condanna è altamente probabile, visto che le prove dei fondi neri all'estero – girati a Craxi e non solo – sono documentali e già timbrate dalla Cassazione. E una condanna si porterebbe dietro la pena accessoria dell'interdizione dai pubblici uffici, stroncando per sempre le sue speranze di tornare a Palazzo Chigi, oltre a portarlo verosimilmente in galera. Così, in gran segreto, il Cavaliere manda in avanscoperta l'avvocato Salvatore Catalano, amico e compagno di scuola di Marcello Dell'Utri, a sondare la Procura per concordare una pena senza interdizione. I pm non dicono di no. Il patteggiamento sarebbe il riconoscimento della bontà della loro inchiesta. A perorare la causa con il procuratore aggiunto Gerardo D'Ambrosio si mobilitano Marcello Dell'Utri e Marcello Pera. Il 19 aprile 1999 la Procura si dice disposta all'accordo su una condanna a 1 anno e 2 mesi di reclusione e un miliardo di risarcimento. Il 27 giugno 1999 il Cavaliere sale le scale del Palazzo di giustizia per una «presentazione spontanea». Lo accolgono i pm Paolo Ielo e Francesco Greco. Come di regola, nelle dichiarazioni spontanee non si fanno «contestazioni». L'indagato dice ciò che vuole in sua difesa. E infatti Berlusconi consegna un memoriale di sei pagine, in cui sostiene di non essersi mai occupato «delle questioni attinenti alla gestione amministrativa, fiscale e finanziaria», ma fa anche una timida ammissione: nelle sue società ci sono state «carenze organizzative e apparenti difetti di trasparenza». Non è molto. Ma è una rivoluzione copernicana per chi, fino al giorno prima, gridava al complotto, dipingeva il suo gruppo come un modello di legalità e irrideva ogni accusa («Fondi neri? Gli unici che conosco sono quelli delle tazzine da caffè»). Poi, fuori verbale, Berlusconi fa capire di essere disposto a patteggiare. Resta solo da stabilire il *quantum*. A questa parte della trattativa sono delegati gli avvocati difensori. Ed è qui che salta tutto, anche perché l'inchiesta All Iberian ha "figliato" un altro caso più grande: 1.500 miliardi di lire di fondi neri sulle 64 società del comparto estero Fininvest, sconosciute al bilancio consolidato del gruppo. I legali vorrebbero chiudere anche quelle accuse con una condanna minima: meno di tre mesi di reclusione, convertibili in una comoda pena pecuniaria di poche decine di milioni.

La discussione con D'Ambrosio e i suoi sostituti va avanti per settimane: la prospettiva di strappare a Berlusconi una sia pure implicita ammissione di responsabilità è, per la Procura, troppo ghiotta per lasciare qualcosa di intentato. Ma alla fine il negoziato si arena. Anche per l'impossibilità tecnica di accontentare l'imputato: si parte da una pena base minima di 1 anno, che con le attenuanti generiche scenderebbe a 8 mesi; con l'ulteriore attenuante del risarcimento del danno passerebbe a poco meno di 6 mesi e con lo sconto del patteggiamento a 4 mesi circa. Ma, per trasformare il carcere (virtuale) in multa, bisognerebbe scendere sotto i 3. Vista la gravità delle accuse, sarebbe una pena irrisoria, incompatibile con i più elementari principi di giustizia. Senza contare che difficilmente si troverebbe un gip disposto ad avallarla. Infatti in luglio il Tribunale di Milano respinge la proposta di patteggiamento ben più alta (1 anno e 2 mesi) concordata da Dell'Utri con Gherardo Colombo per le fatture e i bilanci di Publitalia, giudicandola «a dir poco inadeguata per difetto», vista «la particolare gravità» delle accuse e la «capacità e pervicacità a delinquere dell'imputato». Come per Publitalia, anche per All Iberian non rimane che il processo. E la guerra dei berlusconcs ai giudici ricomincia.

I rinvii a giudizio arrivano alla fine del 1999. E il dibattimento riparte nel maggio del 2000 davanti alla II sezione del Tribunale di Milano. I legali di Berlusconi tentano subito di liberarsi del presidente del collegio Gabriella Manfrin, che pure aveva dato loro ragione annullando il primo rinvio a giudizio per l'indeterminatezza del capo d'imputazione. Le chiedono di astenersi e, al suo rifiuto, invitano la Corte d'appello a sollevarla. Motivo: nel febbraio del 1999 la Manfrin ha accolto il patteggiamento di Vanoni e dunque – a loro dire – potrebbe essere prevenuta. La Corte d'appello respinge l'istanza come inammissibile. Le difese ricorrono in Cassazione, dove analoghe istanze sono state sempre respinte. Ma questa volta, a sorpresa, la V sezione della Suprema corte annulla l'ordinanza della Corte d'appello: «Non si deve escludere *tout court* che dalla sentenza di patteggiamento possa insorgere un pregiudizio per i terzi, come pure non si può prospettare l'automatico generarsi di una forma di prevenzione». Nove mesi di processo sono così azzerati con un tratto di penna. Il dibattimento All Iberian-2 ricomincia da zero per la terza volta. Processare Berlusconi è ormai un'impresa quasi impossibile. Anche perché l'imputato mira a difendersi *dal* processo fino alle elezioni del 2001, per vincerle e poi cambiare subito le regole del gioco.

Il processo riparte il 27 marzo 2001, alla vigilia del voto, ed è la solita corsa a ostacoli. Il 6 giugno la difesa di Berlusconi, appena tornato alla presidenza del Consiglio, presenta l'ennesima istanza di ricusazione: stavolta contro i due giudici a latere che, avendo partecipato alla stesura di alcune ordinanze dello stesso processo, dovrebbero astenersi. Istanza respinta. Il dibattimento prosegue, ma per poco: già in settembre Berlusconi fa approvare dal Parlamento la nuova legge-delega sul falso in bilancio. Per le aziende non quotate in Borsa (come la Fininvest), il reato è perseguibile solo a querela di uno dei soci. Il Cavaliere e i suoi familiari sono gli unici proprietari della Fininvest e non sembrano intenzionati a querelarsi da soli (anche se il pm Greco li sfida in aula a farlo). In ogni caso vengono pure abbassate le pene con i relativi termini di prescrizione: anche se il processo proseguisse, non si arriverebbe in tempo neppure alla sentenza di primo grado. Ma, a scanso di equivoci, Berlusconi fa approvare in ottobre un'altra norma *ad personam* che rende inutilizzabili le carte giunte per rogatoria dall'estero. E puntualmente, il 13 novembre, i suoi legali chiedono l'inutilizzabilità di tutti i documenti bancari e contabili, ma anche i verbali di interrogatorio svolti all'estero e trasmessi dalla Gran Bretagna e dalla

Svizzera alla Procura di Milano: mancano i timbri – dicono – dunque è tutto carta straccia. Il Tribunale però, almeno su questo, è di diverso parere. E il processo, pur avanzando su una strada senza uscita, prosegue per qualche mese ancora. La "riforma" del falso in bilancio è infatti una legge-delega e solo nella primavera del 2002 il governo fa approvare il decreto attuativo. Nel 2005 arriva la sentenza: Berlusconi & C. assolti perché «il fatto non è *più* previsto dalla legge come reato».

Medusa Cinema (falso in bilancio)

Primo grado. Nel 1997 il Tribunale di Milano infligge a Silvio Berlusconi la prima condanna: 1 anno e 4 mesi per falso in bilancio, per 10 miliardi di lire di fondi neri accantonati, nel corso della compravendita della casa cinematografica Medusa, su una serie di suoi libretti al portatore. Condannato anche il presidente di Medusa, Carlo Bernasconi.

Appello. Nel 2000 il Cavaliere viene assolto con formula dubitativa (comma 2 art. 530): secondo la Corte, è così ricco che potrebbe anche non essersi reso conto che, nel corso della compravendita, il suo collaboratore Bernasconi (condannato anche in secondo grado) gli aveva versato 10 miliardi di lire in nero. Scrivono i giudici: «La molteplicità dei libretti riconducibili alla famiglia Berlusconi e le notorie rilevanti dimensioni del patrimonio di Berlusconi postulano l'impossibilità di conoscenza sia dell'incremento sia soprattutto dell'origine dello stesso».

Cassazione. Nel 2002 la sentenza diventa definitiva, con l'annullamento della condanna di Bernasconi per «morte del reo».

Terreni di Macherio (appropriazione indebita, frode fiscale, falso in bilancio)

Primo grado. Berlusconi è accusato di appropriazione indebita, falso in bilancio e frode fiscale per 4,4 miliardi di lire pagati in nero nel 1989 all'ex proprietario dei terreni che circondano la sua villa di Macherio, dove vivono la moglie Veronica e i tre figli di secondo letto. Nel 1999 il Tribunale di Milano lo assolve dall'appropriazione indebita e dalla frode fiscale. E gli concede le attenuanti generiche dichiarando prescritti i falsi in bilancio di due società a cui «indubbiamente ha concorso Berlusconi».

Appello. Nello stesso 1999 la Corte d'appello conferma l'assoluzione dalle prime due accuse. E vi aggiunge l'assoluzione dal primo dei due falsi in bilancio. Invece il secondo rimane provato, ma è coperto dall'amnistia come conseguenza del condono fiscale del 1992.

Cassazione. La sentenza diventa definitiva nel 2003.

Caso Lentini (falso in bilancio)

Primo grado. Nel 2002 il falso in bilancio di Berlusconi, Galliani e Berruti (10 miliardi versati in nero dal Milan al Torino Calcio per l'acquisto del giocatore Gianluigi Lentini) viene dichiarato prescritto dal Tribunale di Milano grazie alla concessione delle attenuanti generiche e alla riduzione dei termini di prescrizione introdotta dalla nuova legge sui reati societari, appena varata dal governo dello stesso imputato Berlusconi.

Appello. Nel 2003 la posizione di Berlusconi viene stralciata da quella degli altri coimputati in seguito all'approvazione del lodo Maccanico-Schifani. Per Galliani e Berruti è confermata la prescrizione. Quando poi il lodo viene dichiarato incostituzionale, nel 2005 la Procura generale di Milano rinuncia all'appello per il premier, così la sua prescrizione diventa definitiva.

Cassazione. Nel 2005 viene confermata la sentenza di prescrizione per Galliani e Berruti.

Consolidato Fininvest (falso in bilancio)

Il 14 febbraio 2003 il gup Fabio Paparella dichiara prescritti, sempre grazie alle nuove regole sul falso in bilancio, i presunti fondi neri per circa 1.500 miliardi di lire accantonati dal gruppo Berlusconi su 64 società del «comparto B» della Fininvest non incluse nel bilancio consolidato del gruppo. Nelle motivazioni il giudice scrive: «La lettura degli atti, ossia delle relazioni della Gdf e dei relativi allegati, degli atti delle numerose rogatorie internazionali espletate, dei conti correnti sequestrati..., dei relativi movimenti, di tutta la documentazione in sequestro ed altresì delle carte di lavoro della Arthur Andersen, società di revisione, dei verbali delle dichiarazioni rese a sommarie informazioni testimoniali, dei verbali degli interrogatori degli indagati, non permette certo di ritenere palese e chiara l'insussistenza dei fatti reato di falso in bilancio, né di ritenere palese e incontestabile l'estraneità ai medesimi dei soggetti cui gli stessi sono addebitati». Le difese di Berlusconi e degli altri 25 dirigenti Fininvest imputati ricorrono in Cassazione, sperando di ottenere l'assoluzione nel merito. Ma la Suprema Corte la nega: i reati sono estinti «in base alla nuova legge sul falso in bilancio». Gli imputati non sono innocenti: semplicemente, uno di loro ha cancellato per legge il suo reato e i suoi processi.

Bilanci Fininvest 1988-1992 (falso in bilancio e appropriazione indebita)

Il 25 ottobre 2004 il gup milanese Fabio Paparella archivia per prescrizione un'inchiesta per falso in bilancio e appropriazione indebita, relativa ai bilanci Fininvest del periodo 1988-1992, che vedeva indagati Silvio Berlusconi, il fratello Paolo e altri dirigenti del gruppo (Confalonieri, Sciascia, Foscale e Vanoni). Il fascicolo riguarda l'acquisto di diritti televisivi da parte di alcune società Fininvest, come Fininvest Service e Fininvest Sa, e altre offshore come Rovares, Antares e Stanhope, a prezzi gonfiati per creare fondi neri. Anche in questo caso sono decisivi i nuovi termini di prescrizione abbreviati dalla riforma del falso in bilancio del governo Berlusconi.

Lodo Mondadori (corruzione giudiziaria)

L'indagine. Il processo Mondadori riguarda una delle battaglie legali che opposero De Benedetti e Berlusconi negli anni 80: quella per il controllo del primo gruppo editoriale italiano (l'altra, come vedremo, si combatterà attorno alla Sme). All'epoca la Mondadori comprende, oltre al settore libri, il più grande schieramento di testate periodiche, tra cui *Panorama*, *Epoca*, rotocalchi femminili, e il gruppo *Espresso* con il settimanale omonimo, il quotidiano *Repubblica* e una catena di ricchi quotidiani locali (Finegil). Nel 1988 Berlusconi, che già da tempo ha messo un piede nella Mondadori rilevando le azioni del suo alleato Leonardo Mondadori, annuncia: «Non voglio restare sul sedile posteriore». Vuole portare a casa l'intera posta. De Benedetti, che controlla il pacchetto di maggioranza, si oppone e il 21 dicembre del 1988 sigla un accordo con Cristina Formenton Mondadori (figlia di Arnoldo Mondadori e vedova di Mario Formenton) e i figli Luca, Pietro, Silvia e Mattia: i Mondadori-Formenton si impegnano a cedere all'Ingegnere entro il 30 gennaio 1991 il loro pacchetto di azioni. Ma, a metà novembre 1989, cambiano idea, ribaltando le alleanze e fanno blocco con Berlusconi. Che il 25 gennaio 1990 si insedia alla presidenza del gruppo.

Segue una dura battaglia a colpi di carte bollate, la "guerra di Segrate", che ruota intorno a un punto nodale: la convenzione Formenton-De Benedetti del 1988 è ancora valida o no? Lo decide un collegio di tre arbitri il 20 giugno 1990: ha ragione De Benedetti, le azioni Mondadori devono tornare al lui. Berlusconi decade da presidente e gli equilibri di vertice si ribaltano, con l'ingresso di due nuovi amministratori delegati, Carlo Caracciolo e Antonio Coppi, e di un nuovo direttore generale, Corrado Passera, manager della Cir (la finanziaria di De Benedetti). Ma il Cavaliere non accetta la sconfitta e rovescia il tavolo. Il 10 luglio i suoi alleati Formenton impugnano il lodo davanti alla Corte d'appello di Roma, assistiti dagli avvocati Agostino Gambino, Romano Vaccarella e Carlo Mezzanotte. Il caso finisce davanti alla prima sezione civile, presieduta da Arnaldo Valente (poi indicato da Stefania Ariosto come un frequentatore di casa Previti). Il giudice a latere relatore e dunque estensore della futura sentenza è Vittorio Metta, anch'egli intimo di Previti. Il verdetto è atteso per fine gennaio del 1991 (entro il 30 gennaio i Mondadori-Formenton devono vendere le azioni a De Benedetti). Ma già diverse settimane prima le voci si rincorrono con sempre maggiore insistenza, con effetti altalenanti sulla Borsa. I principali quotidiani prevedono un verdetto favorevole al Cavaliere. E ci azzeccano.

I giudici escono dalla camera di consiglio il 14 gennaio. Dieci giorni dopo, il 24, la sentenza viene resa pubblica: annullato il lodo, la Mondadori torna a Berlusconi. Un mese prima, il presidente della Consob Bruno Pazzi, andreottiano, ha preannunciato tutto al legale della Cir, Vittorio Ripa di Meana. Ma nonostante il trionfo, il Cavaliere non riesce a portare a casa l'intera posta. I direttori e molti giornalisti di *Repubblica*, *L'Espresso* e *Panorama* si ribellano al nuovo padrone. Giulio Andreotti, che teme di veder crescere troppo il potere di Craxi sul mondo dell'editoria tramite Berlusconi, impone una transazione perché i duellanti si spartiscano la torta. E mette a disposizione un mediatore di suo gradimento: Giuseppe Ciarrapico. *Repubblica*, *L'Espresso* e i giornali Finegil tornano al gruppo Caracciolo-De Benedetti, mentre *Panorama*, *Epoca* e il ramo libri della Mondadori rimangono al gruppo Fininvest.

La sentenza Metta che ha consegnato il gruppo al Cavaliere, secondo il pool di Milano, fu comprata da Berlusconi, tramite gli avvocati "occulti" Previti, Pacifico e Acampora, per 400 milioni di lire. L'indagine prende le mosse dalle rivelazioni di Stafania Ariosto sul "sistema Previti", usato da Berlusconi per spadroneggiare nei Palazzi di giustizia romani a suon di mazzette. Ma le prove arrivano dalle rogatorie bancarie: un mese dopo il deposito ufficiale del verdetto (24 gennaio 1991), un fiume di denaro cominciò a scorrere sui conti correnti dei tre avvocati corruttori. Il 14 febbraio, dalle casse della solita All Iberian, parte un bonifico di 3 miliardi e 36 milioni di lire che approda sul conto svizzero Mercier di Previti. Da questo, il 26 febbraio, parte un altro bonifico di 1 miliardo e mezzo destinato al conto Careliza Trade di Acampora. Questi il 1° ottobre bonifica 425 milioni a Previti, che li dirotta in due tranche (11 e 16 ottobre) sul conto Pavoncella di Pacifico. A sua volta Pacifico preleva 400 milioni in contanti il 15 e il 17 ottobre e li fa recapitare in Italia a un misterioso destinatario: secondo l'accusa, è Vittorio Metta. Il quale, nei mesi successivi, fa diverse spese (tra cui l'acquisto e la ristrutturazione di un appartamento per la figlia Sabrina e l'acquisto di un'auto Bmw), utilizzando soprattutto denaro contante di provenienza imprecisata (circa 400 milioni). Poi si dimette e va a lavorare con Sabrina nello studio Previti.

Dell'ultimo passaggio di denaro – da Pacifico a Metta – mancano i riscontri documentali: l'operazione è in contanti. Ma, secondo il pool, ogni giustificazione fornita dall'ex giudice sulla provenienza dell'improvvisa, abbondante liquidità è stata smentita dai fatti. L'ex giudice racconta che in quel periodo ricevette, sì, 400 milioni dall'estero. Ma che erano frutto di un'eredità: glieli avrebbe lasciati prima di morire un amico magistrato, Orlando Falco. Di quella presunta eredità però non esiste alcuna documentazione.

Non basta. Dal registro del 1991 della I Corte d'appello di Roma, emerge che Metta depositò la motivazione manoscritta della sentenza Mondadori (168 pagine) a tempo di record: non il 24 gennaio 1991, come risulta ufficialmente, e cioè dieci giorni dopo la fine della camera di consiglio del 14 gennaio. Ma addirittura il giorno 15, appena un giorno dopo la decisione: 168 pagine manoscritte in ventiquattr'ore sono un'impresa mai riuscita a un giudice. Tantomeno a Metta, che di solito impiegava due o tre mesi anche per vergare sentenze molto più brevi e meno complesse. Questo aumenta il sospetto che quella sentenza sia stata redatta prima e altrove.

Nel 1999 la Procura di Milano chiede il rinvio a giudizio per tutti gli indagati: Berlusconi, Previti, Metta, Acampora e Pacifico. Il Cavaliere, secondo l'accusa, avrebbe compiuto «articolate operazioni finanziarie», attraverso «società e/o conti bancari riconducibili al cosiddetto "comparto estero" del gruppo Fininvest» per alimentare il conto svizzero di Previti (con i 3 miliardi e rotti bonificati il 14 febbraio 1991), che avrebbe poi fatto pervenire, attraverso tortuosi passaggi e rimbalzi, i 400 milioni a Metta.

Ma il 19 giugno 2000 il gup Rosario Lupo proscioglie tutti gli imputati in base al comma 2 dell'articolo 530 (ancora la vecchia insufficienza di prove). I pm ricorrono subito in appello e ottengono almeno parzialmente ragione. Nel 2001 la Corte d'appello rinvia a giudizio per corruzione in atti giudiziari Metta, Previti, Pacifico e Acampora, ma dichiara prescritto il reato per il solo Berlusconi, che risponde "soltanto" di corruzione semplice e viene dichiarato meritevole delle attenuanti generiche (che dimezzano il termine di prescrizione). Perché lui sì e gli altri no? Grazie a una singolare interpretazione del Codice penale. In sostanza, tutti gli imputati – presunti corrotti e corruttori – rispondono di corruzione in atti giudiziari (articolo 319-ter del Codice penale). Tutti tranne il Cavaliere. Motivo: fra il 26 aprile 1990 e il 7 febbraio 1992, il Codice penale prevedeva espressamente l'aggravante della corruzione in atti giudiziari solo per il «corrotto magistrato» e non per il «privato corruttore». E la mazzetta Mondadori risale al 1991. Dunque Berlusconi risponde di corruzione semplice. Previti e gli altri due avvocati, invece, mediatori fra Berlusconi («privato corruttore», per dirla con i giudici) e Metta («corrotto magistrato»), sono attratti dalla sorte del secondo. E rispondono, come Metta, dell'ipotesi più grave: corruzione in atti giudiziari (pena più alta e prescrizione dopo quindici anni, cioè nel 2006, con o senza le attenuanti). La corruzione semplice, invece, con le generiche, si prescrive dopo sette anni e mezzo (nel 1998). E, secondo i giudici, il Cavaliere merita le attenuanti. Per tre motivi.

1) È «evidente un sistema di mercimonio delle pronunce giudiziarie nell'area romana»; dunque, se anche Berlusconi si è adeguato all'andazzo, merita «una valutazione favorevole in termini di gravità del fatto e di capacità criminosa». In fondo

lui «sceglie un professionista (Previti, *nda*) per ottenere una pronuncia favorevole», spende «somme di denaro anche ingenti», «paga onorari cospicui» e poi lascia fare al suo avvocato, senza informarsi «dei reali sistemi dell'attività professionale usati» per vincere la causa. Dunque «l'intensità del dolo deve ritenersi diminuita a causa della preesistente e pericolosa corruttibilità dell'ambiente giudiziario competente». E poi, aggiungono i giudici, da quegli anni bui è passato molto tempo. Il «così fan tutti», anziché un'aggravante, diventa un'attenuante.

2) «L'imputato (Berlusconi, *nda*) ha, all'epoca della vicenda e successivamente alla pronuncia incriminata, favorito la composizione degli interessi patrimoniali derivanti dal lodo all'origine della lite giudiziaria, addivenendo a un accordo con l'attuale parte offesa (De Benedetti, *nda*).» È un po' come premiare il ladro d'auto che, una volta rubata una macchina, restituisce al proprietario il volante.

3) «Il privato (Berlusconi, *nda*) ha agito nell'ambito di una attività economica e imprenditoriale di importanza nazionale, le cui zone d'ombra non possono condurre a una preconcetta valutazione ostativa alla concessione delle attenuanti generiche», soprattutto «per le attuali condizioni di vita individuale e sociale il cui oggettivo rilievo di per sé giustifica l'applicazione» delle attenuanti. Insomma: il presidente del Consiglio merita un trattamento particolare. «Di per sé».

Così sia gli avvocati corruttori sia il giudice corrotto verranno condannati in primo, secondo e terzo grado. Ma l'"utilizzatore finale" della mazzetta la farà franca.

Primo grado. La sentenza del Tribunale, datata 6 agosto 2003, riguarda sia lo scandalo Mondadori sia quello coevo dell'Imi-Sir (stesso giudice corrotto, stessi avvocati corruttori, che incassano una mega tangente di 21 miliardi di lire per truccare la sentenza Metta che diede torto alla banca pubblica Imi, condannandola a versare circa 1.000 miliardi di lire di denaro dei cittadini alla Sir del petroliere Nino Rovelli). Previti e Pacifico vengono condannati a 11 anni, Acampora a 5 e mezzo (solo per Mondadori, mentre per Imi-Sir si è già beccato 6 anni col rito abbreviato) e Metta a 13. Il collegio presieduto da Paolo Carfì parla del «più grave caso di corruzione della storia d'Italia repubblicana, e forse anche di più», con «la Giustizia che, da cieca, fu trasformata in "giustizia a uso privato"». Nella sentenza, al capitolo Mondadori, si cita spesso il convitato di pietra Berlusconi: 27 volte in tutto. I giudici hanno addirittura scoperto, nel *mare magnum* del fascicolo processuale, alcune carte che erano sfuggite alla stessa Procura. Si tratta delle «minute» della sentenza Imi-Sir, evidentemente scritta negli studi degli avvocati corruttori e poi copiata dal giudice Metta, il quale avrebbe poi fatto la stessa cosa con la sentenza Mondadori. Quest'ultima fu comprata da Previti, Acampora e Pacifico con «una provvista pagata dalla Fininvest di Silvio Berlusconi per regolare rapporti di natura illecita – corruzione del giudice Metta – strettamente connessi alla causa Mondadori». La sentenza che sfilava la Mondadori dalle tasche dell'Ingegnere per infilarla in quelle del Cavaliere fu vergata da Metta in ventiquattr'ore: «record assoluto nella storia della magistratura italiana». Scritte da chi? «Pacificamente da un terzo estraneo all'ambiente istituzionale». Cioè non da Metta. La prova la fornisce, con un clamoroso autogol, il suo avvocato. Il quale, al processo, esibisce «una copia della sentenza diversa dall'originale»: manca, rispetto al verdetto ufficiale, una correzione a pagina 69. Metta ha sempre negato che esistessero copie diverse della sua sentenza. Come si spiega? La verità, per il Tribunale, è che «mentre ancora Metta incassava il prezzo della sentenza Imi-Sir», già lavorava per «vendere quella Mondadori». Ormai era «stabilmente a libro paga della lobby descritta dalla tanto criticata Stefania Ariosto». Stavolta fu liquidato con «almeno 400 milioni» e con un posto nello studio Previti, dove si trasferì insieme alla figlia Sabrina quando di lì a poco lasciò la magistratura. Poca roba, su una provvista Fininvest di 3 miliardi di lire, finiti quasi tutti nelle tasche dei tre avvocati.

Concludono i giudici: «Lo studio e la comparazione degli atti ha permesso, per il capitolo Mondadori, di constatare, pure qui con un quadro che definire gravemente indiziario è dire poco, che anche la coeva causa Mondadori presenta impressionanti analogie (per l'"iter processuale" e la presenza sempre degli stessi "protagonisti") con ciò che si è appurato rispetto alla "gemella" controversia Imi-Sir».

Appello. Nel 2005 la Seconda Corte d'appello di Milano conferma tutte le condanne per Imi-Sir, ma assolve tutti gli imputati per Mondadori (sia pure per il solito comma 2 dell'articolo 530). Nel 2006 la Cassazione rende definitive le condanne Imi-Sir (fuorché per Squillante) e annulla le assoluzioni per Mondadori («sentenza superficiale, illogica, irregolare, manifestamente illogica e contraddittoria») e ordina alla Corte d'appello di Milano di rifare il processo.

Il 23 febbraio 2007 la terza sentenza della Corte d'appello di Milano condanna tutti gli imputati per il caso Mondadori «in continuazione» con le pene inflitte dalla Cassazione per Imi-Sir. Previti, Pacifico e Acampora si vedono aumentare la pena di 1 anno e 6 mesi (corruzione semplice) e il giudice Metta aggiunge 1 anno e 9 mesi (corruzione giudiziaria). Le 272 pagine di motivazioni ricalcano quelle del Tribunale, ma contengono anche una serie di nuove osservazioni che chiudono il cerchio delle prove sulla «sentenza comprata» che regalò a Berlusconi il primo gruppo editoriale italiano.

1) Il giudice Metta viene designato come relatore della causa Mondadori, e dunque come futuro estensore della sentenza, dal

presidente della I sezione civile della Corte d'appello di Roma Arnaldo Valente, il 12 luglio 1990: cioè quando «aveva già stretto un patto corruttivo con gli intermediari di Rovelli: Previti, Pacifico e Acampora... ed aveva già versato, in pendenza della sola causa Imi-Sir, sui suoi conti correnti, L. 270 milioni in contanti. Si sta parlando dunque di un giudice che aveva già fatto mercimonio della sua funzione e che ben poteva essere ritenuto "avvicinabile" nuovamente per far ottenere un risultato favorevole alla Fininvest». Metta, in quella sezione, era il più occupato. Già di suo consegnava le sentenze in ritardo, poi era impegnato nella mega causa Imi-Sir e in altri due processi importanti come il fallimento Caltagirone e l'appello contro il lodo Fiuggi, inoltre era pure segretario generale della presidenza della Corte d'appello: insomma, era l'ultimo giudice a cui si sarebbe dovuto affidare un nuovo incarico così gravoso. Eppure fu scelto lui, perché *doveva* per forza essere così. Una designazione «pilotata».

2) Quando la sentenza Metta viene depositata, la Cir rinuncia al ricorso in Cassazione (che si sarebbe risolto in tempi troppo lunghi per un'azienda di quelle dimensioni) e preferisce aderire alla mediazione imposta da Ciarrapico e Andreotti. Ma in quella transazione si verifica un altro fatto inspiegabile: Berlusconi si oppone con foga al tentativo – assolutamente normale – della Cir di accennare, nel preambolo dell'accordo, alla sentenza che aveva appena annullato il lodo. La spiegazione, per i giudici di appello, può essere una sola: che il Cavaliere «era a conoscenza dell'inquinamento metodologico a monte determinato dall'intervenuta corruzione del giudice». Cioè aveva «la piena consapevolezza che la sentenza era stata oggetto di mercimonio».Berlusconi sapeva che la sentenza era stata comprata da Previti & C.

Solo alla fine i giudici citano la testimonianza «pienamente attendibile» di Stefania Ariosto, a cui Previti aveva confidato a suo tempo, «probabilmente nel luglio 1991, di essere stato lui a vincere la guerra di Segrate, e non Dotti». E Dotti ricorda una telefonata ai primi di agosto del 1995: «Berlusconi, avuta conferma che all'Ariosto era stata data una scorta di Polizia, manifestava perplessità sulle spiegazioni di tale protezione (minacce ricevute da cambisti per denaro prestato per giocare al casinò) chiedendo "ma non è perché sta dicendo cose sul gruppo?", venendo rassicurato dal legale che gli replicava che l'Ariosto nulla sapeva del gruppo».

Anche i giudici d'appello chiamano il Cavaliere «privato corruttore». Ma, diversamente da quel che si era stabilito nel rinvio a giudizio, scrivono nero su bianco che Previti, Pacifico e Acampora non concorrono nel reato del giudice Metta, bensì in quello del «privato corruttore» Berlusconi: «l'attività degli *extranei* nella consegna del compenso illecito si sostituisce a una condotta, che, altrimenti, sarebbe giocoforza posta in essere, in via diretta, dal privato interessato... La retribuzione del giudice corrotto è fatta nell'interesse e su incarico del corruttore».

In pratica i tre avvocati Fininvest agirono come intermediari di Berlusconi, che li incaricò di pagare Metta e, in seguito alla sentenza comprata, alla fine intascò il primo gruppo editoriale italiano. E, diversamente da lui, non meritano le attenuanti generiche, «non ravvisandosi alcun elemento positivo per attenuare il trattamento sanzionatorio». E questo per «l'enorme gravità del reato» e per «la gravità del danno arrecato non solo alla giustizia, ma all'intera comunità, minando i principi posti alla base della convivenza civile secondo i quali la giurisdizione è valore a presidio e a tutela di tutti i cittadini con conseguente ulteriore profilo di gravità per l'enorme nocumento cagionato alla controparte nella causa civile e per le ricadute nel sistema editoriale italiano, trattandosi di controversia (la cosiddetta guerra di Segrate) finalizzata al controllo dei mezzi di informazione; [per] la spiccata intensità del dolo; [per] i motivi a delinquere determinati solo dal fine di lucro e, più esattamente, dal fine di raggiungere una ricchezza mai ritenuta sufficiente; [per] i comportamenti processuali tenuti (con continue e spudorate «menzogne», *nda*); [per] il precedente penale specifico (Imi-Sir, *nda*)».

Quanto alle parti civili, i giudici riconoscono alla Presidenza del Consiglio un danno di 129 mila euro: «l'episodio delittuoso si svolse all'interno della cosiddetta guerra di Segrate, combattuta per il controllo di noti e influenti mezzi di informazione; e si deve tener conto dei conseguenti interessi in gioco, rilevanti non solo sotto un profilo meramente economico, comunque ingente, ma anche sotto quello prettamente sociale della proprietà e dell'acquisizione dei mezzi di informazione di tale diffusione». La parte civile Cir, cioè De Benedetti, ha diritto al rimborso dei danni morali e patrimoniali, ma da quantificare in separata sede civile: «tanto il danno emergente quanto il lucro cessante, sotto una molteplicità di profili relativi non solo ai costi effettivi di cessione della Mondadori, ma anche ai riflessi della vicenda sul mercato dei titoli azionari».

Cassazione. Il 13 luglio 2007 la II sezione penale della Cassazione mette il timbro finale al caso Mondadori, confermando *in toto* la sentenza d'appello-bis. La vicenda – scrivono i giudici – «coinvolgente la Fininvest, fonte della corruzione e pagatrice del *pretium sceleris*», cioè del «mercimonio» della sentenza Metta, non può ammettere le attenuanti generiche: per «l'elevata gravità del reato e del relativo danno, l'intensità del dolo, i motivi a delinquere e i comportamenti processuali» caratterizzati da «mendacio». Quanto alle prove, ce ne sono a bizzeffe: rappresentano un «corredo di emergenze, nomi e collegamenti ben diverso dalla definizione di "schizzo di fango"» usata dai difensori dell'ex giudice Metta. Ora è ufficiale: il Cavaliere ha posseduto dal 1991 una casa editrice rubata grazie a una sentenza comprata. Ma, naturalmente, nessuno gliene chiederà conto. Almeno fino al 2009, quando il giudice civile di Milano Raimondo Mesiano condannerà Fininvest a risarcire la Cir per 749.955.611,93 euro. Nel 2011 la Corte d'appello ridurrà l'importo del risarcimento a 540.141.059,32 euro. Sentenza confermata nel 2013 dalla Cassazione.

Sme-Ariosto 1 (corruzione giudiziaria)

L'indagine. Anche questa inchiesta nasce per metà dalle testimonianze di Stefania Ariosto e per metà dalle indagini autonome del pool di Milano sui movimenti di denaro seguiti alla causa Sme. Si tratta della controversia civile che, tra il 1985 e il 1988, oppose l'Iri ai due pretendenti all'acquisto del gruppo alimentare pubblico Sme: la Buitoni di Carlo De Benedetti e la Iar del trio Berlusconi-Barilla-Ferrero. Già dal 1993, ben prima delle rivelazioni della Ariosto, il pool di Mani Pulite aveva esaminato i conti bancari del finanziere napoletano Franco Ambrosio, «re del grano», più volte indagato e arrestato. E di lì era risalita ai depositi di un imprenditore in affari con lui, Pietro Barilla, «re della pasta». Barilla aveva un conto a Zurigo, che utilizzava per foraggiare clandestinamente la Dc e il Psi. Ma anche gli avvocati Previti e Pacifico, che non conosceva e mai avevano lavorato per lui. Perché? Barilla muore prima di poterlo spiegare. Ma gli inquirenti, dando un'occhiata al calendario, scoprono che i versamenti coincidono con le tappe decisive dell'infuocata battaglia intorno alla Sme, che guardacaso ha visto coinvolti a vario titolo Previti, Pacifico e il giudice Verde.

Nel 1985 Craxi, che detesta De Benedetti, decide di boicottare l'acquisto della Sme appena concluso con un pre-contratto dall'Ingegnere con il presidente dell'Iri Romano Prodi. E incarica Berlusconi di mettersi di traverso con una cordata alternativa, racimolata in quattro e quattr'otto. Il Cavaliere ha appena incassato i due decreti *ad personam* firmati dall'amico Bettino per neutralizzare l'intervento dei pretori sulle sue tv: non può certo dire di no al suo santo protettore. Infatti decide di consorziarsi con Pietro Barilla e Michele Ferrero. Ma il tempo stringe e i due imprenditori nicchiano. Così il 23 maggio 1985, per bloccare l'operazione Buitoni-Iri prima che il pre-contratto del rivale diventi esecutivo il giorno 28, fa presentare da un prestanome amico di Previti, Italo Scalera, un'offerta di rilancio da 550 miliardi di lire (contro i 500 offerti da De Benedetti). Solo dodici anni dopo, davanti al pool, Scalera svelerà l'identità del misterioso mandante: era Berlusconi. Il quale nel frattempo riesce a convincere Barilla e Ferrero a costituire con lui una nuova società, la Iar. Che per la Sme offre il 10 per cento in più di Scalera (cioè dello stesso Berlusconi). In cinque giorni, dunque, il Cavaliere presenta due diverse offerte di poco superiori a quella dell'Ingegnere: una "anonima", l'altra in chiaro. Alla fine la manovra di disturbo ha successo: la Sme resterà all'Iri per un'altra decina d'anni, gravando con i suoi enormi debiti sulle tasche dei cittadini.

De Benedetti chiede il sequestro giudiziario delle azioni Sme, confidando che i giudici dichiarino valido il suo pre-contratto d'acquisto. Ma il 25 giugno il Tribunale di Roma (collegio presieduto da Carlo Guglielmo Izzo) respinge la sua richiesta. Il 17 gennaio 1986 l'Iri si rimangia la delibera pro-Buitoni e dichiara valida soltanto l'offerta Iar. Il resto lo fa un'altra sezione civile del Tribunale romano (Filippo Verde presidente e relatore della sentenza; giudici a latere Paolo Zucchini e Secondo Carmenini), che nell'estate 1986 annulla l'affare. Motivo: il protocollo Prodi-De Benedetti «non segnava il perfezionamento di un contratto». La decisione in camera di consiglio – che la legge copre con il segreto più assoluto – è del 23 giugno. La motivazione viene depositata in cancelleria, e quindi ufficializzata, il 19 luglio. Prima di questa data, nessuno ovviamente sa che cosa abbiano deciso i giudici. O, almeno, nessuno dovrebbe saperlo, salvo i giudici medesimi. Secondo l'accusa invece almeno una persona sa già tutto: Attilio Pacifico. Il quale – come racconterà l'agente di Borsa Giorgio Aloisio De Gaspari – dopo il fatidico 23 giugno e prima del 19 luglio, gli ordina una speculazione sulle azioni Sme che gli costa 349 milioni e gliene frutta 407, con un guadagno di 58.

Secondo l'accusa, solo chi conosceva in anticipo la sentenza (scritta da Verde, intimo di Pacifico) poteva prevedere quegli andamenti e azzeccare un'operazione di quel genere, in totale controtendenza con gli investimenti istituzionali sul titolo Sme nello stesso periodo. La Corte d'appello di Roma e la Cassazione confermeranno la sostanza del verdetto Verde (pur demolendone le motivazioni): l'accordo Iri-Buitoni, senza il benestare del cda dell'Iri e del ministro delle Partecipazioni Statali Clelio Darida, non era valido. Per il duo Berlusconi-Craxi, missione compiuta.

Ora, risulta che Izzo, Verde e Zucchini fossero legati a vario titolo a Previti, a Pacifico e al loro "giro". Izzo – secondo la Ariosto – partecipò con l'avvocato a un viaggio a Washington in onore di Craxi, proclamato «uomo dell'anno» da un'associazione di italo-americani. Zucchini, iscritto alla loggia P2 come Berlusconi, è descritto da diversi testimoni come un assiduo frequentatore delle feste in casa Previti; e dalle carte bancarie risulta intestatario di un conto cifrato a Montecarlo, sul quale nel 1993 sono pervenuti 200 milioni da un deposito svizzero del solito Pacifico (denaro slegato comunque da quella sentenza: infatti Zucchini viene prima indagato poi archiviato). Anche Verde è amico di Previti e Pacifico: quest'ultimo gli ha aperto un conto in Svizzera, il «Master 811», sul quale ha subito versato 500 milioni e ogni tanto gli portava qualche sommetta.

Occhio alle date. Il 19 aprile 1988 la Cassazione tiene l'udienza per discutere il ricorso Buitoni contro l'Iri per la Sme. Il 2 maggio Barilla bonifica 750 milioni a Pacifico, che li preleva in contanti e li porta in Italia. Mentre la Cassazione esce con la sentenza definitiva, Verde comincia a depositare decine e decine di milioni cash sul suo conto italiano. Una prassi che ricorda quella di Metta nei giorni prima della sentenza Mondadori. Il 26 luglio, due settimane dopo il verdetto di Cassazione, Barilla – capocordata della Iar – riapre il rubinetto svizzero e accredita un'altra provvista, stavolta di 1 miliardo, a Pacifico. Il quale la suddivide fra Previti (850 milioni) e Squillante (100 milioni), stavolta per bonifico bancario, riservando a se stesso appena 50 milioni. Perché mai il socio di Berlusconi nell'affare Sme dovrebbe pagare 1 miliardo e 750 milioni a due avvocati di Berlusconi che neppure conosce e a un giudice di Roma, anch'egli a lui sconosciuto, se nella causa Sme fosse tutto regolare?

I protagonisti giurano che sono tutte coincidenze e parlano di operazioni finanziarie, investimenti, prestiti restituiti. L'accusa invece non ha dubbi: corruzione in atti giudiziari per compravendere la sentenza Sme che consentì a Berlusconi di sconfiggere De Benedetti. Esattamente come avvenne poi nel 1991 con la sentenza Mondadori.

Il processo si chiama «Sme-Ariosto» perché riguarda anche le accuse di Stefania Ariosto al giudice Squillante, considerato dai pm «a libro paga» della Fininvest per ogni esigenza giudiziaria del gruppo. Il potentissimo giudice si sarebbe prestato a vendere decisioni che competevano al suo ufficio, sia per avvicinare colleghi e altri protagonisti del Palazzo di giustizia capitolino che di volta in volta si occupavano di processi penali e cause civili «interessanti» per Berlusconi e Previti. La teste Ariosto giura di aver visto Previti consegnare a Squillante mazzette in contanti in almeno due occasioni, a fine anni 80: la prima nel garage del circolo Canottieri Lazio, la seconda durante una festa in casa Previti.

Nel filone «Ariosto» è compresa quella che il pool considera la «prova regina», la «pistola fumante» del rapporto corruttivo diretto Berlusconi-Previti-Squillante: e cioè la sequenza di carte bancarie svizzere che dimostrano il passaggio di 434.404 dollari (500 milioni di lire tondi) dal conto Ferrido (All Iberian, cioè Fininvest, cioè Berlusconi) al conto Mercier (Previti) al conto Rowena (Squillante), il 5 marzo 1991. Due bonifici diretti, della stessa identica cifra, nel giro di un'ora e mezza, siglati con il riferimento cifrato «Orologio». Previti, sulle prime, parla di un semplice errore della banca. Poi cambia più volte versione. E Berlusconi? Non è vero che sia imputato in base al teorema «non poteva non sapere». La Procura ritiene che non solo sapesse. Ma che i quattrini delle presunte tangenti ai giudici fossero suoi. Le prove?

1) Secondo la Ariosto, Previti le confidò più volte che Berlusconi gli metteva a disposizione «fondi illimitati» per corrompere i magistrati.

2) Il denaro versato estero su estero ai magistrati proveniva da conti Fininvest non dichiarati al fisco. Un sistema di depositi alimentato da quella che la sentenza definitiva sui 23 miliardi da Berlusconi a Craxi definisce «la tesoreria occulta del gruppo»: la All Iberian. È All Iberian a bonificare decine di miliardi di lire in favore dei propri conti svizzeri Polifemo e Ferrido, gestiti dal cassiere centrale della Fininvest Giuseppino Scabini.

3) All Iberian è stata alimentata principalmente con tre "sistemi". Anzitutto con i bonifici della lussemburghese Silvio

Berlusconi Finanziaria. Poi, dall'aprile del 1991, con il contante versato dalla Diba Cambi di Lugano: il denaro proveniva da due diverse operazioni effettuate grazie alla Fiduciaria Orefici di Milano (l'operazione «Bica-Rovares», condotta dal gruppo Berlusconi con l'immobiliarista Renato Della Valle, che frutta una ventina di miliardi; e il «mandato 500», personalmente aperto dal Cavaliere presso la Fiduciaria Orefici e utilizzato per acquistare 91 miliardi in Cct, poi monetizzati a San Marino e trasformati in contanti consegnati a Milano 2 a Scabini). Parte di questi soldi – 18 miliardi circa – finiscono sui conti esteri del gruppo, trasportati in Svizzera dallo spallone Alfredo Bossert, che li consegna alla Diba Cambi di Lugano. Insomma, i conti esteri di All Iberian da cui partono i versamenti ai giudici (ma anche i 23 miliardi a Craxi) sono alimentati da denaro della Fininvest e da fondi personali di Silvio Berlusconi. Per difendere il Cavaliere dall'accusa di finanziamento illecito a Craxi, i suoi difensori hanno sostenuto infatti che quei fondi «provengono dal patrimonio personale di Berlusconi». Un autogol clamoroso, in vista del processo per corruzione: se i soldi passati da Previti a Squillante provengono dal «patrimonio personale» del Cavaliere, come può il Cavaliere non saperne nulla?

4) La provvista del bonifico «Orologio» di 434.404 dollari da Previti a Squillante (marzo 1991) proviene da un altro conto del gruppo Berlusconi: il Polifemo, sempre gestito da Scabini. Il 1° marzo 1991, un venerdì, Polifemo riceve da Diba Cambi un accredito di 316.800.000 lire. Il denaro è giunto in Svizzera in contanti quattro giorni prima, il 26 febbraio, direttamente da palazzo Donatello a Milano 2 (sede della Fininvest), trasportato dagli spalloni di Bossert. Il lunedì successivo, 4 marzo, quei 316 e rotti milioni permettono a Polifemo di disporre il bonifico di 434.404 dollari a Ferrido (sempre All

Iberian), dando così il via alla trafila che, attraverso Previti, approda al conto di destinazione finale: il Rowena di Squillante. Nella «rubrica» in lire del conto Polifemo, infatti, il 1° marzo 1991 non ci sono fondi. Solo grazie al denaro fresco giunto da Milano 2 si può dare il via all'operazione. Il bonifico di mezzo miliardo manda però momentaneamente in rosso Polifemo per 183.203.000 lire. Il buco viene ripianato due giorni dopo grazie a un accredito, ben superiore all'ammanco, proveniente da All Iberian: 6 miliardi e 100 milioni. Polifemo gira 2 miliardi a Previti e (tra febbraio e marzo '91) 10 miliardi a Craxi. Nello stesso periodo Previti riceve un'altra provvista (2,7 miliardi), che utilizza in parte per girare a Pacifico i 425 milioni necessari a comprare la sentenza Metta su Mondadori, altro affare che sta molto a cuore a Craxi. Nella primavera del 1991, dunque, la Fininvest di Berlusconi completa l'occupazione dei media e paga il politico, gli avvocati e i giudici che lo hanno aiutato. La sequenza temporale ricostruita dall'accusa toglie il fiato. Il 14 febbraio '91 Previti versa 425 milioni al giudice Metta tramite Pacifico. Il 6 marzo '91 bonifica 500 milioni a Squillante. Il 16 aprile '91, ancora tramite Pacifico, dirotta 500 milioni sul conto «Master 811» di Verde (che poi verrà assolto). Sempre con fondi Fininvest.

5) Berlusconi dice di non aver avuto alcun motivo per corrompere Squillante, visto che il giudice non s'era mai occupato di lui né della Fininvest. Ma è una bugia. Nel 1984 Squillante, giudice istruttore a Roma, interrogò e poi assolse Berlusconi e Umberto Previti, padre di Cesare che li difendeva entrambi, in un'inchiesta sulle antenne abusive disseminate per il Lazio dalla Fininvest e da altre emittenti commerciali. Ed è documentalmente provato che Berlusconi e Squillante sono in ottimi rapporti. Il Cavaliere gli offre un collegio senatoriale per le elezioni del '96. E Squillante, la sera di San Sil-

vestro del 1995, chiama Berlusconi ad Arcore per gli auguri di Capodanno.

6) Non potendo negare il versamento plurimiliardario a Previti in barba al fisco, Berlusconi lo spiega così: «Normalissime parcelle professionali. Previti ha depositato una ingente documentazione a testimonianza della grande attività svolta per conto della Fininvest in Francia, in Spagna, in Germania». Peccato che quella «ingente documentazione» non sia mai stata consegnata al Tribunale. Nemmeno un pezzo di carta che dimostri l'«intensissima attività professionale» dell'avvocato all'estero. Sentiti sul punto, i dirigenti Fininvest balbettano e incespicano, citando controversie legali in Francia, Spagna e Svizzera (della Germania di cui favoleggia il Cavaliere, nessuna traccia), successive di mesi o di anni al marzo 1991. Quindi quei soldi non erano parcelle. E d'altronde: se il denaro – come dice la difesa berlusconiana – era «patrimonio personale di Berlusconi», che c'entra con le parcelle? Berlusconi pagava le parcelle agli avvocati del gruppo di tasca propria? Assurdo. Ultima perla. Dice Berlusconi che «da uno di quei conti vengono effettuati da Fininvest una serie di acconti ai vari studi legali del gruppo, fra cui lo studio Previti». Ma altri studi non ne risultano: Polifemo finanzia solo l'avvocato Previti e poi Craxi. Anche Craxi era un legale del gruppo Fininvest?

Tutti gli imputati vengono rinviati a giudizio. Ma poi il processo si biforca a causa del lodo Schifani, che sospende i dibattimenti a Berlusconi. La sua posizione viene stralciata in un processo parallelo.

Primo grado Previti & C. Il 22 novembre 2003 il Tribunale di Milano condanna Previti a 5 anni, Squillante a 8 e Pacifico a 4; assolti Verde e Olga Savtchenko; prescritti Mariano e Fabio Squillante. I giudici ritengono dunque provata la corruzione di Squillante come giudice «a libro paga» della Fininvest tramite

Previti e Pacifico: un fatto ritenuto talmente grave da indurli a negare agli imputati le attenuanti generiche (fuorché ai figli di Squillante), sventando il pericolo della prescrizione. Non è provata invece la compravendita della sentenza Sme, anche se le condanne riguardano anche uno strano versamento di 100 milioni da Barilla a Squillante collegato proprio a quella causa.

Appello Previti & C. La Corte d'appello conferma le tre condanne di primo grado, sia pure con qualche ritocco: a Previti restano i 5 anni, Pacifico sale da 4 a 5, Squillante scende da 8 a 7. Assolti o prescritti gli altri.

Cassazione Previti & C. I tre condannati la fanno franca in Cassazione il 30 novembre 2006, grazie a una lunare sentenza della VI sezione che annulla le loro condanne in appello: non perché siano innocenti, bensì perché i supremi giudici (dopo innumerevoli sentenze della stessa Corte che assegnavano ai giudici milanesi la competenza sul caso Sme-Ariosto) hanno scoperto proprio in extremis la «incompetenza territoriale del Tribunale di Milano». Così rinviano il fascicolo alla Procura di Perugia perché riparta dall'udienza preliminare. Cioè ricominci da zero. Ma solo in teoria, visto che la prescrizione è dietro l'angolo. Al Tribunale umbro non resta che prendere atto dell'estinzione del reato e così, obtorto collo, lasciare impunito uno dei più gravi scandali di corruzione giudiziaria mai visti in Italia.

Il 1° ottobre 2007 il gip di Perugia Claudio Matteini accoglie la richiesta di archiviazione avanzata dai pm Nicola Miriano, Manuela Comodi e Gabriele Paci. Ma non perché gli imputati siano innocenti, anzi il reato di corruzione l'hanno commesso: «Un'archiviazione nel merito non è certamente possibile, stanti i numerosi, precisi, riscontrati e incontrovertibili elementi di prova raccolti nel corso delle indagini a carico degli indagati... Non può farsi altro che constatare l'intervenuta prescrizione di tutti i reati contestati». Cosa che non sarebbe avvenuta se la Cassazione, un anno prima, avesse confermato le condanne d'appello. Nel 2006 infatti i reati non erano ancora prescritti (la ex Cirielli del 2005 non funziona per i processi già a dibattimento). Ora invece lo sono, anche perché, retrocedendo il fascicolo all'udienza preliminare, si "aggancia" la legge taglia-prescrizione del 2005: così il reato risulta estinto già dal 2002.

Risultato: Previti e Pacifico, già condannati e arrestati per qualche giorno dopo le condanne definitive per Imi-Sir e Mondadori, evitano di tornare ai domiciliari per 5 anni (il bonus-indulto di 3 anni se lo sono già giocato per le altre due sentenze). Ma soprattutto Squillante esce totalmente intonso dai processi «toghe sporche». Nell'Imi-Sir era accusato di corruzione giudiziaria per aver incassato 133 milioni di lire nel '91 dalla famiglia Rovelli in cambio dell'«avvicinamento» di un giudice della Cassazione che doveva decidere sulla causa: ma la Suprema corte l'ha assolto, riconoscendo che i soldi e il fatto erano dimostrati, ma per la legge italiana il «traffico di influenza» non è reato (lo diventerà solo nel 2012 con la legge Severino). Qui invece, secondo il gip di Perugia, «nessun dubbio vi può essere sulla qualificazione giuridica dei fatti»: cioè sulla corruzione del giudice estero su estero con soldi Fininvest. Senza la prescrizione, sarebbe stata condanna sicura. La «prova regina» del mercimonio è il famoso bonifico «Orologio». E poi c'è la testimonianza, ritenuta anche qui attendibile, di Stefania Ariosto sui versamenti cash da Previti a Squillante con denaro di Berlusconi. Scrive il gip: «È stato documentalmente ricostruito il percorso del denaro giunto poi su conti esteri riferibili a Squillante e inoltre sono state accertate e verificate le erogazioni in denaro contante da Previti a Squillante». E – ricorda il giudice – è stata proprio la Cassazione, nella sentenza sull'incompetenza di Milano, a «individuare in Roma il luogo delle dazioni di denaro e indicarle componenti essenziali della "reiterazione" remunerativa a favore del magistrato considerato "a libro paga" (della Fininvest, *nda*), con ciò avvalorando e ritenendo credibile Stefania Ariosto, testimone oculare di tali pagamenti».

Primo grado Berlusconi. Intanto, dopo che la Consulta ha cancellato il lodo Schifani, il Cavaliere è tornato imputato (unico) nel processo stralcio Sme-Ariosto. Che si conclude il 10 dicembre 2004. Il Tribunale di Milano assolve anche Berlusconi per il caso Sme (cioè per le presunte tangenti a Verde) e per i due versamenti *brevi manu* di Previti a Squillante testimoniati dalla Ariosto. Invece ritiene provato il bonifico «Orologio» del 1991 a Squillante. Ma concede a Berlusconi (per la sesta volta in pochi anni) le attenuanti generiche (negate agli altri imputati nell'altro processo), così da far scattare la prescrizione del reato. Quanto al bonifico Barilla-Pacifico-Squillante di 100 milioni, altra assoluzione, ma solo per insufficienza di prove (articolo 530 comma 2 Cpp).

Appello Berlusconi. La Procura di Milano fa ricorso in appello. Ma nel gennaio 2006, a costo di prolungare di qualche giorno la legislatura, il premier imputato impone al Parlamento l'approvazione a tappe forzate dell'ultima norma *ad personam* del quinquennio nero: la legge Pecorella (scritta dal suo onorevole avvocato) che abolisce l'appello del pm contro le assoluzioni, ma non quello dell'imputato contro le condanne. Così la sentenza Sme-Ariosto sul premier non può essere rivista dalla Corte d'appello, ma solo dalla Cassazione (che, non potendo entrare nel merito dei fatti, dovrà limitarsi a un giudizio di legittimità). Quando però i giochi sembrano ormai fatti, il 24 gennaio 2007 la Consulta dichiara incostituzionale la Pecorella. E così anche il processo d'appello Sme-Ariosto contro Berlusconi "risorge". Il ricorso della Procura contro l'assoluzione-prescrizione viene restituito dalla Cassazione alla Corte d'appello. E lì, se i giudici la smettessero di concedere le attenuanti generiche al pluriprescritto e pluriattenuato Cavaliere, questi verrebbe condannato almeno per il fatto più documentato: il bonifico «Orologio» da 434 mila dollari a Squillante. Senza attenuanti, infatti, il termine di prescrizione è di 15 anni e, per scongiurarla, c'è tempo sino alla fine del 2007 (calcolando tutti i mesi perduti con le leggi vergogna e le altre manovre dilatorie dei difensori).

L'ultimo giudizio di merito sulla gravissima corruzione giudiziaria arriva, come ricorda Luigi Ferrarella sul *Corriere della Sera*, «dopo 12 anni dall'indagine, dopo sei cambi di legge (rogatorie, falso in bilancio, patteggiamento allargato, legittimo sospetto, immunità, inappellabilità), due Cassazioni a sezioni unite per dire no al "legittimo sospetto" degli imputati sui giudici milanesi, tre pronunce alla Corte costituzionale, una Cassazione sull'incompetenza territoriale, tre fallite ricusazioni di giudici, due azioni ministeriali (un'ispezione e un intervento sulla permanenza in collegio del giudice Brambilla), più 2 inchieste a Brescia e a Perugia sui pm Boccassini e Colombo (poi archiviate)».

Il processo d'appello è molto breve: il 26 marzo 2007 il pg Piero De Petris pronuncia la requisitoria e chiede di condannare Berlusconi al massimo della pena: 5 anni di reclusione per la corruzione del giudice Squillante. Niente attenuanti, viste la gravità dei fatti e la condotta processuale dell'imputato.

Ma il 27 aprile, scavalcando in generosità persino il Tribunale, la II sezione della Corte d'appello assolve Berlusconi da tutte le accuse: anche per il bonifico «Orologio». I giudici di primo grado l'avevano ritenuto accertato oltre ogni ragionevole dubbio. Quelli di appello invece optano per la solita insufficienza di prove (comma 2 dell'articolo 530). Le motivazioni, depositate dopo appena cinque giorni, sono a dir poco sorprendenti. Sia per le fragili argomentazioni, sia per la sbrigatività con cui i giudici liquidano in una quindicina di pagine dodici anni di processo, duecento faldoni e centinaia di pagine di ricorsi dell'accusa e delle parti civili. Lasciando da parte il capitolo Sme, ritenuto non provato da tutti i giudici che hanno gestito i due processi, restavano da giudicare i versamenti cash da Previti a Squillante raccontati da Stefania Ariosto; e il famoso bonifico «Orologio» documentato dalle contabili bancarie.

1) Il bonifico «Orologio», scrivono i giudici, non c'è dubbio che sia avvenuto. Ma si domandano: «Perché mai un imprenditore avveduto come Berlusconi, dotato di immense disponibilità finanziarie, avrebbe dovuto effettuare (o meglio far effettuare) un pagamento corruttivo attraverso una modalità (bonifico bancario) destinata a lasciare traccia, anziché con denaro contante? E per quale ragione il pagamento avrebbe dovuto essere eseguito attraverso il transito sul conto di Previti anziché direttamente al destinatario?... Lo stesso risultato pratico sarebbe stato perseguibile più prudentemente con versamenti, sia pure all'estero, per contanti». Insomma, è «ragionevole» che il pagamento «avesse funzione corruttiva». È pura «fantasia» la versione di Previti. Ed è «macroscopica l'inverosimiglianza che Berlusconi fosse del tutto all'oscuro dei pagamenti esteri compiuti dai suoi dipendenti e soprattutto che costoro avessero mano libera per movimentazioni bancarie sicuramente illecite (se non altro perché effettuate in nero su conti esteri)». Ma – aggiunge incredibilmente la Corte – pagare un giudice non equivale a corromperlo, anche perché poi Squillante non fece nulla per favorire Berlusconi: «Nessun procedimento nel quale Squillante avrebbe potuto influire ha rivelato aspetti irregolari o discutibili». *Ergo* «questo complesso di elementi

indiziari, tra loro contrastanti, non permettono di sostenere la incrollabile convinzione della Corte che Silvio Berlusconi, al di là di ogni ragionevole dubbio..., sia colpevole del reato a lui contestato...: indipendentemente dalla ben diversa consistenza che le prove a carico possono assumere nei confronti di terzi». Cioè di Previti. Insomma: Squillante era a libro paga di Previti («propenso a pratiche corruttive nei confronti di magistrati»), ma non è sufficientemente provato che questi agisse per conto del Cavaliere. Nasce così, nel processo penale, la «prova impossibile»: se l'imputato non lascia tracce, è innocente perché manca la prova; se invece lascia tracce, si dice che è impossibile che le abbia lasciate, dunque la prova a carico diventa una prova a discarico e l'imputato è innocente lo stesso. A prescindere. I giudici non devono credere neppure ai propri occhi.

2) La Ariosto racconta di aver assistito a fine anni 80 ad almeno due passaggi di denaro *brevi manu* tra Previti e Squillante, al circolo Canottieri Lazio e a casa Previti. In entrambi i casi, i due soggetti non si accorsero che lei li vedeva, pensando di essere soli. Previti le disse poi che i soldi per pagare i giudici glieli dava Berlusconi. Cinque pm, un gip una trentina di giudici tra Riesame, Tribunale, Corte d'appello e Cassazione l'hanno ritenuta pienamente attendibile, e molti altri l'hanno assolta dall'accusa di aver diffamato qualcuno e condannato decine di persone per aver diffamato lei. Ma, per la Corte, la teste Omega è un po' attendibile e un po' inattendibile. A targhe alterne: il suo racconto «suscita ovvie perplessità laddove accredita la tesi, deviante rispetto alle massime di esperienza, che persone accorte e professionalmente qualificate come Previti e Squillante si spartissero mazzette di denaro *coram populo*». Ora, a parte il fatto che mai l'Ariosto ha dichiarato che i due si spartissero mazzette *coram populo* (una volta fu nel garage del circolo sportivo, mentre lei, non vista, era nell'abitacolo della sua auto; l'al-

tra volta lei passava davanti a un salottino di casa Previti e sbirciò casualmente la scena da una porta socchiusa), qui siamo alla prova impossibile rovesciata. Un triplo salto mortale carpiato della logica, che si spiegherebbe soltanto se la sentenza sul punto 1 l'avessero scritta giudici diversi da quelli che hanno scritto la sentenza sul punto 2. Perché il combinato disposto di 1 più 2 è il seguente: se Berlusconi lascia tracce su un bonifico in Svizzera, è impossibile che abbia lasciato tracce su un bonifico in Svizzera perché è più probabile che pagasse cash; se Previti viene visto pagare cash, è impossibile che sia stato visto pagare cash perché è più probabile che usi sistemi più riservati (per esempio i bonifici in Svizzera). Se ne deduce che la corruzione esiste soltanto quando non viene scoperta. Ma, se non viene scoperta, non è mai punibile.

Torna in mente il paradosso di *Comma 22*, il romanzo di Joseph Heller: il regolamento militare prescrive di esonerare dai voli di guerra i piloti pazzi; ma, in base al comma 22, chi vuol essere esonerato dai voli di guerra non è pazzo; pazzo è chi non chiede l'esonero; se però uno lo chiede, non può essere pazzo; quindi è impossibile essere esonerati dai voli di guerra. Qualcuno tira in ballo anche il paradosso di Protagora, il più famoso dei sofisti greci. Il quale un giorno accetta di insegnare legge a uno studente di nome Evalto. Ma, poiché questi è povero e non può pagargli le lezioni, promette di ricompensarlo non appena vincerà la sua prima causa in Tribunale. Senonché, terminati gli studi, Evalto rinuncia alla carriera forense e si dà alla politica. Protagora allora lo cita in giudizio e spiega alla corte che, se Evalto perderà, dovrà pagargli il suo debito; se invece vincerà, allora quella sarà la sua prima causa vinta e quindi, in base al vecchio accordo, gli pagherà ugualmente il suo debito. Insomma: se Protagora vince, vince; se perde, vince lo stesso. Ma Evalto, degno allievo del suo maestro, ribatte che, se vince, vuol dire che la corte gli ha dato ragione e dunque non deve nulla a Protagora; se invece perde, non gli deve comunque nulla perché non ha ancora vinto la sua prima causa. Ora il *Comma 22* e Protagora entrano di diritto nella giurisprudenza italiana.

Cassazione Berlusconi. Molto perplesso per quelle motivazioni ritenute irragionevoli e infondate, il pg De Petris ricorre in Cassazione (dove, visto che il tempo ormai è scaduto, potrà ottenere al massimo una prescrizione al posto di un'assoluzione). E contesta la sentenza d'appello sia in punto di diritto, sia di fatto. In diritto la tesi della Corte è smentita dalla sentenza di Cassazione su Imi-Sir: la «corruzione propria antecedente», cioè le mazzette al giudice perché «venda la sua funzione» una volta per tutte e si tenga a disposizione del corruttore per ogni esigenza futura, non richiede la prova della successiva controprestazione: basta il pagamento preventivo. Inoltre la sentenza contiene un errore giuridico piuttosto grossolano: la corruzione giudiziaria punisce sia il pagamento al giudice perché compia atti contrari ai doveri d'ufficio (sentenze ingiuste o viziate), sia perché compia atti rientranti nei suoi doveri d'ufficio (sentenze giuste e ineccepibili). È semplicemente vietato pagare giudici in cambio delle loro sentenze, sia per avere ragione quando si ha ragione, sia per avere ragione quando si ha torto. Per il Codice penale, è del tutto ininfluente se le decisioni assunte da Squillante dopo i pagamenti in Svizzera presentano, o meno, «aspetti irregolari o discutibili».

Quanto ai fatti, secondo il pg, la Corte d'appello ne ha ignorati parecchi. Per esempio quando domanda: perché mai Berlusconi avrebbe dovuto pagare Squillante via bonifico, tramite Previti, quando poteva portargli le mazzette cash senza lasciare traccia? Ma è documentalmente provato che, negli stessi mesi del 1991, Berlusconi bonificò in Svizzera 23 miliardi di lire a Craxi (sentenza definitiva All Iberian) e 1 miliardo e mezzo a

Previti per ricompensare lui e il giudice Metta dell'annullamento del lodo Mondadori (Previti e Metta e compagnia condannati in appello e il Cavaliere salvo per prescrizione). Sarà pure strano che Berlusconi usi i bonifici, ma quei bonifici risultano dalle carte e dalle sentenze. E non è forse più strano immaginarlo mentre valica la frontiera di Chiasso con una borsa piena di contanti, da consegnare *brevi manu* ai giudici amici? Che dovrebbe fare un magnate titolare di 64 società offshore, con un'enorme quantità di conti esteri, se non usarli per i pagamenti riservati ai giudici, tra l'altro provvisti anch'essi di conti esteri, tra l'altro con la mediazione degli avvocati Previti, Pacifico e Acampora, tutti e tre a loro volta muniti di conti esteri? Se queste persone non usavano mai quei conti, perché mai li avevano aperti?

Oggi quei conti sono (in parte) noti grazie alle rogatorie. Ma negli anni 80 e nei primi 90, quando venivano usati, nessuno immaginava che sarebbero stati scoperti: se l'Ariosto non avesse parlato, nessuno sarebbe andato a cercarli. Tanto le mazzette a Craxi quanto quelle ai giudici sono regolarmente passate per la Svizzera. E così quelle della causa Imi-Sir, che seguono lo stesso percorso di quelle berlusconiane: gli eredi Rovelli bonificano in Svizzera 68 miliardi di lire ai tre avvocati, che ne girano una parte ai giudici comprati. La domanda della Corte va dunque ribaltata: perché Berlusconi *non* avrebbe dovuto pagare con bonifici svizzeri?

E ancora: che il denaro usato da Previti per pagare Squillante provenisse «dal patrimonio personale di Berlusconi» lo dicono, nel processo d'appello All Iberian, gli stessi difensori del Cavaliere. Del resto risulta che la provvista con cui venivano alimentati i conti esteri utilizzati nel '91 per foraggiare Squillante era stata creata in Italia anche con fondi provenienti da un «mandato» personale del Cavaliere aperto presso la

Fiduciaria Orefici. Però Berlusconi, per la Corte d'appello, non ne sa nulla.

Ma non c'è niente da fare. Il 26 ottobre 2007 la solita VI sezione della Cassazione conferma l'assoluzione in appello e mette la pietra tombale sulle accuse a Berlusconi. È lo stesso pg Oscar Cedrangolo, nella sua requisitoria, a chiedere di rigettare il ricorso della Procura generale di Milano e di assolverlo per sempre. Se – argomenta – non si riesce a dimostrare che il giudice (Squillante) asservito agli interessi di un gruppo privato abbia compiuto un atto contrario ai doveri d'ufficio «nell'ambito della sfera di influenza delle sue funzioni», cioè che sia intervenuto ad aggiustare un processo, anche se ha preso soldi non può essere condannato. E nemmeno chi quei soldi gli ha versato. Curiosa interpretazione, che pare in contrasto con quanto stabilito dalla stessa Cassazione il 23 maggio 1996 a proposito di Squillante: «Il lento e progressivo condizionamento delle sue scelte (di Squillante da parte di Previti, *nda*) rispetto a gruppi economici... sulla base di procurate occasioni di incontri, di regalie, di mondanità, di soddisfacimento di esigenze di gratificazione individuale di ogni specie..., impone una rilettura normativa dell'ipotesi criminosa di corruzione, tutte le volte che abbiamo come riferimento fatti non solo di mercimonio dei doveri dell'ufficio in relazione ad atti squisitamente formali ma coinvolgenti la condotta generale di favoritismo e quindi antidoverosa del pubblico ufficiale...; e ciò soprattutto quando, come nel caso in esame, la corruzione investendo i doveri di base di una organizzazione (quella giudiziaria, *nda*) ...comporta la sistematica abdicazione dalle sue finalità legali». Insomma, se un gruppo imprenditoriale paga un giudice perché sia sempre disponibile alle sue esigenze processuali ancor prima che questo intervenga in suo favore, questa è ugualmente corruzione, anche se poi non si riescono a collegare i versamenti con questo o quell'atto specifico.

Ora il pg stabilisce che, sì, è incontestabile che i 434 mila dollari del bonifico Orologio a Squillante provenivano dalla Fininvest, anzi da Berlusconi. Ma nessuno è riuscito a dimostrare un intervento di Squillante per alterare il corso della causa Sme. E i giudici gli vanno dietro: la Corte d'appello, «con una motivazione esaustiva», «ha ritenuto di non poter sciogliere le proprie perplessità sul concorso criminoso dell'imputato (Berlusconi), le prove raccolte impedendo di fugare "ogni ragionevole dubbio" della sua colpevolezza». Sia sul bonifico Barilla del 1988 sia sul bonifico Orologio del 1991 al giudice Squillante, la Suprema Corte rileva che i giudici di secondo grado non hanno dedotto «l'inconsistenza o l'inapprezzabilità come fatti asseverativi di una corruzione del magistrato», ma solo «una non adeguata (bonifico Barilla) o non piena (bonifico Orologio) effettuale valenza suffragante (al di fuori di ogni dubbio ragionevole limitatamente alla posizione dell'attuale imputato) la solidità del paradigma accusatorio, che di quei verosimili fatti corruttivi reputa corresponsabile Silvio Berlusconi». E in questo presunto «quadro di contraddittorietà probatoria» la Corte di appello ha dato «maggiore pregnanza al bonifico Orologio, per la sua riconducibile origine alla Fininvest e a Berlusconi», assolvendo quest'ultimo per insufficienza di prove: «una situazione processuale che ratifica l'emersione dell'indicata insufficienza e contraddittorietà delle fonti di prova». Quanto a Stefania Ariosto, la Cassazione ricorda che i secondi giudici «non ne hanno affatto disconosciuto la generale attendibilità», ma si sono limitati a esprimere «il convincimento che le sue dichiarazioni non acquistino un peso probatorio concludente, perché caratterizzate da più di una discrepanza e da componenti di incoerenza sequenziale».

Resta, però, un marchiano equivoco: nessuno ha mai sostenuto che il bonifico Orologio (del 1991) fosse legato alla sentenza Sme (del 1986). Era invece nel capo d'imputazione che accusava Squillante di essere «stabilmente a libro paga» della Fininvest. Legato alla causa Sme, secondo l'accusa, era il versamento di 100 milioni che Barilla, tramite Previti, fece recapitare a Squillante dopo il buon esito della causa Sme in Cassazione. Il fatto più paradossale è che questo errore viene ripetuto pari pari dall'avvocato Pecorella: il quale, con l'aria di difendere il suo illustre cliente, non fa che ribadire che Berlusconi pagava Squillante. Mentre il Cavaliere, infatti, ripete slogan contro «l'uso politico della giustizia», il suo onorevole avvocato dichiara testualmente: «Squillante per le sue funzioni non era in grado di ingerire con Sme. Già per la Corte d'appello non c'era dubbio che il bonifico Orologio sia riconducibile a Berlusconi, ma siccome non c'è stato alcun intervento di Squillante, quella dazione non prova l'iscrizione del magistrato al libro paga». Cioè: Berlusconi, secondo il suo stesso difensore, pagò un giudice tramite Previti. Ma non è reato.

Sme-Ariosto 2 (falso in bilancio)

Le mazzette Fininvest ai giudici e agli avvocati romani, provenendo da fondi neri, implicano anche l'accusa a Berlusconi di falso in bilancio. Nel capo d'imputazione del pool di Milano si legge che «Berlusconi Silvio, in concorso con gli altri amministratori e dirigenti delle spa Fininvest e Istifi, in esecuzione di un unico disegno criminoso, quale presidente della spa Fininvest e azionista di riferimento dell'omonimo gruppo, fraudolentemente concorreva a esporre nei bilanci di esercizio delle precitate società, relativi agli anni 1986-87, 1988, 1989, nonché nelle relazioni allegate ai bilanci e nelle altre comunicazioni sociali, notizie false e incomplete sulle condizioni economiche delle medesime: operando perché Istifi gestisse la tesoreria del gruppo in modo tale da non consentire l'attribuzione e la ricostruzione delle operazioni finanziarie finalizzate a creare provviste di contanti nonché l'effettivo impiego in operazioni riservate ed illecite ed anche per l'esecuzione dei pagamenti di cui ai capi precedenti (le presunte tangenti ai giudici Squillante e Verde, *nda*); creando, attraverso operazioni eseguite presso la Fiduciaria Orefici di Milano, delle disponibilità extracontabili utilizzate per operazioni riservate e illecite nonché per eseguire i pagamenti di cui ai capo che precedono; così occultando, nelle diverse comunicazioni sociali, sia la creazione di disponibilità finanziarie, sia il loro impiego, sia l'esistenza di società correlate e di posizioni fiduciarie riferibili alle precitate società (nonché gli impegni per la loro capitalizzazione, i costi relativi e le plusvalenze realizzate)».

Ma nel 2002, con la controriforma berlusconiana del falso in bilancio, anche questo processo viene stralciato da quello principale. Si attende il pronunciamento della Corte di giustizia di Strasburgo sulla legge *ad personam*. Ma poi la Corte europea lascia ai giudici italiani la decisione se applicare la legge italiana o quella (più rigida e prevalente) comunitaria. Così il processo riprende lentamente e, nel 2008, si chiude con la solita formula: «Il fatto non è *più* previsto dalla legge come reato».

Mazzette a Mills (corruzione in atti giudiziari)

L'indagine. Alla fine del 2005 la Procura di Milano chiede e ottiene il rinvio a giudizio per Silvio Berlusconi e David Mills per corruzione in atti giudiziari del testimone e concorso in falsa testimonianza. Nel capo di imputazione si legge: «Non meno di 600 mila dollari versati nel 1997 da Carlo Bernasconi (manager Fininvest morto nel 2001, *nda*) a seguito di disposizioni di Silvio Berlusconi e al fine di favorire Silvio Berlusconi», su conti svizzeri dell'avvocato inglese della Fininvest David Mills, affinché costui, chiamato a testimoniare in due inchieste italiane sulla Fininvest, «dichiarasse il falso, negasse il vero o tacesse in tutto o in parte fatti a sua conoscenza» in due sue deposizioni dinanzi al Tribunale di Milano: il 20 novembre 1997 nel processo per le tangenti Fininvest alla Guardia di finanza e il 12 dicembre 1998 nel processo All Iberian.

L'indagine è nata dopo la scoperta di una lettera in cui Mills ammetteva di aver ricevuto 635 mila dollari alla vigilia delle sue testimonianze. Nel 2008 Berlusconi torna al governo per la terza volta e si mette al riparo dal processo con il lodo Alfano: così il Tribunale di Milano stralcia la sua posizione in attesa che la Consulta valuti la costituzionalità o meno della legge, continuando a processare il solo Mills.

Primo grado Mills. Nel febbraio del 2009 David Mills viene condannato dal Tribunale a 4 anni e mezzo per essere stato corrotto da Berlusconi. Nelle motivazioni, si legge che l'avvocato inglese si fece comprare «per consentire a Silvio Berlusconi e al gruppo Fininvest l'impunità dalle accuse, o almeno, il mantenimento degli ingenti profitti realizzati attraverso il compimento» di «operazioni societarie e finanziarie illecite». Per questo ricevette «enormi» somme di denaro «estranee alle sue parcelle... da Fininvest e da Silvio Berlusconi» fin dal 1995-96, in epoca «anteriore a quella delle sue deposizioni nei procedimenti tenuti a Milano». Lo scrisse lo stesso avvocato inglese il 2 febbraio 2004 al suo commercialista Bob Drennan: «La mia testimonianza aveva tenuto Mr B. fuori da un mare di guai in cui l'avrei gettato se solo avessi detto tutto quello che sapevo. Alla fine del 1999 mi fu detto che avrei ricevuto dei soldi che avrei dovuto considerare come un prestito a lungo termine o un regalo... 600.000 dollari furono messi in un hedge fund e mi fu detto che sarebbero stati a mia disposizione, se ne avessi avuto bisogno».

«Il fulcro della reticenza di David Mills – scrivono i giudici – in ciascuna delle sue deposizioni sta nel fatto che egli aveva ricondotto solo genericamente a Fininvest, e non alla persona di Silvio Berlusconi, la proprietà delle società offshore, in tal modo favorendolo in quanto imputato in quei procedimenti». I 600 mila dollari, promessi nel 1999 e versati nel 2000 «dopo che aveva svolto il suo compito», provenivano da Carlo Bernasconi, «persona che agiva in nome e per conto di Silvio Berlusconi» (ma non può essere processato perché è morto nel 2001).

L'entourage del premier tentò di occultare quella somma con «un'artificiosa, tanto opaca quanto raffinata modalità di trasferimento» ai conti di Mills, «di per sé indicativa della illiceità della complessiva operazione», utilizzando «spazi di volta in volta creati nei contenitori finanziari prima di arrivare al corrotto nel marzo del 2000». L'entità della condanna inflitta a Mills dipende dalla «oggettiva gravità della condotta, di assoluta rilevanza nei procedimenti in cui è stata posta in essere, anche in ragione della qualità e del numero dei reati» giudicati in quei due processi. Reati dai quali Berlusconi, almeno nel caso Guardia di finanza, fu assolto anche grazie alle reticenze del testimone prezzolato Mills. Il quale impiegò un'«inflessibile determinazione» nel progettare e commettere il reato, la cui «assoluta rilevanza» dipende anche dal «ruolo istituzionale di alcuni dei soggetti imputati nei procedimenti penali in cui David Mills rendeva falsa testimonianza». Soprattutto uno: Berlusconi. Il quale, cancellato il lodo Alfano dalla Consulta nel 2009, torna sotto processo a Milano. Ma riesce quasi subito a ribloccare il dibattimento grazie a un'altra legge *ad personam*: quella sul legittimo impedimento.

Appello Mills. Nel 2009 la condanna di Mills a 4 anni e mezzo viene confermata *in toto* dalla Corte d'appello.

Cassazione Mills. Il 25 febbraio 2010 la Suprema Corte dichiara il reato accertato (confermando il risarcimento dei danni per 250 mila euro alla Presidenza del Consiglio), ma prescritto. In base alla legge ex Cirielli, la prescrizione per la corruzione giudiziaria scatta non più dopo 15 anni, ma dopo 10. Però, in base ai calcoli dei giudici d'appello, ci sarebbe il tempo per scongiurarla anche nel verdetto definitivo. Ma i supremi giudici ne retrodatano i termini a tutto vantaggio dell'imputato. La Corte d'appello, infatti, ha stabilito che Mills fu corrotto il 29 febbraio 2000, quando incassò materialmente i 600 mila dollari targati Fininvest, intestandosi le quote del fondo estero "Torrey" dov'era parcheggiata la tangente destinatagli da Bernasconi per conto di Berlusconi. Ma la Cassazione decide che Mills divenne padrone di quei soldi già tre mesi prima, l'11 novembre 1999, quando fornì le istruzioni per far entrare la tangente in un precedente contenitore (il fondo Giano Capital), dove i suoi soldi erano mischiati con quelli di altri suoi clienti. Così, se la data del 29 febbraio 2000 lo farebbe condannare in via definitiva appena in tempo (i 10 anni, il 25 febbraio 2010, non sono ancora trascorsi) e lo porterebbe in galera, quella del novembre 1999 consente alla Cassazione di miracolarlo e lasciarlo impunito: per soli 4 giorni.

Primo grado Berlusconi. Rasa al suolo anche la legge sul legittimo impedimento (in parte bocciata dalla Consulta, in parte cancellata dal referendum), il processo al Cavaliere procede a passo di lumaca, grazie al calendario al *ralenti* concordato dai suoi legali con la generosissima presidente del Tribunale di Milano, Livia Pomodoro. E si trascina fino all'inizio del 2012. Calcolando tutto il tempo perso con le leggi *ad personam*, la prescrizione scatterà in estate secondo la Procura di Milano e il 15 febbraio secondo il Tribunale. Dunque c'è almeno il tempo per arrivare a un verdetto di primo grado. Il 27 gennaio il dibattimento è finito: concluse le requisitorie e le arringhe, manca soltanto la sentenza. Gli onorevoli avvocati Ghedini e Longo tentano il tutto per tutto e giocano la solita carta dilatoria: bloccano il collegio giudicante sulla soglia della camera di consiglio con l'ennesima ricusazione. In questi casi, la Corte d'appello respinge le richieste pretestuose in pochi giorni. Stavolta invece impiega quasi un mese, temporeggiando fino al 23 febbraio. Così la sentenza arriva il giorno 25, a processo morto: reato estinto per «sopraggiunta prescrizione». Sopraggiunta quando? Dieci giorni prima, durante la melina dei giudici. Il 14 maggio 2012 la presidente del collegio Francesca Vitale firma e deposita con 10 giorni d'anticipo le motivazioni (77 pagine) senza neppure consultare le sue giudici a latere, Caterina Interlandi e Antonella Lai. E scrive che, anche senza la prescrizione, Berlusconi sarebbe stato probabilmente assolto per insufficienza di prove, perché la lettera-confessione di Mills al suo commercialista era utilizzabile contro l'avvocato inglese, ma non contro il Cavaliere.

Motivo: i documenti che accusano terze persone sarebbero inutilizzabili contro di esse se non sono stati illustrati dall'autore in dibattimento: e Mills, al processo, non solo non ha spiegato la sua lettera-confessione al commercialista, ma l'ha addirittura ritrattata, insieme alla precedente confessione resa dinanzi ai pm. La giudice dice di non credere alla ritrattazione: «un atto di contrizione (mal) recitato per tentare di allontanare da Berlusconi ogni sospetto», insomma una versione «infarcita di incongruenze, imprecisioni, inverosimiglianze». Ma non fa nulla: la deposizione in cui Mills «nega la veridicità di quanto rappresentato nella lettera», pur «in sé non credibile», svuota «di significato quale mezzo probatorio anche la lettera, e a cascata le stesse deposizioni dei fiscalisti Drennan e Barker, genuini e attendibili» che «perdono la loro forza probante». Insomma: se la lettera non vale come prova, non valgono nemmeno le dichiarazioni di Mills e neppure quelle dei suoi due fiscalisti. E pazienza se questi ultimi – al contrario di quanto si legge nella bizzarra sentenza – non si sono limitati a deporre sul contenuto della lettera, ma hanno spiegato per ore cosa Mills aveva riferito loro, confermando che il legale inglese aveva detto di aver ricevuto del denaro da Berlusconi dopo avergli evitato «un mare di guai» con le due testimonianze false e reticenti.

E l'esatto opposto di quel che ha accertato lo stesso Tribunale di Milano nella sentenza di condanna per Mills: «Quanto dichiarato, a partire dalla lettera del 2 febbraio 2004, trova pieno riscontro nelle emergenze dibattimentali. Tanto che da tale lettera si potrebbe tranquillamente prescindere: è quanto accertato nel presente procedimento a trovare riscontro» in quel testo. Ora invece la giudice di Berlusconi cancella quelle prove, per poi concludere che «nessuna verità, neppur processuale, può dirsi raggiunta» se si osserva «il rispetto che si deve alle norme anche quando siano scomode e conducano a risultati insoddisfacenti non solo per la pubblica accusa, ma anche per l'imputato». E così, evaporate la lettera e le deposizioni conseguenti, la toga solitaria scrive di ritrovarsi in mano un «quadro di incertezza» su Berlusconi, che «non consente di affermarne l'assoluta estraneità ai fatti» e «non fornisce prova evidente dell'innocenza», ma nemmeno della colpevolezza. Peccato che, nella sentenza su Mills, la Cassazione abbia già affermato tutto il contrario: e cioè che Mills fu corrotto nell'interesse di Berlusconi.

Già che c'è, la presidente si avventura in strane spiegazioni sui motivi della prescrizione. Dimentica la legge ex Cirielli che ne ha ridotto i termini in corso d'opera, sorvola sulle tecniche dilatorie dei difensori e sul calendario-lumaca autorizzato dal suo Tribunale. E riesce a prendersela con i pm che avrebbero indagato troppo a lungo (ma i tempi delle indagini sono fissati per legge) e si sono pure permessi «inopportune e reiterate sollecitazioni sulla fissazione del calendario» al rallentatore. Critica financo la collega Nicoletta Gandus, l'altra presidente del Tribunale che iniziò il primo dibattimento contro Berlusconi e Mills, per poi stralciare la posizione del premier dopo il lodo Alfano. Una scelta, secondo la Vitale, «le cui ragioni, al di là della motivazione formale, restano sinceramente oscure» e che ha «posto una pesantissima ipoteca sul processo all'allora premier»: dimentica che, se il collegio Gandus non avesse deciso di processare subito Mills e stralciare Berlusconi, il processo non sarebbe approdato in tempo a una sentenza di merito nemmeno a carico dell'avvocato inglese. E l'intera vicenda sarebbe rimasta senza una verità giudiziaria, che invece, almeno nel processo a Mills, è stata definitivamente accertata. In estrema sintesi: Mills è colpevole di essere stato corrotto da Berlusconi, ma Berlusconi non può essere condannato per avere corrotto Mills.

Diritti Mediaset (falso in bilancio, frode fiscale, appropriazione indebita)

L'indagine. Questo è l'unico procedimento che abbia portato a una condanna definitiva per Silvio Berlusconi: per una frode fiscale di 7,3 milioni di euro. Una quisquilia? No, l'ultima goccia di un oceano di fondi neri sottratti fraudolentemente prima al fisco e poi anche alla giustizia grazie a una serie impressionante di leggi *ad personam*. La carriera dell'evasore-fondatore inizia, come abbiamo visto, negli anni 70 con le prime irregolarità scoperte nel 1979 dalla Guardia di finanza nelle sue società edilizie impegnate nella costruzione di Milano 2, di cui il neo Cavaliere si spacciava per semplice consulente, mentre era il proprietario (o la testa di legno di misteriosi investitori svizzeri e forse anche siciliani). L'indagine fu frettolosamente chiusa dal capitano Berruti, che subito dopo gettò l'uniforme alle ortiche per farsi assumere dalla Finivest. E non se ne seppe più nulla.

Le prime notizie certe sulle evasioni e le frodi berlusconiane – ricostruite da Paolo Biondani e Carlo Porcedda ne *Il Cavaliere Nero* (Chiarelettere, 2013) sulla scorta delle indagini della Procura di Milano – risalgono al decennio 1980-90. In quegli anni i suoi sistemi per nascondere soldi al fisco sono tre: ben 105 libretti al portatore intestati a collaboratori o a nomi di fantasia (dove – si è accertato nel processo Guardia di finanza – custodiva l'equivalente in lire di almeno 65 milioni di euro di «disponibilità extrabilancio»); il mandato fiduciario "500" da cui faceva prelevare a San Marino 45 milioni di euro in contanti da portavalori per trasferirli in Svizzera con gli "spalloni"; un pugno di società offshore, fra cui Accent e Timor, nascoste nelle Isole Vergini britanniche per intermediare l'acquisto di film dalle major americane e farne lievitare il prezzo, accumulando all'estero plusvalenze di decine di milioni di euro (il totale esatto è impossibile ricostruirlo, visto il tempo trascorso), lontano dagli occhi del fisco italiano.

Poi c'è il sistema escogitato nel quinquennio 1989-1994, fino alla nascita del primo governo Berlusconi: le 64 società offshore del gruppo Fininvest, create con l'aiuto dell'avvocato David Mackenzie Mills alla fine degli anni 80. La tesoreria centrale si chiama All Iberian, con sede nelle Isole del Canale della Manica, attorno a cui ruota una galassia di sigle, sportelli, scatole vuote fra Svizzera, Lussemburgo, Isole Vergini, Panama e Malta, e soprattutto conti esteri «non ufficiali», quasi tutti elvetici, che finanziano «operazioni riservate» per un totale di 1.550 miliardi di lire (775 milioni di euro): tangenti a politici, avvocati e giudici, scalate societarie e raid finanziari occulti. Per tutti questi fondi neri, come abbiamo visto, Berlusconi si salva con la depenalizzazione del falso in bilancio che manda a monte i processi All Iberian-2, Fininvest e Fininvest-consolidato.

Terza tappa della caccia al tesoro: il periodo dal 1994 al 1998. Qui si perfeziona il sistema dei diritti tv sui film acquistati a Hollywood a prezzi sempre più gonfiati per accantonare fondi neri all'estero: 252 milioni di dollari fra Svizzera e Bahamas tramite le due offshore personali di Berlusconi Century One e Universal One, oltre alla Principal Network e altre società ancora; e 368 milioni di dollari fra Los Angeles, Montecarlo e Bahamas sulle società Harmony Gold, Stardust ecc. È il cuore del processo Mediaset. La condanna sarebbe arrivata molto prima, per importi e con pene ben più elevati, se nel 1996 il Cavaliere e la sua gang non avesse fatto sparire le carte, fortunosamente ritrovate dai pm di Milano solo nel 2003-2004. Comprese quelle della società Bridgestone, intestataria di uno yacht e di una villa da 12 milioni di dollari alle Bermuda: un omaggio offshore di Silvio alla figlia Marina. E incluso il sistema di conti da lui controllati personalmente alle Bahamas, che fino al 1998 ingoiano altri 26 milioni di dollari attraverso un grossista di carni di Montecarlo, Erminio Giraudi, divenuto improvvisamente «venditore di film».

Il quarto e ultimo sistema si è protratto dal 1994 fino ad almeno il 2008: 233 milioni di dollari transitati su alcune società controllate da Frank Agrama, il produttore cinematografico egizio-californiano che faceva da prestanome, «intermediario fittizio», per gli acquisti di film da parte di Mediaset, sempre per gonfiarne i costi a carico della società quotata e i guadagni per sé e l'amico Silvio. Infatti Agrama incassa il surplus in nero e lo spartisce segretamente con Berlusconi. Nel solo quinquennio 1994-98, il gruppo del Cavaliere spende 200 milioni di dollari per acquistare, tramite lui, i film della Paramount. Ma alla major hollywoodiana va solo un dollaro ogni tre: ben 55 milioni di dollari restano impigliati fra le dita di Agrama («senza svolgere alcuna attività», scriveranno i giudici della Cassazione); e altri 80 finiscono sui conti delle solite offshore personali di Berlusconi.

«Il conto finale – scrive Biondani sull'*Espresso* – è da primato: almeno 1 miliardo e 277 milioni di euro» di fondi neri in 38 anni, dal 1898 al 2008. «In tutti i gradi di giudizio le sentenze definiscono "colossale" la massa di denaro nero che si è riversata sulle società offshore gestite dal gruppo Fininvest e risultate "di proprietà personale di Berlusconi"». Di quel mare di nero, il processo Mediaset si occupa "soltanto" per la parte relativa al quinquennio 1994-98, accertando un totale di 368 milioni e 510 mila dollari esentasse ricavato dai contratti truccati sui film. Tutti soldi finiti su conti offshore di società del Cavaliere, gestite dai suoi tesorieri personali.

Nel 2006 il Tribunale di Milano, accogliendo le richieste dei pm Alfredo Robledo e Fabio De Pasquale, rinvia a giudizio Silvio Berlusconi, il presidente di Mediaset Fedele Confalonieri e numerosi manager del gruppo. Il Cavaliere – secondo l'accusa – prima e dopo l'ingresso in politica nel '94 ha continuato a disporre una serie di operazioni finanziarie di acquisto di diritti cinematografici e televisivi da major americane, con vorticosi passaggi fra una società estera e l'altra del gruppo Berlusconi, allo scopo di far lievitare artificiosamente il prezzo dei beni compra-venduti e beneficiare di sconti fiscali previsti dalla legge Tremonti, approvata dal suo primo governo per detassare gli utili reinvestiti dalle imprese. Così il premier avrebbe intascato, tramite due società offshore intestate ai figli, almeno 170 milioni di dollari, sottraendo al fisco almeno 130 miliardi di lire e falsificando i bilanci anche nella fase cruciale della quotazione di Mediaset in Borsa nel 1996. Parte delle accuse, per i fatti più risalenti nel tempo, viene dichiarata in udienza preliminare coperta dalla prescrizione abbreviata grazie alla legge ex Cirielli.

Primo grado. In Tribunale la prescrizione falcidia anche i falsi in bilancio più recenti (contestati dalla Procura fino al 2001). Restano in piedi parte delle appropriazioni indebite e delle frodi fiscali (contestate fino al 2003). Il processo viene sospeso nel 2008 a causa del lodo Alfano e riprende nel 2010, dopo che la Corte costituzionale l'ha cancellato.

Il 26 ottobre 2012, dopo ben sei anni di corsa a ostacoli a base di leggi *ad personam*, sospensioni, ricusazioni, istanze di rimessione ad altra sede, legittimi impedimenti, insomma il solito armamentario dilatorio e ostruzionistico di Berlusconi e dei suoi avvocati, il Tribunale di Milano emette la sentenza di primo grado. Il collegio presieduto da Edoardo D'Avossa condanna per frode fiscale Berlusconi a 4 anni (più dei 3 anni e 8 mesi richiesti dal pm Fabio De Pasquale), il manager Daniele Lorenzano a 3 anni e 8 mesi, il produttore-prestanome Frank Agrama a 3 anni, la manager Gabriella Galetto a 1 anno e 2 mesi e assolve il presidente di Mediaset Fedele Confalonieri «per non aver commesso il fatto».

Le pene sono condonate nella misura di tre anni grazie all'indulto del centrosinistra (ma votato anche da Forza Italia) del 2006. All'ex premier, vista l'entità della condanna, vengono anche inflitte le pene accessorie imposte dal Codice: l'interdizione dai pubblici uffici per 5 anni (esecutiva solo dopo l'eventuale condanna definitiva), l'incapacità a contrattare con la pubblica amministrazione, l'interdizione dalle funzioni di rappresentanza e assistenza in materia tributaria e l'interdizione perpetua dall'ufficio di componente della commissione tributaria. I condannati dovranno anche risarcire l'Agenzia delle Entrate con 10 milioni di euro a titolo di provvisionale.

Le motivazioni, visto il poco tempo che manca al termine di prescrizione, vengono depositate contestualmente al dispositivo. E sono pesantissime. Silvio Berlusconi è l'artefice di «evasione fiscale notevolissima», un «disegno criminoso» di cui fu prima «l'ideatore» e poi sempre il «*dominus* indiscusso», utilizzando Agrama come «socio occulto» e suo «vero mandatario» in una colossale truffa al fisco. Ecco le cifre: 17,5 miliardi di lire nel 2000; 6,6 milioni di euro nel 2001; 4 milioni di euro nel 2002; 2 milioni nel 2003. E questo soltanto per i reati che nel frattempo non sono stati falcidiati dalla prescrizione, visto che l'ammontare complessivo della frode allo Stato italiano supera i 368 milioni di dollari. «Non è sostenibile – secondo il Tribunale – che la società Mediaset abbia subito truffe per oltre un ventennio senza neanche accorgersene». Infatti Berlusconi fu il «*dominus* di un preciso progetto di evasione esplicato in un arco temporale ampio e con modalità sofisticate». Un «sistema», quello dei diritti tv, con un «duplice fine»: una «imponente evasione fiscale» e la «fuoriuscita» di denaro «a favore di Silvio Berlusconi» che «rimane al vertice della gestione dei diritti» e del meccanismo fraudolento anche «dopo la discesa in campo» del 1994, perché «non c'era un altro soggetto» a gestire il sistema di frode. «Il giro dei diritti si inserisce in un ricorso più generale a società offshore create da Berlusconi affidandosi a fidatissimi collaboratori». Mills compreso. Infine «non si può ignorare la produzione di un'immensa disponibilità economica all'estero ai danni dello Stato e di Mediaset che ha consentito la concorrenza sleale ai danni delle altre società del settore».

Appello. L'8 maggio 2013 la II Corte d'appello di Milano, presieduta da Alessandra Galli, conferma in pieno la sentenza di primo grado: stesse pene detentive e accessorie per tutti e quattro gli imputati. Nelle motivazioni, i giudici spiegano che «vi è la prova, orale e documentale, che Silvio Berlusconi abbia direttamente gestito la fase iniziale per così dire del gruppo B (sistema di società offshore) e, quindi, dell'enorme evasione fiscale realizzata con le società offshore». E insistono sul fatto che il Cavaliere continuò imperterrito a delinquere anche dopo essere entrato in politica e divenuto presidente del Consiglio nel 1994: «Almeno fino al 1998 vi erano state le riunioni per decidere le strategie del gruppo, riunioni con il proprietario Silvio Berlusconi». Ed «era assolutamente ovvio che la gestione dei diritti, il principale costo sostenuto dal gruppo, fosse una questione strategica e quindi fosse di interesse della proprietà, di una proprietà che appunto rimaneva interessata e coinvolta nelle scelte gestionali, pur abbandonando l'operatività giornaliera». Insomma, «l'operazione illecita veniva portata a termine costituendo società e conti esteri a ciò dedicati: un sistema parallelo alla ordinaria gestione delle società del gruppo» che è proseguito per molti anni, «nonostante i ruoli pubblici assunti» da Berlusconi.

I giudici d'appello ritengono dunque dimostrato che «era riferibile a Berlusconi l'ideazione, la creazione e lo sviluppo del sistema che consentiva la disponibilità di denaro separato da Fininvest ed occulto, al fine di mantenere ed alimentare illecitamente disponibilità patrimoniali estere presso conti correnti intestati a varie società che erano a loro volta amministrate da fiduciari di Berlusconi». Così il sistema dei diritti tv Mediaset «si scrive in un contesto più generale di ricorso a società offshore anche non ufficiali ideate e realizzate da Berlusconi avvalendosi di strettissimi e fidati collaboratori». Secondo i giudici, «interponendo fra le major e il gruppo Fininvest-Mediaset una serie di società estere, che operavano adeguati ricarichi nella compravendita dei diritti, si otteneva un duplice risultato: non solo si creavano costi fittizi destinati a diminuire gli utili del gruppo e quindi le imposte da versare all'erario italiano, ma si costituivano, appunto, ingenti disponibilità finanziarie all'estero». E questa «strategia traeva origine in anni in cui Berlusconi era incontestabilmente il gestore diretto di tutte le attività del gruppo». Un quadro che rende ridicola la tesi difensiva del Cavaliere, secondo cui la sua società fu raggirata da manager infedeli, visto che i fondi neri finivano soprattutto a lui e alla sua famiglia: «Non è verosimile che qualche dirigente di Fininvest o Mediaset abbia organizzato un sistema come quello accertato e, soprattutto, che la società abbia subito per 20 anni truffe per milioni di euro senza accorgersene». Anche perché «il sistema delle società offshore è stato ideato «per il duplice fine di realizzare un'imponente evasione fiscale e di consentire la fuoriuscita di denaro dal patrimonio di Fininvest e Mediaset a beneficio di Berlusconi».

Cassazione. Ai primi di luglio del 2013, quando arriva in Cassazione il fascicolo dalla Corte d'appello con la sentenza e le impugnazioni di Berlusconi & C., succede di tutto. Il Cavaliere, pur pesantemente sconfitto alle elezioni del febbraio 2013, ad aprile è stato decisivo per far nascere il governo di larghe intese con il Pd e i centristi presieduto da Enrico Letta e benedetto da Giorgio Napolitano. E il capo delle Stato è attivissimo nel raccomandare anche pubblicamente alla magistratura di fare bene attenzione alle conseguenze politiche delle sue decisioni. Già si sussurra, nei corridoi del Palazzaccio, che sia bell'e pronta una soluzione all'italiana: il primo presidente della Corte, Giorgio Santacroce, vecchio amico di Previti, potrebbe assegnare il caso alle Sezioni unite e predisporre un collegio "morbido", così i tempi si allungherebbero e scatterebbe la solita prescrizione. Ma poi il classico imprevisto complica i piani al partito dell'impunità. Lo rivela il 9 luglio, sul *Corriere della Sera*, Luigi Ferrarella. La Corte d'appello, trasmettendo gli atti alla Cassazione, l'ha avvertita: il reato si prescriverà per metà il 1° agosto. E l'attività giudiziaria ordinaria sta per chiudere i battenti il 31 luglio, per riprendere il 15 settembre. Ma ovviamente le udienze fino al 31 luglio sono già fissate da tempo, dunque il processo Mediaset slitterebbe all'autunno. Per legge, però, i supremi giudici devono fare tutto il possibile per scongiurare le prescrizioni.

Così il 9 luglio la sezione feriale della Cassazione, presieduta quest'anno dal presidente della II sezione Antonio Esposito, fissa il processo Mediaset davanti a sé per il 30 luglio. Lo prevede espressamente il regolamento interno che ogni anno il primo presidente dirama a tutti gli uffici del Palazzaccio. Vanno alla sezione feriale tutti i processi urgenti: cioè quelli con imputati detenuti in scadenza dei termini di custodia e quelli «per i quali la prescrizione maturi durante la sospensione (estiva, *nda*) o nei successivi 45 giorni». È quel che è accaduto nel 2011 per 219 processi e nel 2012 per 243. Ed è anche il caso del processo Mediaset.

I fatti sono chiarissimi. Nel 2004, quando la Procura di Milano scoprì i reati commessi da Berlusconi (falso in bilancio, frode scale e appropriazione indebita), la frode ammontava a 368,5 milioni di dollari di costi gonfiati tramite società offshore e non dichiarati al fisco: fatti commessi nel 1995-98, con effetti fiscali «spalmati» con gli ammortamenti fino al 2003. Nel 2005 il Cavaliere scoprì di essere indagato e impose subito la legge ex Cirielli, che tagliava la prescrizione da dieci anni a sette e mezzo, più una raffica di condoni e scudi fiscali. Così ogni anno ha fatto evaporare un pezzo del suo monumentale delitto e nel maggio del 2013, quando è arrivata la condanna d'appello, restavano soltanto i 4,9 milioni di euro evasi nel 2002 e i 2,4 del 2003. Ma il 1° agosto (secondo i calcoli dei giudici) o a metà settembre (secondo i difensori) si estinguerà anche la frode del 2002. Dunque, se la Cassazione non sentenzierà prima, la pena di quattro anni scenderà probabilmente a due o poco più. Con due conseguenze. Primo: il processo tornerà alla Corte d'appello per rideterminarla. Secondo: sparirà la pena accessoria dell'interdizione per cinque anni dai pubblici uffici, prevista solo per le condanne superiori ai tre anni.

Insomma Berlusconi – che già non finirà il carcere perché ha più di settant'anni (grazie al regalo di compleanno contenuto nella legge ex Cirielli per lui e per Previti) e perché tre dei quattro anni di pena sono coperti dall'indulto del 2006 – potrebbe restare tranquillamente in Parlamento, evitando sia l'interdizione, sia gli effetti della legge Severino (che prevede la decadenza degli eletti solo per condanne superiori ai due anni). Sempreché, si capisce, il nuovo processo d'appello e poi di Cassazione arrivino in tempo per evitare la prescrizione anche dell'ultima frode: quella del 2003, che si estinguerà nell'estate del 2014 (recuperando gli anni perduti con i vari impedimenti e «lodi» incostituzionali). Altrimenti il Caimano la farà franca al 100 per cento per l'ennesima volta.

La decisione della Corte – un atto dovuto – viene accolta da Berlusconi & C. come un affronto intollerabile: la prescrizione, da quelle parti, è considerata un diritto acquisito. E il fatto che i giudici tentino di scongiurarla, come previsto dalla legge, diventa un'altra prova dell'«accanimento», della «giustizia politicizzata», della volontà di «eliminarlo dalla scena politica». Il Cavaliere, sconvolto dalla sola idea di essere trattato come gli altri cittadini, minaccia l'Aventino dei suoi parlamentari e ministri, o le loro dimissioni in massa per bloccare il Parlamento, rovesciare il governo Letta e trascinare il Paese alle elezioni anticipate in ottobre: «Vogliono una nuova piazzale Loreto, pensano di farmi scappare come Craxi, ma io resisto. Se mi condannano, non mi dimetto. Ma il governo è finito». Il Pdl e gli house organ accusano la Cassazione di «sentenza sprint» e di «fretta sospetta» (per un processo iniziato nove anni prima).

Alla fine, al posto dell'Aventino, il Pdl opta per la serrata del Parlamento contro la Cassazione. Un atto eversivo, mai visto nella storia repubblicana, che sulle prime dovrebbe durare tre giorni. Poi ci si contenta di uno solo: i lavori di Camera e Senato resteranno sospesi «soltanto» il 10 luglio. Incredibilmente anche il Pd – sempre più ostaggio delle larghe intese – vota a favore, fra le urla dei 5 Stelle e le proteste di Renzi.

Alla vigilia della storica sentenza, le stanze ovattate del Palazzaccio sono percorse da grande tensione e da un paio di episodi sconcertanti che correranno di bocca in bocca senza mai uscire dal portone principale. Uno è lo strano invito che Cosimo Ferri, pm e leader storico di Magistratura indipendente, ora sottosegretario alla Giustizia in quota FI, rivolge al presidente Esposito perché presenzi al Premio Bancarella che si tiene fino al 21 luglio nella natia Pontremoli. Esposito, per ovvi motivi di opportunità a due settimane dal verdetto su Berlusconi, declina. Il secondo episodio è una proposta altrettanto stravagante avanzata dal primo presidente Santacroce. Il quale, contrariamente a quanto avviene per i processi "normali", vorrebbe incontrare tutti insieme i membri del collegio chiamato a giudicare il Cavaliere. Un modo, forse, per sottolineare che quello non è un processo "normale". Ma i cinque giudici respingono la proposta indecente.

La mattina del 30 luglio il presidente Esposito e i giudici Amedeo Franco, Claudio D'Isa, Ercole Aprile e Giuseppe De Marzo danno il via al processo Mediaset. Sono cinque «toghe moderate e di lungo corso», come le definisce persino il *Giornale*. Nessuna è mai stata iscritta a Magistratura democratica o al Movimento per la giustizia, le correnti progressiste dell'Anm. Il relatore Franco apre l'udienza riassumendo le varie fasi del giudizio e le due condanne conformi di primo e secondo grado. Poi dedica gran parte della relazione alle ragioni dei ricorsi presentati dalle difese dei quattro imputati. Il sostituto procuratore generale Antonello Mura (anche lui «conservatore», ex presidente di Magistratura indipendente) chiede la conferma della condanna per tutti gli imputati. Ma, per Berlusconi, propone uno sconto sulla pena accessoria dell'interdizione dai pubblici uffici da 5 a 3 anni. Infine i difensori illustrano una raffica di ben 94 motivi di impugnazione e chiedono l'annullamento della sentenza d'appello. Così se ne vanno i primi due giorni di udienza e la camera di consiglio inizia soltanto il terzo, alle 12.30 del 1° agosto (l'ultimo giorno buono prima che scatti la mezza prescrizione).

I giudici ne escono quasi sette ore dopo, alle 20.15. Il presidente Esposito legge il dispositivo della sentenza: «In nome del popolo italiano, la Corte suprema di Cassazione, sezione feriale... rigetta i ricorsi di Agrama Frank, Galetto Gabriella, Lorenzano Daniele, che condanna al pagamento delle spese processuali. Annulla la sentenza impugnata nei confronti di Berlusconi Silvio...». A queste parole una piccola folla di fan, che si qualifica come «Esercito di Silvio» e si è data convegno dinanzi a Palazzo Grazioli, prorompe in urla di giubilo. Troppa precipitazione. Infatti Esposito prosegue: «...limitatamente alla statuizione relativa alla condanna alla pena accessoria dell'interdizione temporanea per anni 5 dai pubblici uffici, per violazione dell'articolo 12, comma 2, dlgs 10 marzo 2000, numero 74. E dispone trasmettersi gli atti ad altra sezione della Corte d'appello di Milano perché ridetermini la pena accessoria nei limiti temporali fissati dal citato articolo 12, ai sensi dell'articolo 133 c.p., valutazione non consentita alla Corte di legittimità. Rigetta nel resto il ricorso di Berlusconi nei cui confronti dichiara, ai sensi dell'articolo 624, comma 2, cpp, irrevocabili tutte le altri parti della sentenza impugnata. Condanna tutti gli imputati, in solido, al pagamento in favore della parte civile, Agenzia delle Entrate, delle spese dalla stessa sostenute in questo grado di giudizio, liquidate in complessivi euro 5.000, oltre accessori come per legge».

Traduzione: il senatore Silvio Berlusconi è ufficialmente un pregiudicato per frode fiscale, essendo stato condannato definitivamente a quattro anni di reclusione. L'annullamento riguarda soltanto la pena accessoria: la Corte d'appello l'aveva calcolata in 5 anni, come previsto dal Codice penale per tutte le pene detentive superiori ai 3 anni. Ma, secondo la Cassazione, avrebbe dovuto applicare la legge speciale, cioè la normativa penale tributaria (la legge 74 del 2000), che prevede un'interdizione da 1 a 3 anni. Spetterà alla Corte d'appello di Milano ricalcolarla entro quei limiti. Invece la pena detentiva è irrevocabile e immediatamente esecutiva. Non appena il Palazzo di giustizia di Milano riaprirà i battenti dopo il periodo feriale, il 15 settembre la Procura disporrà l'esecuzione della sentenza e il Tribunale di sorveglianza ne deciderà la forma. Cioè manderà Berlusconi agli arresti domiciliari oppure – se il condannato ne farà richiesta entro un mese – valuterà se affidarlo in prova ai servizi sociali. Intanto la giunta per le elezioni e le immunità del Senato dovrà avviare la pratica per dichiararlo «immediatamente» decaduto e incandidabile per sei anni in base alla legge Severino, approvata (anche dal Pdl) il 31 dicembre 2012.

Il volto dei cinque giudici è segnato da una discussione-fiume (una delle più lunghe che gli annali della Cassazione ricordino per processi così semplici, con così pochi imputati), a tratti anche aspra, in camera di consiglio. Colpisce soprattutto l'espressione cupa, quasi pietrificata, del relatore Amedeo Franco, che una fuga di notizie sui giornali berlusconiani indicherà come fautore dell'annullamento della condanna, isolato però dagli altri quattro membri del collegio. Nessuno saprà mai se, al termine del lungo dibattito, la sentenza sia stata approvata all'unanimità, oppure a maggioranza di quattro contro uno. Quel che è certo è che tutti e cinque i giudici si dividono poi il compito di stendere le motivazioni, depositate il 29 agosto con tutte e cinque le loro firme.

Berlusconi – si legge nelle 208 pagine che spiegano il verdetto – fu «ideatore» e «beneficiario» del mega-sistema fraudolento. «Anzitutto è ideatore del meccanismo del giro dei diritti che a distanza di anni continuava a produrre effetti (illeciti) di riduzione fiscale per le aziende a lui facenti capo in vario modo» e a «consentire la perdurante lievitazione dei costi di Mediaset a fini di evasione fiscale». Ma anche il beneficiario: «Il sistema organizzato da Silvio Berlusconi ha permesso di mantenere e alimentare illecitamente disponibilità patrimoniali estere, conti correnti intestati ad altre società che erano a loro volta intestate a fiduciarie di Berlusconi». Per questo «è pacifica e diretta la riferibilità a Berlusconi della ideazione, creazione e sviluppo del sistema che consentiva la disponibilità del denaro separato da Fininvest e occulto».

Anche per i supremi giudici è «inverosimile» l'ipotesi alternativa «che vorrebbe tratteggiare una sorta di colossale truffa ordita per anni ai danni di Berlusconi (proprio in quello che è il suo campo d'azione e nel contesto di un complesso meccanismo da lui stesso strutturato e consolidato) da parte di personaggi da lui scelti e mantenuti, nel corso degli anni, in posizioni strategiche e nei cui confronti non risulta essere mai stata presentata alcuna denuncia. Non è dunque verosimile che qualche dirigente di Fininvest Mediaset abbia subito per vent'anni truffe per milioni di euro senza accorgersene».

L'ex premier aveva il controllo della situazione anche dopo aver lasciato formalmente le aziende nel 1994 per darsi alla politica, perché i suoi fedelissimi conoscevano a menadito le sue direttive e continuavano a eseguirle: «La qualità di Berlusconi di azionista di maggioranza e *dominus* indiscusso del gruppo gli consentiva pacificamente qualsiasi possibilità di intervento, anche in mancanza di poteri gestori formali. La permanenza di tutti i suoi fidati collaboratori ma anche correi, ne costituisce la più evidente dimostrazione». E poi c'è un altro elemento fondamentale: tutti i personaggi chiave dello scandalo Mediaset sono stati «mantenuti sostanzialmente nelle posizioni cruciali anche dopo la dismissione delle cariche sociali da parte di Berlusconi e in continuativo contatto diretto con lui». Per cui «la mancanza in capo a Berlusconi di poteri gestori e di posizione di garanzia nella società non è dato ostativo al riconoscimento della sua responsabilità». E, una volta entrato in politica, «conoscendo perfettamente il meccanismo, ha lasciato che tutto proseguisse inalterato mantenendo nelle posizioni strategiche i soggetti da lui scelti e che continuavano a occuparsi della gestione in modo da consentire la perdurante lievitazione dei costi di Mediaset a fini di evasione fiscale».

Il meccanismo truffaldino era «un gioco di specchi sistematico a fronte di una realtà costituita dall'acquisizione di diritti su opere scelte presso i produttori da un emissario di Mediaset, per prezzi concordati dalle stesse major con costui – rifletteva una serie di passaggi privi di giustificazione commerciale: privi di giustificazione perché, quanto meno (ma a volte gli anelli della catena erano più numerosi, e altrettanto – anzi, vieppiù – ingiustificati), la titolarità dei diritti andava dal fornitore Usa a un primo intermediario "di comodo"; da costui alla società Ims; quindi da Ims alla stessa Mediaset». E «ad ogni passaggio, la lievitazione di costi era (a dir poco) imponente».

Perché mai Mediaset avrebbe dovuto pagare, per anni e anni, i film acquistati in America molto più di quanto costavano alla fonte? Perché Berlusconi, come già delle prostitute, era l'utilizzatore finale di quei fondi neri. Dunque non esitò a truffare lo Stato e perfino la sua società (quotata in Borsa dal 1996) per metterseli in tasca. Il *cui prodest* – scrivono i supremi giudici – «è argomento di chiusura che presenta un elevato tasso di utilità in termini di verifica della tenuta logica della decisione. Ebbene, il criterio dell'individuazione del destinatario principale dei benefici derivanti dall'illecito fornisce un risultato convergente con quello che s'è visto essere l'esito dell'apprezzamento delle prove compiuto dai due gradi di merito: esso indica, cioè, proprio in Berlusconi... il soggetto che in ultima analisi, anche dopo l'assunzione della veste di azionista di maggioranza, continuava a godere della ricaduta economica del sistema praticato». Da quel pozzo nero con almeno 1 miliardo e 277 milioni di euro accumulati da Berlusconi in 38 anni (compresi i 368,5 milioni di dollari di imponibile evaso nel quinquennio 1994-98, oggetto del processo Mediaset), il fisco e la giustizia italiani non riusciranno mai a sequestrare neppure un centesimo. Berlusconi, condannato per quei 7,3 milioni scampati alla prescrizione, se la caverà con 10 mesi di servizi sociali in un ospizio di Cesano Boscone e con 10 milioni di euro di risarcimento all'Agenzia delle Entrate: meno di un trentaseiesimo della refurtiva intascata con la frode fiscale di cui è stato riconosciuto colpevole.

Mediatrade (appropriazione indebita)

Dal 2007 Silvio Berlusconi, insieme al presidente di Mediaset Fedele Confalonieri, è indagato dalla Procura di Milano per appropriazione indebita in uno stralcio dell'inchiesta sui diritti Mediaset: quello su Mediatrade, la società controllata dal gruppo Berlusconi che nel 1999 ha sostituito la maltese Ims nell'acquisto dei diritti televisivi e cinematografici dalle major americane. Il fascicolo riguarda i 100 milioni di euro sequestrati in Svizzera nel 2005 al produttore Agrama sui conti di una sua società con sede a Hong Kong, la Wiltshire Trading. L'ipotesi accusatoria è che quei soldi non siano il frutto di una mega-cresta fatta da Agrama ai danni di Mediaset, ma un tesoretto accantonato in nero dal produttore come socio occulto e prestanome del Cavaliere.

Nel 2011 il gup di Milano proscioglie Berlusconi dall'accusa di essere l'ideatore del sistema fraudolento di Mediatrade, ma rinvia a giudizio il presidente e il vicepresidente di Mediaset, Fedele Confalonieri e Pier Silvio Berlusconi. I quali nel 2014 vengono per metà assolti e per metà salvati dalla prescrizione in Tribunale. Nel 2016 la Corte d'appello di Milano ribalta la sentenza e condanna sia Confalonieri sia Pier Silvio a 1 anno e 2 mesi. Verdetto a sua volta annullato senza rinvio dalla Cassazione, che chiude definitivamente il caso senza condanne per insufficienza di prove sul "dolo", cioè sulla consapevolezza del meccanismo fuorilegge da parte degli imputati.

Nel frattempo una tranche del caso Mediatrade è finita per competenza a Roma, dove nel 2011 la Procura chiede il rinvio a giudizio di Berlusconi, del figlio Pier Silvio, di Agrama e di altri 9 imputati (quasi tutti manager del Biscione) per una serie di frodi fiscali avvenute nel 2003-2004 per un totale di 20 milioni di euro attraverso false fatturazioni per oltre 220 milioni, sempre sugli acquisti di diritti tv. Ma anche nella capitale, nel 2012, il gup sancisce il nulla di fatto: prescrizione per le frodi del 2003 (per 10 milioni di euro) e proscioglimento per quelle analoghe del 2004.

Caso Sanjust-Armati (abuso d'ufficio e maltrattamenti)

Nel 2008 Berlusconi viene indagato dalla Procura di Roma, che subito trasmette gli atti al competente Tribunale dei ministri, per «abuso d'ufficio e maltrattamenti commessi da soggetto investito di autorità» (cioè per mobbing) ai danni di un agente del Sisde, Federico Armati. Questi l'ha denunciato, attribuendo i suoi guai professionali alla relazione sentimentale intrecciata dal premier con la sua ex moglie Virginia Sanjust di Teulada, giovane annunciatrice della Rai. Ma nel gennaio del 2009 il Tribunale dei ministri archivia il caso, su richiesta della stessa Procura. Secondo i giudici, «la notizia di reato a carico del presidente del Consiglio in carica all'epoca dei fatti, Berlusconi Silvio, deve ritenersi nel suo complesso infondata o comunque non supportata da idonei elementi atti a sostenere l'accusa in un eventuale giudizio di merito, per cui ne va disposta l'archiviazione». La motivazione, logicamente faticosa e scritta in un italiano incerto, dichiara dimostrata soltanto la «stretta relazione intrecciata» dal Cavaliere con la bella Virginia.

Tutto comincia nel 2003, quando il premier Berlusconi va a presentare la sua politica economica in un programma della Rai. Lì conosce l'annunciatrice e perde la testa per lei. Un mazzo di fiori, un biglietto galante, un invito a pranzo a Palazzo Chigi, una storia durata mesi: fino all'acquisto da parte di una società del focoso Cavaliere (l'Immobiliare Idra, amministrata

siasi. Il Tribunale riconosce, sempre in linea puramente teorica, che Berlusconi – visti i suoi legami con la Sanjust – poteva aver interesse ad assecondarne i capricci. Ma la nuova legge sull'abuso d'ufficio (che nel 1996 depenalizzò quello non patrimoniale) gli avrebbe imposto di astenersi dal decidere sull'ex marito della fanciulla solo «in presenza di un interesse proprio o di un proprio congiunto», appartenente alla sua «cerchia familiare, nella quale non può essere ricompresa anche la persona che, sebbene priva di legami parentali col pubblico ufficiale, abbia con quest'ultimo instaurato uno stretto legame».

Quanto al presunto mobbing, è vero che i dipendenti dei servizi sono «sottoposti all'autorità del premier», ma «in concreto» Armati dipendeva da Mori. E comunque le angherie da lui denunciate non presentano quei «caratteri di frequenza e durata nel tempo» necessari per far scattare il reato. *Ergo* il Tribunale dei ministri «dichiara non doversi promuovere l'azione penale nei confronti di Berlusconi Silvio». Amen.

Telefonata Fassino-Consorte
(rivelazione di segreto investigativo e ricettazione)

L'indagine. Nel maggio del 2010 la Procura di Milano indaga Paolo Berlusconi, editore del *Giornale*, per ricettazione dell'intercettazione segreta del luglio 2005 tra il presidente di Unipol Giovanni Consorte e l'allora leader dei Ds Piero Fassino. Quella in cui il politico diceva all'amico manager, a proposito della scalata occulta alla Bnl: «Allora, siamo padroni di una banca?». L'intercettazione fu pubblicata dal *Giornale* il 31 dicembre 2005, in piena campagna elettorale, sebbene non fosse stata depositata agli atti delle indagini sulle scalate bancarie dei "furbetti del quartierino", né trascritta o riassunta nei brogliacci della Polizia giudiziaria, perché i pm l'avevano ritenuta penalmente irrilevante e dunque intendevano avviarla alla normale procedura di distruzione davanti al gip. Quindi la conversazione esisteva solo in forma di file audio nei computer dei pm, degli ufficiali della Guardia di finanza e dell'azienda privata Research Control System (Rcs) che l'aveva captata per conto della Procura. Come fece dunque il *Giornale* ad averla? I pm – indagando su tutt'altra storia, a proposito di tangenti su appalti per intercettazioni in Romania – scoprono che il 24 dicembre 2005 si tenne nella villa di Arcore un incontro prenatalizio fra l'allora premier Berlusconi, il fratello Paolo, il titolare della Rcs Roberto Raffaelli e un certo Fabrizio Favata, amico sia di Raffaelli sia di Berlusconi junior. Raffaelli e Favata, secondo il racconto di quest'ultimo agli inquirenti, fecero ascoltare ai fratelli Berlusconi l'audio inciso su una pen-drive che poi consegnarono a Paolo. In seguito Favata ricattò Raffaelli in cambio di denaro, ma fu scoperto e arrestato. E confessò.

La sua versione è confermata da un amico suo e di Raffaelli, Eugenio Petessi: «Mi dissero che erano stati ricevuti da Silvio Berlusconi, molto stanco, seduto sul divano, con il capo reclinato all'indietro e gli occhi socchiusi, aveva poco tempo, di lì a poco avrebbe dovuto assistere alla messa di don Verzé». Il che non gli impedì di apprezzare il prezioso dono natalizio: «Disse che poteva essere interessante». Favata ricorda di aver consegnato la pen-drive a Paolo, che gli disse «ti sarò riconoscente» e di lì a pochi giorni fece pubblicare l'intercettazione sul suo *Giornale*, allora diretto da Maurizio Belpietro. Con effetti devastanti sull'immagine non solo di Fassino e dei Ds, ma di tutto il centrosinistra. Infatti segnò l'inizio della prodigiosa rimonta del centrodestra, fino a qualche settimana prima staccato nei sondaggi a distanze abissali dall'Unione, fino al quasi-pareggio delle elezioni (vinte da Prodi per appena 25 mila voti).

In seguito, dopo ulteriori indagini, anche Silvio Berlusconi viene indagato, ma "soltanto" per concorso in rivelazione di segreto d'ufficio, reato contestato anche agli altri tre inquisiti in aggiunta alla ricettazione della telefonata rubata.

Primo grado. Il quartetto viene rinviato a giudizio. Raffaelli, Favata e Paolo Berlusconi per ricettazione e rivelazione di segreto d'ufficio, Silvio invece "solo" per concorso nel secondo reato. Il 7 marzo 2013 il Tribunale di Milano condanna Silvio Berlusconi a 1 anno di reclusione e Paolo a 2 anni e 3 mesi per rivelazione di segreto d'ufficio (cade invece, per il secondo, la ricettazione), oltre a una provvisionale di 80 mila euro da versare a Fassino. Senza «l'apporto» dell'allora premier – scrivono i giudici nelle motivazioni – «in termini di concorso morale, non si sarebbe realizzata la pubblicazione, posto che la presenza in quel luogo e data, certamente significativa, già di per sé, costituiva il passaggio necessario per l'ulteriore sviluppo della propalazione della notizia alle persone che non ne erano a conoscenza». Berlusconi ascoltò «attraverso il computer, senza alcun addormentamento» il fatidico audio Fassino-Consorte. Poi decise di farlo pubblicare sul *Giornale* del fratello: «La qualità di capo della parte politica avversa a quella di Fassino rende logicamente necessario il suo benestare alla pubblicazione della famosa telefonata... A fronte della distonia delle affermazioni degli imputati va detto che non è credibile, né in generale né tantomeno alla luce di tali affermazioni, che Silvio Berlusconi non fosse stato almeno messo al corrente dal fratello, anche poco prima dell'incontro, dell'intenzione di Favata e Raffaelli di fargli sentire la conversazione».

Raffaelli, recandosi ad Arcore, «era per certo consapevole che si trattava della realizzazione di un grave illecito penale che lo avrebbe esposto in caso di rifiuto al rischio di essere denunciato e di perdere tutto. Egli pertanto doveva ben contare sull'assenza di alcuna forma di rischio». Quindi il Cavaliere non solo era perfettamente cosciente, ma fu il suo *placet* a permettere lo "scoop". E pazienza se, in udienza preliminare, si era spacciato per «assolutamente contrario alle intercettazioni che considero una barbarie contraria al diritto di segretezza delle comunicazioni sancito dalla Costituzione e mai avrei consentito di ascoltarne in casa mia, né mio fratello me lo avrebbe mai proposto». Il Tribunale non gli crede: «La frase "abbiamo" ("abbiamo una banca?", sintesi giornalistica della telefonata di Fassino, *nda*) è rimasta impressa nella memoria collettiva, segno dell'efficacia dell'operazione mediatica di cui è stata oggetto. Così efficace da rimanervi dopo anni... Tale considerazione conduce alla peculiare suggestività dell'intercettazione pubblicata, capace di dispiegare quegli effetti sull'opinione pubblica dei quali hanno riferito vari testi». Chi, tra Raffaelli e Favata, scovò, «tra tante, quella telefonata» aveva capito tutto, intuendo «la portata evocativa nella frase che è stata divulgata sui mass media, significativa della capacità della sinistra di "fare affari", mettersi a tavolino con i poteri forti, in aperto contrasto con la tradizione storica se non di quel partito, quantomeno, dell'orientamento del suo elettorato».

Dunque gli imputati non meritano le attenuanti generiche: «Tenuto conto della qualità di pubblico ufficiale di Silvio Berlusconi e della lesività della condotta nei confronti della pubblica amministrazione, gravemente danneggiata dalla plateale violazione del dovere di fedeltà dell'incaricato di pubblico servizio, dotata di grande rilevanza mediatica, risulta giustificata la mancata concessione delle circostanze attenuanti generiche». E non basta, per Silvio Berlusconi, «la condizione di incensuratezza dell'imputato, per altro gravato da altre condanne, sia pur non definitive».

Appello. Il 31 marzo 2014 la Corte d'appello dichiara Silvio e Paolo Berlusconi colpevoli, ma non punibili per la solita prescrizione (che si è «consumata, al più tardi, il 2 agosto 2013»), anche se dovranno comunque risarcire Fassino con 80 mila euro. Da quella fuga di notizie illecita – scrivono i giudici di secondo grado – l'allora premier trasse un «vantaggio nella lotta politica», screditando il leader del maggior partito avversario in piena campagna elettorale. E la «condotta» del Cavaliere di «avallo e consenso all'uso pubblico» dell'intercettazione Fassino-Consorte «ha costituito un concreto contributo causale alla produzione del danno» a Fassino, «un danno personale e diretto, connesso alla perdita di immagine politica» per «l'impatto mediatico che essa aveva avuto, sviluppandosi fra l'altro con toni studiatamente e smisuratamente scandalistici, diretta a colpire individualmente la sua persona». Senza contare «l'esito delle elezioni» dell'aprile del 2006, che convinse comprensibilmente Fassino di «aver "contribuito" con quella sua vicenda personale a un risultato elettorale al di sotto delle aspettative e dei sondaggi che avevano preceduto quella campagna di stampa». E di «tale pregiudizio deve rispondere in solido anche Silvio Berlusconi». Il quale ricorre in Cassazione, nella speranza di trasformare in assoluzione la prescrizione, a cui peraltro si è ben guardato dal rinunciare.

Cassazione. Il 31 marzo 2015 i giudici della Suprema corte gli rispondono picche. E confermano che Berlusconi è colpevole e l'ha fatta franca: «Il Tribunale di Milano prima e la Corte d'appello poi, con motivazione ineccepibile, hanno ritenuto accertato che Silvio Berlusconi nell'incontro di Arcore abbia ascoltato la registrazione audio e abbia, anche con il suo atteggiamento compiaciuto e riconoscente, dato il suo placet alla successiva pubblicazione del colloquio intercettato... Silvio Berlusconi, chiamato a decidere sul punto dopo avere ascoltato la registrazione coperta da segreto, ha sostanzialmente dato il via, con il solo assenso e con il suo beneplacito, alla pubblicazione della notizia, rendendosi responsabile di concorso nel delitto di rivelazione di segreto di ufficio».

Caso Saccà-1: compravendita di senatori (istigazione alla corruzione)

Nel 2007 Silvio Berlusconi viene indagato dalla Procura di Napoli per corruzione e istigazione alla corruzione, a proposito di due vicende emerse per puro caso da intercettazioni disposte in un'inchiesta su alcuni fornitori di Rai Fiction. Quella che porta all'accusa di istigazione alla corruzione, per Berlusconi e due presunti suoi emissari riguarda il tentato (e fallito) acquisto del senatore Nino Randazzo. Eletto col centrosinistra in Australia, Randazzo sarebbe dovuto passare al centrodestra per indebolire la risicata maggioranza dell'Unione in cambio di ricompense politiche (la ricandidatura blindata nel Pdl e un posto nel futuro governo Berlusconi: o viceministro degli Esteri o addirittura sottosegretario "con delega all'Oceania") ed economiche (promesse di soldi, subito rifiutate). Nello stesso periodo, i berluscones avrebbero tentato di agganciare anche i senatori Willer Bordon e Pietro Fuda perché cambiassero campo, mettendo in crisi il governo Prodi.

Randazzo sarebbe stato avvicinato tra il settembre e il novembre del 2007 dall'imprenditore italo-australiano Nick Scali nella Galleria Alberto Sordi di Roma, offrendogli un assegno in bianco fino a 2 milioni di euro per conto del Cavaliere. Insieme a Berlusconi e a Scali, viene indagato il commercialista calabrese Pietro Pilello, sempre con l'accusa di aver tentato di arpionare il senatore. Il fascicolo, su richiesta dei difensori di Berlusconi, passa da Napoli a Roma e lì si inabissa in una selva di archiviazioni, con motivazioni non sempre convincenti.

Nell'ottobre del 2008 il gip romano Orlando Villoni, mentre chiede alla Consulta di bocciare il lodo Alfano, sospende il procedimento sulla presunta compravendita di senatori, applicando il "lodo" anche alle indagini preliminari. La Procura invece chiedeva di indagare ancora. E, malgrado lo stop del gip, continua a farlo. Ma un mese dopo, a tempo di record, chiede l'archiviazione. «Non è questa la sede – scrivono sorprendentemente li pm romani – per indagare sulle reali motivazioni che sono alla base del passaggio di parlamentari da uno schieramento all'altro: sicuramente ci sono e ci saranno cambiamenti dettati da ragioni ideali e politiche nel senso nobile del termine, ma non si può escludere che in qualche caso possano essere la conseguenza di un vero e proprio "mercato della politica"».

In pratica, tentare di comprare dei senatori non sarebbe reato: «L'esperienza storico-politica del nostro Paese in più occasioni ha registrato il passaggio di parlamentari eletti in una coalizione o in un partito di governo all'opposizione o viceversa, ma non è questa la sede per indagare su le motivazioni. Molteplici ulteriori osservazioni potrebbero esser fatte, ma appartengono al campo della politica, della morale, della sociologia e non certo alla competenza di una Procura della Repubblica». Eppure che il mercato delle vacche ci sia stato è fuor di dubbio anche per i pm: «Un dato certo che emerge dalle indagini e dagli elementi acquisiti è che sicuramente fu posta in essere da Silvio Berlusconi, direttamente e indirettamente, tra l'estate e l'autunno del 2007, un'attività diretta a convincere senatori che appoggiavano il centrosinistra a passare all'opposizione. Ma, a prescindere dalle valutazioni di natura politica che non competono al pm, si è trattato di attività non penalmente rilevante».

Il principale elemento di accusa «si basa sulle dichiarazioni dell'onorevole Randazzo, il senatore eletto in Australia che sarebbe dovuto passare al centrodestra». Randazzo ha raccontato come, in più occasioni, con offerte di denaro tramite un intermediario e poi in un incontro diretto a Palazzo Grazioli, Berlusconi tentò di fargli cambiare schieramento e tradire gli elettori. Ma, secondo i pm, non esistono «elementi certi per valutare se e quale offerta sia stata fatta al senatore Randazzo e in cambio di quali richieste».

Nel maggio del 2009 il gip Villoni accoglie le richieste di archiviazione, ma solo per gli intermediari: Pilello e Scali. Ritiene gli indizi insufficienti a sostenere l'accusa nei loro confronti in un dibattimento e comunque riduce il tutto a una storia di ordinario trasformismo: fenomeno esecrabile di malcostume politico, ma non penalmente rivelante. La posizione di Berlusconi invece rimane congelata e sospesa in attesa del verdetto della Consulta sul lodo Alfano. Poi verrà comunque archiviata.

Caso Saccà-2: compravendita di Saccà (corruzione)

Un altro scandalo scoperto a Napoli porta all'accusa di corruzione per Berlusconi e l'allora direttore di Rai Fiction Agostino Saccà. A quest'ultimo, il Cavaliere promise una contropartita finanziaria in cambio delle sue pressioni sui produttori di fiction perché facessero lavorare cinque ragazze da lui raccomandate. È lo stesso premier a dichiararlo in una telefonata intercettata: «Agostino, io poi ti sarò riconoscente e ti contraccambierò quando sarai libero imprenditore». Una confessione in piena regola. Per questo i pm napoletani chiedono il rinvio a giudizio di entrambi gli imputati prima che il fascicolo passi per competenza a Roma, nel luglio del 2008: «Nella sua duplice veste di leader politico e di maggiore imprenditore privato italiano del settore televisivo, (Berlusconi, *nda*) prometteva al direttore di Rai Fiction il sostegno economico alle iniziative private che Saccà si apprestava a intraprendere» e lo faceva come «corrispettivo del compimento da parte di Saccà di più atti contrari ai suoi doveri di ufficio». Cioè l'intromissione arbitraria e illecita «nella formazione del cast delle produzioni televisive delle fiction in allestimento per la trasmissione sui canali della Rai». Ma anche stavolta, appena ereditano l'inchiesta da Napoli, i pm capitolini riescono con acrobatici esercizi di arrampicamento sugli specchi a chiedere l'archiviazione. Con tre spettacolari motivazioni.

1) Malgrado la telefonata in cui Berlusconi promette soldi a Saccà in cambio di posti per le sue favorite, «non vi è certezza del *do ut des*», al massimo di un po' di «malcostume». Dunque mancherebbe il «sinallagma corruttivo». I due compari avrebbero un rapporto talmente «stretto e asimmetrico» che «Berlusconi non ha alcuna necessità di garantire indebite utilità per avere favori da Saccà». Cioè: il Cavaliere è il padrone dell'Italia, dunque della Rai, dunque di Saccà, dunque non ha bisogno di pagarlo per fargli fare ciò che vuole. Resta da capire perché allora, nelle telefonate intercettate, gli prometta di pagarlo. Così il conflitto d'interessi, anziché un'aggravante, diventa un alibi. E la Procura di Roma si fa scavalcare addirittura dalla pur morbidissima Rai, che per quel mercimonio della sua funzione pubblica ha addirittura rimosso Saccà dalla direzione di Rai Fiction, con l'accusa di aver violato i suoi doveri e il codice etico dell'azienda. Resta da capire come si faccia a sostenere che manca la prova del *do ut des*, visto che l'hanno fornita gli stessi indagati nelle loro telefonate. Dice Berlusconi a Saccà: «Agostino, aiuta Elena R. perché è come se aiutassi me e io ti

contraccambierò quando sarai imprenditore». Saccà non gli risponde scandalizzato: "Scusi, ma come si permette?", o magari: "Non si scomodi, non voglio nulla in cambio, lo faccio gratis, per amicizia". No, alla proposta indecente del Cavaliere, il fedele Agostino prima si fa una risata, poi dice «sì», infine chiude la conversazione con un eloquente «grazie presidente».

2) I pm sostengono che le "segnalazioni" del Cavaliere avrebbero avuto un «esito negativo». Questa è la stessa versione che danno Saccà e Berlusconi. Peccato che sia falsa. Una favorita del Cavaliere rubò la parte in *Incantesimo* a un'attrice considerata indubitabilmente più brava e più bella da tutti i dirigenti, i produttori e i consulenti, in seguito a una telefonata da Arcore. Si tratta di Camilla Ferranti, sorella di un consigliere comunale forzista a Terni, ex "tronista" nel programma *Uomini e donne* di Maria De Filippi, già protagonista di un calendario: pare sia pure figlia di uno dei medici di Berlusconi, almeno così la presenta il produttore per raccomandarla a *Incantesimo*. Lei aspira a un ruolo da protagonista, quello dell'"infermiera Maya". Ma inizialmente le propongono un misero ruolino. Non sia mai. Saccà muove mari e monti, ma il consulente che l'ha scartata gli spiega che «era un po' troppo strappona». Perciò le è stata preferita un'attrice molto più fine e brava, Sara Zanier. Saccà non s'arrende: «E non si può migliorare? Non si può fare nulla?». L'altro è possibilista: «Mah, ne ho viste di molto peggio. Non è la prima scelta, ma lavorando di look...». Saccà fa rinviare le riprese della fiction, perché «l'ultima parola spetta a me». Poi riferisce alla direttrice di *Sorrisi e Canzoni*, che si sta prodigando per la protetta di Berlusconi: «Mi hanno detto: sai è un po' strappona, che a Roma vuol dire bona, bonacciona, capito? Diciamo non anglosassone. E qual è il problema? Può darsi che vada bene la strappona. Gli ho detto: fatemela vedere, perché non vorrei che si consumasse un'in-

giustizia». Così la Zanier perde la parte. Dice di lei Saccà: «Mi sembra più sofisticata per una soap. Più adatta a un poliziesco, ha un naso più moderno, non so se è chiaro... mentre l'altra recita meno bene, ma è più semplice, più soap». Non recita benissimo, ma lui le mette «un coach sulla parte recitazione». Per fare un po' di allenamento. Di tutta questa vicenda, che smentisce platealmente la tesi secondo cui le raccomandazioni berlusconiane avrebbero avuto esito negativo, i pm romani non sembrano essersi neppure accorti.

3) Secondo la Procura, Saccà non è «un incaricato di pubblico servizio», anche se è un altissimo dirigente del servizio pubblico radiotelevisivo in uno dei comparti produttivi più lucrosi. Dunque, anche se ricevesse soldi in cambio di qualcosa, non potrebbe essere accusato né di corruzione né di concussione. Rai Fiction, insomma, non è un vero servizio pubblico. Esattamente il contrario di quello che Saccà ripeteva in ogni intervista e conferenza stampa. Ma, per riuscire a far prosciogliere lui e Berlusconi, i magistrati romani sono costretti a fare i salti mortali per degradarlo a manager privato (sia pure lautamente pagato dai contribuenti). E per spezzare la fiction Rai in due fasi: quella della trasmissione sarebbe servizio pubblico, quella della produzione dei contenuti invece no. Saccà quindi è come un dirigente Mediaset: quando sceglie le attrici pagate con denaro pubblico può fare ciò che vuole, anzi ciò che vuole Berlusconi, che incidentalmente è il padrone di Mediaset, cioè in teoria dell'azienda concorrente. Secondo i pm capitolini, la selezione delle attrici per le fiction non è «normativizzata», dunque è assolutamente discrezionale: «L'assenza di una qualsiasi disciplina relativa all'attività di scelta delle attrici da sottoporre a provino nella produzione di una fiction unitamente all'esito negativo delle segnalazioni rendono incerta la natura dell'atto posto in essere dal Saccà».

La tesi della Procura, oltreché bizzarra, contrasta palesemente con la famosa sentenza della Cassazione che nel 1996 condannò per concussione Pippo Baudo, Rosanna Lambertucci e Maria Venier proprio in quanto incaricati di pubblico servizio. L'accusa riguardava i compensi "extra" richiesti agli sponsor pubblicitari per i loro show. E prima i pm milanesi, poi i giudici e infine la Cassazione avevano stabilito che, al di là della qualifica privata della Rai e al di là del contratto privato delle star con gli sponsor, la Rai era finanziata col canone: cioè da soldi pubblici. Un principio che valeva quando si sottraevano risorse pubblicitarie alla Rai facendo la cresta sulle sponsorizzazioni e che, a maggior ragione, dovrebbe valere ora con Saccà che – a differenza di Baudo & C. – non maneggia denari privati, ma pubblici. La Procura di Napoli, forte di questo precedente, ma consapevole della delicatezza della questione, ha blindato l'indagine chiedendo un parere a un luminare del diritto costituzionale, Michela Manetti, professore ordinario a Siena. La professoressa, al termine di un lungo studio della legislazione vigente, ha concluso che Saccà è un incaricato di pubblico servizio. Ma la Procura di Roma ignora quel parere. E così il gip Francesco De Angelis, che il 17 aprile 2009 accoglie la richiesta di archiviazione. Non solo per Saccà, ma – diversamente dal collega che si è occupato del filone senatori – anche per Berlusconi. «Nulla di penalmente rilevante» nelle telefonate fra i due, spiega: l'accusa di corruzione è fondata su una «mera, fantasiosa illazione». De Angelis, che ha fama di magistrato severo e preparato, non segue però la Procura nelle sue ardite argomentazioni sul merito dello scambio più o meno corruttivo emerso dalle intercettazioni. Si ferma all'aspetto formale della vicenda: cioè alla qualificazione giuridica del ruolo di Saccà. Che, anche secondo lui, non era incaricato di pubblico servizio quando sceglieva le attrici (o ne influenzava la scelta da parte del suo staff e dei produttori), ma soltanto quando si occupava delle attività di produzione, cioè della scelta delle fiction da commissionare e mandare in onda. E questo perché il contratto di servizio fra la Rai e il governo che ne possiede le azioni parla di «produzione» delle fiction medesime.

Il giudice si basa, per questa interpretazione, su una sentenza della Cassazione che nel 2004 ha smentito la tesi della Procura di Sanremo, che intendeva processare per corruzione i manager della Publimond responsabili del concorso "Accademia della Canzone" incaricato di selezionare alcune giovani promesse al Festival. La Suprema Corte aveva negato che costoro, accusati di aver pagato tangenti a politici e dirigenti del festival, fossero incaricati di pubblico servizio. La sentenza però non appare molto pertinente con il caso Saccà, perché la Publimond era un'agenzia privata che lavorava per una manifestazione trasmessa dalla Rai, mentre il direttore di Rai Fiction era un dirigente della Rai medesima. Più pertinente era sicuramente la sentenza della Cassazione che aveva confermato le condanne patteggiate da Baudo, Lambertucci e Venier considerandoli incaricati di pubblico servizio. Dunque, a maggior ragione, avrebbe dovuto essere ritenuto tale anche il direttore di Rai Fiction. Ma evidentemente quella sentenza non è stata presa in considerazione.

Qualche giorno dopo l'archiviazione, il 24 aprile 2009 il gip De Angelis accoglie anche l'altra richiesta della Procura di Roma, che sta ancor più a cuore a Berlusconi: la distruzione delle migliaia di telefonate intercettate dalla Procura di Napoli (e non tutte trascritte prima della trasmissione degli atti a Roma) su cui da mesi si favoleggia sui giornali e nei corridoi di Montecitorio, levando il sonno al Cavaliere. Si parlava di conversazioni fra (o a proposito di) alcune sue favorite, poi divenute ministre del suo governo, sui loro rapporti molto stretti con lui. Terrorizzato, il premier ha addirittura tentato di imporre per decreto una legge-bavaglio sulle intercettazioni per farle sparire. Ora, grazie ai magistrati romani, non ne ha più bisogno. Almeno per quella scottante indagine.

Voli di Stato per nani e ballerine (abuso d'ufficio)

Nell'estate del 2009 Silvio Berlusconi viene indagato dalla Procura di Roma, su denuncia del Codacons, per aver trasportato su aerei di Stato il suo menestrello Mariano Apicella, una ballerina di flamenco e alcune ragazze dall'aeroporto romano di Ciampino a quello di Olbia, in Sardegna. L'allegra brigata era diretta a Villa Certosa, in Costa Smeralda, per vari week-end, party estivi e feste di fine anno con il Cavaliere. Così risulta da alcune fotografie scattate dal fotoreporter Antonello Zappadu. L'accusa ipotizzata è abuso d'ufficio (nemmeno stavolta il premier è coperto dal lodo Alfano, in quanto il reato sarebbe stato commesso nell'esercizio delle sue funzioni e dunque soggetto al Tribunale dei ministri). Almeno una delle trasferte immortalate da Zappadu, quella con Apicella e la ballerina sull'Air Force presidenziale, non sarebbe coperta dal nuovo regolamento sui voli di Stato emesso dal governo Berlusconi-3, che ha allargato di molto quello restrittivo varato nel 2007 dal governo Prodi. Infatti risale al 24 maggio 2008, mentre le nuove norme sono entrate in vigore solo due mesi dopo. Arduo sostenere che Apicella e la ballerina fossero in «missione istituzionale» e appartenessero al rango di «personalità e componenti della delegazione della missione» stessa, come prevede il regolamento Prodi ancora in vigore quella data.

Il 3 giugno 2009 la Procura di Roma fa sapere di aver iscritto il Cavaliere sul registro degli indagati. L'indagine è la più fulminea della storia della magistratura italiana (e forse non solo). Il 16 giugno, cioè nel giro di 12 giorni appena, i pm capitolini già chiedono l'archiviazione in tre striminzite paginette: ritengono «insussistenti» tanto il reato di abuso d'ufficio quanto quello eventuale di peculato (anche se proprio a Roma e proprio per peculato è stato condannato a 8 mesi in primo grado l'ex portavoce di Gianfranco Fini, Salvo Sottile, per aver fatto accompagnare sull'auto blu la soubrette Elisabetta Gregoraci da casa sua alla Farnesina). E questo perché i voli di menestrelli, ballerine e veline a scrocco sull'aereo di Stato immortalati da Zappadu non avrebbero causato «alcun danno patrimoniale», in quanto gli "ospiti" volavano con Berlusconi: «Non sono emersi casi di soggetti estranei che abbiano viaggiato in assenza del presidente».

La presenza a bordo di Apicella, della cantante Maria Adelina, dell'attore Antonio Murro, del pianista Danilo Mariani, di un dipendente di Palazzo Chigi e del segretario del premier, onorevole Valentino Valentini, è coperta da quella, costante – almeno nei cinque voli esaminati –, del premier e, talvolta, dell'ex premier ceco suo ospite, Mirek Topolanek. «Non sussiste abuso d'ufficio poiché l'utilizzo della flotta non è disciplinato da alcuna disposizione di legge o regolamento, ma soltanto da direttive della Presidenza del Consiglio».

Quindi, nei 12 giorni dell'inchiesta-lampo, la Procura di Roma ha impegnato il suo capo Giovanni Ferrara, il procuratore aggiunto Achille Toro e ben tre sostituti per limitarsi a control lare le liste dei passeggeri dei cinque voli Roma-Olbia del 24, del 25, del 31 maggio, del 1° giugno e del 17 agosto 2008, in cui il premier risultava sempre presente. Nessuna verifica, invece, su tutti gli altri voli sulla stessa rotta, per accertare se per caso ve ne sia stato qualcuno privo della presenza del capo del governo o di un ministro. Nessun interrogatorio degli equipaggi o del personale di terra incaricato di accogliere le allegre comitive aviotrasportate a Villa Certosa nei mesi estivi e nei week-end del resto dell'anno. Il gip, come sempre, archivierà tutto.

Pressioni contro Santoro (abuso d'ufficio)

Nel marzo del 2010 Silvio Berlusconi e il commissario forzista dell'Agcom (l'Autorità per le Garanzie nelle Comunicazioni) Giancarlo Innocenzi vengono indagati dalla Procura di Trani. Intercettando Innocenzi in un'indagine su altri fatti, il pm Michele Ruggiero scopre casualmente le pressioni del premier sull'Agcom «per arrivare alla chiusura di *Annozero*» (il programma di Michele Santoro su Rai2). Ma anche di due trasmissioni di Rai3 a lui sgradite: *Ballarò* di Giovanni Floris e *Parla con me* di Serena Dandini. Il 14 novembre 2009 il capo del governo ordina al fido Innocenzi: «Quello che bisogna concertare è che l'azione vostra consenta... sia da stimolo alla Rai per dire "chiudiamo tutto", ma non solo su Santoro: aprite il fuoco su tutte le trasmissioni di questo tipo». E, siccome l'Authority non ha poteri per intervenire, dunque nicchia, Berlusconi continua a tempestarne i commissari urlando: «Siete una barzelletta, non un'Authority! Vergognatevi di portare a casa i soldi! Se foste persone serie vi sareste già dimessi!». E ancora: «Chiudete tutto!». Persino il direttore generale della Rai di centrodestra, Mauro Masi, destinatario finale delle pressioni, risponde che le pretese di Berlusconi di censurare programmi *ex ante* sono illecite, roba che «nemmeno nello Zimbabwe».

I reati ipotizzati a Trani sono concussione e minacce. Poi nel 2011 l'inchiesta viene trasferita per competenza a Roma, dove le accuse vengono derubricate in abuso d'ufficio, a carico di Berlusconi, Innocenzi e Masi. Ma alla fine, il 27 ottobre 2011, i pm capitolini chiedono di archiviare anche l'abuso d'ufficio, perché a loro avviso interferire in un'autorità indipendente per far cacciare giornalisti non allineati dal servizio pubblico televisivo e chiudere programmi scomodi non è un reato e non produce alcun "danno". Infatti sia Santoro, sia Floris, sia la Dandini spariranno presto dai palinsesti della Rai.

Il 31 gennaio 2013 il presidente dei gip romani Carlo Figliolia archivia tutto. Nella capitale Berlusconi non si processa.

Caso Ruby (concussione e prostituzione minorile)

L'indagine. La sera del 27 maggio 2010 una diciassettenne marocchina senza fissa dimora né documenti, Karima El Marough detta Ruby, nata il 1° novembre 1992, viene fermata dalla Polizia in corso Buenos Aires a Milano con l'accusa di furto. L'ha denunciata un'amica ballerina, Caterina P., che l'ha ospitata per la notte qualche sera prima e la mattina seguente non ha più trovato né lei, né i contanti (3 mila euro) e i gioielli che teneva in casa. La volante la porta in Questura. Dai primi accertamenti emergono due denunce di scomparsa sporte nel 2009 dai genitori e dalla casa famiglia di Letojanni (Catania), dove la ragazza ha vissuto per qualche tempo. Fatte le foto e prese le impronte, gli agenti attendono le decisioni del Tribunale dei minori. Alle 23 il pm minorile di turno, Annamaria Fiorillo, ordina di affidarla a una comunità per minori non accompagnati: casomai a quell'ora non se ne trovasse una disponibile (circostanza che poi infatti si verifica), la ragazza resterà in Questura fino all'indomani.

Ma alle 23.50 il commissario capo che ha appena ordinato di trattenere la ragazza cambia idea e dispone che venga subito rilasciata: sta arrivando qualcuno di "importante" a prelevarla.

Ordine del capo di gabinetto Pietro Ostuni, che chiama da casa dov'è stato appena buttato giù dal letto dal presidente del Consiglio Silvio Berlusconi in persona con ben sette telefonate sempre più pressanti perché liberi subito la ragazza. Il premier chiama da Parigi, dove sta presiedendo il vertice dell'Ocse, considerando evidentemente la faccenda un affare di Stato. Gli agenti chiedono spiegazioni a Ostuni. Risposta: la marocchina sarebbe la nipote del presidente egiziano Mubarak e si rischia un incidente diplomatico con il Cairo. Incredulità, risate.

A mezzanotte arriva trafelata in Questura la consigliera regionale di Forza Italia Nicole Minetti, già igienista dentale al San Raffaele, intima amica del premier, che si presenta come una "delegata della Presidenza del Consiglio". Ma non è sola: con lei c'è Michelle Conceicao, la "modella" brasiliana che da qualche giorno ospita Ruby e poche ore prima ha avvertito il premier (di cui incredibilmente possiede il numero privato) del fermo di Ruby. Alle 2, contro il parere della pm minorile, Ruby viene affidata alla Minetti e alla Conceicao e lascia con loro la Questura. Dopo dieci minuti la Minetti se ne torna a casa, riconsegnandola alle cure di Michelle (che, sulla rubrica telefonica, ha registrato il numero di Karima con le parole "Ruby troia"). Infatti, nel giro di una settimana, Ruby è di nuovo in Questura in seguito a una rissa furibonda con l'"amica" Michelle. Questa volta però il telefono della Minetti squilla a vuoto. E, dopo poche ore, Ruby viene spedita in una comunità di Sant'Ilario a Genova.

Le sue peripezie vengono segnalate alla Procura della Repubblica. E basta poco ai pm Ilda Boccassini, Pietro Forno e Antonio Sangermano per scoprire che cosa il Cavaliere tentava di nascondere facendo rilasciare su due piedi la ragazza: un enorme giro di prostituzione, anche minorile, nella sua villa di Arcore, con festini e orge officiati da tre reclutatori di eccezione:

la Minetti, il direttore del Tg4 Emilio Fede e l'agente di molte showgirl Lele Mora. La Procura dispone pedinamenti e intercettazioni ambientali e telefoniche sulle utenze del trio e di molte "ragazze" (non ovviamente del premier, coperto da immunità). E indaga Berlusconi per concussione ai danni del capo di gabinetto della Questura Ostuni e per prostituzione minorile per le notti di sesso a pagamento con Ruby (reato, quest'ultimo, per cui proprio i governi Berlusconi hanno aumentato le pene grazie a due leggi firmate dalle ministre Stefania Prestigiacomo e Mara Carfagna). Fede, Minetti e Mora rispondono invece a vario titolo di induzione e favoreggiamento della prostituzione.

Il caso esplode sui media nel gennaio 2011, quando i pm chiedono alla Camera l'autorizzazione a perquisire l'ufficio (che risulta curiosamente una pertinenza distaccata della Presidenza del Consiglio) del ragionier Giuseppe Spinelli. Cioè del tesoriere di Arcore, delegato da Berlusconi a pagare regolarmente Ruby e molte altre ragazze con somme di denaro, regali, gioielli e alloggi gratuiti in un condominio di via dell'Olgettina. Berlusconi nega tutto: «Mai pagato una donna in vita mia». Ribadisce che Ruby gli risultava essere «la nipote di Mubarak» e smentisce qualunque concussione a Ostuni: «Nessuna pressione: ho solo chiesto una semplice informazione... Ero interessato a sapere se vi fosse un problema per l'identificazione della ragazza. Poi chiamai Ostuni e mi limitai a domandargli se poteva confermare o meno che vi fossero problemi di identificazione di una giovane egiziana di nome Ruby che mi risultava potesse avere una parentela con Mubarak. Dissi che per agevolare le operazioni di identificazione avevo chiesto al consigliere regionale Minetti di recarsi in Questura... per evitare un incidente diplomatico. Ma non chiesi affatto che la ragazza fosse affidata alla Minetti».

Purtroppo la sua versione è smentita dallo stesso Ostuni, che nella relazione di servizio ha annotato le sue precise parole di quella notte: «Sarebbe opportuno evitare che (Ruby, *nda*) sia trasferita in una struttura di accoglienza (come prevede la legge e come disposto dal pm minorile, *nda*). Sarebbe meglio affidarla a una persona di fiducia e per questo volevo informarla che entro breve arriverà da voi il consigliere regionale Minetti che se ne occuperà volentieri». Dinanzi ai pm, Ostuni mette a verbale che «la parola "minore" non fu pronunziata, anche se era implicito che si trattasse di una minorenne perché si parlò di affido di una persona priva di documenti». Il 26 maggio 2011, a *Porta a Porta*, Berlusconi s'inventa addirittura che fu Ostuni a chiedergli «di inviare una persona maggiorenne e incensurata a prelevare Ruby».

Ma non colleziona altro che smentite. Anche perché dagli atti dell'indagine emergono migliaia di imbarazzanti telefonate fra le "Olgettine" e anche fra alcune di esse e lui, con i loro tentativi di ricattarlo con rivelazioni, foto e filmati registrati sugli iPhone durante le cene e i dopocena nella sala del "bunga-bunga" (una pratica di sesso anale che pare gli abbia insegnato il colonnello Gheddafi) e i suoi traffici disperati e costosissimi per mettere tutto a tacere. Lo scandalo fa il giro del mondo e dà il colpo di grazia alla credibilità, già bassissima, del premier e del suo governo, che cadrà di lì a pochi mesi soprattutto per la disastrosa situazione finanziaria del Paese.

Primo grado. Il 24 giugno 2013 Berlusconi viene condannato dal collegio tutto al femminile, presieduto da Giulia Turri, a 7 anni di carcere per entrambi i reati: 6 anni per la concussione e uno per la prostituzione minorile. Una sentenza durissima, comprensiva di interdizione perpetua dai pubblici uffici. Le motivazioni dichiarano provata anzitutto «la sproporzione tra l'intensità e la costrizione proveniente» dall'allora presidente del Consiglio «rispetto allo scopo avuto di mira, nel caso di specie il rilascio di una prostituta di 17 anni». Così come è «provato che l'imputato abbia compiuto atti sessuali con Ruby in cambio di ingenti somme di denaro e di altre utilità, quali gioielli». «La valutazione unitaria del materiale probatorio illustrato evidenzia lo stabile inserimento» di Ruby «nel collaudato sistema prostitutivo di Arcore». Ai bunga-bunga «faceva poi seguito la notte ad Arcore con il presidente del Consiglio, in promiscuità sessuale, ma soltanto per alcune giovani scelte personalmente dal padrone di casa tra le sue ospiti femminili. Certo è che, tra queste, egli scelse El Mahroug Karima in almeno due occasioni».

Fu proprio Ruby a rivelare di aver detto a Berlusconi di essere minorenne: fu «la seconda volta che era andata ad Arcore» quando «l'imputato le aveva proposto di pagarle l'affitto di un appartamento in via Olgettina intestandole il relativo contratto di affitto...». Ma proprio il fatto di avere 17 anni e di essere senza documenti avevano imposto alla marocchina di confessargli entrambe le circostanze, «ostacoli insormontabili» al contratto per l'appartamento. Non solo: «Risulta provato che il regista delle esibizioni sessuali delle giovani donne fosse proprio Berlusconi, il quale dava il via al cosiddetto bunga-bunga, in cui le ospiti si attivavano per soddisfare i desideri dell'imputato».

Il Cavaliere definisce quelle serate «cene eleganti», ma i giudici ricordano che «alcuni testimoni descrivono un "puttanaio" in cui a un certo punto tra balletti osé e spogliarelli compariva una statuetta di Priapo». Ruby ha sempre negato rapporti sessuali con Berlusconi, ma «ha mentito perché è stata pagata per farlo dall'imputato». Il premio che il capo del governo riservava alle bugie era altissimo: le «risultanze comprovano» che Ruby, dopo il 7 ottobre 2010, giorno del suo misterioso interrogatorio con l'avvocato Luca Giuliante, «Lele» e un «emissario di Lui», «era in attesa di ricevere la ricompensa promessa pari a circa cinque milioni di euro». La stessa ragazza, in una telefonata, raccontava di ricevere 20 mila euro ogni martedì e che il compagno Luca Risso non glieli faceva toccare perché la riteneva troppo «spendacciona».

Il capitolo più spinoso, non in punto di fatto ma di diritto, è la concussione ai danni di Ostuni. Perché la legge Severino, nel 2012, ha modificato quel reato. Prima il pubblico ufficiale che costringeva o induceva qualcuno a dargli denaro o altre utilità rispondeva sempre di concussione, sia che lo facesse con la violenza o la minaccia (concussione per costrizione), sia che lo facesse con metodi più morbidi (concussione per induzione). Poi la Severino ha spacchettato il reato in due diverse fattispecie. La concussione è rimasta solo in caso di costrizione (violenza o minaccia). Invece, in caso di induzione, è diventata un reato minore: «induzione indebita a fare o promettere denaro o altre utilità», punito con pene più basse e soprattutto circoscritto a una serie di condizioni quasi impossibili a verificarsi. Non basta più l'«indebito vantaggio» che si procura il pubblico ufficiale che «induce» (per esempio Berlusconi che chiama in Questura per far rilasciare Ruby ed evitare che la ragazza parli dei bunga-bunga). Ora è richiesto anche l'«indebito vantaggio» per il privato che viene «indotto» (per esempio il funzionario Ostuni che accontenta il premier e rilascia Ruby). E la seconda è una prova diabolica quasi sempre impossibile da dimostrare. Quale vantaggio ebbe Ostuni compiacendo il capo del governo che chiamava da un vertice internazionale a Parigi? Forse quello di non essere trasferito in un nuraghe in Sardegna. Ma chi potrà sostenere che conservare il proprio posto di lavoro sia un vantaggio indebito?

La Procura aggira il tranello legislativo insistendo sul timore reverenziale che induce il premier nel capo di gabinetto e insiste sulla concussione, senza modificare il capo d'imputazione in induzione. E il Tribunale le va dietro: «Deve ritenersi che l'imputato intervenne pesantemente sulla libertà di autodeterminazione del capo di gabinetto e, attraverso il superiore gerarchico, sul funzionario in servizio quella notte in Questura... al fine di tutelare se stesso, evitando» che Ruby «svelasse l'attività di prostituzione». «Il presidente del Consiglio dei ministri ha chiamato nel cuore della notte il capo di gabinetto per chiedere la liberazione» di Ruby «al fine di ottenere per sé un duplice vantaggio... da un lato la ragazza veniva in tal modo rilasciata» in modo da poter «continuare indisturbata a frequentare la privata dimora di Arcore; e, dall'altro, (Berlusconi, *nda*) evitava che la stessa potesse riferire alle forze dell'ordine e alle assistenti sociali di aver compiuto atti sessuali a pagamento con lo stesso imputato, garantendosi così l'impunità».

E ancora: «Il fatto che Berlusconi» segnalasse «una presunta parentela di El Mahroug Karima con il presidente Mubarak, lungi dal fare ritenere che l'imputato abbia così esercitato sul dott. Ostuni un'opera di suggestione o di persuasione blanda, è – al contrario – indice sintomatico della forte coazione psicologica partita dal capo di gabinetto, in quanto si trattava di una circostanza macroscopicamente non veritiera di cui Berlusconi era perfettamente consapevole». La "frottola" era ben chiara a Ostuni, il quale però aveva il «palese timore» che opponendosi alla richiesta avrebbe rischiato la carriera. Berlusconi, dunque, «abusando della propria qualità di presidente del Consiglio dei Ministri, costrinse Pietro Ostuni a dare disposizioni ai funzionari della Questura di Milano di rilasciare Ruby, affidandola a Minetti Nicole». E così «non ha esitato ad asservire la pubblica funzione a un interesse del tutto privato... ossia il complessivo funzionamento di un sistema prostitutivo».

Appello. Il 18 luglio 2014 la Corte d'appello di Milano ribalta la sentenza di primo grado e assolve Berlusconi sia per la prostituzione minorile («il fatto non costituisce reato»), sia per la concussione («il fatto non sussiste»). Eppure i fatti scandalosi che hanno dato origine al processo sono, anche questa volta, totalmente confermati. Nella villa di Arcore Berlusconi organizzava un vasto sistema di prostituzione, anche minorile, ma non è sufficientemente dimostrato che sapesse della minore età di Ruby. E, telefonando a Ostuni, lo indusse a fare ciò che mai avrebbe fatto spontaneamente: rilasciare la ragazza contro la volontà del magistrato. Però il reato è stato modificato nel 2012, dopo essere stato commesso e in piena indagine. E i giudici d'appello, più inclini a vedere il bicchiere mezzo vuoto che mezzo pieno, non condividono la tesi del Tribunale sulla costrizione, in assenza di prove certe di una minaccia o di un'intimidazione esplicita. Chiamando Ostuni da Parigi, il premier gli produsse un «timore reverenziale» tale non da costringerlo ma semplicemente da convincerlo ad accontentarlo. Per «debolezza».

Quanto alla prostituzione minorile, manca il dolo perché «la conoscenza della minore età da parte dell'ex presidente del Consiglio è circostanza non assistita da adeguato supporto probatorio», anche se è stata «acquisita prova certa dell'esercizio di attività prostitutiva ad Arcore in occasione delle serate in cui partecipò Karima El Mahroug». Ed è assodato che tra l'ex premier e Ruby ci fu un «effettivo svolgimento di atti di natura sessuale retribuiti», come «strusciamenti, palpeggiamenti o simulazioni di atti sessuali», e che alla fine la ragazza veniva da lui stesso retribuita, in base a varie «circostanze»: l'effettivo «esercizio» da parte di Ruby «di attività di prostituzione per far fronte alle proprie esigenze di vita»; «l'enorme ammontare di denaro ricevuto in brevissimo arco di tempo» dopo le serate ad Arcore; il fatto che la giovane abbia pernottato a Villa San Martino «in almeno due occasioni»; le intercettazioni; la «compatibilità tra il tipo di spettacoli e interazioni a sfondo sessuale che si svolgevano nel cosiddetto bunga-bunga di Arcore e i costumi disinibiti» della ragazza, «pienamente consapevole delle proprie doti fisiche e capace di sfruttarle con ben studiato opportunismo», partecipando «agli intrattenimenti e interazioni a sfondo sessuale della parte "pubblica" delle serate».

La sentenza parla inoltre dei reclutatori delle squillo. Emilio Fede aveva un «interesse personale e utilitaristico» a «mantenere alto l'umore del presidente del Consiglio e a perpetrare il meccanismo delle serate (reclutando egli stesso, tramite l'amico Mora, ragazze da portare alle feste)». Ma, «ammesso che sapesse della minore età» di Ruby, «non aveva alcun interesse a rivelarla a Berlusconi, mettendo a rischio la partecipazione della giovane alle serate». La presenza della giovane, infatti, «compiaceva il padrone di casa e alimentava un sistema di spregiudicati intrattenimenti da cui lo stesso Fede traeva concreto vantaggio, non solo per il sollazzo e il piacere fisico che le serate offrivano, ma anche per le opportunità di ritorno economico che ne scaturivano».

Il direttore del Tg4, secondo la Corte, da un lato, era «beneficiario, al pari di Berlusconi, delle esibizioni e delle prestazio ni a sfondo erotico», in più traeva vantaggi economici. I giudici ricordano l'episodio del prestito milionario di Berlusconi a Mora, in cui si inserì Fede facendoci la cresta, e parlano del «versamento a più riprese di denaro dai conti intestati a Spinelli a Mora e la successiva emissione di tre assegni da quest'ultimo a favore di Fede».

Anche Ruby – secondo la Corte – ha avuto un «personale, concreto interesse di natura economica» dal settembre del 2010 in avanti nel «ritrattare le precedenti dichiarazioni ai pm sugli aspetti più pregiudizievoli per Berlusconi» nella «convinzione di poter trarre vantaggio patrimoniale da una sua testimonianza compiacente nei confronti dell'allora presidente del Consiglio». Infatti ora è indagata pure lei nell'inchiesta Ruby-ter per corruzione in atti giudiziari, assieme al presunto corruttore di testimoni Berlusconi e a decine di Olgettine e amici del Cavaliere. E anche per la Corte d'appello c'è una «chiara e obiettiva evidenza, nelle conversazioni intercettate e negli appunti sequestrati, delle aspettative di guadagno di Karima El Mahroug nel caso in cui avesse tenuto la "bocca chiusa" negando tutto, a costo di farsi passare per "pazza"».

Quanto alla possibile concussione, il movente c'è tutto: «Berlusconi aveva un personale, concreto interesse» a ottenere che Ruby venisse affidata alla Minetti e restasse in Questura o non finisse in comunità, «preoccupato dal rischio di rivelazioni compromettenti» sui bunga-bunga. Ma «deve escludersi che... la costrizione mediante minaccia fosse l'unico strumento per riuscire ad ottenere l'affidamento di Karima El Marough a Nicole Minetti». E «non vi è prova della ascrivibilità a Silvio Berlusconi di una intimidazione costrittiva nei confronti» di Ostuni, al contrario di quanto ha stabilito il Tribunale. Il funzionario obbedì al premier non perché pressato e costretto, ma per «eccessivo ossequio e precipitazione», «timore reverenziale» e «debolezza», per non «sfigurare» ai suoi occhi, dopo essersi «sbilanciato» troppo in anticipo.

Dunque non c'è dubbio che il premier esercitò sul funzionario un abuso di potere: «è sicuramente accertato che l'imputato, la notte del 27-28 maggio 2010, abusò della sua qualità di presidente del Consiglio... Tuttavia l'abuso della qualità è condizione necessaria, ma non sufficiente a integrare il reato, richiedendo la norma incriminatrice che esso si traduca in una vera e propria costrizione». O, in alternativa, in una induzione che avvantaggi indebitamente sia l'induttore sia l'indotto, come richiede la riforma Severino: qui l'induttore vantaggi indebiti ne ebbe parecchi, ma l'indotto no.

Se il processo si fosse concluso entro il dicembre del 2012, Berlusconi sarebbe stato probabilmente condannato per concussione (per induzione). Fino a quella data, infatti, l'articolo 317 del Codice penale sanzionava con pene da 4 a 12 anni «il pubblico ufficiale... che, abusando della sua qualità o dei suoi poteri, costringe o induce taluno a dare o a promettere indebitamente, a lui o ad un terzo, denaro o altra utilità». Ma poi quel reato ha cambiato nome e configurazione e di fatto non è più punibile. Come se nel bel mezzo di una partita una delle due squadre modificasse la regola del fuorigioco, alterando il risultato finale. Cambiata la legge, salvato il Caimano.

Subito dopo il deposito della sentenza, il presidente del collegio d'appello Enrico Tranfa si dimette dalla magistratura. Una mossa clamorosa per sottolineare il suo dissenso sul verdetto, deciso evidentemente a maggioranza dai due giudici a latere che l'hanno messo in minoranza. Il presidente condivideva l'impostazione del Tribunale: o sulla concussione per costrizione, oppure sulla consapevolezza della minore età di Ruby da parte di Berlusconi, oppure su tutte e due le cose. Ma è rimasto solo contro due.

Cassazione. La Procura di Milano ricorre in Cassazione. Ma la Suprema Corte il 10 marzo 2015 conferma dopo dieci ore di camera di consiglio l'assoluzione di Berlusconi, non ritenendola viziata da errori normativi o interpretativi. I giudici di ultima istanza scrivono nelle motivazioni che, per condannare per concussione, «è necessario dimostrare che il pubblico ufficiale ha abusato della sua qualità o dei suoi poteri, esteriorizzando concretamente un atteggiamento idoneo a intimidire la vittima, tanto da incidere negativamente sulla sua integrità psichica e sulla sua libertà di autodeterminazione». Si conferma ancora una volta l'incidenza della riforma Severino. Che, nel nuovo reato di induzione indebita, richiede un indebito vantaggio (e dunque la punibilità) anche per l'ex concusso, ora indotto. Cioè per Ostuni che, invece, si limitò ad assecondare la richiesta di Berlusconi. Per carità, il funzionario tenne un atteggiamento «rivelatosi non consono a un dirigente della Polizia» ma «lo stesso Ostuni, sulla cui attendibilità nessuna riserva è stata avanzata, ha escluso di essere stato destinatario di un ordine cogente, da lui avvertito come ineludibile». E, visto che l'ex premier non incise «negativamente sulla sua integrità psichica e sulla sua libertà di autodeterminazione», non ci fu concussione.

Anche per la Suprema corte, comunque, Berlusconi abusò del suo pubblico potere per i suoi interessi privati: «Entrambe le decisioni di merito hanno con precisione individuato l'interesse perseguito dall'allora presidente del Consiglio, Berlusconi, mediante l'intervento diretto presso la Questura di Milano: impedire che la divulgazione della minore età di Karima El Marough (Ruby), unita all'accertamento della sua pregressa partecipazione alle serate a sfondo sessuale di Arcore, potessero offuscare la sua reputazione di uomo politico investito di funzioni apicali di governo, interesse o se si vuole vantaggio privo di diretti contenuti patrimoniali». Ma non ne ricavò un «vantaggio patrimoniale», dunque non può essere punito nemmeno per abuso in atti d'ufficio, dopo la riforma anche di questo reato che nel 1997 ha abolito l'«interesse privato in atti d'ufficio».

La Cassazione parla anche della maxiballa del premier su Ruby nipote di Mubarak, definita dal pg Edoardo Scardaccione, «degna di un film di Mel Brooks, tant'è che tutto il mondo ci ha riso dietro». Secondo i supremi giudici, però, «non può concretamente ravvisarsi efficacia induttiva nel riferimento fatto dall'imputato all'asserita parentela della giovane con il presidente egiziano, circostanza rivelatasi, nel breve volgere di qualche minuto, falsa e quindi priva di qualunque idoneità ad ingannare il funzionario e a indurlo a soddisfare la richiesta rivoltagli». Cioè: la bugia era troppo grossa perché Ostuni potesse crederci e spaventarsi.

Ricapitolando. La telefonata di Berlusconi a Ostuni era reato (concussione per costrizione o per induzione) quando fu fatta, quando la Procura aprì l'indagine, quando Berlusconi fu rinviato a giudizio e quando iniziò il processo. Poi il Parlamento di cui Berlusconi era il leader di maggioranza nel governo Monti approvò una legge che spacchettava la concussione. E fu così che il reato sparì. Ma i fatti restano.

E la prostituzione minorile? Rimane straprovata «l'attività prostitutiva» di Ruby al servizio dell'ex premier. Altro che «cene eleganti»: per la Cassazione, si trattava di «serate disinvolte e spregiudicate». È «acquisita la prova certa che, presso la residenza di Arcore di Silvio Berlusconi e nell'arco temporale di cui alla contestazione (14 febbraio-2 maggio 2010), vi fu esercizio di attività prostitutiva che coinvolse anche Karima El Marough».

Ma è «tutto da provare» che Berlusconi, prima della sera del 27 maggio 2010, fosse consapevole della minore età della marocchina, anche perché l'«aspetto fisico» e il «modo di comportarsi» di Ruby «non tradivano minimamente la sua età effettiva». Inoltre la ragazza aveva «l'abitudine di fornire false generalità» e di attribuirsi un'età «di volta in volta diversa, dai 19 ai 27 anni». E agli amici diceva di «avere sempre taciuto» la sua vera età a Berlusconi. Vero che la sua data di nascita era ben nota a Emilio Fede, che per primo aveva notato Ruby a un concorso di bellezza in Sicilia, ma non è detto che l'avesse confidata all'amico Silvio presentandogliela.

Almeno sulla prostituzione minorile, voluta e cercata da Berlusconi (secondo la celebre denuncia pubblica della moglie Veronica dopo il caso Noemi), avrebbero potuto testimoniare al processo, con racconti e registrazioni interessanti, molte ragazze di quel giro. E il Cavaliere avrebbe potuto essere smentito nei suoi poco credibili «non sapevo». Ma purtroppo tutte le Olgettine e gli altri partecipanti ai bunga-bunga sono da anni sul libro dell'imputato, che li finanziava ai tempi delle orge di Arcore e ha continuato a foraggiarli anche dopo, nel pieno del processo. Esattamente come per l'assoluzione al processo Guardia di finanza, che poi si accertò essere stata viziata dalla corruzione del testimone David Mills, pagato per salvare «Mr B. da un mare di guai».

Processo Ruby-ter (corruzione in atti giudiziari, falsa testimonianza)

L'indagine. Il 17 febbraio 2015 la Procura di Milano fa perquisire le abitazioni di decine di Olgettine e sequestrare i loro telefonini e computer. Secondo l'accusa, Berlusconi verserebbe a ciascuna di esse almeno 2.500 euro al mese per comprare il loro silenzio sui festini ad Arcore e non – come si difende lui – per indennizzarle per il danno d'immagine provocato dal clamore dell'inchiesta. Il 30 giugno i pm notificano al Cavaliere e ad altri 33 indagati e indagate l'avviso di conclusione delle indagini: l'ex premier deve rispondere di corruzione giudiziaria di altrettanti testimoni, a loro volta accusate di corruzione giudiziaria e/o di falsa testimonianza. Berlusconi avrebbe versato loro, dall'inizio del 2011 (quando esplose il caso Ruby) fino a marzo del 2015, circa 10 milioni di euro in cambio di omertà e bugie. Tra gli indagati figurano la deputata Mariarosaria Rossi, il presidente di Medusa Cinema Carlo Rossella, il chitarrista Mariano Apicella, il pianista Danilo Mariani.

La sola Ruby, secondo la Procura, ricevette da Berlusconi 7 milioni di euro, che investì in attività commerciali e immobili all'estero, da Dubai al Messico (dove aprì un ristorante e un pastificio con l'ex fidanzato Luca Risso). In cambio, secondo i pm, la marocchina «falsamente negava di aver mai avuto rapporti sessuali con Silvio Berlusconi, di aver accettato la promessa di ricevere ingentissime somme di denaro per passare per pazza, ossia per mentire nel corso dei dibattimenti». Ma non ci sono soltanto i soldi: l'ex premier finanziò le Olgettine anche acquistando case, pagando spese mediche, elargendo doni «di elevato valore economico» e «contratti di lavoro».

Il 29 aprile 2016, all'udienza preliminare, il gup di Milano Laura Marchiondelli spacchetta il processo in sei diversi filoni per ragioni di competenza territoriale. Così il Ruby-ter si moltiplica per sette, con altre sei udienze preliminari nei tribunali di Torino, Monza, Treviso, Siena, Roma e Pescara (dove risiedono alcuni dei testimoni a libro paga). A Milano Berlusconi viene rinviato a giudizio nel gennaio 2017 e il dibattimento inizierà il 7 maggio 2018, dopo le elezioni, indagando anche i casi di Monza, Torino, Treviso e Pescara, che sono tornati indietro alla casella di partenza.

Primo grado. I dibattimenti di Milano, Siena e Roma sono le solite corse a ostacoli fra rinvii, cavilli, ricusazioni, eccezioni, legittimi impedimenti istituzionali e sanitari.

Il Tribunale di Siena, stufo di aspettare Berlusconi, il 13 maggio 2021 stralcia la sua corruzione giudiziaria in concorso col suo pianista Danilo Mariani, rinviandola a un processo separato. E giudica subito Mariani per la sola falsa testimonianza, condannandolo a 2 anni per aver negato dinanzi ai pm i bunga-bunga ad Arcore. Interrogato sulle 15-20 serate a cui aveva partecipato, il pianista aveva raccontato: «Ballavano... Però non sono atteggiamenti che sfociano in sesso... atteggiamenti che si possono vedere in qualsiasi locale». Insomma nessun contatto fisico fra il Cavaliere e le ragazze, a parte le «strette di mano». Ma i giudici, nelle motivazioni, citano le sentenze ormai definitive dei processi Ruby e Ruby-2 che parlano di «attività prostitutiva» e spiegano che è «del tutto evidente che rapporti di tal genere con un personaggio come Berlusconi... costituiscono un movente più che consistente, quasi scontato, per dichiarare il falso su circostanze, quali quelle relative ai rapporti sessuali dallo stesso consumati, con giovanissime donne, perciò stesso retribuite, in occasione dei ricevimenti nella villa di Arcore che, oltre a poter avere rilevanza sul piano delle responsabilità penali, avrebbero comunque arrecato, quanto meno, imbarazzo ad uno degli uomini più potenti d'Italia».

Invece il 21 ottobre un altro collegio senese assolve Berlusconi e Mariani dalla corruzione giudiziaria: l'accusa non è provata per via del «consolidato rapporto di natura professionale, a tratti colorato da venature di sostegno "amicale"» che lega Berlusconi e Mariani fin dal gennaio del 2006. Quindi il fatto che il pianista abbia ricevuto circa 453 mila euro dal Cavaliere fra il 2006 e il 2009 e poi abbia raccontato un sacco di frottole ai pm e ai giudici non significa che sia stato corrotto: «l'esistenza di tale mendace testimonianza non è affatto univocamente indicativa dell'esistenza di un pregresso e/o successivo accordo corruttivo intercorso tra gli imputati». Il pianista mentì per amicizia, non per soldi. La Procura, che aveva chiesto 4 anni e 2 mesi per l'ex premier, fa ricorso in appello.

Il 17 novembre 2022 arriva anche la sentenza del filone romano del Ruby-ter, quello che vede imputato Berlusconi con il suo chitarrista Mariano Apicella. E anche lì, su richiesta dello stesso pm Roberto Felici, la II sezione del Tribunale presieduta da Anna Maria Pazienza assolve entrambi gli imputati per corruzione giudiziaria, mentre dichiara prescritto per Apicella il reato di falsa testimonianza. Le motivazioni sono un capolavoro di strabismo: «La strenua affermazione, reiterata in entrambi i processi in cui (Apicella, *nda*) aveva deposto quale testimone, che si fosse trattato di "cene normalissime", prive di qualsivoglia connotazione sessuale è clamorosamente e oggettivamente smentita dalle risultanze processuali enucleate nelle sentenze passate in giudicato e dalla logica considerazione che, avendo egli partecipato alla fase delle serate successiva alla cena *tout court*, non poteva non aver visto le lascive ed inequivocabili condotte che ivi si erano consumate». Insomma, è emersa la "prova piena" della falsa testimonianza di Apicella. Ma, quando si passa a giudicare Berlusconi, le cose come sempre cambiano. Lì non si è raggiunta la prova "oltre ogni ragionevole dubbio" della corruzione: «Le pur copiose acquisizioni documentali e le prove orali assunte sul punto non hanno offerto alcuna prova diretta dell'ipotizzato accordo corruttivo... Le emergenze processuali, pur destando più che un sospetto sull'esistenza di un tacito e implicito "patto" tra gli imputati, non consentono di descrivere le condotte con le connotazioni fenomenologiche idonee ad integrare l'illecito contestato...». E perché mai? Perché Apicella, coautore di diverse canzoni scritte con Berlusconi, ha ricevuto da lui fra il 2002 e il 2016 un totale di 655 mila euro, più un appartamento da 280 mila euro. Ma questo fiume di denaro e di regali, anziché essere considerato una prova a carico dei due imputati, diventa incredibilmente un alibi: dimostra un «rapporto personale di lunga data, non strettamente correlabile alle false deposizioni testimoniali rese da quest'ultimo nell'ambito dei processi Ruby-1 e Ruby-2» ed esclude la corruzione. «Tale rapporto, secondo quanto è dato sostenere dalle evidenze documentali e dalle stesse affermazioni rese da Apicella, è incisivamente connotato da plurimi "favoritismi" provenienti da Silvio Berlusconi che, a titolo di liberalità, prestiti infruttiferi e quant'altro, aveva storicamente sostenuto economicamente il musicista, alla stregua di un inossidabile patto di solidarietà. Da ciò consegue che – ancorché Mariano Apicella abbia dichiarato il falso nel corso delle deposizioni testimoniali rese alle udienze del 19 ottobre 2012 e del 22 marzo 2013 – l'esistenza di tale mendace testimonianza non è univocamente indicativa dell'esistenza di un pregresso e/o successivo accordo corruttivo tra gli imputati».

Il 15 febbraio 2023, a otto anni dall'inizio dell'inchiesta, arriva alla prima sentenza anche il processo principale milanese. E qui la VII sezione penale del Tribunale di Milano, presieduta da Marco Tremolada, riesce ad assolvere tutti con un sistema ancor più ingegnoso per assolvere Berlusconi. Il Cavaliere e altri 26 dei 29 imputati, fra cui Ruby, l'ex fidanzato Luca Risso, l'ex avvocato Luca Giuliante, Carlo Rosella e uno stuolo di Olgettine, escono indenni chi dalla corruzione giudiziaria, chi dalla falsa testimonianza, chi da entrambe perché «il fatto non sussiste». Altri tre imputati per falsa testimonianza – Simonetta Losi (moglie del pianista Danilo Mariani, condannato a Siena), Giorgio Puricelli (ex fisioterapista del Milan) e l'ex parlamentare di FI Maria Rosaria Rossi – si salvano invece per prescrizione del reato. Nelle motivazioni depositate il 16 maggio, si scopre che i giudici ritengono confermati i fatti ricostruiti dal pm Tiziana Siciliano: i testimoni hanno mentito ai giudici dei processi Ruby-1 e Ruby-2, quasi tutti in cambio di soldi e "utilità" (case, auto e regali) da Silvio Berlusconi. Ma nessuno può essere condannato per falsa testimonianza (pur avendo mentito) né per corruzione in atti giudiziari (pur avendo ricevuto denaro e beni) per un cavillo giuridico. Solo il testimone è obbligato per legge a dire la verità ed è considerato "pubblico ufficiale" quando depone davanti al giudice. Ma i 28 testimoni imputati del Ruby-ter dovevano essere ascoltati dalla Procura e poi dal Tribunale non come testi, ma come indagati in reato connesso, con l'avvocato difensore e con la facoltà di tacere o di mentire, perché fin dal 2010 erano emersi a loro carico elementi incriminanti (i pagamenti dall'amico Silvio). Hanno sì mentito sui bunga-bunga. Ma, non essendo testimoni, non hanno commesso falsa testimonianza. Non essendo "pubblici ufficiali", non hanno commesso neppure il reato di corruzione. Ed, essendo spariti i corrotti, Berlusconi non può essere il corruttore. Secondo il Tribunale, non si doveva «certo aspettare che il soggetto asseritamente pagato per rendere dichiarazioni false rendesse queste ultime, per dimostrare un'indebita interferenza con l'attività processuale di cui già c'erano indizi». Bisognava indagare subito i testimoni prezzolati. Se le imputate fossero state correttamente qualificate come indagate di reato connesso, «si sarebbe potuto discutere della configurabilità dell'articolo 377-bis nei confronti del solo Berlusconi»: cioè si sarebbe potuto processarlo per «induzione a non rendere dichiarazioni» (lo stesso reato di cui risponde a Bari per i silenzi prezzolati di Tarantini), almeno a proposito delle ragazze «che avessero scelto il silenzio»; e per corruzione in atti giudiziari «con riferimento a quelle che invece avessero consapevolmente deciso di rendere dichiarazioni sulla responsabilità altrui».

Come abbiamo già visto, è stato proprio il collegio presieduto da Tremolada a creare i presupposti per assolvere tutti gli imputat: il 3 novembre 2021, accogliendo a sorpresa un'eccezione avanzata tre anni prima dai difensori di Berlusconi, gli avvocati Federico Cecconi e Franco Coppi, il Tribunale aveva deciso improvvisamente di cancellare le false testimonianze agli atti perché rese da soggetti che andavano a suo tempo sentiti come indagati e non come testi. Un'interpretazione eccentrica, mai seguita da nessun altro magistrato che si era fin qui occupato dello scandalo Ruby: anzi, ben 32 giudici avevano avallato la linea opposta della Procura, respingendo quella dei difensori: gli otto collegi giudicanti (i tre del processo Ruby-1 e i cinque del Ruby-2) che hanno emesso sentenze sullo stesso caso e i due gup che avevano firmato i rinvii a giudizio. Per tutti e 32 i giudici, oltreché per i pm, le Olgettine e gli altri partecipanti ai festini di Arcore andavano considerati testimoni, e non indagati. Poi è arrivato Tremolada a smentirli tutti. E a sbugiardare ancora una volta la leggenda del santo Cavaliere perseguitato dai giudici. Il 29 giugno 2023 la Procura impugna la sentenza per tutti gli imputati (escluso Berlusconi, nel frattempo defunto) direttamente in Cassazione.

Bugie a pagamento di Tarantini (induzione a mentire)

Il copione del caso Mills e del Ruby-ter si ripete pari pari con un altro personaggio che sa troppe cose su Berlusconi: l'"imprenditore" barese Gianpaolo Tarantini, anche lui pagato prima, durante e dopo le sue testimonianze reticenti o menzognere davanti ai pm. Che cosa potrebbe rivelare l'amico "Gianpi" di tanto compromettente sul Cavaliere?

Patrizia D'Addario, la escort che ha trascorso due serate (e una notte) con il premier nel 2008, è assetata di vendetta. Berlusconi le aveva promesso di aiutarla in un progetto edilizio, invece non s'è più fatto vivo. La donna tempesta Tarantini di telefonate. Ormai è una mina vagante. E nell'entourage di Forza Italia, a Bari, la cosa si viene a sapere. Infatti Tato Greco, ex dc passato in FI, amico di Tarantini, convince il ras locale del partito, il ministro degli Affari regionali Raffaele Fitto, a candidare Patrizia alle Europee di giugno. Poi però la denuncia di Veronica Lario («ciarpame senza pudore») complica i piani. E la D'Addario entra nella lista fittiana "La Puglia prima di tutto" per le elezioni comunali, mentre Barbara Montereale – che l'aveva accompagnata a Palazzo Grazioli e conserva le foto nel cellulare – viene candidata per la sua circoscrizione. Il 31 maggio 2009 Berlusconi è a Bari per appoggiare il suo candidato sindaco Simeone Di Cagno Abbrescia in un evento elettorale all'hotel Palace. All'ingresso lo attende Patrizia: lui le stringe la mano, quasi che non la conoscesse, poi la sicurezza la tiene fuori dalla sala. Lei non ci vede più e medita di fargliela pagare, con tutto quel che sa e ha registrato. Ma, prima di riuscirci, viene convocata in Procura. Dove ora Tarantini è indagato anche per induzione e favoreggiamento della prostituzione. I pm sanno già molto grazie alle intercettazioni: a Patrizia non resta che confermare e aggiungere i dettagli. Consegna anche le registrazioni dei suoi colloqui con il premier durante e dopo le due serate a Palazzo Grazioli. Il 17 giugno, dopo le elezioni Europee, il *Corriere della Sera* rivela l'inchiesta di Bari e intervista la D'Addario, che racconta tutto.

Passano i mesi e la Procura di Napoli, indagando sul faccendiere latitante Valter Lavitola, già direttore dell'*Avanti!*, legato a Berlusconi e al senatore corrotto Sergio De Gregorio, scopre che Tarantini e Lavitola stanno tentando di ricattare Berlusconi. L'oggetto sarebbero i tanti particolari imbarazzanti che conoscono sui suoi vari malaffari. «Dobbiamo tenere sulla corda il presidente, metterlo con le spalle al muro, in ginocchio», dice Valter, rifugiato a Panama. Così il capo del governo, tramite Lavitola, regala a Gianpi 500 mila euro in nero, oltre a pagargli l'affitto di un appartamento a Roma e un pool di avvocati. Poi però il ricatto non viene dimostrato. Anzi, i pm si convincono che il premier stia pagando spontaneamente Tarantini perché menta e taccia il più possibile davanti ai pm di Bari su tutto ciò che di inconfessabile e compromettente ha fatto e ha saputo su di lui: dalle escort a domicilio alle promesse di appalti in Finmeccanica e alla Protezione civile.

L'inchiesta viene poi trasferita a Bari per competenza territoriale. E lì procede con grande lentezza. Solo il 2 ottobre 2017 approda alle richieste di rinvio a giudizio contro Berlusconi e Lavitola. Il reato contestato ai due non è la solita corruzione giudiziaria del testimone (Tarantini infatti è un imputato, nel frattempo condannato in primo grado a 7 anni e 10 mesi per sfruttamento della prostituzione e droga), bensì l'induzione a tacere o a mentire dinanzi ai magistrati, prevista dall'articolo 337-bis del Codice penale: quello che punisce con la reclusione da 2 a 6 anni «chiunque, con violenza o minaccia, o con offerta o promessa di denaro o di altra utilità, induce a non rendere dichiarazioni o a rendere dichiarazioni mendaci la persona chiamata a rendere davanti all'autorità giudiziaria dichiarazioni utilizzabili in un procedimento penale, quando questa ha la facoltà di non rispondere». I rinvii a giudizio arrivano il 16 novembre 2018. Ma il processo di primo grado si trascinerà per cinque anni fra legittimi impedimenti, cavilli e rinvii fino al 2023, cioè alla morte dell'imputato principale.

Acquisto del senatore De Gregorio (corruzione)

L'indagine. Nel 2012, indagando sui traffici di Lavitola, la Procura di Napoli trova una sua lettera del dicembre del

2011 indirizzata all'ormai ex premier Berlusconi. Nella missiva, Lavitola chiede 5 milioni di euro in cambio del silenzio mantenuto durante la sua latitanza in Centroamerica a proposito di una serie di favori che sostiene di avergli fatto nel corso degli anni. Fra questi l'"acquisto" del senatore Sergio De Gregorio e di altri parlamentari del centrosinistra fra il 2006 e il 2008 per rovesciare il secondo governo Prodi: «Lei, subito dopo la formazione del governo, in questa legislatura, con Verdini e Ghedini presenti, mi disse che era in debito con me... per aver io "comprato" De Gregorio... Ho ottenuto da lei che Forza Italia concedesse all'*Avanti!* un finanziamento di 400 mila euro nel 2008, altro non era che il rimborso di soldi che lei mi aveva autorizzato a dare a De Gregorio nel 2007». La lettera è seguita da un fax ricattatorio, in cui, non essendo ancora stato pagato, minaccia sfracelli: «Torno in Italia e ti spacco il culo». Prima il commercialista di De Gregorio e poi lo stesso Lavitola confermano che il senatore – eletto nel 2006 con l'Italia dei Valori e passato già a fine anno con il centrodestra in cambio della presidenza della commissione Difesa del Senato – era stato comprato da Berlusconi con la mediazione del faccendiere. Una giravolta importantissima per far "ballare" Prodi a Palazzo Madama, dove la sua maggioranza si reggeva su un margine di due o tre voti. Tantopiù che il Cavaliere negli stessi mesi aveva scatenato l'"Operazione Libertà", annunciata al telefono a Saccà, per acquistare altri parlamentari.

Nel 2013 anche De Gregorio vuota il sacco dinanzi ai pm Francesco Curcio, Vincenzo Piscitelli e Henry John Woodcock, e chiede di patteggiare la pena. «L'accordo – rivela – si consumò nel 2006... Il mio incontro a Palazzo Grazioli con Berlusconi servì a sancire che la mia previsione di cassa... era di 3 milioni e immediatamente partirono le erogazioni. Ho ricevuto 2 milioni in contanti da Lavitola a tranche da 200-300 mila euro». Il terzo milione della mazzetta arrivò invece via bonifico, camuffato da finanziamento alla sua associazione Italiani nel Mondo. «Ricordo bene – aggiunge l'ex dipietrista – che già dopo il voto che mi vide eletto presidente della Commissione Difesa discussi a palazzo Grazioli con Berlusconi di una strategia di sabotaggio del governo Prodi al Senato, della quale mi intesto tutta la responsabilità».

Berlusconi viene così indagato e poi rinviato a giudizio nell'ottobre del 2013 per finanziamento illecito ai partiti e corruzione, mentre De Greogrio patteggia 20 mesi di reclusione. «Siamo al cospetto di una delle peggiori ipotesi che si possano prospettare», dice al processo il pm Alessandro Milita: «Una vicenda che resterà nei libri di storia e servirà come monito per il futuro. Qui abbiamo un potere economico che acquista le persone per sfruttarne le funzioni e dirigerne il voto». Woodcock descrive «un banale contratto illecito, una questione di vile pecunia, di scambio, di baratto tra soldi e tutto ciò che rientra nella funzione parlamentare... L'articolo 318 del Codice penale secondo la formulazione fatta nel 2012 parla di "asservimento" della funzione pubblica». E il terzo pm di udienza, Fabrizio Vanorio, fa notare che la sentenza «farà giurisprudenza perché è il primo caso in cui si affronta il tema della corruzione parlamentare».

Primo grado. L'8 luglio 2015 il Tribunale di Napoli emette la sentenza: Berlusconi e Lavitola sono condannati a 3 anni di reclusione ciascuno e a 5 di interdizione dai pubblici uffici per corruzione. Le motivazioni sono durissime, specialmente a proposito dello "statista" pregiudicato che proprio in quei mesi sta riscrivendo insieme col premier Renzi la Costituzione repubblicana e la legge elettorale.

La provvista di denaro di 3 milioni servita a comprare il senatore De Gregorio per rovesciare Prodi – scrivono i giudici – «non vi sono dubbi che provenisse dalle risorse personali di Berlusconi», titolare di «risorse economiche ingentissime, in relazione alle quali tre o anche cinque milioni di euro sono poco più che il costo di una cena per una tavolata di amici, in rapporto alle finanze non esigue di un parlamentare. Questo naturalmente non sminuisce la gravità della vicenda perché, anzi, in qualche modo dimostra lo sprezzo con cui il ricchissimo Berlusconi poté affrontare quei pagamenti corruttivi, senza doverne avvertire minimamente il peso». Semmai questa circostanza «consente di collocare nel giusto contesto lo sforzo economico compiuto dallo stesso Berlusconi per quella corruzione e, dunque, di assimilare la sua posizione a quella di Lavitola», che rimane l'ideatore e l'intermediario dell'asservimento di De Gregorio agli interessi del Cavaliere corruttore. Il processo – concludono i giudici – ha smascherato «le dinamiche e le logiche della politica, le evoluzioni delle ideologie e della vita pubblica italiana a cavallo tra gli anni 90 e il primo decennio del Duemila». Una radiografia impietosa della democrazia italiana.

Appello. Il 1° novembre 2017, come da copione, la Corte d'appello è costretta a registrare che anche questo gravissimo reato è caduto in prescrizione (nell'autunno del 2015), dunque resterà impunito. Ma è accertato oltre ogni ragionevole dubbio. Berlusconi è un corruttore «con assoluta coscienza e volontà di corrompere... L'iniziativa dell'offerta e della promessa del denaro è stata presa da Berlusconi e non da De Gregorio. L'incontro delle loro volontà è stato senza dubbio libero e consapevole... Berlusconi ha, pacificamente, agito come privato corruttore e non certo come parlamentare nell'esercizio delle sue funzioni» per asservire a sé De Gregorio e fargli scatenare «la guerriglia urbana» in Parlamento che, a lungo andare, provocò la caduta di Prodi. La Corte rigetta una per una tutte le argomentazioni dei difensori, a partire da quella che degrada la corruzione in semplice finanziamento illecito: «Le dazioni di denaro effettuate da Berlusconi, tramite Lavitola, a De Gregorio sono state effettuate quale corrispettivo della messa a disposizione del senatore e, quindi, della sua rinuncia a determinarsi liberamente nelle attività parlamentari di sua competenza e non certo come mero finanziamento al movimento Italiani nel Mondo». Stroncato anche il tentativo di Ghedini & C. di spuntare un'assoluzione per mancanza di dolo: «È del tutto pacifico che Berlusconi abbia agito con assoluta coscienza e volontà di corrompere un senatore della Repubblica».

Cassazione. Berlusconi ricorre in Cassazione per trasformare la prescrizione in assoluzione, ma anche lì viene respinto con perdite. Il 2 luglio 2018 la Corte conferma che è un colpevole impunito, anche se non per «corruzione propria», ma «impropria».

La compravendita di Razzi e Scilipoti (corruzione)

L'indagine parte nel 2013 da un esposto alla Procura di Roma di Antonio Di Pietro, che ipotizza la presunta corruzione da parte di Berlusconi dei senatori del suo partito Antonio Razzi e Domenico Scilipoti, in cambio del loro passaggio dall'IdV al Pdl nel dicembre del 2010. La Procura apre un'inchiesta, ma alla fine chiede l'archiviazione. Il gip Gaspare Sturzo rigetta la richiesta e dispone nuove indagini. Queste però non approdano ad alcuna novità rilevante. E il fascicolo viene archiviato definitivamente il 25 gennaio 2016.

Telecinco (violazione della legge antitrust e frode fiscale in Spagna)

Nel 1998 Silvio Berlusconi si conquista un processo anche all'estero: in Spagna. Il giudice anticorruzione di Madrid Baltasár Garzón Real lo accusa – insieme a Marcello Dell'Utri e ad altri dirigenti del gruppo Fininvest – di aver posseduto, grazie a una serie di prestanome e di operazioni finanziarie illecite, il controllo pressoché totale dell'emittente Telecinco, in barba alla legge antitrust spagnola, negli anni in cui il tetto massimo per ciascun soggetto privato era il 25% delle quote azionarie di una società televisiva. Di qui una violazione della norma sulla concorrenza e una mega-evasione fiscale di 60 miliardi di lire italiane fra il 1991 e il 1995. Il giudice, dopo aver chiesto nel 2001 al governo italiano di processare Berlusconi in Italia o, in alternativa, di privarlo dell'immunità in modo di poterlo giudicare in Spagna, non riceve mai risposta. Per questo il processo, dopo anni di congelamento, riprende nel maggio 2006, dopo che il Cavaliere imputato ha lasciato Palazzo Chigi. Ma nel 2008, col suo ritorno al governo, si interrompe di nuovo. Da allora l'istruttoria riposa in pace in qualche cassetto del Tribuale di Madrid, senza essere mai approdata a una sentenza, anche se nello stesso 2008 l'avvocato Ghedini annuncia l'assoluzione del suo assistito.

Mafia (concorso esterno in associazione mafiosa e riciclaggio di denaro sporco)

Nel luglio del 1995, in seguito alle accuse di alcuni collaboratori di giustizia tra cui Salvatore Cancemi e Francesco Di Carlo, la Procura di Palermo guidata da Giancarlo Caselli iscrive Silvio

Berlusconi nel registro degli indagati per concorso esterno in associazione mafiosa e riciclaggio di denaro sporco insieme a Marcello Dell'Utri e a Filippo Alberto Rapisarda. Dopo un anno e mezzo di indagini, il 7 novembre 1996, i pm siciliani chiedono il rinvio a giudizio di Dell'Utri per concorso esterno e l'archiviazione di Berlusconi e Rapisarda. A carico del Cavaliere, secondo la Procura, «sono emersi vari elementi utilizzabili a sostegno dell'ipotesi di accusa... Tuttavia le indagini sono particolarmente complesse per la vastità dei fatti da verificare, fatti prospettati dalle fonti di prova con riferimento a vicende, situazioni e relazioni illecite in un lungo arco di tempo... Anche per tali motivi allo spirare del termine non sono ancora state completamente evase le deleghe di indagini conferite alla Polizia giudiziaria». Proprio *in extremis*, «in data prossima alla scadenza, sono state acquisite rilevanti dichiarazioni riguardanti, direttamente o indirettamente, il Berlusconi, in relazione alle quali non è stato possibile procedere alle verifiche necessarie proprio per il breve periodo di tempo rimasto». Quindi – concludono i pm – «gli elementi raccolti entro la scadenza del termine non possono ancora ritenersi, allo stato degli atti, idonei a sostenere utilmente l'accusa in dibattimento, ai fini di una affermazione della responsabilità per il reato associativo».

Il 19 febbraio 1997 il gip Gioacchino Scaduto dispone l'archiviazione per Berlusconi con uno stringato provvedimento di una pagina e mezza: «Pur essendo emersi ad oggi diversi elementi che sembrano sostenere l'ipotesi accusatoria, la palese incompletezza delle indagini non consente di valutarne appieno il valore indiziario». E questo perché i pm non hanno avuto il tempo sufficiente per riscontrare gli «elementi indiziari contenuti nell'enorme mole di materiale raccolto». A quel punto le strade di Silvio e Marcello si separano: l'uno archiviato, l'altro a giudizio per mafia.

Negli anni successivi però i pm Antonio Ingroia e Domenico Gozzo raccoglieranno altre notizie di reato, sempre sull'ipotesi di mafia e/o riciclaggio, e iscriverà altre quattro volte Berlusconi sul registro degli indagati. La prima insieme a Dell'Utri e al boss Ignazio Pullarà, in concorso con gli scomparsi Stefano Bontate e Mimmo Teresi. La seconda con il solo Dell'Utri. La terza in associazione con Dell'Utri, Vito Ciancimino, Francesco Paolo Alamia (finanziere legato a Ciancimino e Rapisarda), i boss Vincenzo Piazza e Giuseppe Graviano. La quarta, invece, a carico del solo Berlusconi. Nel 1998, dopo la quinta e ultima iscrizione, i due pm sguinzagliano il vicedirettore della sede palermitana della Banca d'Italia, Francesco Giuffrida (consulente della Procura), e il maresciallo della Dia Giuseppe Ciuro nelle sedi della Fininvest e di alcune banche (Popolare di Lodi ex Rasini, Popolare di Abbiategrasso e Bnl) alla ricerca dei documenti contabili e societari sulla nascita delle 37 Holding Italiana che stanno dietro al gruppo del Biscione, e soprattutto a caccia delle fonti di finanziamento. Mentre Berlusconi siede al fianco di D'Alema in Bicamerale, intento a riscrivere la Costituzione, i finanzieri gli perquisiscono le società per cercar di capire dove ha preso i soldi che gli consentirono, fra gli anni 70 e gli anni 80, il balzo decisivo nel firmamento dell'edilizia e della tv.

Il 26 ottobre 1998, la Procura chiede di archiviare tutte e quattro le indagini con altrettante, identiche motivazioni. E il 25 novembre 1998 il gip Scaduto firma i quattro decreti di archiviazione. La consulenza Giuffrida e quella della Dia, rimaste incomplete, verranno trasfuse nel processo a Dell'Utri. Lì Giuffrida alzerà le braccia in segno di resa sui 115 miliardi di lire dell'epoca (pari a circa 300 milioni di euro), di cui «si ignora la provenienza». In parte – 8 miliardi dell'epoca (pari a oltre 20 milioni di euro) – entrarono nelle Holding Italiana addirittura «in contanti». Il 26 novembre 2002, dopo vari rinvii, il

Tribunale di Palermo che giudica Dell'Utri riesce a farsi ricevere da Berlusconi a Palazzo Chigi per interrogarlo sui tanti misteri del suo rapporto con la mafia (Mangano, i miliardi in cerca di autore, le minacce mafiose mai denunciate). Ma il premier risponde con un inno all'omertà: «Mi avvalgo della facoltà di non rispondere».

L'11 dicembre 2004 la II sezione del Tribunale di Palermo condanna Marcello Dell'Utri a 9 anni per concorso esterno in associazione mafiosa. Nelle motivazioni, i giudici scrivono che il suo stabile sostegno a Cosa Nostra iniziò nel 1973-74 e durò fino almeno al 1996. Non solo: il gruppo Berlusconi ha ricevuto finanziamenti «non trasparenti» a cavallo fra gli anni 70 e 80. E ha versato «per diversi anni somme di denaro nelle casse di Cosa Nostra». Dell'Utri infatti, «anziché astenersi dal trattare con la mafia..., ha scelto, nella piena consapevolezza di tutte le possibili conseguenze, di mediare tra gli interessi di Cosa Nostra e gli interessi imprenditoriali di Berlusconi (un industriale, come si è visto, disposto a pagare pur di stare tranquillo)». Quando poi, nel 1993, la Fininvest si tramutò in Forza Italia, il capo di Cosa Nostra Bernardo Provenzano «ottenne garanzie» che lo convinsero a «votare e far votare per Forza Italia», con cui aveva «agganci» anche il boss stragista Leoluca Bagarella. Garanzie fornite da Dell'Utri, che ha avuto «per un trentennio contatti diretti e personali» con boss del calibro di Stefano Bontate e Mimmo Teresi, oltre al «fattore» Vittorio Mangano, assunto ad Arcore nel 1974 «pur conoscendone lo spessore delinquenziale, e anzi proprio per tale sua "qualità", con l'avallo compiaciuto di Bontate e Teresi».

Da tre decenni Dell'Utri svolge – scrive il Tribunale – un'«attività di costante mediazione tra il sodalizio criminoso più pericoloso e sanguinario del mondo e gli ambienti imprenditoriali e finanziari milanesi, in particolare la Fininvest», nonché una «funzione di "garanzia" nei confronti di Berlusconi». Nei «momenti di crisi tra Cosa Nostra e la Fininvest» Dell'Utri fa da mediatore, «ottenendo favori» dalla mafia e «promettendo appoggio politico e giudiziario». Tutte condotte «pienamente e inconfutabilmente provate da fatti, testimonianze, intercettazioni». I rapporti fra Dell'Utri e Cosa Nostra «sopravvivono alle stragi del 1992-93, quando i tradizionali referenti, non più affidabili, venivano raggiunti dalla "vendetta" di Cosa Nostra, e ciò nonostante il mutare della coscienza sociale di fronte al fenomeno mafioso nel suo complesso». Esistono «prove certe della compromissione mafiosa dell'imputato Dell'Utri anche relativamente alla sua stagione politica». Sempre secondo i giudici, Forza Italia nasce nel '93 da un'idea di Dell'Utri, il quale «non ha potuto negare» che ancora nel novembre '93 incontrava Mangano a Milano, come risulta dalle sue agende, mentre era «in corso l'organizzazione del partito Forza Italia e Cosa Nostra preparava il cambio di rotta verso la nascente forza politica». Il perché, secondo i giudici, è semplice: Dell'Utri incontrava Mangano nel 1993-94 per promettere «alla mafia precisi vantaggi politici e la mafia si era vieppiù orientata a votare Forza Italia».

Quanto all'origine delle fortune di Berlusconi, che incassò fra gli anni 70 e 80 centinaia di miliardi di lire di provenienza ignota, i sospetti della Procura sono condivisi dal Tribunale: «La scarsa trasparenza o l'anomalia di molte operazioni Fininvest negli anni 1975-84 non hanno trovato smentita dal consulente della difesa Dell'Utri; non è stato possibile risalire... all'origine, qualunque essa fosse, lecita od illecita, dei flussi di denaro investiti nella creazione delle holding Fininvest. E allora le "indicazioni" dei collaboranti e del Rapisarda (sul riciclaggio di denaro mafioso, *nda*) non possono ritenersi del tutto "incompatibili" con l'esito degli accertamenti svolti».

Poteva chiarire tutto Berlusconi. Ma quando il Tribunale si è recato a Palazzo Chigi per interrogarlo, nel 2002, il premier s'è cucito la bocca e così «si è lasciato sfuggire l'imperdibile occasione di fare personalmente, pubblicamente e definitivamente chiarezza sulla delicata tematica, incidente sulla correttezza e trasparenza del suo precedente operato di imprenditore che solo lui, meglio di qualunque consulente o testimone, avrebbe potuto illustrare. Invece, ha scelto il silenzio».

Il 29 giugno 2010 la Corte d'appello conferma la condanna per Dell'Utri, ma riduce la pena da 9 a 7 anni, ritenendo il reato di concorso esterno dimostrato soltanto fino al 1992, e non più nel periodo "politico", proprio quello in cui Silvio & Marcello si rivelarono più utili agli interessi di Cosa Nostra.

Il 9 marzo 2012 la Cassazione annulla con rinvio la sentenza d'appello, ma soltanto per un difetto di motivazione relativo al periodo 1978-80, quando Dell'Utri lasciò Arcore per andare a lavorare con Rapisarda.

Il 25 marzo 2013 la Corte d'appello di Palermo torna a condannare Dell'Utri a 7 anni per concorso esterno in associazione mafiosa. E questa volta la Cassazione conferma definitivamente la sentenza il 9 maggio 2014, con motivazioni durissime non soltanto per l'imputato, ma anche per il suo compare Silvio Berlusconi, citato per ben 137 volte.

Premessa: «Costituisce espressione del concorso esterno di Marcello Dell'Utri nell'associazione criminale denominata "Cosa Nostra" (facente capo, nella metà degli anni '70, anche a Stefano Bontade e Girolamo Teresi) il comportamento dell'imputato, consistito nell'avere favorito e determinato – avvalendosi dei pregressi rapporti personali allacciati con esponenti mafiosi e, in particolare, dell'amicizia con Gaetano Cinà (condannato dal Tribunale di Palermo alla pena di 7 anni di reclusione per i delitti di cui agli artt. 416 e 416-bis c.p.) che gli aveva consentito di caldeggiare presso di essi con speciale efficacia la propria iniziativa – la conclusione di un accordo di reciproco interesse tra i boss mafiosi, nella loro posizione rappresentativa, e l'imprenditore amico Silvio Berlusconi. Grazie all'opera di intermediazione svolta da Dell'Utri, veniva raggiunto un accordo che prevedeva la corresponsione, da parte di Silvio Berlusconi, di rilevanti somme di denaro in cambio della protezione a lui accordata da parte di Cosa Nostra palermitana. Tale accordo era fonte di reciproco vantaggio per le parti che ad esso avevano aderito grazie all'impegno profuso da Dell'Utri: per Silvio Berlusconi esso consisteva nella protezione complessiva sia sul versante personale che su quello economico; per la consorteria mafiosa si traduceva, invece, nel conseguimento di rilevanti profitti di natura patrimoniale». Quindi Berlusconi pagava regolarmente Cosa Nostra, e senza averne subìto alcuna minaccia o estorsione: «Tale patto non era stato preceduto da azioni intimidatorie di Cosa Nostra palermitana in danno di Silvio Berlusconi e costituiva piuttosto l'espressione di una certa, espressa propensione... a monetizzare, per quanto possibile, il rischio cui era esposto».

Il patto Berlusconi-Cosa Nostra intermediato da Dell'Utri viene siglato nel famoso summit a Milano: «Tra il 16 e il 29 maggio 1974 si svolgeva a Milano un incontro cui prendevano parte Marcello Dell'Utri, Silvio Berlusconi, Gaetano Cinà (legato alla famiglia mafiosa di Malaspina), Stefano Bontade (capo della famiglia mafiosa di S. Maria del Gesù ed esponente, fino a poco tempo prima, insieme con Gaetano Badalamenti e Luciano Liggio, del "triumvirato", massimo organo di vertice di Cosa Nostra), Girolamo Teresi (sottocapo della famiglia mafiosa di S. Maria del Gesù), Francesco Di Carlo ("uomo d'onore" della famiglia mafiosa di Altofonte di cui, all'epoca, era consigliere e di cui, in seguito, sarebbe diventato sottocapo).

In tale occasione veniva concluso l'accordo di reciproco interesse, in precedenza ricordato, tra Cosa Nostra, rappresentata dai boss mafiosi Bontade e Teresi, e l'imprenditore Berlusconi, accordo realizzato grazie alla mediazione di Dell'Utri che aveva coinvolto l'amico Gaetano Cinà, il quale, in virtù dei saldi collegamenti con i vertici della consorteria mafiosa, aveva garantito la realizzazione di tale incontro».

E i risultati non tardano ad arrivare: «L'assunzione di Vittorio Mangano (all'epoca dei fatti affiliato alla famiglia mafiosa di Porta Nuova, formalmente aggregata al mandamento di S. Maria del Gesù, comandato da Stefano Bontade) ad Arcore, nel maggio-giugno del 1974, costituiva l'espressione dell'accordo concluso, grazie alla mediazione di Dell'Utri, tra gli esponenti palermitani di Cosa Nostra e Silvio Berlusconi ed era funzionale a garantire un presidio mafioso all'interno della villa di quest'ultimo». Infatti, «in cambio della protezione assicurata, Silvio Berlusconi aveva iniziato a corrispondere, a partire dal 1974, agli esponenti di Cosa Nostra palermitana, per il tramite di Dell'Utri, cospicue somme di denaro che venivano materialmente riscosse da Gaetano Cinà».

I supremi giudici confermano poi «il perdurante rapporto di Dell'Utri con l'associazione mafiosa anche nel periodo in cui lavorava per Rapisarda e la sua costante proiezione verso gli interessi dell'amico imprenditore Berlusconi»: un fatto «logicamente desunto anche dall'incontro, avvenuto nei primi mesi dell'anno 1980, a Parigi, tra l'imputato, Bontade e Teresi, incontro nel corso del quale Dell'Utri chiedeva ai due esponenti mafiosi venti miliardi di lire per l'acquisto di film per Canale 5». Ma anche da altre due circostanze altrettanto provate. La prima è «la partecipazione di Dell'Utri, nel corso del 1979 (ossia nel periodo di tempo in cui l'imputato non lavorava più alle dipendenze di Silvio Berlusconi), a una cena tenutasi nella villa di Stefano Bontade, cui aveva preso parte una ventina di persone, tra cui Di Carlo, Bontade, Teresi». La seconda è «la richiesta, rivolta da Dell'Utri a Cinà, di occuparsi della "messa a posto" per l'installazione delle antenne televisive, questione poi effettivamente risolta da Bontade e Teresi».

Quindi, anche mentre lavorava per Rapisarda, Dell'Utri continuava a curare gli interessi di Berlusconi e a intrattenere rapporti con Cosa Nostra. «I giudici – prosegue la Cassazione –, sulla base di un puntuale ragionamento e della compiuta analisi degli elementi probatori acquisiti, evidenziavano che tale episodio, da mettere in correlazione con l'interesse del gruppo Fininvest nel settore delle emittenti private e, in particolare, con la prima trattativa di Fininvest per l'acquisto, da parte della srl Rete Sicilia (società collegata a Fininvest) di TVR Sicilia, dimostrava la continuità dei rapporti intrattenuti da Dell'Utri con Cinà e il suo ruolo di mediatore, pur nel periodo in cui non operava alle dipendenze di Berlusconi».

Infatti «i pagamenti di Berlusconi in favore di Cosa Nostra palermitana... erano proseguiti senza soluzione di continuità, dopo la scomparsa di Stefano Bontade e di Girolamo Teresi (avvenute entrambe nel 1981), erano stati effettuati ai fratelli Giovan Battista e Ignazio Pullarà, divenuti reggenti del mandamento di S. Maria del Gesù e subentrati nei rapporti da essi intrattenuti. I soldi venivano materialmente riscossi a Milano presso Dell'Utri da Gaetano Cinà che provvedeva a recapitarli a Stefano Bontade e, dopo la morte di quest'ultimo, li faceva pervenire ai Pullarà tramite Pippo Di Napoli e Pippo Contorno, "uomo d'onore" della stessa famiglia mafiosa. Particolare rilievo logico, nell'ottica della continuità dei pagamenti, veniva poi correttamente attribuito dai giudici di merito alle propalazioni di Ganci e Anzelmo i quali concordemente riferivano in merito alle rimostranze fatte, intorno al 1985, da Dell'Utri a

Cinà per il comportamento assunto dai Pullarà che "tartassavano" Berlusconi. La sentenza impugnata argomentava che tali dichiarazioni trovavano ulteriore conferma nel racconto di Angelo Siino ed erano espressive di un'ininterrotta prosecuzione dei versamenti di denaro da Berlusconi a Cosa Nostra, tramite Dell'Utri, il quale, nel corso del tempo, si era dimostrato piuttosto critico a causa dell'atteggiamento dei Pullarà».

A nulla valgono i tentativi della difesa di intaccare la solidità dell'impianto probatorio. La Cassazione conferma: «a) l'oggettiva prosecuzione sino al 1992 dei pagamenti effettuati da Berlusconi in favore di Cosa Nostra palermitana in attuazione dell'accordo concluso nel 1974 sia per la protezione garantita che per profili economici; b) il ruolo di Cinà nella riscossione delle somme di denaro nell'interesse dell'organizzazione, anche quale diretto emissario del capo del sodalizio mafioso, Salvatore Riina, dopo l'estromissione dei fratelli Pullarà, subentrati nei rapporti in precedenza tenuti da Bontade e Teresi, secondo quanto riferito concordemente dai collaboratori di giustizia Di Carlo, Calogero Ganci, Anzelmo, Galliano, Ferrante; c) la suddivisione dei soldi riscossi da Cinà tra le singole famiglie mafiose, tra cui quella di Ganci e quella retta da Biondino; d) l'impossibilità di assimilare – come prospettato invece dalla difesa dell'imputato – le relazioni intrattenute da Dell'Utri con Mangano e con Cinà, anche dopo l'allontanamento di Mangano dalla villa di Arcore, come quelle che connotano il rapporto tra l'estorto (asseritamente Dell'Utri) ed estorsore (Cosa Nostra) e di qualificare Dell'Utri come "vittima di Cosa Nostra"».

Ecco perché Dell'Utri va condannato per concorso esterno: «nella veste di soggetto costantemente preposto, anche nel periodo 1978-1982, alla consegna agli esponenti del sodalizio mafioso, per conto di Silvio Berlusconi, dei soldi costituenti il corrispettivo della protezione assicurata dall'associazione mafiosa all'imprenditore, agiva, essendo a conoscenza dei metodi e dei fini della stessa, nella consapevolezza e volontarietà del suo determinante contributo causale ai fini della realizzazione, almeno parziale, del programma criminoso perseguito dall'organizzazione mafiosa e della conservazione della stessa che traeva dalla costante riscossione delle cospicue somme di denaro una stabile fonte di arricchimento, immediatamente incidente sulla sua perdurante operatività». E questo lo dimostrano altre circostanze che la Suprema Corte ritiene dimostrate oltre ogni ragionevole dubbio.

1) «L'irrilevanza del mutamento degli equilibri interni a Cosa Nostra palermitana rispetto alla prosecuzione dell'accordo di protezione stipulato nel 1974 tra gli esponenti mafiosi (Bontade e Teresi) e Silvio Berlusconi per il tramite di Dell'Utri, espressivo dell'importanza e della solidità dello stesso, dell'affidamento reciproco tra le due parti che lo avevano stipulato grazie alla mediazione dell'imputato, il quale rappresentava la persona in cui entrambe riponevano fiducia».

2) «La sistematicità nell'erogazione delle cospicue somme di denaro dall'imputato a Cinà, indicative della ferma volontà di Berlusconi di dare attuazione al suddetto accordo, al di là dei mutamenti degli assetti di vertice di Cosa Nostra, nella consapevolezza del rilievo che esso rivestiva per entrambe le parti: l'associazione mafiosa che da esso traeva un costante canale di significativo arricchimento; l'imprenditore Berlusconi, interessato a preservare la sua sfera di sicurezza personale ed economica».

3) «Il rilievo centrale, ai fini della proficua prosecuzione dell'accordo, della figura di Dell'Utri, le cui rimostranze circa il comportamento tenuto dai fratelli Pullarà, nella loro qualità di primari referenti del sodalizio mafioso subentrati nel patto di protezione dopo la scomparsa di Bontade e Teresi, determinava-

no la loro estromissione per ordine diretto di Salvatore Riina, capo indiscusso dell'organizzazione, che, nell'ottica della strategia complessiva perseguita, riteneva prevalente su ogni altra esigenza quella di una proficua prosecuzione del rapporto con Dell'Utri».

4) «La perdurante centrale importanza dei rapporti intrattenuti da Dell'Utri con Cinà, comprovata non solo dal ruolo avuto da entrambi nella conclusione dell'accordo tra Silvio Berlusconi e Cosa Nostra palermitana, ma anche dalla sostituzione dei fratelli Pullarà con Cinà, disposta da Salvatore Riina quale elemento imprescindibile per restituire serenità al rapporto tra le due parti e consentire la prosecuzione dei pagamenti»; senza contare «l'incidenza causale, ai fini della concreta attuazione del patto, svolta dal reciproco affidamento tra Dell'Utri e Cinà, persona quest'ultima incaricata dai vertici del sodalizio mafioso della riscossione presso Dell'Utri delle somme di denaro, destinate ad essere ripartite tra le principali famiglie mafiose».

Quando arriva Riina, nei primi anni 80, elabora una «strategia per ottenere somme maggiori», a cui seguono: «contatti su di un piano paritario tra Cinà, quale emissario delle richieste del sodalizio mafioso, e Dell'Utri, quale tramite tra l'organizzazione e l'imprenditore Berlusconi; la piena disponibilità di quest'ultimo a corrispondere i nuovi importi; e la prosecuzione delle identiche modalità di riscossione delle somme di denaro a Milano presso dell'Utri ad opera di Cinà».

Conclusione: «La motivazione della sentenza impugnata è esente dai vizi denunciati anche nella parte in cui ha fornito un'interpretazione compiuta ed organica della vicenda del raddoppio delle somme richieste a Berlusconi, tramite Dell'Utri, da parte dell'associazione mafiosa capeggiata da Riina. Nel ricostruire la genesi di tale domanda (rimostranze fatte all'interno del sodalizio mafioso da Cinà a proposito dell'atteggiamento di Dell'Utri in precedenza ricordato) e le sue finalità, la Corte d'appello è pervenuta alla conclusione, sorretta da solidi argomenti razionali, che essa non ha in alcun modo inciso sulla natura dell'accordo di protezione concluso nel 1974, sulle sue modalità attuative, proseguite con il ritiro delle somme di denaro presso l'ufficio di Dell'Utri da parte di Cinà, sull'affidamento reciproco tra l'imputato e Cinà, comprovato dalle conversazioni intercorse tra il novembre e il dicembre 1986 tra Cinà e Marcello, Alberto Dell'Utri e la loro madre, tutte improntate alla massima familiarità».

Quindi Dell'Utri, «assicurando un costante canale di collegamento tra i partecipi del patto di protezione stipulato nel 1974, protrattosi da allora senza interruzioni, e garantendo la continuità dei pagamenti di Silvio Berlusconi in favore degli esponenti dell'associazione mafiosa in cambio della complessiva protezione da questa accordata all'imprenditore, ha consapevolmente e volontariamente fornito un contributo causale determinante, che senza il suo apporto non si sarebbe verificato, alla conservazione del sodalizio mafioso e alla realizzazione, almeno parziale, del suo programma criminoso, volto alla sistematica acquisizione di proventi economici ai fini della sua stessa operatività, del suo rafforzamento e della sua espansione».

Le bombe del 1992-94 (concorso in strage)

Nella seconda metà degli anni 90 Berlusconi e Dell'Utri vengono indagati dalle Procure di Firenze e Caltanissetta come presunti «mandanti a volto coperto» delle stragi del 1992 (Capaci e via D'Amelio) e del 1993-94 (Milano, Firenze e Roma). Ma entrambe le indagini vengono archiviate per scadenza dei termini.

Il 14 novembre 1998 il gip di Firenze Giuseppe Soresina archivia l'indagine sulle stragi del 1993-94, ma evidenzia come Berlusconi e Dell'Utri abbiano «intrattenuto rapporti non meramente episodici con i soggetti criminali cui è riferibile il programma stragista realizzato». E vede «una obiettiva convergenza degli interessi politici di Cosa Nostra rispetto ad alcune qualificate linee programmatiche della nuova formazione (Forza Italia, *nda*): articolo 41-bis, legislazione sui collaboratori di giustizia, recupero del garantismo processuale asseritamente trascurato dalla legislazione dei primi anni 90». Poi conclude che, nel corso delle indagini, addirittura «l'ipotesi iniziale [di un coinvolgimento di Berlusconi e Dell'Utri nelle stragi del 1993] ha mantenuto e semmai incrementato la sua plausibilità». Ma è scaduto «il termine massimo delle indagini».

Il 3 maggio 2002 il gip di Caltanissetta Giovanbattista Tona archivia anche il procedimento su Berlusconi e Dell'Utri per le stragi di Capaci e via D'Amelio. Ma con motivazioni molto pesanti per entrambi. Berlusconi e Dell'Utri – scrive – avevano «rapporti d'affari con soggetti legati all'organizzazione Cosa Nostra». Rapporti talmente consolidati da «legittimare agli occhi degli "uomini d'onore" l'idea che Berlusconi e Dell'Utri potessero divenire interlocutori privilegiati di Cosa Nostra». Rapporti intrattenuti anche dalle «società facenti capo al gruppo Fininvest con personaggi in varia posizione collegati all'organizzazione Cosa Nostra». Rapporti che ormai «costituiscono dati oggettivi» e che, «insieme agli altri elementi relativi ai contatti e alle frequentazioni di Dell'Utri con esponenti della stessa cosca, rendono quantomeno non del tutto implausibili né peregrine le ricostruzioni offerte dai diversi collaboratori di giustizia», secondo cui Berlusconi e Dell'Utri «erano considerati facilmente contattabili dal gruppo criminale». D'altro canto «altri soggetti comunque legati al gruppo Fininvest avevano intrattenuto rapporti di affari con personaggi di Cosa Nostra: per esempio Massimo Maria Berruti, la persona che secondo Siino avrebbe fatto da intermediario con Berlusconi per una delle trattative finalizzate a propugnare una legislazione più favorevole a Cosa Nostra». Il magistrato giudica dunque credibili le rivelazioni dei numerosi pentiti di Cosa Nostra, avallando gran parte del lavoro dei pm nisseni Anna Palma, Nino Di Matteo e Luca Tescaroli.

A conclusioni molto simile giunge la sentenza della Corte d'Assise di Caltanissetta, che il 23 giugno 2001 ha condannato 37 boss mafiosi per la strage di Capaci: nel capitolo «I contatti tra Salvatore Riina e gli on. Dell'Utri e Berlusconi», si legge che è provato che la mafia intrecciò con i due imprenditori e poi uomini politici «un rapporto fruttuoso quanto meno sotto il profilo economico». Talmente fruttuoso che poi, nel 1992, «il progetto politico di Cosa Nostra sul versante istituzionale mirava a realizzare nuovi equilibri e nuove alleanze con nuovi referenti della politica e dell'economia». Cioè a «indurre alla trattativa lo Stato ovvero a consentire un ricambio politico che, attraverso nuovi rapporti, assicurasse come nel passato le complicità di cui Cosa Nostra aveva beneficiato».

Nell'estate del 2017 la Procura di Firenze, guidata da Giuseppe Creazzo, chiede e ottiene dal gup la riapertura del fascicolo (archiviato l'ultima volta nel 2011, con un provvedimento mai reso noto) su Berlusconi e Dell'Utri per concorso nelle stragi del 1993-94. E delega per i nuovi accertamenti la Direzione investigativa antimafia. Il fatto nuovo che giustifica la ripartenza sono le clamorose conversazioni del boss Giuseppe Graviano, intercettato dai pm palermitani del processo sulla trattativa Stato-mafia dal febbraio del 2016 all'aprile del 2017, con il compagno di socialità Umberto Adinolfi nel carcere di Ascoli Piceno. Graviano, che sconta vari ergastoli per le stragi, parla più volte proprio di Berlusconi a proposito di via d'Amelio e dell'attacco mafioso allo Stato nel 1992-94. Nella trascrizione del consulente tecnico della Procura di Palermo, si legge testualmente: «Berlusca mi ha chiesto questa cortesia... per questo c'è stata l'urgenza... Ero convinto che Berlusconi vinceva le elezioni... in Sicilia... Novantadue... lui voleva scendere... però in quel periodo c'erano i vecchi e lui mi ha detto ci vorrebbe una bella cosa».

Un linguaggio criptico, ma non per i pm di Palermo, che vedono nelle parole del boss solitamente silente una importante conferma a quanto dichiararono in tempi non sospetti diversi mafiosi "pentiti", da Salvatore Cancemi a Gaspare Spatuzza (il killer dei Graviano). Cancemi, unico boss membro della Cupola a collaborare con la giustizia, rivelò già nel 1995 ai magistrati che dopo la strage di Capaci, a metà giugno del 1992, Riina aveva riunito i capimafia per comunicare l'urgenza di eliminare, dopo Giovanni Falcone, anche Paolo Borsellino. E aveva stroncato le perplessità di alcuni di loro per i tempi troppo ravvicinati della nuova strage con parole definitive: «Lo dobbiamo fare presto, la responsabilità è mia, ora e in futuro bisogna appoggiare Berlusconi e Dell'Utri, sarà un bene per tutta Cosa Nostra». Spatuzza invece raccontò che ai primi del 1994, mentre si trovava a Roma per organizzare la strage (poi fallita e infine revocata) allo stadio Olimpico, Graviano lo convocò al Bar Doney di via Veneto e gli comunicò tutto giulivo che la strategia stragista era funzionale a Berlusconi e a Dell'Utri, chiamati «quello del Canale 5» e «il nostro compaesano», i quali «ci stanno mettendo l'Italia nelle mani». Parole che sembrano collimare con quelle sussurrate da Graviano, nell'ora d'aria, ad Adinolfi sulla «cortesia» chiesta dal «Berlusca» che aveva «l'urgenza» di «scendere» in campo già «nel 1992» (quando, come confermò Ezio Cartotto, Dell'Utri iniziò a pensare a un impegno politico diretto della Fininvest). Ma «in quel periodo c'erano i vecchi» partiti, sia pure screditati da Tangentopoli, e «lui mi ha detto: ci vorrebbe una bella cosa». Graviano aggiunge poi, sempre al compagno di socialità: «Avevamo acchiappatu un Paisi di chistu 'ni manu». Proprio quel che Spatuzza rivelò di avergli sentito dire al Bar Doney.

Il boss si sfoga poi contro l'ingratitudine del Cavaliere, che avrebbe fatto promesse senza mai mantenerle: «Quando ha iniziato negli anni 70, ha iniziato con i piedi giusti, mettiamoci la fortuna che si è ritrovato a essere quello che è. Quando lui si è ritrovato un partito così nel '94 si è ubriacato e ha detto: "Non posso dividere quello che ho con chi mi ha aiutato". Pigliò le distanze e ha fatto il traditore... 25 anni fa, mi sono seduto con te, giusto è?... Traditore... pezzo di crasto che non sei altro, ma vagli a dire com'è che sei al governo, che hai fatto cose vergognose, ingiuste... Ti ho portato benessere. Poi mi è successa una disgrazia, mi arrestano, tu cominci a pugnalarmi. Per cosa? Per i soldi, perché ti rimangono i soldi... dice, non lo faccio uscire più e sa che io non parlo perché sa il mio carattere e sa le mie capacità... Tu lo sai che mi sono fatto 24 anni, ho la famiglia distrutta... Alle buttane glieli dà i soldi ogni mese. Io ti ho aspettato fino adesso... e tu mi stai facendo morire in galera senza che io abbia fatto niente...».

Graviano affida ad Adinolfi – in procinto di uscire dal carcere – un messaggio (verosimilmente ricattatorio) da trasmettere a un misterioso intermediario con il mondo berlusconiano in quel di Milano2. E – dopo aver ricevuto dai pm del processo Trattativa un avviso di garanzia per minaccia a corpo politico dello Stato, cioè quando ormai probabilmente sospetta di essere ascoltato – discute con il suo compare dell'opportunità o meno di raccontare ai magistrati tutto ciò che sa.

Le intercettazioni vengono trasmesse dai pm di Palermo anche alla Procura di Caltanissetta, competente sulle stragi di Capaci e di via d'Amelio, soprattutto per quel riferimento alla «cortesia», a «25 anni fa» e all'intenzione di «scendere» già nel «novantadue», possibile riferimento almeno alla strage di via d'Amelio (di cui si occupò in prima persona Graviano con Spatuzza, mentre la regia di quella di Capaci era passata per altre mani). Ma i pm di Caltanissetta non riaprono le indagini a suo tempo archiviate. Quelli di Firenze invece continuano a indagare. Anche se, dal 12 giugno 2023, sono costretti ad abbandonare il defunto Berlusconi e a concentrarsi soltanto su Dell'Utri.

I governi. *I peggiori danni della nostra vita*

Il 27 ottobre 2005, nel programma su Rai 1 *Rockpolitik*, Adriano Celentano e Roberto Benigni fanno il verso a Totò e Peppino e scrivono una lettera di scuse al premier Silvio Berlusconi. Benigni detta a Celentano: «Silviuccio, hai fatto tante cose belle per gli italiani, come per esempio...». E lì si blocca. Lunga pausa di imbarazzo, poi Benigni telefona a un ex compagno di scuola per farsi dare un suggerimento. Invano. «Ha detto che fa un giro di telefonate e poi richiama». E torna a dettare a Celentano: «Le cose belle che hai fatto sono tante e le sai te. Per scriverle tutte ci vorrebbero talmente tanti fogli e biro...». Quella sera, mentre il secondo governo Berlusconi volge al termine e i sondaggi danno il centrodestra in picchiata, molti italiani si riconoscono nell'imbarazzo di Roberto e Adriano: che cosa ha lasciato il Cavaliere di utile per tutti i cittadini all'infuori di sé? Nulla.

In compenso, la lista nera dei disastri dei suoi tre governi (1994, 2001-2006, 2008-2011) è talmente lunga che, da sola, occuperebbe un paio di Treccani. Ma ora che è morto vanno di moda le santificazioni, previe amnesie. Riepiloghiamo dunque in estrema sintesi l'inventario dei danni che è riuscito a fare ogni volta che ha avuto la ventura di governarci e noi la sventura di essere governati da lui. Danni devastanti in tutti i settori della vita pubblica: giustizia, ordine pubblico, economia, finanza, fisco, lavoro, immigrazione, scuola, università, ricerca, sanità, welfare, cultura, televisione, edilizia, ambiente, diritti civili, Costituzione, legge elettorale, politica estera e così via.

Berlusconi ripeteva spesso che, sotto i suoi governi, le cose andavano benone. Ma, quando accadeva, era per fattori che prescindevano dalla sua volontà. Escluso il suo primo breve governo (durato appena sette mesi nel 1994), nel secondo il Cavaliere prese il Pil a 1.583 miliardi nel 2001 e lo lasciò nel 2006 a 1.662 (+5%, dati a prezzi del 2010). Nel terzo, ereditò nel 2008 un Pil a 1.669 miliardi e, complice la recessione del 2009, lo lasciò in dote a Mario Monti a 1.613. Insomma, ebbe la fortuna di governare in un contesto internazionale favorevole, prima che la crisi partita in America travolgesse l'Eurozona e ne costringesse i governi ad adottare misure di austerità, che produssero altra recessione. Eppure, negli anni delle vacche grasse, riuscì a non approfittare della congiuntura favorevole. Salvo poi gridare al golpe e al complotto quando, nel 2011, tutti i nodi aggravati dalla crisi mondiale vennero al pettine.

I berluscones hanno accreditato la tesi di un'Italia sana e ben governata travolta nel 2011 da una tempesta internazionale di immotivata sfiducia e speculazione, ma le cronache del tempo raccontano di una maggioranza litigiosa e paralizzata, guidata da un leader troppo occupato dalle sue faccende processuali e dai festini per governare. La crisi dello spread che portò il Paese a un passo dalla bancarotta esplose quando lo scontro tra Lega e Forza Italia, ma anche tra i ministri Renato Brunetta e Giulio Tremonti rese impossibile ogni reazione al panico finanziario intorno all'euro. Prima Berlusconi impegnò l'Italia, senza alcun passaggio democratico in Parlamento, a drastiche riforme del lavoro e ad anni di austerità, firmando la lettera della Bce che imponeva condizioni giugulatorie da rispettare in cambio dell'acquisto dei nostri titoli di Stato che nessuno voleva. E poi, quando la Lega di Umberto Bossi si oppose a ogni riforma delle pensioni, ammise la propria impotenza lasciando un buco nei conti pubblici da 20 miliardi, proprio quando i mercati chiedevano rassicurazioni sulla nostra capacità di sostenere l'immenso debito pubblico.

Il decennio nero

Dai dati del Fondo monetario internazionale risulta che, fra il 2001 e il 2011, il nostro Pil reale pro capite, cioè la ricchezza prodotta da ogni singolo italiano tenendo conto dell'inflazione, crollò del 3,1%. La peggiore performance di tutta l'Eurozona, visto che nel Vecchio continente in quel periodo solo l'Italia ha avuto il segno "meno". E dire che eravamo, e siamo, il secondo Paese manifatturiero del continente dopo la Germania. Nel decennio 2001-2011, mentre noi precipitavamo, tutti gli altri Paesi crescevano: dai tedeschi (del 12,9%) ai greci (sì persino loro). Non solo: se nel 2001 la differenza fra il nostro Pil pro capite e quello tedesco era di 1.610 euro, nel 2011 si era quadruplicata a 6.280 euro. Gli italiani in povertà assoluta toccavano la cifra record di 3 milioni e mezzo. E l'occupazione cominciava a calare soprattutto fra i giovani, mentre il Cavaliere non trovava di meglio che produrre più precariato con la legge 30 del 2003 (abusivamente intitolata dal ministro Roberto Maroni a Marco Biagi e degna erede della legge Treu del centrosinistra). In quel decennio nero, Berlusconi governò per 8 anni su 10.

Le finanze pubbliche

Nel 2011 l'ultima manovra finanziaria Berlusconi-Tremonti lascia un'eredità pesante: misure senza coperture per 20 miliardi di euro. Soldi da trovare entro il 30 settembre 2012 con una riforma – neanche abbozzata – delle agevolazioni fiscali. In alternativa, scatteranno i tagli lineari. Il governo Monti si accolla gran parte del prezzo di impopolarità e trova 13,4 di quei 20 miliardi, prelevandoli dai ceti più deboli, mentre il resto del buco si scaricherà sui governi successivi. Ma accadono strane cose anche nel settore dei derivati sul debito pubblico: fino al 2000 i contratti per proteggere il Tesoro da oscillazioni troppo marcate di tassi o del cambio hanno effetti trascurabili: roba da qualche centinaio di milioni di euro. Ma da allora l'impatto positivo dei derivati sul deficit non fa che galoppare: dai 232 milioni del 2001 passa nel 2002 a 1,9 miliardi, nel 2003 a 642 milioni, nel 2004 a 1 miliardo e a un altro miliardo nel 2005. Lo stesso Tesoro riconoscerà poi che in quella fase i derivati venivano usati non solo per proteggersi dal rischio di cambio o da aumenti improvvisi dei tassi, ma anche per la «rimodulazione dei flussi». Tradotto: incassare oggi e pagare domani, mascherando il debito con abili operazioni di *maquillage* che scaricano i costi sulle future generazioni. Infatti dal 2006 l'effetto dei derivati diventa pesantemente negativo.

Le tasse

«Meno tasse per tutti» e «Rivoluzione fiscale». Sono questi gli slogan dominanti di tutte e otto le campagne elettorali berlusconiane. Peccato che, una volta al governo, il Cavaliere non sia mai riuscito a rivoluzionare né l'Irpef né tantomeno il sistema tributario complessivo. Nel suo secondo governo, l'unico durato l'intera legislatura, la pressione fiscale (cioè l'incidenza delle tasse sul Pil) scende in cinque anni di un paio di decimali, senza che nessuno se ne accorga. Cioè (dati Istat) passa dal 40,1 per cento del 2001 al 39,1 del 2005. Nei tre anni del suo terzo governo, senza una sola misura capace di fronteggiare la crisi finanziaria globale, la pressione fiscale aumenta addirittura: dal 41,3 del 2008 al 41,6 del 2011. Altro che «Meno tasse per tutti»: meno tasse solo per gli evasori e i frodatori, beneficati – come vedremo – da continui condoni e "scudi" fiscali.

La spesa pubblica

La ragione del mega-flop fiscale è semplice: da quel grande populista che è sempre stato, Berlusconi non ha mai voluto ridurre la spesa corrente (come invece ha fatto Prodi in entrambi i suoi governi), rendendo quindi impossibile qualunque taglio permanente del carico fiscale. Con tanti saluti allo sbandierato "liberalismo" del "meno Stato". Tra il 1999 e il 2005 (cioè nel biennio finale della legislatura del centrosinistra, sotto i governi D'Alema e Amato, e nel quinquennio berlusconiano), la spesa per consumi finali della Pubblica amministrazione, dove si annidano i veri sprechi, è salita del 3,3 per cento annuo. E si è fermata solo con il secondo governo Prodi (2006-2008), grazie alle misure del ministro Tommaso Padoa Schioppa che la stabilizzarono anche nel biennio successivo.

Vediamo il dettaglio. La spesa pubblica nel 2001 superava di poco i 600 miliardi, mentre alla fine del 2011 sfiorava gli 800 (797,971), con un aumento monetario del 32,8 per cento e una crescita reale (detratta l'inflazione) dell'8,5: cioè di 62 miliardi. Soldi ben spesi? Tutt'altro. Di quei 62 miliardi,

57 – cioè quasi tutti – sono finiti nel capitolo Welfare: per la stragrande maggioranza, pensioni. «Quel capitolo – scrive Sergio Rizzo su *Repubblica* – che assorbiva nel 2001 il 36,1% della spesa pubblica, aveva raggiunto nel 2011 il 40,4%. C'entra di sicuro l'esborso enorme per l'assistenza causato dalla crisi. Ma è incontestabile che la fetta più rilevante di quei 57 miliardi abbia a che fare con l'incremento della spesa previdenziale. Per giunta, mentre il conto per le pensioni saliva in modo inarrestabile, la spesa per l'istruzione si riduceva del 10,2%: 7 miliardi e mezzo reali svaniti. In quei dieci anni si è dunque investito sugli anziani disinteressandosi dei giovani».

Poi ci sono i soldi buttati. Per esempio nelle spese militari, aumentate del 35,2%, mentre quelle per la cultura scendevano del 31,7%. Dai dati della Ragioneria dello Stato pare che siano aumentate nel decennio le spese per proteggere l'ambiente (+22,5%, per una spesa dell'1,1% sul totale). Ma è solo un'illusione ottica: a crescere è stata solo la spesa corrente (+46,5%), col raddoppio delle buste paga, mentre gli investimenti sono addirittura calati del 3,5 per cento reale.

Il debito pubblico

Il sedicente risanatore della finanza pubblica non ha fatto che aumentare vieppiù il debito pubblico: +539 miliardi, quasi tutti merito suo. Per fortuna il tanto deprecato euro, nello stesso periodo, faceva scendere gli interessi sui titoli di Stato di quasi 18 miliardi reali. Altrimenti gli italiani avrebbero pagato un conto ancor più salato.

Alitalia

Sempre per ragioni populistico-elettorali, nel 2008 Berlusconi blocca la vendita di Alitalia ad Air France, già praticamente pronta nell'ultima fase del governo Prodi-2, e organizza la cordata Cai dei sedicenti «capitani coraggiosi», da lui definiti «patrioti»: Banca Intesa, Carlo Toto di AirOne, Pirelli, le famiglie Riva (Ilva), Colaninno, Marcegaglia, Benetton, Gavio, Ligresti e così via. Il bilancio di quell'operazione si rivelerà una catastrofe: non per i "capitani", tutti ricompensati con tornaconti pubblici, ma per la compagnia di bandiera. Le perdite per lo Stato, secondo i calcoli dell'economista Ugo Arrigo, ammonteranno a 2,1 miliardi, considerando quelle di inizio 2008, quelle della gestione commissariale e quelle dei "patrioti" investitori. Più 1,8 miliardi per gli ammortizzatori sociali del personale in "esubero". Più le minori entrate contributive dovute alla drastica riduzione della flotta e del personale (-45 per cento): tra 2,5 e 3,5 miliardi. Totale: tra i 6,4 e i 7,4 miliardi di denaro pubblico buttati da Berlusconi solo per spacciarsi per il campione dell'"italianità" dinanzi agli elettori. Quel che accadrà dopo, con altri tagli, altri prestiti-ponte verso il nulla e la fallimentare operazione Etihad-Montezemolo patrocinata da Renzi, sarà soltanto la naturale conseguenza della sciagurata scelta del 2008. Fino al degno epilogo di Ita. Alla faccia della "competenza".

La sanità

Nel secondo governo Berlusconi il finanziamento al fondo sanitario nazionale esplode dai 71,3 miliardi del 2001 ai 93,2 del 2006 (da allora salirà in 10 anni di soli altri 20 miliardi). Motivo: le esigenze di rigore per l'ingresso nell'euro si sono esaurite e i bassi tassi di interesse consentono di aumentare i fondi alla sanità pubblica (e privata convenzionata, letteralmente scoppiata soprattutto nelle Regioni governate dal centrodestra). Ma quella stagione e ancor di più quella del terzo governo Berlusconi verranno ricordate per ben altre ragioni: il fallimento del federalismo sanitario (voluto sia dal centrosinistra sia dal centrodestra), che avrebbe dovuto responsabilizzare le Regioni dando loro un budget e precisi standard da rispettare (i Lea: livelli essenziali di assistenza). Invece non funzionerà mai. Anzi – come spiega l'economista Gilberto Turati, specialista di politiche sanitarie dell'Università Cattolica di Roma – sotto Berlusconi si afferma il principio che «per garantire i Lea, serve almeno la spesa dell'anno precedente, così le regole di fatto incentivano le Regioni a spendere sempre di più». Per ingrassare le clientele e le mafie sanitarie, si taglia selvaggiamente sul sociale. Dal 2008 e al 2011 il fondo per le politiche per la famiglia passa da 346,5 milioni (2008) a 52,5 (2011), quello per le politiche giovanili da 137,4 milioni a 32,9, quello per la non autosufficienza che finanzia l'assistenza ai malati più gravi da 300 milioni a zero.

Scuola, università e grandi opere

Le "riforme" berlusconiane della pubblica istruzione, targate Letizia Moratti (2003) e Maria Stella Gelmini (2008), sono improntate a una filosofia "privatistico-confindustriale" e suscitano l'ostilità quasi unanime di insegnanti, studenti e famiglie, senza risolvere i problemi principali del settore, anzi aggravandoli. Il terzo governo Berlusconi completa l'opera tagliando il fondo per il finanziamento ordinario dell'Università dai 7,4 miliardi del 2008 ai 6,9 del 2011. Tornerà sopra i 7 miliardi soltanto nel 2014.

Quanto invece alle inutili opere faraoniche, l'asso nella manica di Berlusconi, la legge Obiettivo, si è rivelata un disastro epocale per il bilancio pubblico. Avrebbe dovuto velocizzare la realizzazione delle infrastrutture garantendo prezzi certi. Invece a fine 2011 risultavano ultimati appena il 10% dei lavori previsti, con i costi ovunque esplosi. Senza contare alcuni regalini maleodoranti tipo quelli dello scandalo delle mazzette sul Mose di Venezia. Omaggi che secondo uno studio del governo Monti avrebbero fatto salire la spesa per gli appalti pubblici perfino del 40%.

I costi della politica

Mentre la gran parte degli italiani si impoveriscono e vengono continuamente tosati da uno Stato che non riesce a spendere meno e si indebita sempre di più, l'unico settore in perenne Bengodi è la casta politica. Che, soprattutto negli anni di Berlusconi, si regala una serie di norme scandalose per aggirare il referendum del 1993 che aveva abolito il finanziamento pubblico ai partiti, con il trucco dei finti "rimborsi elettorali" (addirittura considerando intere le legislature quelle finite in anticipo) e i presunti "rimborsi" ai gruppi parlamentari e regionali. Senza contare la sanatoria per i finanziamenti privati ai partiti, che rende incontrollabili i contributi (e dunque le tangenti mascherate) fino a 50 mila euro.

L'immigrazione

Il Berlusconi che tuonava contro l'immigrazione sparando cifre a casaccio («È una bomba sociale. Per colpa dei governi di centrosinistra, che non hanno saputo fermare l'occupazione, ora abbiamo 630 mila clandestini, con un calo verticale della sicurezza: in Italia oggi ogni minuto avviene un reato di strada, ogni due un furto in appartamento e ogni tre il furto di un'auto o di una moto»), è lo stesso che nel 2011 deliberò la partecipazione dell'Italia alla guerra in Libia contro il suo stesso amico e compare Mu'ammar Gheddafi, cedendo alle pressioni di Obama, Sarkozy e Napolitano, con il conseguente aumento esponenziale degli sbarchi di migranti dal Nordafrica sulle coste siciliane. Ma non solo: porta la sua firma, oltreché i voti di Forza Italia, An e Lega Nord, la più grande sanatoria di immigrati "clandestini" o irregolari (circa 800 mila domande, di cui 694.224 accolte, nel solo 2002, in concomitanza con l'approvazione della legge Bossi-Fini). Nel 2003 è il governo Berlusconi a sottoscrivere senza batter ciglio la Convenzione europea detta "Dublino II", contenente all'articolo 13 un principio fortemente voluto dalla Germania e molto penalizzante per i Paesi di primo approdo, come l'Italia e la Grecia: lo Stato europeo che riceve il richiedente asilo è «competente per l'esame della domanda di protezione internazionale». Insomma, chi sbarca in Italia resta in Italia: tanto più che neanche la concessione dell'asilo consente all'immigrato di muoversi liberamente in Europa. La convenzione sarà poi rinnovata nel 2013 ("Dublino III") con la firma del governo Letta (sostenuto anche da Berlusconi) e la sostanziale conferma dell'articolo 13.

Nel 2009 il terzo governo Berlusconi, sempre con i voti della Lega, vara una seconda mega-sanatoria di immigrati irregolari (294.744 domande accolte), oltre al decreto Maroni che introduce il reato di immigrazione clandestina. Un'idea geniale che per anni intaserà le Procure siciliane di decine di migliaia di fascicoli inutili su altrettanti fantasmi dall'identità, nazionalità e residenza imperscrutabili, punibili con multe di mille o 2 mila euro che mai nessuno pagherà. Inoltre, essendo tutti indagati (almeno i sopravvissuti), i migranti possono avvalersi della facoltà di non rispondere e di mentire, dunque le forze dell'ordine e i pm non possono più interrogarli come testimoni con l'obbligo di rispondere e dire la verità sui loro scafisti. Infine possono ricorrere contro i rimpatri (già in larga parte teorici, o perché mancano gli accordi bilaterali con gli Stati di provenienza, o perché non si riesce a identificarli, o perché le questure e le prefetture non hanno soldi per i charter) fino al termine del processo, cioè per anni e anni, in attesa della sentenza di Cassazione.

Ma Berlusconi fa di più. Il 23 agosto 2009, reduce da una visita di Stato in Tunisia e in partenza per la Libia di Gheddafi, rilascia un'intervista alla tunisina Nessma Tv, che ha appena comprato in società col vecchio compare Tarak Ben Ammar (presente quel giorno in studio con lui) e con l'amico Gheddafi. Lì, ammiccando con occhio lubrico all'avvenente conduttrice che lo riempie di elogi, lancia un appello agli africani perché si trasferiscano in massa a casa nostra: «Noi italiani abbiamo il dovere di guardare a quanti vogliono venire in Italia con una apertura totale di cuore. E di donare a coloro che vengono in Italia la possibilità di un lavoro, una casa, di una scuola per i figli e la possibilità di un benessere che significa anche la salute e l'apertura di tutti i nostri ospedali alle loro necessità e questa è la politica del mio governo… È necessario incrementare le possibilità per la gente che vuole tentare nuove opportunità di vita e di lavoro, occorre aumentare le possibilità di entrare legal mente in Italia e negli altri Paesi europei. Questo è ciò che voglio sia fatto, non solo in Italia, ma in tutta Europa. E poi bisogna dire che gli italiani sono stati un popolo che ha lasciato l'Italia e che è emigrato in altri Paesi… La cosa più terribile sono le organizzazioni criminali, che approfittano della speranza degli altri, delle persone che sono nella miseria e che vogliono donare a se stessi e ai propri cari un futuro migliore. E allora si affidano a persone che con imbarcazioni non sicure si mettono in mare, con tragedie a ogni istante». Così, in un nanosecondo, milioni di maghrebini – ignari del livello medio di attendibilità di ogni parola che esce dalla bocca di Berlusconi (zero), si fanno l'idea che l'Italia sia diventata il loro paradiso terrestre. E chi ha qualche soldo in tasca prepara i bagagli.

Le leggi vergogna

Che faceva Berlusconi mentre l'Italia andava in malora? Si occupava dei fatti suoi, con un'attenzione e una competenza davvero degne di miglior causa. Per scongiurare i due pericoli che nel 1993 l'avevano portato a creare Forza Italia: il fallimento delle sue aziende e la galera per sé e i suoi cari. Ecco dunque una raffica di leggi vergogna da brivido. Qui riassumiamo soltanto quelle che hanno portato vantaggi a lui, ai suoi cari, ai suoi amici (e amici degli amici), ai suoi coimputati e alle sue aziende. Nei quattro settori chiave della giustizia, del fisco, della televisione e degli affari. Tutte leggi mai previste dai programmi elettorali di Forza Italia, o della Casa delle Libertà, o del Popolo delle Libertà, dunque mai votate dai cittadini. Infatti non riguardano tutti noi: riguardano soltanto lui e pochi altri utilizzatori finali.

1. Decreto Biondi (1994). Il decreto n. 480 proibisce la custodia cautelare in carcere (trasformata al massimo in arresti domiciliari) per i reati contro la Pubblica amministrazione e quelli finanziari, comprese corruzione e concussione, proprio mentre alcuni ufficiali della Guardia di finanza confessano di essere stati corrotti da quattro società Fininvest e sono pronte le richieste di arresto per i manager che hanno pagato le tangenti, compreso il fratello del premier, Paolo Berlusconi. Il decreto, oltre a impedire i nuovi arresti, provoca la scarcerazione immediata di 2.764 detenuti, dei quali 350 colletti bianchi coinvolti in Tangentopoli (la signora Pierr Poggiolini, l'ex ministro Francesco De Lorenzo e Antonino Cinà, il medico di Riina). Il pool Mani Pulite si scioglie. Le proteste di piazza contro il "Salvaladri" inducono la Lega e An a costringere Berlusconi a ritirarlo. Subito dopo vengono arrestati il fratello Paolo e i manager Fininvest Salvatore Sciascia e Massimo Maria Berruti.

2. Legge Tremonti (1994). Il decreto n. 357 detassa del 50% gli utili reinvestiti dalle imprese, purché riguardino l'acquisto di "beni strumentali nuovi". La neonata Mediaset lo utilizza per risparmiare 243 miliardi di lire di imposte sull'acquisto di diritti cinematografici per film d'annata: che non sono beni strumentali, ma immateriali, e non sono nuovi, ma vecchi. A sanare l'illegalità interviene il 27 ottobre 1994 una circolare "interpretativa" che estende il concetto di beni strumentali a quelli immateriali e il concetto di beni nuovi a quelli vecchi già usati all'estero.

3. Condono fiscale (1994). Camuffato da «concordato fiscale», il primo condono del ministro Tremonti consente agli evasori di «patteggiare» le liti col fisco pagando una modica multa. Chi ha contenziosi fino a 2 milioni di lire può chiuderli con un obolo di 150 mila. Per le liti da 2 a 20 milioni, si deve versare il 10%. Per quelle ancora superiori, invece, deve ricorrere alla «conciliazione»: sarà il giudice a stabilire la somma dovuta. Poi il concordato viene esteso anche alle società.

4. Condono edilizio (1994). Riapre i termini del famigerato condono Craxi del 1985: si possono sanare, a prezzi stracciati, le opere abusive ultimate entro il 31.12.1993 pagando le vecchie ammende moltiplicate per 2 (per gli abusi pre-1985) o per 3 (per quelli post-1985).

5. Rogatorie (2001). Berlusconi torna a Palazzo Chigi col suo secondo governo e fa subito approvare una legge che cancella le prove giunte dall'estero per rogatoria ai magistrati italiani, comprese quelle che dimostrano le corruzioni dei giudici romani da parte di Cesare Previti&C. La legge 367/2001 stabilisce l'inutilizzabilità di tutti gli atti trasmessi da giudici stranieri che non siano «in originale» o «autenticati» con apposito timbro, che siano giunti via fax o via mail o *brevi manu* o in fotocopia o con qualche vizio di forma. Anche se l'imputato non ha mai eccepito sulla loro autenticità, vanno cestinati. Per fortuna i tribunali scoprono che la legge contraddice le convenzioni internazionali ratificate dall'Italia e le prassi seguite da decenni in tutta Europa. E, siccome quelle prevalgono sulle normative nazionali, disapplicano la nuova legge, che resterà lettera morta.

6. Mandato di cattura europeo (2001). Unico in tutta l'Unione europea, il governo Berlusconi rifiuta di ratificare il «mandato di cattura europeo», ma solo relativamente ai reati finanziari e contro la Pubblica amministrazione. Secondo *Newsweek*, il premier «teme di essere arrestato dai giudici spagnoli» per l'inchiesta Telecinco. L'Italia recepirà la norma comunitaria solo nel 2004.

7. Giudice trasferito (2001). Il 31 dicembre, mentre gli italiani festeggiano il Capodanno, il ministro della Giustizia Roberto Castelli, su richiesta dei difensori di Previti, nega contro ogni prassi di prorogare al Tribunale al giudice Guido Brambilla, membro del collegio che conduce il processo Sme-Ariosto, e dispone la sua «immediata presa di possesso» presso il Tribunale di sorveglianza dov'è stato trasferito da qualche mese, senza poter completare i dibattimenti già avviati. Così il processo Sme dovrebbe ripartire da zero dinanzi a un nuovo collegio. Ma poi interviene il presidente della Corte d'appello con una nuova «applicazione» di Brambilla in Tribunale sino alla fine del 2002.

8. Falso in bilancio (2002). Avendo cinque processi per falso in bilancio, Berlusconi riforma i reati societari: abbassa le pene da 5 a 4 anni per le società quotate e addirittura a 3 per le non quotate (prescrizione più breve, massimo 7 anni e mezzo per le prime e 4 e mezzo per le seconde; e niente più custodia cautelare né intercettazioni); rende il falso in bilancio per le non quotate perseguibile solo a querela del socio o del creditore; depenalizza alcune fattispecie di reato (come il falso nei bilanci presentati alle banche); e fissa altissime soglie di impunità (fino al 5% del risultato d'esercizio, all'1% del patrimonio netto, al 10% delle valutazioni). Così tutti i processi al Cavaliere per falso in bilancio vengono cancellati: o perché manca la querela dell'azionista (Berlusconi non denuncia Berlusconi), o perché i falsi non superano le soglie («il fatto non è più previsto dalla legge come reato»), o perché il reato è ormai estinto grazie alla nuova prescrizione-lampo.

9. Legge Cirami (2002). I difensori di Previti e Berlusconi chiedono alla Cassazione di spostare i loro processi a Brescia perché a Milano l'intero Tribunale sarebbe prevenuto contro di loro. E, per oliare meglio il meccanismo, reintroducono la «legittima suspicione» per motivi di ordine pubblico, vigente un tempo, quando i processi scomodi traslocavano nei «porti delle nebbie» per riposarvi in pace. È la legge Cirami. Ma nemmeno questa funziona: la Cassazione respinge la richiesta di trasferire i processi di Berlusconi perché il Tribunale di Milano è sereno e imparziale.

10. Condono fiscale (2002). La finanziaria varata nel dicembre 2002 contiene il condono tombale per gli evasori fiscali. Berlusconi giura che non ne faranno uso né lui né le sue aziende. Invece Mediaset ne approfitta per sanare le evasioni di 197 milioni di euro contestate dall'Agenzia delle Entrate, pagandone appena 35. Anche Berlusconi usa il condono per cancellare con appena 1.800 euro un'evasione di 301 miliardi di lire contestata dai pm di Milano.

11. Condono ai coimputati (2003). Il decreto 143 del 24 giugno 2003 contiene una presunta «interpretazione autentica» del condono, in cui il governo infila anche chi ha «concorso a commettere i reati», anche se non ha firmato la dichiarazione fraudolenta. Così Berlusconi salva anche i nove suoi coimputati nel processo Mediaset, accusati di averlo aiutato a frodare il fisco con fatture false o gonfiate.

12. Patteggiamento allargato (2003). Sfumato il trasloco dei processi, bisogna rallentarli prima che arrivino le sentenze, in attesa di inventare qualcos'altro. Ecco dunque nell'estate 2003 la legge sul patteggiamento allargato, che consente a qualunque imputato di chiedere 45 giorni di tempo per valutare se patteggiare o meno, guadagnando tempo fino a dopo le vacanze. Previti annuncia che utilizzerà la nuova legge. Così i giudici devono dargli un mese e mezzo per pensare all'eventuale patteggiamento. Poi ovviamente Previti non patteggia, ma intanto i suoi processi sono sospesi fino a ottobre.

13. Lodo Maccanico-Schifani (2003). Le sentenze Sme e Mondadori incombono. Su proposta del senatore della Margherita Antonio Maccanico, il 18 giugno 2003 la Casa delle Libertà approva la legge Schifani che sospende *sine die* i processi ai presidenti della Repubblica, della Camera, del Senato, del Consiglio e della Consulta (il provvedimento contiene anche la legge Boato, trasversale, che vieta ai giudici di utilizzare senza la previa autorizzazione delle Camere le intercettazioni «indirette», cioè disposte su utenze di privati cittadini indagati parlano con parlamentari). I processi a Berlusconi si bloccano. Poi nel gennaio 2004 la Consulta boccia il "lodo" e le udienze ripartono.

14. Legge ex Cirielli (2005). Approvata il 29 novembre 2005, si chiama così perché l'ha disconosciuta persino il suo proponente, il deputato di An Edmondo Cirielli. Dimezza i termini di prescrizione per gli incensurati e trasforma in arresti domiciliari la detenzione per gli ultrasettantenni (Previti ha appena compiuto 70 anni e Berlusconi sta per compierli). Risultato: le prescrizioni si moltiplicano, da 100 mila a 150 mila processi all'anno; vengono decimati i capi di imputazione del processo a Berlusconi sui diritti Mediaset (la prescrizione per frode fiscale passa da 15 a 7 anni e mezzo); e viene annientato il processo Mills (la corruzione anche giudiziaria si prescrive non più in 15 anni, ma in 10).

15. Legge Pecorella (2006). Salvato dalla prescrizione nel processo Sme grazie alle attenuanti generiche, Berlusconi teme che in appello gli vengano revocate, con conseguente condanna. Così il suo onorevole avvocato Gaetano Pecorella, presidente della commissione Giustizia, fa approvare alla fine 2005 la legge che abolisce l'appello, ma solo quando lo propone il pm contro le assoluzioni o le prescrizioni. In caso di condanna, invece, l'imputato potrà ancora appellare. Il presidente Ciampi respinge la legge in quanto incostituzionale. Berlusconi allunga di un mese la scadenza della legislatura per farla riapprovare tale e quale nel gennaio 2006. Ciampi stavolta è costretto a firmarla. Ma poi la Consulta la boccerà in quanto incostituzionale.

16. Legge ad Legam (2005). Dal 1996 la Procura di Verona indaga su una quarantina tra dirigenti, politici e attivisti della Lega Nord sparsi fra il Piemonte, la Liguria, la Lombardia e il Veneto, accusati di aver organizzato una formazione paramilitare denominata "Guardia nazionale padana" in camicia verde. Sono imputati fra gli altri Bossi, Maroni, Borghezio, Speroni, Calderoli e altri. Le accuse sono tre: attentato alla Costituzione, attentato all'unità e all'integrità dello Stato, costituzione di una struttura paramilitare fuorilegge. Ma i primi due vengono depenalizzati dal centrodestra con una leggina "ad Legam" nel 2005, con la scusa di cancellare i «reati di opinione»: gli attentati alla Costituzione e all'unità e all'integrità dello Stato non sono più reato, salvo in caso di uso effettivo della violenza. Resta l'ultimo reato, la costituzione di banda armata a scopo politico. Ma a questo – come vedremo – provvederà il terzo governo Berlusconi.

17. Legge anti-Csm (2002). Il ministro della Giustizia, il leghista Roberto Castelli, "riforma" il Csm riducendone i componenti e le competenze: l'organico passa da 30 a 24 membri (8 laici, cioè politici, e 16 togati). Una controriforma fatta apposta per far collassare l'organo di autogoverno dei giudici, svilirlo, ridurlo alla paralisi e al silenzio.

18. Ordinamento giudiziario Castelli (2005). Nel 2004 Castelli "riforma" pure l'Ordinamento giudiziario per rendere le Procure sempre più controllabili da pochi capi e dalla Cassazione. Ma Ciampi respinge la legge perché «palesemente incostituzionale». Il centrodestra la riapprova nel 2005 tale e quale, salvo lievissime modifiche. Ma la legislatura scade nel 2006, prima che il governo eserciti la delega coi decreti attuativi. Provvederà il centrosinistra, con Mastella, a completare lo scempio.

19-20. Due norme anti-Caselli (2004-2005). Gian Carlo Caselli e Piero Grasso, nel 2004, si candidano a sostituire il pensionando Piero Luigi Vigna come procuratore nazionale Antimafia. Ma Berlusconi sbarra la strada a Caselli con due norme "contra personam". L'Ordinamento Castelli stabilisce che per ricoprire quel ruolo bisogna avere meno di 66 anni. Caselli li compirà il 9 maggio 2005 e Vigna scade il 15 gennaio, quindi ha cinque mesi per essere nominato. Ma il 30 dicembre 2004 il governo infila nel decreto «milleproroghe» un articoletto di tre righe che proroga Vigna fino ad agosto, così Caselli sarà tagliato fuori. A meno che il Csm non provveda a nominare subito il nuovo Pna. Per impedirglielo, ecco la seconda norma "contra personam": un emendamento al nuovo Ordinamento giudiziario firmato da Luigi Bobbio di An, che prevede l'immediata entrata in vigore dei nuovi limiti di età. Perché – spiega spudorato Bobbio – «dobbiamo avere la certezza che Caselli non vada alla Superprocura». Così il Csm nomina Grasso, unico candidato superstite. Nel 2007 la Consulta dichiarerà incostituzionale la legge anti-Caselli. Ma troppo tardi.

21. Legge pro Carnevale (2004). Se Caselli non deve più occuparsi di mafia, è obbligatorio che torni subito in toga Corrado Carnevale, l'ex giudice «ammazzasentenze» che si è si è dimesso dalla magistratura nel 2002 dopo la condanna in appello per concorso esterno in associazione mafiosa (poi annullata dalla Cassazione). Nel dicembre del 2003 un emendamento bipartisan alla Finanziaria consente il rientro in servizio dei dipendenti pubblici sospesi o autopensionatisi in seguito a procedimenti penali e poi assolti: proprio il caso di Carnevale. Tutti i partiti, Ds e Idv esclusi, approvano. Così nel 2006 l'uomo che cassava le sentenze contro i boss, riceveva avvocati e imputati di mafia a casa sua, definiva «cretino» e «faccia da caciocavallo» Falcone e considerava Borsellino un incapace, verrà reintegrato in Cassazione come presidente di una sezione civile per altri 6 anni e mezzo: cioè fino al 2013, quando ne avrà 83 (8 in più dell'età pensionabile dei magistrati).

22. Nuovo 41-bis (2002). Il punto 2 del "papello" di Riina recitava: «Annullamento decreto 41-bis». Nel 2002 il governo Berlusconi fa approvare la legge 279 che trasforma il carcere duro per i mafiosi da provvedimento amministrativo straordinario, rinnovato di semestre in semestre dal ministro della Giustizia, in una misura stabile dell'Ordinamento penitenziario. Pare un duro attacco alla mafia. Invece la legge sortisce l'effetto opposto: centinaia di boss otterranno la revoca del 41-bis dai Tribunali di sorveglianza. Questo a causa di una serie di difficoltà interpretative delle nuove norme e perché, se prima era difficilissimo per i boss far revocare il 41-bis (i tempi dei ricorsi erano più lunghi di quelli delle proroghe semestrali, e ogni volta si doveva ricominciare daccapo), col regime definitivo c'è tutto il tempo per chiederne e ottenerne l'annullamento.

23. Illeciti contabili condonati (2005). La legge finanziaria nasconde un colpo di spugna per politici e amministratori pubblici condannati dalla Corte dei Conti. Quelli sanzionati in primo grado per «danno erariale» (cioè, in larga parte, i tangentisti che devono restituire il maltolto) possono chiedere in appello di definire il giudizio pagando tra il 10 e il 20% del danno. Il giudice, sentito il procuratore, può accogliere la richiesta nella misura massima del 30%. Un condono da centinaia di milioni di euro.

24. Raddoppio del finanziamento ai partiti (2002). Per le elezioni del 2001 i partiti hanno incassato 93 milioni di euro di "rimborsi elettorali": più del quadruplo di quanto avevano speso per quelle del 1996 (20 milioni). Ma nel 2002 destra e sinistra presentano una leggina bipartisan per festeggiare l'arrivo dell'euro: con un cambio di tutto favore, si passa da 800 lire a 1 euro (1936 lire) per ogni elettore, da moltiplicare per quattro (Camera, Senato, Europa, Regioni). E attenzione: gli elettori non si calcolano sui votanti (37 milioni), ma sugli aventi diritto alla Camera (50,5 milioni): anche per il Senato, dove però votano 4 milioni in meno. Così, se le elezioni del 1994 erano costate 36 milioni, quelle del 1996 appena 20 milioni e quelle del 2006 93 milioni, quelle del 2008 ne costeranno la bellezza di 136 (ma i partiti ne riceveranno 503 in cinque anni: 10 euro per ogni elettore, con un guadagno netto del 270% sulle spese davvero sostenute). Ultima chicca: la nuova norma assicura i rimborsi per l'intera legislatura, anche se questa finisce prima. Di aumento in aumento, nel 2006 il totale dei rimborsi elettorali toccherà la cifra record di 200 milioni annui (cioè un miliardo a legislatura). Nel 2009 la Corte dei Conti rivelerà che nei primi 15 anni della Seconda Repubblica i partiti hanno prelevato dalle casse dello Stato la bellezza di 2,2 miliardi.

25. Condono per le tangenti (2006). Nel febbraio del 2006 il governo Berlusconi chiude la legislatura con una leggina che consente la cartolarizzazione e la cessione a terzi, senz'alcun limite, dei crediti dei partiti; esenta da responsabilità civile i loro amministratori; crea un «fondo di garanzia» per pagarne i debiti; e soprattutto decuplica da 5 a 50 mila euro il tetto sotto il quale i partiti possono ricevere versamenti da privati senza dichiararli al Parlamento né commettere reato di finanziamento illecito. Una enorme franchigia per i fondi neri ai partiti e ai politici, che potranno incassare clandestinamente e impunemente l'equivalente di 100 milioni di lire all'anno pro capite.

26. Legge Frattini (2002). Dovrebbe risolvere i conflitti d'interessi, invece li legalizza e li santifica: chi possiede aziende e va al governo, ma di quelle aziende è solo il «mero proprietario», non è in conflitto d'interessi e non deve cederle. Unica conseguenza per il mero proprietario Silvio Berlusconi: dovrà lasciare la presidenza del Milan.

27. Legge Gasparri-1 (2003). In base alla sentenza della Consulta del 2002, entro il 31.12.2003 Rete 4 dev'essere spenta e passare sul satellite e cedere le frequenze a Europa 7, che ha vinto il bando di gara. Ma il 5 dicembre Berlusconi fa approvare la legge Gasparri: Rete 4 può seguitare a trasmettere «ancorché priva di titolo abilitativo», cioè anche se non ha più la concessione dal 1999; infatti il tetto antitrust del 20% sul totale delle reti non va più calcolato sulle 10 emittenti nazionali, ma su 15 (compresa Telemarket). Dunque Mediaset può tenersi le sue tre tv. Quanto al tetto pubblicitario del 20%, viene addirittura alzato grazie al trucco del «Sic», un *panel* talmente ampio di situazioni da sfiorare l'infinito. Ma il 16 dicembre Ciampi rispedisce la legge al mittente: è incostituzionale.

28. Decreto salva-Rete4 (2003). A due settimane dallo spegnimento di Rete 4, Berlusconi firma un decreto salva-Rete4 che concede alla sua tv l'ennesima proroga semestrale, in attesa della nuova legge Gasparri.

29. Legge Gasparri-2 (2004). La nuova legge approvata a tappe forzate il 29 aprile 2004, molto simile a quella bocciata dal Quirinale, assicura che Rete 4 non sfora il tetto antitrust perché entro il 30 aprile il 50% degli italiani capteranno il segnale del digitale terrestre, con centinaia di nuovi canali. Poi però si scopre che, a quella data, solo il 18% della popolazione riceve il segnale digitale. Ma intanto Rete 4 è salva ed Europa 7 continua a restare senza frequenze per trasmettere.

30. Decoder di Stato (2004). Per gonfiare l'area del digitale, la legge Finanziaria prevede un contributo pubblico di 150 euro nel 2004 e di 70 nel 2005 per chi acquista il relativo decoder. Fra i principali distributori di decoder (Amstrad) c'è Paolo Berlusconi, titolare di Solaris.

31. Salva-decoder (2003). Il digitale terrestre è un affarone per Mediaset, che vi trasmette le partite di calcio a pagamento, ma teme il mercato nero delle tessere taroccate. Prontamente il governo che ha appena depenalizzato il falso in bilancio porta fino a 3 anni e 30 milioni di multa la pena per le smart card fasulle da pay tv.

32. Salva-Milan (2002). Un altro decreto di Berlusconi consente alle società di calcio, quasi tutte indebitatissime, di ammortizzare sui bilanci 2002 e spalmare nei dieci anni successivi la svalutazione dei cartellini dei giocatori. Il Milan risparmia 242 milioni di euro.

33. Salva-diritti tv (2006). Forza Italia blocca un ddl bipartisan che riforma il sistema di vendita dei diritti tv del calcio in senso «collettivo» per non penalizzare le società minori privilegiando le maggiori. Così il sistema resta «soggettivo», a tutto vantaggio dei club maggiori: la Juventus, l'Inter e naturalmente il Milan.

34. Tassa di successione (2001). Il governo Berlusconi abolisce la tassa di successione per i patrimoni sopra i 350 milioni di lire (sotto, l'ha già abrogata Prodi). Per combinazione, il premier ha cinque figli e beni stimati in 25 mila miliardi di lire.

35. Autoriduzione fiscale (2004). Il governo Berlusconi abbassa le aliquote fiscali per i redditi dei più abbienti. *L'Espresso* calcola che Berlusconi risparmierà 764.154 euro di tasse all'anno.

36. Plusvalenze esentasse (2003). il ministro Tremonti detassa anche le plusvalenze da partecipazione. La riforma viene usata da Berlusconi nel 2005 quando cede il 16,88% di Mediaset detenuto da Fininvest per 2,2 miliardi, risparmiando 340 milioni di imposte.

37. Sondaggi a spese nostre (2005). Un emendamento infilato in extremis da FI nella Finanziaria consente al premier Berlusconi di consultare «enti o istituti di ricerca, pubblici o privati, istituti demoscopici e consulenti dotati di specifica professionalità». E stanzia 6 milioni per la bisogna. Scopo dichiarato: monitorare costantemente «le politiche pubbliche adottate dal governo». Scopo effettivo: pagare con soldi pubblici i sondaggi del premier.

38-39-40. Condoni alla villa abusiva (2004). Il 6 maggio 2004 Berlusconi vara due decreti. Il primo stabilisce l'approvazione del piano nazionale antiterrorismo e contiene anche un piano (segretato) per la sicurezza di Villa Certosa. Il secondo individua la sua residenza in Sardegna come «sede alternativa di massima sicurezza per l'incolumità del presidente del Consiglio e per la continuità dell'azione di governo». Ed estende il beneficio a tutte le altre abitazioni del premier e della sua famiglia sparse per l'Italia. Così si bloccano le indagini sugli abusi edilizi a Villa Certosa. Poi c'è una terza norma, la legge 208/2004, che estende il condono edilizio del 2003 alle zone protette: come quella in cui sorge la villa di Porto Rotondo. Subito la Idra Immobiliare, proprietaria delle residenze di Berlusconi, presenta 10 richieste di condono. E riesce a sanare tutti gli abusi edilizi e ambientali nell'oasi protetta e vincolata per la modica cifra di 300 mila euro. Nel 2008 il Tribunale di Tempio Pausania chiuderà il procedimento sugli abusi perché in gran parte condonati da norme firmate dal "mero proprietario".

41. Legge pro Mediolanum (2005). Nella riforma della previdenza integrativa e complementare, FI impone una serie di norme favorevoli alle compagnie assicurative: spostamento di 14 miliardi verso le assicurazioni; vari favori fiscali alla previdenza integrativa individuale (a beneficio anche della Mediolanum di Berlusconi ed Ennio Doris); slittamento della nuova normativa al 2008. Intanto, nel gennaio 2004, le Poste Italiane con un appalto senza gara hanno concesso a Mediolanum l'utilizzo dei 16 mila sportelli postali sparsi in tutta Italia.

42. Legge pro Mondadori-1 (2005). La ministra dell'Istruzione Letizia Moratti stipula un accordo con Poste per il servizio "Postescuola": consegna e ordinazione per telefono e online dei libri di testo della scuola secondaria. Gli editori non consegneranno i volumi direttamente, ma tramite Mondolibri Bol, posseduta al 50% da Mondadori, cioè da Berlusconi.

43. Legge pro Mondadori-2 (2005). Il governo Berlusconi stanzia 3 milioni per l'operazione «E-book»: la sperimentazione viene affidata dai ministri Letizia Moratti (Istruzione) e Lucio Stanca (Innovazione) a Mondadori e Ibm: la prima è di Berlusconi, mentre della seconda Stanca è l'ex vicepresidente.

44-45. Due scudi fiscali (2001-2003). Nel 2003, ecco il decreto Tremonti sul rientro di capitali guadagnati e/o detenuti all'estero: cioè illegalmente esportati, ma anche illegalmente accumulati commettendo reati. Chiunque vuole rimpatriare tesori nascosti oltre frontiera può farlo depositandoli presso una banca italiana che funge da «mediatore»: cioè trattiene, per conto dello Stato, una modica tassa del 2,5% (anziché le normali aliquote fino al 50-60%) e rilascia al cliente una «dichiarazione riservata» di ricevuta. Ma la novità più ghiotta è la garanzia di anonimato, regalo mai visto nei 22 precedenti fra condoni e amnistie del dopoguerra. Un caso clamoroso di riciclaggio di Stato del denaro sporco. Guardacaso, il premier è imputato per 1.500 miliardi di lire in nero su 64 società estere Fininvest. Teoricamente, versando all'erario 50 miliardi di lire, può far rientrare tutto senza neppure farlo sapere. Il risultato dello scudo, comunque, è un flop: appena 1.600 milioni di euro per lo Stato. Così nel 2003 Tremonti concede il bis, riaprendo i termini del condono. Ma il gettito per lo Stato è ancor più misero: 497 milioni. In tutto, i due scudi portano all'erario 2 miliardi, a fronte dei 77 rientrati. O dichiarati, ma rimasti all'estero.

46. Esenzione Ici alla Chiesa (2005). Nella legge Finanziaria la Cdl stabilisce che le confessioni religiose che hanno sottoscritto l'Intesa con lo Stato non paghino più l'Ici sugli immobili a fini commerciali e le associazioni no profit. La Cgil stima un buco nei bilanci comunali di almeno 500-700 milioni l'anno.

47. Salva-rifiuti 1 (2001-2002). Nel 2000 la Procura di Firenze apre un'inchiesta sui lavori del Tav in Toscana: durante gli scavi delle gallerie, è stato inquinato l'ambiente, intaccando le falde acquifere. A risolvere il problema nel 2001 provvede la legge del ministro delle Infrastrutture Pietro Lunardi: terre e rocce da scavo non costituiscono più rifiuti e possono essere utilizzate per riempire cave o depressioni del terreno, anche se contaminate da sostanze inquinanti. Nel 2002, poi, il governo dichiara per decreto non più inquinanti le emissioni tossiche dell'Enichem di Gela, impianto appena sequestrato dai giudici. Lo stabilimento riapre e tutti gli indagati si salvano. Segue un bel tris con un'«interpretazione autentica» del concetto di "rifiuto": migliaia di tonnellate di residui di produzione, anche pericolosi, non sono più tali, ma diventano sostanze riutilizzabili con norme molto meno rigorose.

48. Lodo Alfano (2008). Nel luglio del 2008 Berlusconi torna al governo per la terza volta: manca poco alla sentenza nel processo Mills e lui la blocca con la legge Alfano (detta impropriamente «lodo») che sospende i processi ai presidenti della Repubblica, della Camera, del Senato e del Consiglio sino al termine della carica. Si fermano così per un anno e mezzo i processi Mills e Mediaset a carico di Berlusconi. Riprenderanno solo un anno dopo, quando la Consulta boccerà anche la legge Alfano in quanto incostituzionale.

49. Legge salva-rifiuti 2 (2008). Vengono arrestate a Napoli 25 persone, tra cui funzionari e dipendenti del commissariato per l'emergenza rifiuti in Campania diretto dal neo-sottosegretario Guido Bertolaso, per avere consentito per anni di smaltire in discariche a cielo aperto rifiuti «tal quali» spacciandoli per «ecoballe» ecologicamente trattate. Il tutto con la complicità della Fibe-Impregilo che avrebbe dovuto curare i trattamenti, «con grave pregiudizio per l'ambiente e la salute pubblica». Berlusconi vara un decreto che deroga alle norme nazionali ed europee sullo smaltimento dei rifiuti e consente di seguitare a sversare nelle discariche campane (e solo in quelle) anche le scorie tossiche e pericolose.

50. Legge salva-beni mafiosi (2008). La legge Finanziaria permette la vendita all'asta di 3 mila immobili confiscati alle mafie, che potranno essere comodamente riacquistati dai prestanome degli stessi boss. Vane le proteste di magistrati, opposizioni e associazioni antimafia.

51. Abolita l'Ici (2008). Il governo smantella la tassa comunale su tutte le prime case, escluse quelle signorili, le ville e i castelli (appena 40 mila su 31 milioni di immobili a uso abitativo censiti in Italia). Una norma smaccatamente pro ricchi, e dunque anche pro Berlusconi: per chi pagava fino a 100 euro di Ici all'anno, cioè per il 40% dei proprietari di prime case, l'imposta l'aveva già abolita Prodi, esentando i 7 milioni di famiglie che vivono nelle case più modeste e prevedendo maggiori detrazioni per i restanti 10 milioni. Ora nemmeno questi ultimi – i redditi medio-alti – pagheranno più un euro, con un costo per lo Stato di quasi 4 miliardi. Sparisce così l'unica tassa federale, fra l'altro a prova di evasione, creando voragini nei bilanci comunali.

52. Scudo fiscale-3 (2009). Tremonti, che aveva giurato di non farne mai più, vara il terzo condono fiscale. Funziona come gli altri due "scudi", con la differenza che sui capitali fatti rientrare, in cambio dell'anonimato e dello «sbiancamento», il governo chiede alle banche di trattenere non più il 2,5%, ma il 5. In sede di conversione, scompare addirittura l'obbligo per le banche di segnalare le operazioni sospette all'Antiriciclaggio e vengono condonati gravi reati finanziari collegati con l'esportazione di capitali occulti. Lo scudo non si applica solo al denaro, ma anche a case, yacht e beni di lusso (che rimangono all'estero).

53. Legittimo impedimento (2010). Siccome, bocciato il lodo Alfano, i processi a Berlusconi sono ripresi, ecco una nuova legge per bloccarli, sempre a opera del ministro della Giustizia Angelino Alfano: quella che rende automatico il «legittimo impedimento» a comparire nelle udienze per il premier e i ministri. E non solo per le attività di governo, ma anche per quelle «preparatorie e consequenziali, nonché comunque coessenziali alle funzioni di governo». Il tutto per 6 mesi, prorogabili fino a 18. Basterà una certificazione della Presidenza del Consiglio e i giudici dovranno fermarsi, senza poter controllare se l'impedimento sia effettivo e legittimo. Risultato: i processi a Berlusconi saranno congelati fino all'ottobre 2011. Ma il 13 gennaio 2011 la Consulta giudica parzialmente incostituzionale il legittimo impedimento, affidando al giudice la valutazione degli impegni del premier. Il resto della legge sarà cancellato da un referendum popolare promosso da Antonio Di Pietro.

54. Più Iva per Sky (2008). Il governo Berlusconi raddoppia l'Iva a Sky, la pay tv di Rupert Murdoch che fa concorrenza a Mediaset, portandola dal 10 al 20%.

55. Meno spot per Sky (2009). Un decreto del ministro delle Poste e Telecomunicazioni Paolo Romani obbliga Sky a scendere entro il 2013 dal 18 al 12% di affollamento pubblicitario all'ora. Un altro favore a Mediaset e un danno alla concorrenza.

56. Più azioni proprie (2009). Il centrodestra aumenta dal 10 al 20% la quota di azioni proprie che ogni società può acquistare e detenere in portafoglio. La norma viene subito utilizzata dalla Fininvest per aumentare il controllo su Mediaset.

57. Decreto liste (2010). Visto che, per le elezioni Regionali, le liste del Pdl sono state presentate fuori tempo massimo nel Lazio e senza timbri di autenticazione a Milano, il governo vara un decreto «interpretativo» che stravolge la legge elettorale, sanando *ex post* le illegalità commesse, per costringere il Tar a riammettere le liste berlusconiane fuorilegge.

58. Legge pro Mondadori-3 (2010). L'Agenzia delle Entrate contesta alla Mondadori 173 milioni di euro di tasse evase nel 1991. La Mondadori ricorre e vince in primo e in secondo grado. Ma il fisco ricorre in Cassazione e lì c'è un giudice molto severo che rischia di dare torto all'azienda berlusconiana. Il premier vara un decreto che consente a chi ha vinto la causa in due gradi di giudizio di chiudere il contenzioso fiscale in Cassazione versando solo il 5% del valore della lite. Così, invece di rischiare di perdere 173 milioni (350 con gli interessi), Mondadori se la cava con 8,6.

59. Legge pro Lega-2 (2010). Per salvare i leghisti delle Camicie verdi ancora imputati a Verona per costituzione di formazione paramilitare fuorilegge (gli altri due reati sono stati depenalizzati nel 2005), ecco un codicillo nascosto in un decreto omnibus di 1085 norme (il «Codice dell'ordinamento militare» firmato dal ministro della Difesa Ignazio La Russa). La norma abolisce il decreto del 1948 che puniva col carcere da 1 a 10 anni «chiunque promuove, costituisce, organizza o dirige associazioni di carattere militare, le quali perseguono, anche indirettamente, scopi politici» e si organizzano per compiere «azioni di violenza o minaccia». Al giudice di Verona non resta che prendere atto della depenalizzazione anche dell'ultimo reato e prosciogliere tutti gli imputati.

60. Legge salva-generali (2009). Una norma su misura "grazia" gli ufficiali imputati in due processi davanti al Tribunale militare di Roma per la strage di Nassiriya, per non aver protetto gli impianti e gli uomini nella base italiana in Iraq e avere così agevolato i kamikaze che il 12 novembre 2003 uccisero 19 soldati italiani e 9 iracheni con un'autobomba. I Tribunali militari, per procedere contro un soldato o un ufficiale, dovranno d'ora in poi avere il via libera del ministero. Che, per Nassiriya, non arriverà mai.

Il convento è povero, il frate è ricco

Quanto hanno guadagnato Silvio Berlusconi e il suo gruppo dal conflitto di interessi unico al mondo che li ha visti padroni del governo dell'Italia per circa 9 anni su 17 dal 1994 al 2011? Impossibile dirlo. Basta pensare alla perdita irreparabile che sarebbe derivata al gruppo Fininvest-Mediaset dall'applicazione delle due sentenze della Consulta del 1994 e del 2002, che imponevano lo spegnimento di Rete4 e il suo trasloco sul "satellite", se non fossero state aggirate rispettivamente grazie alla legge Maccanico (governo Prodi-1) e alla legge Gasparri (governo Berlusconi-2). Basta immaginare che cosa sarebbe accaduto se il centrosinistra avesse dichiarato ineleggibile il leader del centrodestra in base alla legge 361 del 1957; se avesse approvato una seria normativa sul conflitto d'interessi; e se avesse bloccato la quotazione in Borsa di Mediaset nel 1996, alla luce dei primi falsi in bilancio emersi dalle indagini milanesi sul comparto estero del gruppo, del tutto sconosciuto al consolidato della holding. E basta figurarsi il crollo in Borsa che avrebbe provocato l'arresto del Cavaliere nei primi anni Duemila per scontare tutte le condanne che avrebbe subìto senza le leggi *ad personam* che le trasformarono in prescrizioni o in assoluzioni per depenalizzazione del reato.

Nel 2017 gli economisti italiani Eliana La Ferrara (Università Bocconi), Ruben Durante (Pompeu Fabra di Barcellona), Stefano Della Vigna (Berkeley, California) e l'americano Brian Knight (Brown University) hanno pubblicato una ricerca intitolata *Market-Based Lobbying: Evidence from Advertising Spending in Italy* che ha vinto il premio come "miglior studio di economia applicata" dell'anno presso l'American Economic Association. Il pool di studiosi ha calcolato che, dalla sua discesa in campo nel 1994 alle sue dimissioni nel 2011, Berlusconi ha fatto guadagnare a Mediaset più di un miliardo di euro e perdere alla Rai quasi 200 milioni. Il tutto, nella sua doppia veste di capo del governo e *dominus* sia di Mediaset sia della Rai. I quattro studiosi parlano degli effetti del «lobbismo indiretto», tipico dei governanti che possiedono grandi aziende e quindi, oltre a essere incentivati a favorire con la mano pubblica i propri affari, raccolgono i frutti della loro posizione in termini di acquisti e investimenti nelle loro società da parte di altri soggetti economici che sperano di ingraziarsi il governo.

L'esempio più scandaloso riguarda gli investimenti pubblicitari sulle reti Mediaset da parte delle aziende "regolate" (telecomunicazioni, auto, farmaceutica, energia, trasporti ecc.) che dipendono in tutto o in parte dal governo per prezzi, tariffe e incentivi. Nei nove anni dei tre governi Berlusconi, gli spot delle aziende regolate sulle reti Mediaset sono letteralmente esplosi, anche se il Biscione, quando il padrone siede a Palazzo Chigi, è solito aumentare il prezzo medio di un secondo di pubblicità sulle proprie reti a 15 euro in più rispetto alle tariffe Rai (a parità di audience). «Se Mediaset è in grado di alzare notevolmente i prezzi quando Berlusconi sale in carica – scrivono i quattro economisti – e le aziende sono comunque desiderose di comprare spazi pubblicitari, pur in mancanza di significativi movimenti dell'audience, significa che gli inserzionisti si attendono importanti benefici politici dagli investimenti in Mediaset». Così, solo grazie alla pubblicità televisiva, le entrate annuali di Mediaset per il conflitto d'interessi sono aumentate «di 123 milioni di euro», mentre «le entrate della Rai sono diminuite di 22 milioni di euro». Totale nei nove anni di governi Berlusconi: «1,1 miliardi di euro di entrate in più per Mediaset e 194 milioni di incassi in meno per la Rai». Gli studiosi cercano precedenti nella storia e analogie nel mondo attuale. Ma concludono che il conflitto d'interessi di Berlusconi, anche se confrontato con quelli dei coniugi Kirchner in Argentina e del famigerato dittatore thailandese Thaksin Shinawatra, è un caso unico. E, si spera, irripetibile.

Le parole. *Le mille balle blu*

Come ci si può fidare di chi usa la menzogna come mezzo di lotta politica? La gente deve fidarsi solo di chi dice la verità. Io dico sempre cose sincere, anche perché non ho memoria e dimenticherei le bugie (Silvio Berlusconi, 2 marzo 1994).

Vengo anch'io, no io no

Mi piacerebbe fondare un partito, ma non posso. Noi sì che sapremmo trasformare l'Italia in un'azienda in attivo... Non c'è in previsione alcun mio impegno diretto in politica. Nel mio mestiere di imprenditore la regola è di totale ecumenicità... L'editore televisivo non è interamente libero, è in balia dei politici, sottomesso al Principe... Se mi hanno chiesto di candidarmi? Certo, mi telefonano, mi scrivono, qualcuno mi ha fermato perfino per strada. Ma io so perfettamente quello che posso fare. Se io facessi la scelta politica dovrei abbandonare le televisioni e cambiare completamente mestiere. Un partito di Berlusconi non c'è stato, né ci sarà mai (13 settembre 1993).

Se fonderò un partito? Ho sempre dichiarato il contrario, sarà la ventesima volta che lo ripeto. Lo scrive chi ha interesse a mettermi contro gli attuali protagonisti della politica. E perciò farà finta anche stavolta di non leggere la mia smentita, per cui mi toccherà di ripeterla per la ventunesima volta e chissà per quante altre volte ancora (*Epoca*, 23 ottobre 1993). *Mancano tre mesi all'annuncio della sua "discesa in campo".*

Sono sceso in campo per amore del mio Paese (11 maggio 1994).

Sì, Berlusconi è entrato in politica per impedire che gli portassero via la roba... Tenta di evitare che gli scippino insieme la sua impresa e la sua libertà di imprenditore (Giuliano Ferrara, *La Stampa*, 25 febbraio 1994).

Silvio Berlusconi è entrato in politica per difendere le sue aziende (Marcello Dell'Utri, 28 dicembre 1994).

La verità è che, se Berlusconi non fosse entrato in politica, se non avesse fondato Forza Italia, noi oggi saremmo sotto un ponte o in galera con l'accusa di mafia. Col cavolo che portavamo a casa il proscioglimento nel lodo Mondadori (Fedele Confalonieri, *la Repubblica*, 25 giugno 2000).

Eravamo nel settembre 1993, Berlusconi mi convocò nella sua villa di Arcore e mi disse: «Marcello, dobbiamo fare un partito pronto a scendere in campo alle prossime elezioni...». Lui aveva provato in tutti i modi a convincere Segni e Martinazzoli per costruire la nuova casa dei moderati... «Vi metto a disposizione le mie televisioni», aveva detto. Tutto inutile, e allora decise che il partito dovevamo farlo noi. Poi c'era l'aggressione delle Procure e la situazione della Fininvest con 5 mila miliardi di debiti. Franco Tatò, che all'epoca era l'amministratore delegato del gruppo, non vedeva vie d'uscita: «Cavaliere dobbiamo portare i libri in Tribunale»... I fatti poi, per fortuna, ci hanno dato ragione e oggi posso dire che senza la decisione di scendere in campo con un suo partito, Berlusconi non avrebbe salvato la pelle e sarebbe finito come Angelo Rizzoli che, con l'inchiesta della P2, andò in carcere e perse l'azienda (Marcello Dell'Utri intervistato da Antonio Galdo per *Saranno potenti?*, Sperling & Kupfer, 2003).

Sono uno dei pochi politici che fa politica non per fare soldi (*la Repubblica*, 11 maggio 2003).

Io non ho mai fatto affari con la politica. Anzi, ci ho sempre perso (5 gennaio 2006).

Unto e bisunto

Io sono l'unto del Signore, c'è qualcosa di divino nell'essere scelto dalla gente. E sarebbe grave che qualcuno che è stato scelto dalla gente, l'unto del Signore, possa pensare di tradire il mandato dei cittadini (25 novembre 1994).

Io unto del Signore? Non ho mai pronunciato questa sciocchezza (9 marzo 2004).

Sono un imprenditore che non ha mai fatto affari (*Porta a Porta*, 11 gennaio 2006).

Sono una vittima, mi sacrifico per tutti. Io sono il Gesù Cristo della politica (*la Repubblica*, 13 febbraio 2006).

Solo Napoleone ha fatto più di me (*Corriere della Sera*, 11 febbraio 2006).

Credo sinceramente di essere stato di gran lunga il migliore presidente del Consiglio che l'Italia abbia avuto nei 150 anni della sua storia (10 settembre 2009).

Forza Italia persegue un rinnovamento anche e soprattutto morale (29 maggio 1995).

Noi di Forza Italia abbiamo una moralità di livello così elevato che gli altri non possono nemmeno percepirlo (10 maggio 2003).

Nessuno in casa Fininvest ha mai promesso, offerto o pagato tangenti a chicchessia... Lo ripeto: mai una lira a nessuno (a *La Stampa*, 1° novembre 1993).

Non abbiamo mai venduto un bottone allo Stato, quindi non abbiamo mai pagato tangenti (*Corriere della Sera*, 10 dicembre 1993).

Milano, negli anni 70, era un calvario, dovevi andare e far passare la pratica da un ufficio all'altro e qualche volta ci dovevi andare con l'assegno in bocca (*Agi*, 9 maggio 2003).

Nessuna tangente. Mio fratello Paolo è vittima di una concussione. Questi pagamenti (alla Guardia di finanza, *nda*) sono cifre risibili sul piano della quantità. Per un'azienda che fa 50 miliardi al giorno, che paga un miliardo al giorno di tasse, quasi 11 mila miliardi di fatturato annuo, queste sono cose che – a quanto mi è stato riferito – rientravano in uno stato di normalità (all'*Herald Tribune*, 12 agosto 1994).

Ho una serenità interiore: non ho mai corrotto nessuno. Giuro sui miei cinque figli che io di queste cose non sapevo nulla. Le ho sapute soltanto dopo (22 novembre 1994).

Sono innocente. Le pare che avrei giurato il falso sulla cosa che ho più cara, i miei figli? (15 ottobre 1995).

La gente non considera reato quello per cui sono stato condannato (23 miliardi a Craxi tramite la All Iberian, *nda*). Da un nostro sondaggio risulta che il 53,4% degli italiani reputa il reato poco grave, il 35% per nulla grave. È come fare delle operazioni all'estero per comprare un calciatore o come possedere più del 25% di una tv. Ma che reati sono questi? Soltanto da noi è così. Ma non nella coscienza dei cittadini... Dare soldi alla Guardia di finanza, per esempio, non è considerato reato dall'88% degli italiani (16 luglio 1998).

Solo un folle pagherebbe dei giudici da banca a banca, anziché in contanti (17 giugno 2003). *La Fininvest girò a Previti alcuni miliardi, dai quali Previti attinse il 6 marzo 1991 per bonificare estero su estero 434.404 dollari il giudice Squillante.*

Mani Punite

La vecchia classe politica italiana è stata travolta dai fatti e superata dai tempi. L'autoaffondamento dei vecchi governanti, schiacciati dal peso del debito pubblico e del sistema del finanziamento illegale dei partiti, lascia il Paese impreparato e incerto nel momento difficile del rinnovamento e del passaggio a una nuova Repubblica (26 gennaio 1994).

Basta con i ladri di Stato, noi siamo per una politica nuova, diversa, pulita. Siamo l'Italia che lavora contro l'Italia che ruba (6 febbraio 1994).

Questo governo è schierato dalla parte dell'opera di moralizzazione della vita pubblica intrapresa da valenti magistrati... Bisogna invece dotare di strumenti migliori la Polizia e la magistratura. No ai colpi di spugna. Da questo governo non verrà mai messa in discussione l'indipendenza dei magistrati (discorsi d'insediamento del suo primo governo alla Camera e al Senato, 16 e 18 maggio 1994).

Le novità che emergono da Brescia confermano il fondato sospetto che il pool di Milano abbia operato contro il governo per scopi politici di destabilizzazione, nella chiara intenzione di sostituire al governo legittimo un governo in cui fosse preponderante la presenza del partito dei pm (16 gennaio 1996). *Il gip di Brescia archivierà l'inchiesta nata delle denunce di Ber-*

lusconi smentendo qualunque finalità politica nell'indagine Mani Pulite.

Nel '94 scesi in campo perché gli eredi dei comunisti stavano per prendere il potere dopo aver scardinato la democrazia con l'uso politico della giustizia. Quando fondai Forza Italia, avevamo in mente le parole di Bettino Craxi (*il Giornale,* 30 gennaio 2005).

Nel '94 vi fu un ben architettato colpo di Stato e di malagiustizia per rovesciare il mio governo (22 luglio 1998)

I pm di Mani Pulite furono i volenterosi carnefici dello Stato di diritto (*la Repubblica* 30 novembre 1999).

Di Pietro? Sì che mi piacerebbe averlo con me, come ministro (al *Maurizio Costanzo Show*, 22 febbraio 1994).

Avevo una rosa, ora è caduto un petalo e mi restano le spine (dopo aver incontrato Di Pietro nello studio Previti per offrirgli il ministero dell'Interno, rifiutato però dal pm, 7 maggio 1994).

Non ho mai offerto un ministero a Di Pietro (15 agosto 1994).

Eh, se Di Pietro avesse dato retta a me, e fosse entrato nel mio governo... (dopo le dimissioni di Di Pietro dal pool Mani Pulite, 7 dicembre 1994).

Non è vero che io abbia offerto a Di Pietro di fare il ministro nel mio governo (20 gennaio 2006).

Quello si crede il padrone d'Italia (15 agosto 1994).

Le dimissioni di Di Pietro, un magistrato che si era guadagnato il rispetto di tutti gli italiani, lasciano l'amaro in bocca. Le sue inchieste esprimevano una grande ansia di verità (6 dicembre 1994).

Sarebbe giusto che un uomo con le qualità di Di Pietro le facesse valere sulla scena politica. La sua discesa in campo potrebbe essere una buona cosa. La sua ansia moralizzatrice è patrimonio di tutti e potrebbe essere utile al Paese. I miei giornali, le mie tv, il mio gruppo sono sempre stati in prima fila nel sostenere i giudici di Mani Pulite (dopo le dimissioni di Di Pietro dal pool di Milano, 8 dicembre 1994).

Penso di incontrarlo molto presto... Di Pietro in politica potrebbe essere un'ottima cosa... La sua spinta alla moralizzazione sarebbe un patrimonio prezioso per il Paese... Ho sempre riconosciuto il ruolo svolto dai magistrati nella lotta al sistema perverso della Prima Repubblica. E le tv e i giornali della Fininvest sono sempre stati in prima linea nel difendere i magistrati e in particolare Antonio Di Pietro. Dal Tg5 al Tg4 a *Panorama* a *Epoca* al *Giornale*. Anche quando le inchieste, che io continuo a ritenere ingiuste, si sono indirizzate contro dirigenti del gruppo. Le ho criticate, ho messo in guardia dai rischi di strumentalizzazione politica, ma sempre ricordando il merito complessivo della magistratura, e di Di Pietro soprattutto... Le intemperanze di Sgarbi non possono far dimenticare tutto l'appoggio dato dalle reti e dai giornali Fininvest ai magistrati (*Repubblica* e *Messaggero*, 8 dicembre 1994).

Di Pietro in politica? Non se ne parla, prima si faccia eleggere (9 dicembre 1994).

Farà la Madonna pellegrina (20 febbraio 1995).

Di Pietro è una persona di valore. È sempre stato il benvenuto (*il Giornale*, 1° aprile 1995).

Meglio che Di Pietro resti una Madonna, una delle poche che abbiamo in Italia, anche se adesso han cominciato a piangere... Nella casa dei moderati è bene accolto chi ha servito lo Stato, ma non scelga di schierarsi (4 aprile 1995).

La sinistra vuole distruggere il mito di Di Pietro, da quando lui ha fatto intendere che, se scendesse in politica, starebbe con i moderati. Il suo è il destino di tutti quelli che stanno da questa parte (dopo le denunce dell'avvocato Carlo Taormina, futuro deputato di Forza Italia, che innescano una serie di processi contro Di Pietro a Brescia, 18 aprile 1995).

Di Pietro è un maestro... nei dogmi della più retriva inquisizione... Non accetterò mai il suo metodo e il metodo dei suoi colleghi, che non è quello di accertare, ma di produrre la verità (che poi vuol dire la «loro» verità) attraverso forme di coazione psicologica diretta o indiretta esercitata sugli inquisiti... (9 ottobre 1995).

Di Pietro è fuori di testa... È come Gelli: ricordate quando Gelli raccontò al *Corriere* di essere il burattinaio della politica? Quando si vivono per mesi certe esperienze si può arrivare a credere di essere stati prescelti per un grande avvenimento... (16 gennaio 1996).

Devono venire fuori tutti i suoi abusi d'ufficio e le violazioni di segreto istruttorio (17 gennaio 1996). *Di Pietro verrà totalmente assolto a Brescia da tutte le accuse.*

Se un cittadino normale fosse stato raggiunto da una frazione delle accuse che hanno raggiunto Di Pietro, sarebbe nelle patrie galere da tempo (5 novembre 1996).

Non è che Di Pietro non mi sia simpatico: mi fa orrore. È una cosa molto diversa da un sentimento come l'antipatia (22 aprile 1998).

Altri santi

Noi diciamo in modo chiaro che tutti i voti che Forza Italia avrà in Sicilia e nell'intero Paese saranno voti contro la mafia (20 marzo 1994).

Nessun mistero sulle origini delle mie fortune: ho cominciato con la liquidazione di mio padre: 30 milioni (26 aprile 2001).

Alla Fininvest assumevamo solo figli o nipoti di carabinieri e di campioni olimpionici (28 settembre 2004).

Dell'Utri è persona di così profonda moralità, di così profonda religiosità da non farmi immaginare che lui possa essere connivente in una situazione di questo tipo (le false fatture di Publitalia, *nda*)... Conosco Dell'Utri, lui non ha un senso di attaccamento al denaro... Io molte volte lo scherzavo dicendo: «Non fare come Giorgio Washington che curava gli interessi dello Stato e mandava in malora la sua famiglia, tant'è vero che a un certo punto lo Stato si dovette interessare a rimettere a posto la sua situazione finanziaria personale»... (testimonianza al Tribunale di Torino nel processo a Dell'Utri per la fase fatture di Publitalia, 15 ottobre 1996).

Io e Berlusconi eravamo come parenti. La fiducia che lui aveva in me era pari a quella che io avevo in lui e nella sua famiglia. A Berlusconi voglio bene, a oggi. È una persona onesta, scrivetelo (Vittorio Mangano, appena condannato all'ergastolo per mafia e omicidio, *Corriere della Sera*, 14 luglio 2000).

Mangano è un eroe. Ad Arcore si comportava bene, prendeva la comunione nella cappella e qualche volta sedeva al nostro tavolo. Dopo l'arresto, il procuratore gli prometteva di mandarlo a casa se avesse raccontato dei rapporti tra Dell'Utri, Berlusconi e la mafia. Ma lui si rifiutò sempre. Ha ragione Dell'Utri a considerare eroico un comportamento di questo genere (Silvio Berlusconi, 22 novembre 2013).

I diavoli

C'è uno strumento politico, ed è il Partito comunista. Ci sono i Caselli, i Violante, poi questo Arlacchi che scrive i libri... Ecco, secondo me il nuovo governo si deve guardare dagli attacchi dei comunisti (Salvatore Riina alla Corte d'Assise di Catanzaro, dalla gabbia del processo Scopelliti, 25 maggio 1994).

Speriamo di non fare più queste cose sulla mafia come la *Piovra* (il film-tv della Rai, *nda*), perché questo è stato un disastro che abbiamo combinato insieme in giro per il mondo. Dalla *Piovra* in giù. Non ce ne siamo resi conto. Ma tutto questo ha dato del nostro Paese un'immagine veramente negativa. Si pensa all'Italia e sapete cosa viene in mente. C'è chi dice che c'è anche la mafia, nella realtà italiana. Ebbene, non so fino a che punto, rispetto alla realtà vera e operosa dell'Italia. Eppoi che cos'è la mafia? Un decimillesimo, un milionesimo. Quanti sono gli italiani mafiosi, rispetto a quei 57 milioni di cittadini? E noi non vogliamo che un centinaio di persone diano un'immagine negativa in tutto il mondo (Silvio Berlusconi, 15 ottobre 1994).

È vero, ha ragione il presidente Berlusconi, tutte queste cose (sceneggiati come *La Piovra*, *nda*) sono invenzioni, tutte cose da tragediatori che discreditano l'Italia e la nostra bella Sicilia. Si dicono tante cose cattive con questa storia di Cosa Nostra, della mafia, che fanno scappare la gente. Ma quale mafia, quale piovra, sono romanzi... Andreotti è un tragediato come sono tragediato io. E Carnevale più tragediato ancora. Questi pentiti accusano perché sono pagati, prendono soldi (Salvatore Riina, 20 ottobre 1994).

Gian Carlo Caselli viene dalle cellule del Partito comunista (Silvio Berlusconi, 8 dicembre 1994).

Andreotti è stato sette volte presidente del Consiglio: all'estero penseranno che l'Italia è stata governata ininterrottamente dalla mafia. Mettere sotto accusa Andreotti, il cittadino italiano più conosciuto all'estero, è una cosa che offende l'appeal dei nostri prodotti all'estero e danneggia il made in Italy.

È un male per il Paese. Mi addolora sapere che il mio Paese è conosciuto all'estero prima per la mafia eppoi per la pizza (11 ottobre 1995).

C'è chi parla di mafia, ma per noi del Nord la mafia è un fenomeno lontano, senza contare che il 90% dei mafiosi sono in carcere e quindi la mafia è sotto controllo (13 luglio 2003). *I giudici antimafia lo smentiscono subito.*

Quando il giudice mi ha interrogato mi sono accorto che mi trovavo di fronte a un ammalato. Se dietro a varie scrivanie dello Stato ci sono degli psicotici la colpa non è mia. Perché non fanno delle visite adeguate a questa gente prima di affidare loro un ufficio? (Luciano Liggio, boss mafioso, intervistato da Enzo Biagi per Rai1, 20 marzo 1989).

Andreotti è troppo intelligente. Guardate, Andreotti non è mio amico. Lui è di sinistra. Hanno creato questa menzogna per dimostrare che la Democrazia cristiana, che è stata per cinquant'anni il partito più importante nella nostra Storia, non era un partito etico, ma un partito vicino alla criminalità. Ma non è vero. È una follia! Questi giudici sono doppiamente matti! Per prima cosa, perché lo sono politicamente, e secondo sono matti comunque. Per fare quel lavoro devi essere mentalmente disturbato, devi avere delle turbe psichiche. Se fanno quel lavoro è perché sono antropologicamente diversi dal resto della razza umana (Silvio Berlusconi a *The Spectator*, 4 settembre 2003).

Chi scrive libri di mafia lo strozzerei con le mie mani (28 novembre 2009).

Bossoli

Bossi è un uomo dalla personalità complessa e dalla mentalità dissociata (20 gennaio 1995).

Traditore, giuda, pataccaro della politica, ladro con scasso di voti (27 gennaio 1995).

Io non mi siederò mai più allo stesso tavolo con Umberto Bossi. È totalmente inaffidabile, un monumento di slealtà. Non appoggerò mai più un governo che sia appoggiato anche da Bossi. La mia chiusura non è verso la Lega, ma verso il signor Bossi (2 febbraio 1995).

Bossi? Un balordo da bar (28 gennaio 1999).

Io ho cinque figli, Umberto quattro: non ci tradiremo, non potremmo più guardarli negli occhi... Si ricomincia nella Casa delle Libertà che è qualcosa di più grande del Polo delle Libertà... Molto è cambiato dal 1994 (20 febbraio 2000).

Oggi pranzo fra Berlusconi e Bossi nella casa di Gemonio, per siglare l'accordo con la Lega Nord in vista delle elezioni regionali (Tg1, 26 dicembre 2004).

Toga party

Non è che io sia indagato per iniziativa dei giudici spagnoli. Questa indagine (su presunti reati fiscali e violazioni dell'Antitrust spagnola per Telecinco, *nda*) è un pacchetto preconfezionato dai magistrati milanesi. A certi giudici spagnoli s'è attaccato il virus dei pm di Milano... Chi inventa teoremi in Italia, qualche volta, ama fare dei *cadeau* a qualche collega straniero, saltando a piè pari le regole della solidarietà fra concittadini (Ansa, 24 luglio 1998).

Non ho mai fatto alcun attacco alla magistratura (10 ottobre 1995).

Se c'è una cosa che mi viene addebitata e che non risponde al vero è da parte mia un giudizio negativo nei confronti dei magistrati (25 novembre 1995).

Io sono un grande estimatore della magistratura e l'ho dimostrato nella mia attività di governo, durante la quale sono sempre stato vicino ai problemi dei giudici (7 dicembre 1995).

Queste del pool sono cellule impazzite, metastasi... (16 gennaio 1996).

La sinistra deve isolare certi pm come fece con le Brigate rosse (8 agosto 1998).

Quello della giustizia è un cancro dello Stato di diritto che dobbiamo estirpare (4 ottobre 2002).

Ai giudici noi insidiamo le mogli, siamo tombeur de femmes (11 maggio 2003).

Sono sicuro che i pm hanno idee radicate nella scuola di Mosca e se andassero a Cuba sono sicuro che tornerebbero solo dopo aver fatto turismo sessuale, e senza avere imparato niente (*Corriere della Sera*, 5 febbraio 2006).

La magistratura in Italia è un cancro, una metastasi. Abbiamo avuto le Brigate rosse che usavano i mitra, ma certi pubblici ministeri sono peggiori perché usano il potere giudiziario, sono più pericolosi per la democrazia (13 aprile 2011).

La giustizia è uguale per tutti i cittadini, ma questo cittadino è forse un po' più uguale degli altri, visto che il 50 per cento degli italiani gli ha conferito la responsabilità di governare il Paese... (al Tribunale di Milano, 17 giugno 2003).

Credo che tutti preferiscano avere in circolazione dei truffatori, o anche un omicida, piuttosto che sentirci tutti prigionieri del Grande Fratello che ci sorveglia e che ci può ricattare (a proposito delle intercettazioni, 15 agosto 2005).

Qui lo dico e qui lo nego

Mi accusano di raccontare barzellette, ma io uso parabole (Ansa, 19 aprile 1997).

Mia figlia piccola mi ha raccontato una barzelletta sporca... (*La Stampa*, 3 luglio 1990).

Un tale dice all'altro: mi sono fatto disegnare un neo sul pene... (*Corriere della Sera*, 30 giugno 2001).

Volete sapere come Bossi fa l'amore con sua moglie? La Lega... (*Corriere della Sera*, 19 dicembre 2003).

La legge Mammì ha favorito tutti tranne la Fininvest (6 febbraio 1994).

Lo ricevetti (Berlusconi, nel 1990, alla vigilia della presentazione della legge Mammì, *nda*) mantenendo un atteggiamento doverosamente istituzionale. Lui invece non smise un attimo di scherzare e far battute, cercando in ogni modo di accattivarsi la mia simpatia. Alla fine, con sguardo impassibile, gli dissi solo che avrei tenuto in debito conto le sue parole. Un commesso aveva appena aperto la porta per accompagnarlo all'uscita quando accadde l'incredibile. Berlusconi mi si inginocchiò davanti e, baciandomi la mano, mi disse: «La prego, ministro, non rovini me e le mie due famiglie!» (Oscar Mammì, ex ministro delle Poste del governo Andreotti, a *Vanity Fair*, 1° luglio 2005).

All Iberian? Mai conosciuta. Vi pare che, col mio senso estetico, avrei potuto accettare una società con quel nome? (7 dicembre 2000). *Le sentenze definitive accerteranno che*

All Iberian è controllata al 100 per cento dalla Fininvest di Berlusconi.

È una falsità, una cosa senza senso dire che dietro il signor Berlusconi ci sia Craxi. Non devo nulla a Craxi e al cosiddetto Caf, e non rinnego nulla di ciò che ho fatto (a «Mixer», 21 febbraio 1994).

Sono pronto a lasciare la guida del Polo, la Camera e la vita politica se verrà dimostrato un rapporto mio o della Fininvest o di una società del gruppo col signor Bettino Craxi, diverso da quello della pura amicizia! (29 novembre 1995). *La Corte di Cassazione confermerà nel 2000 la prescrizione per 23 miliardi di lire di finanziamento illecito a Craxi tramite All Iberian. Ma Berlusconi non lascerà la vita politica.*

Ribadisco al presidente incaricato Dini la mia stima personale. L'ho indicato io, al capo dello Stato, come segno di continuità con il mio governo (13 gennaio 1995).

Quello di Dini è un governo proiettato verso i comunisti. Non lo votiamo (17 gennaio 1995).

Nesta? È impossibile. Il Milan non acquisterà Nesta, nel calcio siamo arrivati a livelli che non hanno niente di economico e morale. Abbiamo sbagliato tutti, ora basta. È venuto il momento di ravvedersi (Silvio Berlusconi, Rai1, 23 agosto 2002). *L'indomani il Milan annuncia l'acquisto di Alessandro Nesta, concluso in segreto una settimana prima.*

Gilardino al Milan? È troppo caro, non si possono spendere certe cifre per il calcio. Sarebbe amorale con i problemi che ci sono oggi (24 giugno 2005). *Il 18 luglio 2005 il Milan annuncia l'acquisto di Alberto Gilardino.*

Quando sarò presidente del Consiglio, mi vedrete solo alla fine dell'anno per dare conto di ciò che avremo fatto. Non farò interviste, saranno pochissime le mie apparizioni, non farò conferenze stampa, non andrò a presentare libri... (10 gennaio 2001).

Sarò un presidente del Consiglio silenzioso (11 gennaio 2001).

Non mi piace andare in tv, è una cosa che semplicemente odio, il fatto è che avrei tante cose da fare, ma desidero far conoscere agli italiani tutto ciò che è stato fatto (25 gennaio 2006).

Previti è vittima di una presunzione lombrosiana. Con quella faccia che ha, deve per forza essere colpevole delle cose di cui viene accusato (14 gennaio 1998). *Infatti verrà condannato a 7 anni e mezzo per corruzione giudiziaria.*

Non ho mai ricevuto telefonate da Squillante (17 giugno 2003). *Dai tabulati telefonici, risulta che la sera del 31 dicembre 1995, poco prima della mezzanotte di Capodanno, il capo dei gip romani Renato Squillante chiamò quattro persone per gli auguri: ore 23.42, Silvio Berlusconi ad Arcore; ore 23.43, Paolo Berlusconi sul cellulare; ore 23.43, Gianni Letta sul cellulare; ore 23.44, Letta a casa; ore 23.45, Previti all'Argentario. Sbagliava numeri? Cinque volte in dieci minuti?*

La vicenda Telekom Serbia è tutta una tangente (a *Porta a Porta*, 22 maggio 2003). *Le indagini escluderanno le tangenti a Prodi, Fassino e Dini evocate dal leader del centrodestra.*

Il nostro obiettivo è dimezzare i reati nel corso di una legislatura (Ansa, 4 dicembre 2000).

Non ho mai detto che dimezzerò i reati (Ansa, 6 dicembre 2000).

Da quando siamo al governo c'è stato un calo del 247% degli sbarchi dei clandestini (conferenza stampa di fine anno, 30 dicembre 2003). *Una cifra talmente iperbolica (oltreché falsa, visto che gli sbarchi col suo governo sono aumentati in modo esponenziale) da far pensare addirittura a un controesodo degli immigrati dall'Italia ai Paesi d'origine. Tanto che pochi mesi dopo Berlusconi la corregge.*

Sbarchi di clandestini diminuiti del 40%... (dall'opuscolo recapitato a 15 milioni di italiani per le elezioni europee 2004). *Dai dati ufficiali del Viminale, «durante il 2002 si è assistito a un aumento del 231% del flusso di clandestini diretti alle coste della Sicilia (5504 persone sbarcate nel 2001, 18.225 nel 2002)».*

Abbiamo arrestato 200 terroristi islamici internazionali (6 novembre 2005). *In realtà i terroristi arrestati sono due.*

Io non ho mai insultato nessuno, su nessun giornale è stato mai trovato un mio insulto (10 settembre 2005).

Lei ha una bella faccia da stronza! (alla signora riminese Anna Galli, che lo contestava e lo invitava a tornarsene a casa, 24 luglio 2003).

Non posso pensare che ci siano in giro così tanti coglioni che votano a sinistra (3 aprile 2006).

I 5 Stelle nella mia azienda li prenderei per pulire i cessi (19 aprile 2018).

Non sapevo che mio fratello Paolo avesse fatto un accordo per distribuire decoder (dopo che l'Antitrust ha aperto un'indagine sul decreto del governo Berlusconi che concede incentivi pubblici all'acquisto di decoder tv di cui è distributore per l'Italia un'azienda di Paolo Berlusconi, 23 dicembre 2005).

Caro don Massimiliano, la ringrazio molto per il suo appoggio, cercherò di essere all'altezza e le prometto sin da ora due mesi e mezzo di astinenza sessuale assoluta, fino al 9 aprile (al prete cagliaritano don Massimiliano Pusceddu, suo fervente supporter, *il Giornale*, 29 gennaio 2006).

Voto di astinenza? Nemmeno per sogno. Son cose che si dicono ma non si fanno (1° febbraio 2006).

Anziché l'immagine della Madonna, sul comodino ho sempre tenuto la foto dell'avvocato Agnelli (25 ottobre 1994).

La foto di Agnelli sul comodino non l'ho mai avuta. I titoli dei giornali hanno travisato tutto (28 ottobre 1994).

Per Prodi si è usata la stessa tecnica di Lenin e Stalin: quella dell'utile idiota: si prende una persona, la si mette lì e ci si nasconde dietro... Barbara Palombelli sembrava una gallina, tanto era astiosa (*La Stampa*, 15 aprile 1995).

Non ho mai detto che Prodi è un utile idiota e che la Palombelli sembrava una gallina (17 aprile 1995).

Massimo D'Antona (assassinato dalle Br, *nda*) è stato vittima di un regolamento di conti interno alla sinistra (Ansa, 21 aprile 2001).

Il presidente D'Amato ha trovato condivisibile il decreto fiscale, anche se non ha fatto salti di gioia (Ansa, 20 settembre 2002, ore 17.26). *Il presidente di Confindustria Antonio D'Amato lo smentisce: «Non ho mai condiviso il decreto fiscale del governo. Non avrei mai potuto condividerlo non conoscendolo. Tantomeno posso condividerlo oggi: è un provvedimento dannoso per l'economia» (Ansa, 20 settembre 2002, ore 20.07).*

Agnelli e De Benedetti mi scatenano contro i loro giornali. Feltri è impazzito, Funari non mi è simpatico, Fede non riesco a scrollarmelo di dosso, Di Pietro si crede il padrone dell'Italia, Bossi parla come un ubriaco da bar (*l'Indipendente*, 17 agosto 1994).

Smentisco tutto, la cronaca dell'*Indipendente* è un cumulo di falsità (17 agosto 1994).

Il governo tecnico è facilissimo da fare: il presidente decide gli uomini e il Parlamento sa già che deve dargli la fiducia (11 maggio 1994).

Un governo del presidente, un governo dei tecnici o come lo si voglia chiamare, non ci sono dubbi: è un colpo di Stato (6 gennaio 1995).

Penso a un governo tecnico con noi dentro (28 gennaio 1996).

Non capisco tutta questa fretta per la legge Cirami sul legittimo sospetto (31 luglio 2002).

La legge sul legittimo sospetto è una priorità per il governo (30 agosto 2002).

Io non c'entro nulla con questo lodo (Maccanico-Schifani, *nda*): è stata un'iniziativa autonoma del Parlamento, sostenuta dal presidente della Repubblica (30 giugno 2003). *Forte irritazione del Quirinale, che smentisce e costringe Palazzo Chigi a ritrattare tutto:*

Il lodo Maccanico è una iniziativa parlamentare. E a questa proposta il presidente della Repubblica è ovviamente estraneo, come in realtà è estraneo a tutte le iniziative legislative (Paolo Bonaiuti, sottosegretario alla Presidenza del Consiglio, 30 giugno 2003).

Non sento alcun bisogno di andare a Nassiriya, sarebbe solo una operazione dimostrativa e retorica (26 marzo 2004).

Berlusconi a Nassiriya (Ansa, 10 aprile 2004).

Un orizzonte che non dobbiamo precluderci è l'innalzamento dell'età pensionabile a 68 anni (3 novembre 2005).

Io non ho mai proposto di spostare l'età pensionabile a 68 anni (15 novembre 2005).

L'euro di Prodi ci ha fregati tutti (Ansa, 28 luglio 2005).

L'euro è stato assolutamente positivo e riconosco il merito a Prodi (Ansa, 4 settembre 2005).

Prodi ha svenduto la lira all'euro con un cambio sfavorevole (24 gennaio 2006). *In realtà la trattativa sul cambio lira-euro la condusse l'allora ministro delle Finanze Ciampi, da tutti elogiato per l'ottimo successo strappato in Europa. Il raddoppio di certi prezzi dal 2002 non dipese, come sostiene Tremonti, dalla mancanza della moneta cartacea da 1 euro, ma iniziò da un suo decreto del 1° gennaio 2002 che raddoppiava la puntata minima al lotto da 1000 lire a 1 euro (1936,27 lire) stabilendone ufficialmente l'equivalenza, nel silenzio della task force del governo contro gli aumenti dei prezzi presieduta dal sottosegretario Paolo Bonaiuti.*

Non so se avrò voglia di tornare a Palazzo Chigi. Troppo faticoso. La presidenza del Consiglio non la reputo essenziale, non ho questa ambizione personale (10 febbraio 1995). *Si ricandiderà a premier nel 1996, nel 1998, nel 2001, nel 2008, nel 2013 e nel 2022.*

Saluto al Duce

Mussolini, in una certa fase, è stato un grande statista. Dopo, ovviamente, ha represso le libertà e portato il Paese alla guerra. Chiaro che il risultato finale è la condanna, ma per un certo periodo Mussolini fece cose positive (al *Washington Post*, 27 maggio 1994).

Le dichiarazioni attribuite a Berlusconi non sono mai state fatte. Si riferiva a una frase di Fini (nota ufficiale di Forza Italia, 29 maggio 1994).

Quella di Mussolini era una dittatura molto più... benigna. Mussolini non ha mai ammazzato nessuno. Mandava la gente a fare vacanza al confino (a *The Spectator*, 11 settembre 2003).

Gaffe su Mussolini? Ma quale gaffe! Dall'opposizione magari arrivassero critiche. Mi colpiscono solo con insolenze e insulti (Ansa, 12 settembre 2003). *Poi, visto che le critiche non si placano, sostiene che l'intervista allo* Spectator *fu rilasciata in stato di ebbrezza:*

Eravamo alla seconda bottiglia di champagne bevuta in terrazza nella mia villa a Porto Rotondo (*la Repubblica*, 18 settembre 2003). *Ma i giornalisti dello* Spectator *smentiscono: «L'unica cosa che abbiamo bevuto durante l'intervista era thè freddo al limone, caraffe e caraffe» (Ansa, 20 settembre 2003). Allora Berlusconi peggiora le cose: tenta di scusarsi con gli ebrei, dichiarandosi geneticamente antifascista perché...*

Anche un mio familiare è stato manganellato (dai fascisti, *nda*). Poi lo colpirono i reumatismi quando dormiva sotto i ponti ai Navigli... (18 settembre 2003).

Il fatto delle leggi razziali è la peggior colpa di un leader, Mussolini, che per tanti altri versi invece aveva fatto bene (nel Giorno della Memoria, 27 gennaio 2013).

Poche riforme, ma confuse

Sono anch'io convinto come Pannella che la strada migliore sia quella di un sistema uninominale secco a turno, come in Gran Bretagna (10 aprile 1994).

Vogliamo una scelta chiara per l'uninominale maggioritario, con l'eliminazione della quota proporzionale e il turno unico (7 giugno 1994).

Preparare in fretta nuove regole elettorali con il sistema uninominale a doppio turno (24 dicembre 1994).

Il maggioritario è la nostra religione (2 febbraio 1995).

Si potrebbe ripensare al doppio turno (26 aprile 1995).

Se vogliono tornare alla proporzionale e al consociativismo, si sbagliano di grosso (15 maggio 1995).

Tanto vale tornare al proporzionale perché è democratico e il cittadino sceglie i candidati che nel maggioritario sono imposti dall'alto (2 febbraio 1998).

C'è da chiedersi se non sia preferibile un cancelliere eletto in Parlamento con la proporzionale, lo sbarramento al 5% e il premio di maggioranza (15 aprile 1998).

Per la riforma proporzionale i tempi non ci sono, non riusciamo a farla. I problemi del Paese sono altri (*Corriere della Sera*, 28 luglio 2005).

Questo è il momento in cui la riforma elettorale proporzionale si deve fare. Mancanza di tempo alle Camere? C'è, c'è, e poi si può lavorare di notte, il sabato e la domenica... (Ansa, 14 settembre 2005).

Non ho mai detto di voler tornare al proporzionale (30 aprile 2005).

Si parla di aumentare la quota proporzionale e noi siamo disponibili, lo siamo sempre stati in questi anni (Ansa, 3 settembre 2005).

Berlusconi: accordo possibile sul proporzionale (*il Giornale*, 4 settembre 2005).

È un'assoluta falsità dire che sono presidenzialista. Ma quando mai l'ho detto? Non sono mai stato per l'elezione diretta del premier sul modello del «sindaco d'Italia». Voglio semplicemente rafforzare l'esecutivo, per avere governi che durino cinque anni. Sulle tecniche sono disponibilissimo. Le etichette hanno poco valore (28 gennaio 1995).

Se – come auspichiamo – arriverà una riforma costituzionale per cui il capo dell'esecutivo sarà anche il capo dello Stato, eletto direttamente dal popolo, sarà giocoforza che io mi candidi (2 settembre 1995).

La riforma presidenziale sarà al primo posto delle grandi riforme che costituiranno il nostro programma elettorale. Il presidenzialismo è una proposta di innovazione dell'architettura dello Stato, indispensabile per uscire dall'attuale condizione che non può essere continuata o negata. Sarà una vera e propria rivoluzione copernicana, una trasformazione epocale: cominciando con l'elezione diretta del presidente della Repubblica-capo del governo (22 settembre 1995).

Mamma li comunisti!

Come ci si può fidare di gente come il signor D'Alema, che prima espropria le aziende di Berlusconi, poi magari tassa i Bot, e infine espropria la seconda casa agli italiani? (3 gennaio 1995).

I comunisti alla D'Alema e i loro alleati stanno preparando la guerra totale. Hanno individuato quello che Lenin chiamava il nemico principale. E come Lenin ha loro insegnato, non mi trattano da avversario politico. Ma da nemico da distruggere, nell'immagine, nell'azione e probabilmente anche fisicamente (13 marzo 1995).

D'Alema ha un'inquietante immaturità democratica (al *Giornale*, 1° aprile 1995).

D'Alema è rimasto un comunista. Il lupo perde il pelo, ma non il vizio (5 aprile 1995).

Si può votare solo se D'Alema e i suoi sono certi di vincere, altrimenti il voto è sequestrato (5 aprile 1995).

A D'Alema non affiderei nemmeno la cancelleria di un ufficio: è uno che usa lo Stato come il garage di sua zia, e che è stato a Mosca 33 volte (2 settembre 1995).

Non credo che gli italiani vogliano farsi dominare da un regime governato da un funzionario di partito che ha fatto la scuola delle Frattocchie e che non si è laureato, che ha lanciato molotov e andava a Mosca... (23 settembre 1995).

D'Alema ha dimostrato ancora una volta un'inguaribile cultura sovietica, degna delle grandi purghe staliniane. È ancora comunista dalla punta dei capelli alle dita dei piedi (30 settembre 1995).

L'accordo è fatto, io di D'Alema mi fido. Mi sembra sincero e coraggioso, e anche obiettivamente interessato a un vero accordo (1° febbraio 1996). *Poi però il governissimo naufraga grazie all'ostilità di Prodi e Fini. Si va alle elezioni del 21 aprile 1996. E si ritorna agli insulti.*

D'Alema è falso e vile. È figlio della tradizione comunista (15 febbraio 1996).

Caro Massimo, per fortuna che c'è lei. Con lei si può parlare... (29 ottobre 1996). *È iniziato l'idillio Berlusconi-D'Alema nella Bicamerale.*

Caro D'Alema, tutti gli italiani debbono guardare alla sua politica con estremo favore (30 ottobre 1996).

D'Alema lo stimo. Se c'è una persona credibile a sinistra, è D'Alema (Ansa, 4 settembre 1999). *Il minuetto finisce due an-*

ni dopo, quando Berlusconi – dopo aver ottenuto favori di ogni genere dal centrosinistra – fa saltare la Bicamerale.

D'Alema mi ricorda Benito Mussolini (Ansa, 26 gennaio 2000).

D'Alema è un Capitan Fracassa (31 marzo 2000).

D'Alema ha detto che il caso Luttazzi-Travaglio è un boomerang per la sinistra? Lui è il migliore dei peggiori. E quindi è intelligente (17 marzo 2001).

Non credo che gli elettori siano così stupidi da affidarsi a gente come D'Alema e Fassino, a chi ha una complicità morale con chi ha fatto i più gravi crimini come il compagno Pol Pot (14 dicembre 2005).

Per Prodi si è usata la stessa tecnica di Lenin e Stalin: quella dell'utile idiota: si prende una persona, la si mette lì e ci si nasconde dietro (15 aprile 1995). *Segue immediata smentita*:

Non ho mai detto che Prodi è un utile idiota (15 aprile 1995).

Prodi? Un leader d'accatto (22 febbraio 1995).

Questo è un governo rosso shocking. Un esecutivo sempre più schiacciato verso sinistra con un dna di Mosca (a proposito del governo Prodi, 16 ottobre 1997). *C'è persino Carlo Azeglio Ciampi ministro del Tesoro...*

Prodi è una maschera dei comunisti (*Porta a Porta*, 22 maggio 2003).

Prodi ha svenduto la lira in cambio dell'euro (12 dicembre 2005).

Prodi è un burattino di D'Alema (2 settembre 1995).

I comunisti del Pci-Pds-Ds portano addosso la responsabilità di aver appoggiato e plaudito un regime colpevole di genocidi e di milioni e milioni di morti. Il Pci-Pds-Ds non è il partito delle mani pulite, è il partito delle mani sporche, dei soldi sporchi di sangue innocente (2 dicembre 1999).

Il centrosinistra? Mentecatti, miserabili alla canna del gas (Ansa, 4 aprile 2000).

Quelli della sinistra sono mercenari, mercenari a cui non importa per quale cosa, per quale ideale, per quale bandiera si battono: importa solo di fare la guerra, di avere un nemico che oggi individuano nel sottoscritto; importa solo di restare a fare il mestiere della politica (al Meeting dell'Amicizia fra i Popoli di Comunione e Liberazione, Rimini, 24 agosto 2000).

Mi si accusa di aver detto che i comunisti mangiano i bambini. Ma se volete posso organizzare un convegno in cui dimostrerò che i comunisti hanno realmente mangiato bambini e fatto anche di peggio (20 ottobre 2000).

Il comunismo al potere ha sempre e dovunque prodotto: 1) miseria 2) terrore 3) morte. Con il comunismo al potere gli oppositori sono 1) in esilio 2) in galera 3) al cimitero. (dal manuale contenuto nel kit del candidato di Forza Italia, marzo 2001).

Le grandi bufale

E poi il raddoppio dell'Autosole, il ponte sullo Stretto di Messina e tante, tante tangenziali perché negli ultimi anni il tempo casa ufficio si è raddoppiato. E infine la rivoluzione copernicana della macchina statale. Privatizzeremo tutto il possibile, subito Enel ed Eni (*la Repubblica*, 15 ottobre 2000).

Guardi qua, il ponte sullo Stretto. Una grande opera no? Ecco: si può fare, servono 9 mila miliardi: i privati possono mettercene 4500, l'Europa ne ha già stanziati altri mille, bastano solo altri 3500 miliardi (a Bruno Vespa, *Porta a Porta*, 20 dicembre 2000).

Quattro grandi trafori per tenere la Lombardia legata all'Europa, altrimenti restiamo più spostati verso l'Africa (*la Repubblica*, 6 ottobre 2003).

Anche sulla Salerno-Reggio Calabria siamo dovuti intervenire a piedi giunti per sbloccare lavori, dividendo in pochi lotti l'intera opera. È ormai sicura la data di ultimazione dell'opera (25 febbraio 2004). *Ma non dice quale, tant'è che tutt'oggi i lavori sono in corso.*

Sto trattando con la Federazione Russa del mio amico Putin per aprire un corridoio negli Urali e collegarci all'Oceano Pacifico (a *Porta a Porta*, 11 gennaio 2006).

In campagna elettorale ho detto un milione di posti di lavoro perché sono certissimo che saranno molti di più (a *La Stampa*, 31 marzo 1994).

Potremo arrivare a un milione e 800 mila posti in meno di quattro anni (17 aprile 1994).

Da quando siamo al governo, ci sono 1 milione e 526 mila posti di lavoro in più (26 novembre 2005). *Gioca con le cifre, ma anche con le promesse, che nel "Contratto con gli italiani" erano ben più ambiziose: «Dimezzamento dell'attuale tasso di disoccupazione con la creazione di almeno un milione e mezzo di nuovi posti di lavoro». Obiettivo praticamente irraggiungibile: infatti, per arrivare al milione, Berlusconi calcola anche gli extracomunitari clandestini regolarizzati con la grande sanatoria della Bossi-Fini (635 mila). Ma esistevano anche prima, dunque non sono nuovi, sono solo emersi dal sommerso.*

I poveri sono persone diseducate al benessere (12 settembre 1994).

I soldi, se non arrivano dal governo, li mando direttamente da Arcore (8 luglio 2001).

Essendo stato povero, so benissimo come sia difficile far quadrare i conti e arrivare a fine mese (25 settembre 2005).

Se la percezione degli italiani sulla loro ricchezza è negativa è perché la sinistra insiste, mette i manifesti. L'impoverimento è un'invenzione della sinistra. Anche perché questi dati sono dell'Istat, e se non si crede all'Istat i cui vertici sono stati nominati dalla sinistra... (a Radio Anch'io, 24 gennaio 2006).

Senta, dalla mia villa ho un gran bel panorama, davanti a Punta Lada noto anche quest'anno molte barche. Se sono barche da ricchi vuol dire che ne abbiamo proprio tanti. Gli stipendi crescono più dell'inflazione, la ricchezza delle nostre famiglie non ha eguali in Europa (*La Stampa*, 17 agosto 2005).

Costruiremo una nuova San Giuliano di Puglia in termini esemplari di fianco a quella distrutta dal terremoto. Ho già affrontato la questione con alcuni amici architetti, già protagonisti di Milano 2. In ventiquattro mesi si potranno consegnare agli abitanti di San Giuliano nuovi appartamenti costruiti con sistemi innovativi all'avanguardia, in un ambiente verde, con un centro commerciale, una piazza, un grande campo giochi con all'interno una scuola materna, di fianco una scuola media ed elementare, e anche una chiesa (dopo il sisma che ha colpito San Giuliano di Puglia in Molise, 3 novembre 2002).

Gli interventi per l'emergenza terremoto a San Giuliano sono stati a tempo di record. Non abbiamo ricevuto nessun appunto, ma anzi unanime apprezzamento per la tempestività degli interventi. In tempi strettissimi sono stati installati i prefabbricati, la nuova scuola, e anche la chiesa che domani potrà ospitare le famiglie per la messa di Natale di mezzanotte. Entro due mesi tornerò a San Giuliano per inaugurare il nuovo villaggio dei 154 chalet, che ospiteranno le famiglie (23 dicembre 2002). *Non se ne saprà più nulla.*

Tasse alcoliche

L'evasione di chi paga il 50% dei tributi non l'ho inventata io. È una verità che esiste. Un diritto naturale che è nel cuore degli uomini (a Radio anch'io, 18 febbraio 2004).

C'è una norma di diritto naturale che dice che, se lo Stato ti chiede un terzo di quello che con tanta fatica hai guadagnato, questa ti sembra una richiesta giusta, e glielo dai in cambio di servizi che lo Stato ti dà. Se lo Stato ti chiede di più, o molto di più, c'è una sopraffazione nei tuoi confronti e allora ti ingegni per trovare dei sistemi elusivi o addirittura evasivi, che senti in sintonia con il tuo intimo sentimento di moralità, e che non ti fanno sentire intimamente colpevole (in visita ufficiale al Comando della Guardia di finanza, 11 novembre 2004).

Se si chiedono imposte giuste, non si pensa a evadere. Ma se si chiede il 50% e passa, la richiesta è scorretta e allora mi sento moralmente autorizzato, per quanto posso, a evadere (17 febbraio 2005).

Smettiamola di preoccuparci così tanto per l'economia: abbiamo un sommerso del 40%, ma vi sembra che la nostra economia non tenga? Ma andiamo! (al Parlamento europeo, 16 giugno 2005).

Assicuro ai miei soci, gli italiani, che il primo atto dei primi cento giorni del mio nuovo governo sarà il taglio delle tasse. Sarà il primo passo per creare quel circolo virtuoso dello sviluppo, che ci consentirà di creare un milione e mezzo di nuovi posti di lavoro in cinque anni e di aumentare il prodotto interno lordo del 3% all'anno (al *Maurizio Costanzo Show*, 1° marzo 2000).

Con buon senso e attenzione, nell'arco di tre-quattro anni ridurremo la pressione fiscale dal 47 al 35%. E taglieremo del 20%, pari a 50 mila miliardi, il prelievo legato all'Irpef. Le pensioni minime verranno aumentate considerevolmente: dalle attuali 750 mila lire a oltre un milione (a *Porta a Porta*, 9 aprile 2001).

Tagli alle tasse, ma solo dal 2002 (Antonio Marzano, candidato al ministero delle Attività produttive, *La Stampa*, 8 giugno 2001).

Meno tasse dal 2003 (Silvio Berlusconi, *il Messaggero*, 5 maggio 2002).

Tasse più leggere nel 2004 (forum degli executive del Tesoro con Milano Finanza, 25 luglio 2002).

Venite a morire in Italia, abbiamo tolto le tasse di successione (a New York davanti a imprenditori italiani e americani, 25 settembre 2003).

Abbatteremo subito tutte le aliquote, perché questo è il momento giusto, per far ripartire l'economia dobbiamo mettere i soldi in tasca agli italiani. Conto di ridurre l'aliquota massima delle imposte dal 45 al 33% entro qualche settimana. Senza questo provvedimento, non mi ripresento alle elezioni (30 marzo 2004).

Le aliquote saranno tre: 23, 33 e 39% (11 settembre 2004).

A partire dal 2005 le imposte sul reddito delle persone saranno ridotte e il numero delle aliquote scenderà soltanto a tre in due anni (ministro Domenico Siniscalco, 3 ottobre 2004).

Con il mio governo la pressione fiscale globale è stata ridotta del 7,5% (11 febbraio 2004).

Già oggi sono oltre 28 milioni i cittadini che pagano meno tasse (30 marzo 2004). *Ma l'economista Fiorella Padoa Schioppa dell'Isae (Istituto Studio Analisi Economica), citando il Sistema statistico nazionale, calcola che «la nostra pressione fiscale, lungi dall'essere diminuita, è sensibilmente aumentata»: nel 2000 era al 42,5, nel 2001 era scesa al 42,3 e nel 2002 al 41,7%, poi nel 2003 è risalita al 42,1%.*

Ho la speranza di portare le due aliquote fiscali al 23% e 33% entro la fine della legislatura. Se non ci riuscirò, non mi ricandido (2 aprile 2004).

Nel 2004 ridurremo Irpef e Irap di 6 miliardi, e nel 2005 di un secondo modulo di 6 miliardi. Ma ci saranno riduzioni anche nei due anni successivi (4 settembre 2004). *Infatti la nuova finanziaria prevede: stangata sulla seconda casa (la prima ipotesi era stata anzi di tassare anche la prima) con un aumento di 8 volte (dallo 0,25 al 2%) dell'imposta sui mutui e il raddoppio (dal 10 al 20%) dei moltiplicatori per l'imposta di registro. E nei «due anni» successivi potrebbe non governare più Berlusconi.*

Nessun aumento delle tasse... Riduzione delle tasse per i redditi medio-bassi... Eliminazione delle tasse per i più poveri... Già oggi 28.622.000 italiani pagano meno tasse... È allo studio la riduzione delle attuali aliquote dell'imposta sulle persone fisiche che interesserà tutti i cittadini italiani (dall'opuscolo recapitato da Silvio Berlusconi a 15 milioni di italiani per le elezioni europee, aprile 2004). *Ma Berlusconi, nel "Contratto con gli italiani", non aveva promesso di non aumentare le tasse: aveva promesso di tagliarle drasticamente con l'«abbattimento della pressione fiscale» e la riduzione dell'aliquota massima al 33%. In ogni caso, è falso che non le abbia aumentate.*

Il mio unico rimpianto è non aver potuto ridurre le tasse (ministro Giulio Tremonti, 3 luglio 2004).

La riforma fiscale si baserà sulla regola di «non più di un terzo di tasse» sui redditi delle famiglie e delle imprese. Non pagheranno tasse le famiglie a 20-22 milioni, e l'Irpef sarà portata al 33% per i redditi oltre i 200 milioni (22 aprile 2001). *Niente di tutto questo.*

La pressione fiscale comincerà a calare dal prossimo anno. Avremmo voluto attuare da subito la riforma fiscale, ma abbiamo trovato 25 mila miliardi di extradeficit e ricevuto pressioni dall'Unione europea per rientrare. Solo dal prossimo anno cominceremo il cammino per ridurre di qualche punto la pressione fiscale (4 maggio 2002). *Niente di tutto questo.*

La riforma fiscale produrrà i suoi primi effetti positivi dal 2003. E questi effetti riguarderanno le famiglie e le imprese (18 giugno 2002). *Secondo l'Istat nel 2003 la pressione fiscale è aumentata dal 41,9 del 2002 al 42,8%* (Ansa, *5 luglio 2004).*

La quarta aliquota fiscale verrà cancellata il prossimo anno, ridurremo le tasse almeno del 40% (16 marzo 2005). *Naturalmente non se ne farà nulla, né dell'uno né dell'altro impegno.*

Nel 2006 cancelleremo l'Irap (agli industriali, 19 marzo 2005). *Non se ne saprà più nulla.*

Non ci sarà alcun condono fiscale (Adnkronos, 20 giugno 2002). *La finanziaria 2003 approvata dal Parlamento il 21 dicembre 2002 contiene ben 12 tipi di condono fiscale.*

I termini per aderire alle sanatorie fiscali sono stati prorogati fino al 16 ottobre 2003. È quanto si legge nel comunicato diffuso da Palazzo Chigi al termine del Consiglio dei ministri odierno (Ansa, 19 giugno 2003). *Poi il condono viene prorogato di un anno, fino al 16 aprile 2004, mentre la finanziaria 2004 approvata il 22 dicembre 2003 lo estende a tutto il 2002.*

Le aziende mie e della mia famiglia non faranno ricorso ad alcun condono (30 dicembre 2002). *Cinque mesi dopo* L'Espresso *scopre che Mediaset ha regolarmente fatto ricorso al condono, risparmiando circa 120 milioni di euro di imposte. Un anno dopo la scena si ripete.*

Nessun condono tombale, ma una semplice operazione di routine come milioni e milioni di italiani per rimediare a eventuali inesattezze formali. Nessun risparmio di imposta da parte mia, han fatto tutto i miei commercialisti, io non ne sapevo nulla. Giuro su Dio di non aver fatto niente di male (a *Porta a*

Porta, 11 gennaio 2006). *S'è appena scoperto che nel 2002, grazie a uno dei tanti condoni contenuti nella finanziaria, con 1850 euro in due rate Berlusconi ha sanato tutti i debiti col fisco, rendendo impossibili le verifiche tributarie sul suo conto dal 1997 al 2002, compreso il periodo nel quale la Procura di Milano gli contesta evasioni fiscali fino a 130 miliardi di lire.*

Vi posso assicurare che nessun ministro finora ha mai parlato di condono edilizio, e questa ipotesi non è mai stata al centro di riunioni di governo (20 maggio 1994).

Vi assicuro che non ci sarà il condono edilizio (30 maggio 1994).

Nel Consiglio dei ministri o altrove non ho mai pronunciato la parola condoni. Sono i giornali che vogliono farci apparire come gli altri governi (23 giugno 1994). *Un mese dopo il primo governo Berlusconi vara il condono edilizio.*

Il condono edilizio è un'ipotesi sconosciuta al governo e di cui il governo non ha mai neppure ipotizzato l'esistenza (Ansa, 17 dicembre 2002).

Abbiamo aperto un altro capitolo che sta molto a cuore a tutti noi e a me in particolare: la lotta all'abusivismo. Quindi non c'è nessuna sanatoria, nessuna ipotesi di condono edilizio in vista (22 gennaio 2003). *A fine 2003 il secondo governo Berlusconi vara il condono edilizio. E poi il premier varerà e utilizzerà persino il condono ambientale.*

Conflitto? Quale conflitto?

Sono assolutamente intenzionato a vendere le mie televisioni. Ma non posso perché la legge Mammì non me lo consente oltre il 40%. Si fa di tutto perché io non trovi i compratori (28 febbraio 1994).

Ho dato incarico ai miei manager di avviare le dismissioni delle mie proprietà (23 marzo 1994).

Non venderò mai le mie televisioni (1° aprile 1994).

Sono pronto a vendere le mie aziende, ad andare anche oltre il blind trust americano. Ho già detto che distinguerò con nettezza adamantina il mio ruolo di imprenditore, che peraltro è già alle mie spalle, e quello di leader politico. Ho messo fatti che pesano come macigni a suffragare questo impegno, dalle dimissioni dalle cariche sociali del mio gruppo al progetto di un blind trust e di dismissioni di attività economiche: la mia non è dunque «parola di re», non è una promessa d'onore, ma una scelta di fatto. Tutta la campagna sul Signor Tv che si mangia il Paese per i suoi interessi è naufragata nel ridicolo di una sconfitta campale nelle urne (7 aprile 1994).

Le mie aziende o le congelo o le vendo. Voglio assolutamente dividere i miei interessi privati che ho come azionista Fininvest dalla mia attività pubblica che svolgerò nell'interesse di tutti. Credo che quella del blind trust americano sia la soluzione ideale (11 aprile 1994).

Conflitto d'interessi? La migliore garanzia sono io (18 aprile 1994).

Per ora non c'è possibilità immediata di vendere le tre reti tv. La miglior garanzia è quella che può venire dall'impegno, dalla passione civile, dal disinteresse personale che io mi accingo a mettere in questo incarico (28 aprile 1994). *Lo stesso giorno nomina tre «saggi» per «risolvere» il conflitto d'interessi con un presunto blind trust. Ma non se ne saprà mai nulla.*

È stato legittimamente sollevato il problema del conflitto d'interessi che può sorgere nell'attività di governo, in ragione dello status di imprenditore nel campo della comunicazione di chi questo governo presiede. Ci impegniamo a trasformare in disegni di legge le proposte che verranno entro settembre dalla commissione di esperti nominata dal governo... Nel primo Consiglio dei ministri da me presieduto è stata decisa la formazione di una commissione di esperti per trovare delle soluzioni entro la fine del mese di settembre al problema del conflitto di interessi (presentando il suo primo governo al Senato, 16 maggio 1994).

C'è una sola difficoltà: come vendere il mio gruppo. Se conoscete qualcuno interessato, fatemelo sapere (al *Washington Post*, 30 maggio 1994).

C'è una situazione di blind trust, la mia azienda oggi è una realtà che non mi appartiene (9 giugno 1994).

Sto pensando seriamente di cedere la Fininvest ai miei cinque figli e agli amici di una volta (10 giugno 1994).

Non ho mai promesso di vendere le mie emittenti. Ho solo detto che se qualcuno vorrà comprarle sarà il benvenuto, ma mi sembra difficile (16 giugno 1994).

Mi chiedono di privarmi in tre mesi di un impero che ho messo su in trent'anni. E quegli stessi che me lo chiedono parlano di una crisi di governo. E allora che dovrei fare in futuro? Il disoccupato? (26 giugno 1994).

Io per primo ho riconosciuto che la scesa in campo di un editore e del proprietario di un grande gruppo economico come la Fininvest era un'anomalia in sé nella complicata situazione italiana. Un'anomalia e una novità senza precedenti (29 luglio 1994).

Stiamo approntando una soluzione seria al conflitto d'interessi, per separare nettamente la mia attività privata da quella pubblica: il blind trust indicato dai tre saggi (31 luglio 1994).

La libertà di impresa non si tocca, la Costituzione non consente a nessuno di espropriare o collettivizzare la proprietà privata. Siamo in Italia, per grazia di Dio, non nella Romania di Ceausescu (alla Camera, 2 agosto 1994). *Risposta di D'Alema:*

«Cavaliere, lei ha scelto il paragone sbagliato: in Romania, Ceausescu controllava tutte le tv, proprio come lei...».

Cedere le mie aziende? No, a meno che qualcuno pensi di collettivizzare la Fininvest... In realtà questo conflitto d'interessi non esiste (3 agosto 1994).

Non ho mai compiuto un solo atto che entri in qualche modo in conflitto con l'interesse generale o sia di premio ai miei interessi particolari (4 agosto 1994).

Bisognerebbe fare una legge per tutelare il mio gruppo dal fatto che io mi occupo della cosa pubblica (24 settembre 1994).

I miei collaboratori, se venissero a conoscenza della decisione di vendere, si sentirebbero demotivati (16 ottobre 1994).

In fondo, avere tre reti televisive mi ha danneggiato (15 novembre 1994).

Oggi vi annuncio che ho deciso di vendere le mie aziende, perché credo che qualcuno, quando si prende un impegno e dentro questo impegno ci sono certe condizioni che sono ostative allo svolgimento globale dell'impegno, deve avere anche il coraggio di sacrificarsi... Non sarà facile trovare un compratore, ma andremo in Borsa con la televisione e terrò una quota assolutamente non di maggioranza (23 novembre 1994).

Qui si vuole mettere in discussione un gruppo industriale che onora il Paese (2 febbraio 1995).

La storia del famoso conflitto d'interessi non sta veramente in piedi. Chi sta a Palazzo Chigi potere non ne ha. Impossibile favorire se stessi o le proprie aziende. Anzi, si può danneggiarle, come è successo a me in moltissime occasioni: ogni volta che c'era anche solo un dubbio del genere, ho sempre scelto l'altra strada... (28 febbraio 1995).

La valutazione della Fininvest la lascio fare a un consorzio di banche nazionali e internazionali. Se mi danno in cambio titoli pubblici, la Fininvest è loro (7 marzo 1995).

Da novembre ho dato mandato irrevocabile alla Fininvest di vendere le tv (18 marzo 1995).

Vendere una rete Fininvest? Sarebbe come togliere una ruota a un'auto. O come togliere la Nutella alla Ferrero (22 marzo 1995).

Venderò le tv a imprenditori internazionali (a *il Giornale*, 1° aprile 1995).

Non cederò una rete televisiva. Dico no alla rapina, no all'esproprio proletario (2 aprile 1995).

Io non voglio vendere una rete a gente come Murdoch. Non serve agli interessi del Paese. Piuttosto bisogna fare delle fusioni, mettere insieme la Stet e gli altri... C'è lo strumento delle fusioni: penso ad esempio alla Telecom, alla Stet (Silvio Berlusconi, 5 aprile 1995). *Infatti venderà alcune quote di Mediaset a un arabo, lo sceicco saudita Al-Waleed, a un tedesco, Leo Kirch, e a un sudafricano, Johann Rupert.*

A cinquantotto anni, dopo quello che ho fatto nella vita, devo subire un esproprio proletario (4 maggio 1995).

Parlare di conflitto d'interessi sarebbe come dire che il guardiano del faro, sull'isola deserta con la moglie, potrebbe commettere adulterio (5 maggio 1995).

Non cedo le mie tivù, meglio morire combattendo armi in pugno (9 maggio 1995).

Prendetevela, la Fininvest, all'Iri o al Tesoro: fissate un prezzo e io l'accetterò, ma non potete distruggerla (11 maggio 1995).

Della Fininvest terrò solo il 30%, in effetti è una quota di minoranza. S'era pensato anche di vendere tutto, ma si sono opposti i miei figli (dopo la vittoria ai referendum sulle tv, 13 giugno 1995).

Il conflitto d'interessi? Se lo sono inventato i miei avversari (20 luglio 1995).

Dire che nell'attività di governo e politica ci sia stato qualche volta un interesse personale, non solo del signor Berlusconi ma anche di altri membri di Forza Italia, è una vergogna (14 dicembre 1995).

Io ho preso la decisione di alienare le mie aziende. Ma non è così facile trovare un acquirente. Comunque le mie aziende hanno subìto danni enormi per il fatto che il proprietario è sceso in politica (23 gennaio 1996).

Trovatemi una segretaria o un telefonista che possa dire che da Palazzo Chigi mi sono occupato della Fininvest (20 febbraio 1996).

A Mediaset mi danneggiano per non favorirmi (23 novembre 1997).

Non ho venduto le tivù per ragioni di cuore, perché considero le televisioni una mia creatura, le ho costruite, le ho fatte crescere, le ho difese dal black out dei pretori e dall'ostracismo degli avversari politici. E poi ho pensato anche ai miei figli Pier Silvio e Marina, che si sono inseriti così bene in azienda (dopo aver rotto le trattative con il magnate australiano Rupert Murdoch che gli aveva offerto 8 mila lire ad azione contro le 10 mila richieste: 7 mila miliardi per il pacchetto di maggioranza (21 marzo 1998).

Mediaset mi danneggia, nemmeno i miei giornalisti sono liberi, tengono famiglia e si adeguano (alla *Stampa*, 9 febbraio 2000).

Chi parla di conflitto di interessi è un mascalzone, un miserabile (al *Messaggero*, 11 febbraio 2000).

Ai cittadini il conflitto d'interessi non interessa niente, anzi lo considerano una garanzia assoluta che chi ha la responsabilità di governare non abbia bisogno di fare i propri interessi, insomma di rubare, disponendo comunque di una posizione propria (a *Repubblica*, 7 luglio 2000).

Il primo atto del mio governo sarà l'approvazione della legge sul conflitto d'interessi (25 ottobre 2000).

Le accuse di conflitto di interessi? Una bufala della sinistra (a Radio Rai, 28 marzo 2001).

Mi auguro che la legge sul conflitto di interessi venga approvata entro i primi cento giorni della nuova legislatura, se vincerò le elezioni. Dopodiché il cittadino Silvio Berlusconi si adeguerà a quella legge (Telecamere Rai 3, 26 aprile 2001).

Faremo una legge sul conflitto d'interessi entro i primi cento giorni di governo (al *Corriere della Sera*, 27 aprile 2001).

Silvio Berlusconi si è impegnato «a fare nei primi cento giorni di governo quello che la sinistra non ha fatto in sei anni», e cioè la presentazione e l'approvazione in sede di Consiglio dei ministri di un disegno di legge che affronti il problema «in sintonia con le leggi che disciplinano in altri Paesi occidentali questo problema». «I tre saggi a cui mi sono rivolto – ha aggiunto – entro fine maggio mi daranno il frutto del loro lavoro» (Ansa, 9 maggio 2001). *Non se ne saprà più nulla.*

In cento giorni farò quel che la sinistra non ha fatto in sei anni e mezzo: approverò un disegno di legge che regolamenterà i rapporti tra il presidente del Consiglio e il gruppo che lui ha fondato da imprenditore (al *Maurizio Costanzo Show*, 11 maggio 2001).

Io ho preso un impegno a dare una soluzione entro i primi cento giorni, cosa che faremo sicuramente. Immagino di poterlo fare addirittura prima delle ferie estive e quindi credo che non ci siano problemi al riguardo (Ansa, 23 giugno 2001). *Ma non precisa le ferie estive di quale anno, infatti il conflitto d'interessi non verrà mai risolto (e la legge che non lo risolverà, la Frattini, sarà approvata solo 1141 giorni dopo quella promessa). Poi Berlusconi aggiunge che non può dare i nomi dei tre esperti stranieri che risolveranno il suo conflitto d'interessi perché essi stessi hanno preteso di «mantenere l'anonimato». In realtà non esistono.*

Alla legge sul conflitto di interessi lavorerò durante le vacanze. Lo presenterò alla ripresa dei lavori. Ma credo che tutta l'attività dei primi giorni di governo confermi che non si è mai verificata e non si può mai verificare una situazione di conflitto. E questo problema non preoccupa i nostri interlocutori internazionali» (Ansa, 9 agosto 2001).

Il conflitto d'interessi danneggia soprattutto me. Le mie aziende sono mortificate. In molte situazioni si trovano nell'impossibilità di svilupparsi perché il loro fondatore ha responsabilità di governo (21 dicembre 2001).

In Italia c'è un conflitto d'interessi: è quello della sinistra con la verità e l'equilibrio (14 febbraio 2002).

Solo il 7% degli italiani ritiene che il conflitto d'interessi abbia una certa importanza (3 dicembre 2002).

Giornalista Rai. Presidente, eravamo d'accordo per l'intervista. *Berlusconi.* Ma l'ho già fatta con Mediaset. *Giornalista Rai.* Presidente, ma non siamo ancora la stessa azienda. *Berlusconi.* Vi incorporeranno... (scambio di battute allo stadio di San Siro dopo la partita Milan-Roma, Ansa, 8 dicembre 2002).

Dov'è questo conflitto di interessi? Quando si accende la televisione e si leggono i giornali hanno tutti una visione di sinistra a me ostile... L'attività pubblica ha sempre danneggiato i miei affari e non il contrario. Perché non ho mai venduto? Lo volevo fare, ma i miei figli non hanno voluto, loro amano le mie aziende, vogliono continuare a dirigere quello che il padre ha costruito (al *New York Times*, 10 maggio 2003).

Non ho mai guadagnato un soldo nella mia vita dalla politica. Ho messo i miei soldi nella politica, sì, per finanziare Forza Italia. Non oso telefonare al mio gruppo perché un solo operatore telefonico potrebbe dire: «Berlusconi sta chiamando» (a *The Spectator*, 4 settembre 2003).

Il conflitto di interesse c'è, ma dall'altra parte... Sulle reti Mediaset il presidente del Consiglio è dileggiato... Sulle reti Rai potete vedere tutti quali sono i programmi (10 dicembre 2003).

Sarebbe davvero impensabile che qualcuno dicesse che in Italia non c'è pluralismo televisivo. Sarebbe sommerso dai fischi di tutti. Nel nostro Paese c'è un grande pluralismo nella stampa e nella tv. Anzi, è addirittura eccessivo il numero di reti (a *Repubblica*, 17 dicembre 2003).

Abbiamo rifatto la Scala nei tempi prestabiliti. Anch'io ci ho messo dei soldi, 5 milioni di euro. Cioè... ehm... Mediaset... noi! (all'inaugurazione della nuova Scala di Milano, 7 dicembre 2004).

Il conflitto d'interessi è una leggenda metropolitana (19 dicembre 2003).

La sinistra vuole le banche per fare un regime (13 dicembre 2005). *Peccato che lui di banche ne abbia almeno due.*

È nata Mediolanum Private Banking. Più valore al tuo valore (pubblicità sui quotidiani del 6 dicembre 2005).

Berlusconi entra nel patto di sindacato di Capitalia (dai giornali del 29 novembre 2005).

Se c'è qualcuno penalizzato dalla politica, quello sono proprio io: ho dovuto rinunciare a *Repubblica*, *L'Espresso*, 15 quotidiani locali, Tele+, la Standa, una catena di giocattoli e Blockbuster. Ho paura persino a chiamare qualcuno in Mediaset per paura che qualche centralinista lo racconti in giro... (a *Otto e mezzo*, 9 gennaio 2006).

Giovedì con D'Alema da Anna La Rosa? Ma quel giorno c'è la prima puntata del *Grande Fratello* su Canale5. Meglio un'altra volta (13 gennaio 2006).

Rainvest

Alla Rai non sposterò nemmeno una pianta (29 marzo 1994).

Epurazioni? Non fanno parte della nostra cultura. Tagliare teste? Non ci pensiamo nemmeno (10 aprile 1994).

La satira è il vento della libertà (23 marzo 2001).

Mai mi occuperò di questioni televisive, per non dare l'impressione di voler favorire i miei affari, anzi starò più dalla parte della Rai che della Fininvest (30 maggio 1994).

Il Cda (dei «professori», *nda*) dovrebbe dimettersi, lì perdono miliardi e poi ne spendono altri con programmi che fanno propaganda ai comunisti. Io però non posso intervenire perché direbbero che ho un interesse personale (1° giugno 1994).

È certamente anomalo che in uno Stato democratico esista un servizio pubblico televisivo contro la maggioranza che ha espresso il governo del Paese. La Rai è faziosa, è contro il governo che la gente ha voluto, e la gente è d'accordo con me, questa Rai non gli piace: me l'ha detto un sondaggio. Il governo se ne occuperà tra breve (7 giugno 1994). *Dopo le prevedibili polemiche, fa retromarcia.*

Sulle mie affermazioni c'è stata disinformazione e molti giornali hanno completamente capovolto la realtà delle mie parole. Mai auspicato una Rai filogovernativa, io la voglio indipendente, autonoma, equilibrata (8 giugno 1994).

C'è da ritenere che, proprio perché proprietario di un gruppo che è in concorrenza con le tre reti Rai, il presidente del Consiglio stia un po' più dalla parte della Rai che della Fininvest (25 giugno 1994).

Il vertice Rai non gode della fiducia del governo. L'esperienza dei «professori» è in via di esaurimento (Giuliano Ferrara, portavoce del premier Berlusconi, 26 giugno 1994).

I professori hanno presentato un piano triennale scandaloso! (Silvio Berlusconi, 28 giugno 1994). *Tre giorni dopo il governo licenzia in tronco il Cda Rai con un emendamento al decreto salva-Rai, che prevede la decadenza dei «professori» in caso di bocciatura del piano triennale. Il Cda si dimette due anni prima della scadenza fissata per legge. Alla presidenza, Berlusconi piazza Letizia Moratti e alla direzione della Sipra l'ex amministratore di Publitalia Antonello Perricone.*

Fra i nuovi direttori non c'è nessun nome indicato da Forza Italia (18 novembre 1994). *Ma c'è chi lo smentisce in tempo reale:* Se le faccio vedere il bigliettino che qualche tempo fa ho scritto sulla Rai per il Big Boss (Berlusconi, *nda*), scoprirà che quattro nomi su cinque siamo riusciti a portarli: Rossella, Angelini, Mimun e Vigorelli. Solo su Beha è andata male, per colpa della Lega... Comunque la Lega se l'è voluta, ha pagato il suo modo di fare (Fabrizio Del Noce, giornalista Rai e neo-deputato di Forza Italia, *Stampa*, 18 novembre 1994).

In Rai c'è un clima da soviet, ma se non passerà la disinformatja vinceremo noi (4 marzo 1995).

Silvio Berlusconi. Santoro, complimenti a questi processi in diretta, siamo allibiti per come la Rai usi le trasmissioni di informazione politica per fare dei processi che invece si devono svolgere nelle aule dei tribunali... *Michele Santoro*. No, lei non può attaccare la Rai, se continua chiudo il collegamento telefonico. *Berlusconi*. Lei è un dipendente del servizio pubblico, si contenga! *Santoro*. Del servizio pubblico, ma non suo, appunto! (telefonata in diretta a *Il raggio verde*, Rai2, 17 marzo 2001).

La Rai è ancora nelle mani della sinistra. Noi vogliamo una televisione pubblica obiettiva, equilibrata. Come le mie televisioni private (25 gennaio 2002).

Dalla vicenda Rai mi tengo rigorosamente fuori. Il compito delle nomine spetta ai presidenti di Camera e Senato. Non leggo neppure gli articoli, guardo solo i titoli, con tutte le candidature possibili e immaginabili. Non voglio parlare di questo tema di cui sono responsabili i presidenti delle Camere (Ansa, 5 febbraio 2002).

Io mi tengo fuori dalla questione Rai ed è una novità, un fatto nuovo che il governo si tenga fuori (al *Corriere della Sera*, 10 febbraio 2002).

Io non ho cambiato posizione, mi tengo fuori da questa vicenda della Rai. Ma l'altra sera mi sono permesso di dire a Fini che, se sente Casini, gli dica di non perdere tempo dopo il voto in commissione sulla legge per il conflitto di interessi, per far sì che non si inizi o continui una telenovela (Silvio Berlusconi, *Corriere della Sera*, 20 febbraio 2002). *Due giorni dopo, il 22 febbraio, Casini e Pera obbediscono e nominano un nuovo vertice Rai di strettissima osservanza berlusconiana.*

Le nomine Rai? Io me ne sto fuori e faccio bene. Il governo ne sta fuori. Non ne voglio sapere nulla (12 aprile 2002).

In questi giorni la Rai ha cambiato i responsabili dei tg e delle reti. Tornerà finalmente a essere una tv pubblica, cioè di tutti, cioè oggettiva, cioè non partitica, cioè non faziosa come è stata con l'occupazione *manu militari* da parte della sinistra. L'uso che i Biagi, i Santoro e i... come si chiama quello là... ah sì, Luttazzi, hanno fatto della televisione pubblica, pagata con i soldi di tutti, è stato criminoso. Preciso dovere della nuova dirigenza Rai è di non permettere più che questo avvenga. Ove cambiassero, nulla *ad personam*. Ma siccome non cambieranno... (conferenza stampa a Sofia, 18 aprile 2002). *Verrà prontamente esaudito. Poi negherà spudoratamente di avere ordinato l'epurazione di Biagi, Santoro e Luttazzi.*

Ma vede, Vespa, in Bulgaria... si stava ridendo e scherzando con gli imprenditori lietissimi che finalmente il governo italiano fosse lì a sostenere il loro ruolo in Bulgaria. Non era prevista la presenza dei giornalisti. Poi invece entrarono i cronisti, senza che nessuno ci avesse avvisato. Davanti ai giornalisti mi sarei attenuto assolutamente a un linguaggio ufficiale, perché c'è sempre lo stravolgimento di quello che dico (a *Porta a Porta*, 31 marzo 2005).

Biagi e Santoro non volevo allontanarli. Non sono stato io a penalizzare questi signori, ma l'Autorità preposta alla verifica della par condicio (a *Otto e mezzo,* 9 gennaio 2006). *Ma nessuna Autorità ha mai sanzionato né Biagi né Santoro per violazione della par condicio.*

«Chiudete *Annozero*, chiudete tutto!» (al telefono con Mauro Masi, dg della Rai nominato dal centrodestra, 12 marzo 2010).

Non ho mai usato né mai userò i miei mezzi di comunicazione per scatenare campagne di aggressione contro un concorrente, né diffamare chi non è d'accordo con me. Lascio questi metodi ad altri (a *Epoca*, 20 ottobre 1993).

Sono l'editore più tollerante e rispettoso del Paese... Non ho mai interferito con la linea del *Giornale*. Montanelli avrebbe potuto scrivere i suoi articoli per tutta l'eternità... Avevo fatto costruire in Paradiso un fax speciale per ricevere i suoi articoli (dopo aver cacciato Montanelli dal *Giornale*, Tg5, 11 gennaio 1994).

Bella gratitudine: Montanelli, Travaglio, Luttazzi, Freccero, Santoro, tutti miei ex dipendenti mossi da un sentimento irrazionale, un'ingratitudine umana senza confini. La cosa che mi è più dispiaciuta è l'essere ripagato in questo modo. Travaglio, l'autore del libercolo (*L'odore dei soldi*, presentato a *Satyricon* il 14 marzo 2001, *nda*), è un giornalistucolo, non l'ho mai conosciuto. Ma Montanelli l'ho sempre difeso, da direttore del *Giornale* gli ho coperto le spalle quando i politici ne chiedevano la testa, e ora ecco come vengo ripagato. Al *Raggio verde* ha detto cose false, la sua versione del distacco dal *Giornale* capovolge del tutto i fatti come andarono realmente. È come Tartarin di Tarascona: a furia di raccontarsi certe storie inventate, alla fine ci crede (24 marzo 2001).

Il gruppo Mediaset non ha mai attaccato nessuno, neanche dal Tg4 (1° dicembre 2002).

Piango l'amico con cui ho condiviso molte battaglie e al quale sono rimasto legato anche quando ha espresso dissenso dalle mie posizioni, con lo spirito di libertà che ha sempre animato il suo lavoro e che ho sempre rispettato (alla notizia della scomparsa di Montanelli, 22 luglio 2001). *Poi ricomincia a insultarlo da morto.*

Credo ci sia un elemento di gelosia in ognuna di queste persone, perché non riesco a trovare un'altra spiegazione. Tutti questi giornalisti, Biagi, Montanelli, erano più anziani di me e credevano di essere loro quelli importanti nel nostro rapporto. Poi il rapporto si è capovolto e io sono diventato ciò che loro stessi volevano essere. Dunque, dato che loro non mi sono politicamente affini, si è sviluppato un sentimento irrazionale tra giornalisti italiani molto famosi (a *The Spectator*, 4 settembre 2003).

Le accuse del *Mundo*? Il suo direttore ha fatto ridere tutta l'Europa con i filmati in cui si faceva frustare da una prostituta (*Corriere della Sera*, 4 maggio 2001).

Le Berluscomiche finali

Quando posso, controllo con il dito la polvere sui mobili. Alzo i tappeti. Sono bravo anche come donnino di casa (9 giugno 1994).

Anch'io, quando ero un giovanotto, ho fatto la vita dei campi: so che vuol dire alzarsi la mattina all'alba, stare nelle stalle, tornare a casa con la schiena spezzata... (*Foglio*, 13 novembre 2011).

La gente si è sbagliata, erano giusti gli exit-poll (26 aprile 1995). *Gli exit-poll davano molti più voti al Polo dei dati reali usciti dalle urne alle elezioni amministrative.*

Ora vado a fare i soliti esercizi spirituali alle Bermuda (19 agosto 1995).

Io sono semplicemente un imprenditore che fa miracoli (6 ottobre 1995).

All'ospedale San Raffaele una madre mi pregò di convincere il figlio bloccato provvisoriamente su una sedia a rotelle a riprendere a camminare. Mi presentai dal ragazzo e gli dissi: «Giacomo, fatti forza. Alzati e cammina». Lui, dopo alcuni giorni, si alzò (*Foglio*, 13 novembre 2011).

Ogni volta che entro in Bicamerale sento una vocina che mi dice «Papà!» (*Corriere della Sera*, 27 gennaio 1998).

Io sono l'erede di De Gasperi (commemorazione di Alcide De Gasperi, 14 ottobre 2003). *Comunicato stampa delle figlie di De Gasperi, Cecilia e Paola: «In merito al discorso di Berlusconi tenuto ieri, desideriamo far sapere di non condividere affatto né la sua analisi del pensiero e dell'opera di nostro padre né la sua pretesa di esserne l'erede»* (Adnkronos, 15 ottobre 2003).

Io sono un liberale di sinistra, preferisco la politica dei Democratici Usa a quella dei Repubblicani (27 gennaio 2006).

Forza Italia potrebbe essere ragionevolmente perfino descritta come un partito di centrosinistra (al *Times*, 17 marzo 2002).

Iscrivermi alla P2 non fu un errore, ma un incidente senza colpa. Eppoi la P2 raccoglieva gli uomini migliori del Paese (a *Mixer*, 21 febbraio 1994). *Qualche esempio: Gelli, Sindona, Calvi, Ortolani, Poggiolini, Rizzoli, Tassan-Din, i generali Loprete e Giudice, il dittatore argentino Massera e così via.*

Basta con questa storia della P2: l'ho già detto, ricevetti la tessera per posta e non pagai neppure la quota d'iscrizione (10 marzo 1994). *Nelle carte di Gelli fu trovata la ricevuta del suo versamento di 100 mila lire nel 1978.*

Misurando soltanto un metro e 67, Silvio Berlusconi il problema della statura lo sente. Nelle conferenze stampa i suoi collaboratori gli sistemano un cuscino sulla sedia perché appaia alto come gli altri. E quando c'è una foto di gruppo, si alza sulla punta dei piedi subito prima del flash (cronaca del *New York Times* citata da *L'Espresso*, 3 maggio 2001).

A Berlusconi da Palazzo Chigi attribuiscono un metro e 65 (cronaca di *Vanity Fair*, 20 gennaio 2005).

«Lei quanto è alto? Un metro e 78? Non esageri. Venga qui allo specchio, vede io sono alto un metro e 71. Ma le pare che un uomo alto un metro e 71 possa essere definito un nano?» (ad Augusto Minzolini, *Stampa*, 27 marzo 2005).

La media degli italiani è un ragazzo di seconda media che nemmeno siede al primo banco... È a loro che devo parlare (*Corriere della Sera*, 10 dicembre 2004).

Certo, si tratta di alloggi temporanei. Ma lo dovrebbero prendere come un week-end di campeggio (all'indomani del terremoto dell'Aquila con oltre 300 morti, parlando alla tv tedesca Ntv dei 28 mila sfollati nelle tendopoli, 8 aprile 2009).

I clandestini ti entrano in casa e, per prima cosa, ti svaligiano il frigorifero. Una signora aveva mezzo litro d'olio, si sono bevuti anche quello (13 febbraio 2018).

Ma perché questa parola (xenofobia, *nda*) dovrebbe avere un significato così negativo? (a *Porta a Porta*, 26 agosto 2002).

Ho portato le pensioni per 1 milione e 835 mila pensionati a mille lire. E allora bastavano per arrivare a fine mese (13 febbraio 2018).

Cara Santità, mi lasci dire che lei assomiglia molto al mio Milan. Infatti lei, come noi, è spesso all'estero, cioè in trasferta, a portare in giro per il mondo un'idea vincente. Che è l'idea di Dio (incontrando papa Giovanni Paolo II in Vaticano, 1998).

Io il lifting non lo volevo fare. Sono stato tirato dentro a farlo. È stata Veronica a spingermi a fare il lifting (27 gennaio 2004). *Ma Veronica Lario lo sbugiarda: «Il lifting è stata un'idea sua».*

Mara Carfagna, se non fossi già sposato, la sposerei subito... (alla serata dei Telegatti, 27 gennaio 2007).

Sono affermazioni che interpreto come lesive della mia dignità, affermazioni che per l'età, il ruolo politico e sociale, il contesto familiare (due figli da un primo matrimonio e tre figli dal secondo) della persona da cui provengono, non possono essere ridotte a scherzose esternazioni. A mio marito e all'uomo pubblico chiedo quindi pubbliche scuse, non avendone ricevute privatamente (Veronica Lario, 28 gennaio 2007).

Aveva tantissimo trucco, sembrava arancione. Quando rideva si vedevano le rughe (Patrizia D'Addario al *Sunday Times*, 29 giugno 2009).

Ruby è la nipote di Mubarak (Silvio Berlusconi, 27 maggio 2010).

Non ho mai pagato una donna in vita mia (16 gennaio 2011). Ho dato dei soldi a Ruby per evitare che si prostituisse (10 aprile 2011).

Chi mi tocca il culo? (21 febbraio 2018).

Ho ottenuto io in Europa i miliardi del Pnrr (2 agosto 2022).

Ho fatto finire io la guerra fredda (26 agosto 2022).

Bisogna convincere Zagrebelsky a trattare con Putin (18 ottobre 2022).

Se vincete, vi faccio arrivare un pullman di troie (ai giocatori del suo Monza, 14 dicembre 2022).

Vi tulipano tutti! (su Facebook, Domenica delle Palme, 2 aprile 2023).

Le figuracce all'estero

L'Europa è un male per l'Italia (15 aprile 1994).

Arafat mi ha chiesto di dargli una tv per la Striscia di Gaza. Gli manderò *Striscia la notizia* (*Corriere della Sera*, 7 marzo 1997).

Fantastica quella volta che ho parlato a Eltsin per venticinque minuti della Csce, la Conferenza per la sicurezza e la cooperazione europea, e non sapevo cosa fosse. Era-vamo a cena. Eltsin si lamentava che l'Europa non lo aiutava a risolvere la crisi in Cecenia attraverso la Csce. Io mi dicevo: chissà di che parla. Finisce, silenzio, finché lo svedese Carl Bildt per toglierci d'imbarazzo dice: «Abbiamo qui il presidente di turno, chiediamolo a lui». E si gira verso di me. Io sussulto, poi sento i tricolori che sventolano alle mie spalle, capisco che non posso fare una figuraccia per il mio Paese. E comincio a parlare e per venticinque minuti discetto di Cecenia, Europa, guerre. Alla fine Mitterrand mi dice: «Bene, la questione è nelle tue mani». Quale?, mi chiedo io. Appena finisce la cena prendo Felipe Gonzales da parte e gli chiedo: «Ma tu lo sai che cos'è la Csce?». Lui comincia a ridere, non si ferma più, e finisce sedu-to per terra tanto che lo devo raccogliere (*Corriere della Sera*, 2 febbraio 1998).

Mu'ammar Gheddafi è un grande amico mio e dell'Italia. È il leader della libertà (in visita ufficiale a Tripoli, Ansa, 7 ottobre 2004). *La tirannide del colonnello Gheddafi dura ormai da 37 anni, dal colpo di Stato militare con cui l'ufficiale depose il re Idris-al-Senussi, si proclamò «guida della Rivoluzione», abolì le elezioni e i partiti politici.*

Sono in pericolo di vita e purtroppo non solo io, ma anche i miei figli. L'ho saputo da mie fonti certe che Gheddafi ha dato disposizioni di farmi fuori. Me l'ha giurata. A Tripoli c'erano manifesti giganti che mi ritraevano con Gheddafi mentre ci stringevamo la mano. E lui ha preso il nostro intervento militare come un tradimento (*Corriere della Sera*, 30 luglio 2011).

Noi dobbiamo essere consapevoli della superiorità della nostra civiltà, che ha dato luogo al benessere e al rispetto dei diritti umani, religiosi e politici. Un rispetto che certamente non esiste nei Paesi dell'Islam. Dobbiamo evitare di mettere le due civiltà, quella islamica e quella nostra, sullo stesso piano. La libertà non è patrimonio della civiltà islamica... La nostra civiltà deve estendere a chi è fermo ad almeno 1400 anni fa i benefici e le conquiste che l'Occidente conosce... L'Occidente è destinato a occidentalizzare e a conquistare i popoli. L'ha fatto con il mondo comunista e l'ha fatto con una parte del mondo islamico... C'è una singolare coincidenza fra gli islamici e gli antiglobal nella loro opposizione all'Occidente (a Berlino, due settimane dopo l'attentato di Al Qaeda alle Twin Towers di New York, 26 settembre 2001). *Prendono le distanze tutti i Paesi occidentali, protesta la Lega Araba, chiedono pubbliche scuse quasi tutti i governi arabi. Essendo stato ripreso da molte tv, Berlusconi non può smentire integralmente il discorso. Allora si attorciglia in una serie di contorsionismi che peggiorano viepiù la situazione:*

Mi hanno frainteso, io parlavo dei fondamentalisti e non del mondo islamico in generale. È la solita strumentalizzazione della sinistra (27 settembre 2001).

Ho fatto un'esposizione sommaria della legge finanziaria, della quale abbiamo toccato i punti principali, e che ha trovato un'ottima accoglienza sia da Prodi sia dal commissario Pedro Solbes (Ansa, 10 ottobre 2001, ore 17.11). *Il presidente della Commissione europea Romano Prodi cade dalle nuvole: «Non ne abbiamo mica parlato» (Ansa, ore 17.45). Anche il commissario Ue agli Affari economici Pedro Solbes smentisce: «Non abbiamo dato giudizi di alcun tipo sulla finanziaria italiana, ma solo confermato che la stiamo studiando e che al momento opportuno daremo le nostre valutazioni. Non c'è stata alcuna discussione» (Ansa, ore 17.47). Berlusconi fa retromarcia, parlando di una sorta di silenzio-assenso.*

Io ho illustrato l'azione del mio governo, Prodi e Solbes mi hanno ascoltato in silenzio (11 ottobre 2001).

Berlusconi ha alzato il braccio destro e ha fatto le corna. E, come se non bastasse, lo ha fatto non in un momento qualsiasi, ma durante la foto ricordo di tutti i partecipanti, quella ufficiale che resta negli archivi. A beneficio di fotografi e cameramen di mezzo continente (*Repubblica* sul vertice internazionale di Caceres, 8 febbraio 2002).

Enea fondò qui la città di Lavinia e con Lavinia diede luogo a una dinastia, da cui poi nacquero Romolo e Remolo (al vertice Nato a Pratica di Mare, 28 maggio 2002).

Parma sì che è sinonimo di buona cucina, mentre i finlandesi non sanno nemmeno cos'è il prosciutto: una cosa che non posso accettare! (a proposito della sede dell'Agenzia alimentare europea, in ballottaggio fra Helsinki e Parma, 7 dicembre 2001).

Come si poteva pensare di collocare questa agenzia in un Paese che forse va molto fiero della sua renna marinata o del pesce baltico con polenta? (Ansa, 20 dicembre 2001).

Per portare l'Agenzia alimentare a Parma ho rispolverato le mie doti di playboy con la presidente finlandese Tarja Halonen (Ansa, 24 giugno 2005). *Il governo finlandese protesta ufficialmente e convoca l'ambasciatore italiano. Berlusconi, invece di fare marcia indietro, tenta di fare lo spiritoso: «Purtroppo c'è una generale mancanza di umorismo». E peggiora la situazione con incaute ironie sulla cucina finlandese e sull'improponibilità di un confronto tra il prosciutto e la renna affumicata. Immediata rappresaglia dei 170 mila produttori agricoli e forestali finlandesi (Mtk): «Non compreremo più vini e olii italiani». Qualche giorno dopo, a un convegno di Forza Italia, Berlusconi mostra una foto della Halonen e ridacchia: «Ma credete davvero che abbia fatto la corte a una così?».*

Rasmussen è anche il primo ministro più bello d'Europa. Anzi, io penso di presentarlo a mia moglie, perché è molto più bello di Cacciari, secondo quel che si dice in giro... Povera donna... Ah ah ah, you don't knok the history? I tell you after... (conferenza stampa al fianco del premier danese in visita in Italia, 4 ottobre 2002). *Commenterà Cacciari: «Mai vista Veronica Lario in vita mia, neanche da lontano. Posso solo esprimere tutto il mio rammarico alla signora per il marito che si ritrova».*

Signor Schulz, so che in Italia c'è un produttore che sta montando un film sui campi di concentramento nazisti. La suggerirò per il ruolo di kapò (inaugurando a Strasburgo il semestre di presidenza italiana dell'Unione Europea e rispondendo a una domanda del capogruppo socialdemocratico, il tedesco Martin Schulz, sul suo conflitto d'interessi, 2 luglio 2003). *Dinanzi al coro di proteste che si leva dai banchi di tutti i gruppi dell'Europarlamento, mentre al suo fianco Fini non trattiene una smorfia e Buttiglione lo guarda impietrito, Berlusconi peggiora la situazione.*

Siete tutti dei turisti della democrazia! *All'uscita dal Palazzo, mentre anche gli alleati lo implorano di rettificare e di chiudere l'incidente, il presidente di turno dell'Ue Silvio Berlusconi continua ad aggravarlo: nega persino di aver chiesto scusa al cancelliere tedesco Gerhard Schröder, al quale ha appena telefonato.*

Non ho offeso Schulz, quella sul kapò era solo una battuta per cui è scoppiato a ridere l'intero Parlamento, un'osservazione di venti secondi poiché volevo semplicemente scherzare per allentare l'atmosfera... La telefonata a Schröder? Non mi sono scusato con Schulz, è lui ad avere offeso pesantemente me, la vicenda è stata enormemente gonfiata dalla sinistra italiana. *Poi tenta di spiegare la presunta battuta di spirito.*

In Italia tengono banco da decenni storielle sull'Olocausto. Gli italiani sanno scherzare sulle tragedie per superarle, e forse non abbiamo la sensibilità che avete voi in Germania (*la Repubblica*, 3 luglio 2003). *Così ora protestano anche le comunità israelitiche, per bocca di Riccardo Pacifici, portavoce degli ebrei di Roma: «Dichiarazioni che sono un'offesa agli italiani che si indignano di fronte a pochi imbecilli che raramente raccontano barzellette sull'Olocausto»*.

Nel bel mezzo del discorso di Chirac in Canada, Berlusconi si è alzato e ha cominciato a distribuire orologi agli altri leader, con un delizioso sprezzo politico (*Time*, 15 luglio 2003).

Dopo che gli ospiti avevano terminato il gelato tricolore – pistacchio, vaniglia e fragola – Berlusconi si è diretto a passo svelto verso una scalinata di marmo invitando i giornalisti a seguirlo nella stanza da bagno di cui aveva parlato in precedenza. Ha aggiunto che li portava lì perché la cosa poteva «interessare alle signore». E li ha invitati ad andare al piano di sopra a vedere la vasca da bagno nella quale Gary Cooper ha lavato la schiena ad alcune signore... Quando una giornalista scozzese particolarmente alta si è messa accanto a lui per farsi fotografare, il primo ministro, che è relativamente basso, ha cominciato a saltare su e giù come se volesse colmare il divario in altezza. È stato uno spettacolo insolito... Venerdì a cena le cose serie non sono state ignorate... Tuttavia, per la maggior parte del tempo, Berlusconi ha parlato di se stesso (cronaca da Bruxelles dell'*International Herald Tribune*, 15 luglio 2003).

Se ne era lamentato nel giugno del 2001 con l'ex presidente americano George W. Bush. Dieci anni dopo l'ossessione di Silvio Berlusconi restano le toghe rosse. Un vero incubo che ha voluto confidare anche al presidente Usa Barack Obama prima che cominciasse la sessione pomeridiana dei lavori del G8 di Deauville. Come mostrato dalle telecamere a circuito chiuso. Con un'abile manovra di accerchiamento che ha coinvolto anche il fotografo ufficiale di Palazzo Chigi, Berlusconi si è avvicinato al presidente Obama per spiegare che "noi abbiamo presentato una riforma della giustizia che per noi è fondamentale perché oggi abbiamo quasi una dittatura dei giudici di sinistra". L'atteggiamento di Obama catturato dalle telecamere del circuito interno oscillava tra lo sbigottito e l'infastidito. Ma il più seccato tra tutti per questo strappo al protocollo appariva il presidente francese Nicolas Sarkozy che scambiava sguardi interrogativi con il cancelliere Angela Merkel fino a quando ha aperto il microfono e dichiarato aperta la sessione di lavori costringendo Berlusconi a ritornare al suo posto» (*Sole 24 Ore*, 26 maggio 2011).

Ma come: io vado a Istanbul al matrimonio del figlio di Erdoğan, sono l'ospite d'onore, faccio un gesto gentile come un accenno a un baciamani che mette un po' in imbarazzo perché da loro non si usa che l'ospite d'onore si inchini davanti a chicchessia, e da noi anziché parlare del successo del nostro Paese e di come siamo considerati all'estero, montano su una polemica contro di me? Beh, è incredibile. Le cose devono cambiare (18 agosto 2003). *In realtà, l'imbarazzo che ha creato un mezzo incidente diplomatico-religioso dipende da ben altro: nelle nozze islamiche, nessun uomo può toccare la sposa. Figurarsi farle il baciamano, come l'ignaro Berlusconi ha fatto.*

Una giovane giornalista italiana in abito succinto si è seduta davanti a Putin protendendo il registratore e divaricando le gambe. Il panorama, dalla reazione di Berlusconi, non potevano sognarselo neanche gli agenti dell'Fbi interrogando Sharon Stone in *Basic Instinct*. Il premier ha chiuso gli occhi, ha teso le braccia verso la giornalista e, a gesti, ha descritto la visione che gli si era parata davanti agli occhi. Vi assicuro, erano gesti espressivi, da artista (cronaca del giornale russo *Kommersant*, ripresa da *Repubblica*, 2 settembre 2003).

Silvio Berlusconi si guarda intorno e propone: «Ragazzi, parliamo di donne». Racconta la barzelletta dell'elicottero che cade, ma il primo ministro polacco è ancora in sedia a rotelle per un incidente aereo. Il silenzio si diffonde nella stanza. Il problema europeo era difficile da risolvere, ma Berlusconi ha contribuito molto al fallimento (cronaca del vertice Ue a Bruxelles, *Financial Times*, 15 dicembre 2003).

Il premier italiano era particolarmente attivo ed era chiaro che aveva un obiettivo: era evidente che non sarebbe stato contento se non fosse riuscito ad avvicinarsi a un gruppo di operaie. Poi, rivolto a Putin: «Voglio baciare la lavoratrice più brava e più bella». Aveva già individuato la sua vittima. Si è avvicinato a una donna grande come la Sardegna e con tutto il corpo ha fatto il gesto tipico dei teppisti negli androni bui dei cortili, quando importunano una ragazza che rincasa. Lei s'è scansata, ma il signor Berlusconi in passato deve aver fatto esperienza con donne anche più rapide di questa: con due salti ha raggiunto la ragazza e ha iniziato spudoratamente a baciarla in faccia. E ha scosso l'operaia ridendo, quasi volesse buttarla a terra. L'unica cosa che la donna ha potuto fare è stato rifiutarsi di ricambiare i baci. Putin assisteva alla scena immobile, gelido. Pare che non sopporti più i continui scherzi e giochetti pesanti dell'amico Silvio (cronaca del giornale russo *Kommersant* sulla visita di Berlusconi e Putin allo stabilimento Merloni di Lipeck, 400 chilometri a sud di Mosca, ripresa da *Repubblica*, 23 aprile 2004).

I give you the salutation of my president of the Republic (tentando di parlare inglese al vertice dei ministri delle Finanze di Bruxelles, *Messaggero*, 6 luglio 2004).

Ai consìder sdesd ov Iunade Steiz nos onli a fleg ov e cantri... (a Camp David accanto a George W. Bush, che sorride e si complimenta per il suo "ottimo inglese", 14 settembre 2002).

Vorrei qui ricordare l'attacco del comunismo alle Due Torri... (serata di gala con George W. Bush a Washington, 21 maggio 2004). *I presenti, convinti che l'attentato fosse opera di Al Qaeda, lo guardano esterrefatti.*

In politica estera siamo diventati dei protagonisti. E questo grazie al rapporto personale che ho instaurato con tutti i grandi. C'è stato fin dall'inizio. Mi ricordo quando al vertice del G8 a Napoli nel 1994 ci raggiunse la notizia della morte del dittatore coreano Kim Il-Sung. Ero con Clinton e Mitterrand e questi era particolarmente addolorato. Gli chiedemmo perché e ci rispose che Kim Il-Sung lo riforniva di un particolare ginseng che lo aiutava sul piano sessuale (*Stampa*, 11 gennaio 2006).

Silvio Berlusconi era un tipo un po' strano... Una volta mi portò in visita a una sua villa e, mostrandomi uno dei bagni, indicò sogghignando un bidet: «Non puoi neanche immaginare quante paia di chiappe ha accolto...». In casa c'erano molte riviste accatastate con foto di donne nude. Io gli domandai perché le tenesse in vista, trovando la cosa un po' sconveniente, e il premier italiano indicò col dito le modelle ritratte sulle copertine:

«Quella me la sono fatta, quella anche...». (Jacques Chirac, ex presidente francese, intervistato da l'*Express*, 18 giugno 2009).

La nostra missione in Iraq è autorizzata dagli Stati Uniti... cioè... volevo dire... dalle Nazioni Unite (serata di gala con Bush a Washington, 21 maggio 2004). *In realtà né l'attacco Usa in Iraq né la missione italiana a Nassiriya sono stati autorizzati preventivamente dall'Onu.*

È necessaria e indispensabile una risposta per salvaguardare la comunità internazionale dal pericolo costituito da un accumulo di armi di sterminio di massa da parte dell'Iraq (all'Onu, 13 settembre 2002).

Ci sarebbero prove fotografiche che l'Iraq sta tentando di costruire missili di lunga gittata (al vertice europeo di Copenaghen, Ansa, 23 settembre 2002).

Credo che in Iraq non ci siano ormai più armi di distruzione di massa, perché c'è stato il tempo per la loro eliminazione o riallocazione. È un mio parere personale. Penso quindi che ci siano buone possibilità che ci siano ispezioni approfondite, senza condizionamenti, e che i risultati possano essere positivi per tutti (conferenza stampa al termine di un incontro al Cremlino con Putin, Ansa, 16 ottobre 2002, ore 16.21). *Imbarazzo della Casa Bianca, che sostiene esattamente il contrario. Berlusconi tenta di scaricare quello che fino a un istante prima era «un mio parere personale» su Vladimir Putin.*

Questa è la posizione russa, l'ipotesi che ha avanzato Putin... Putin ha cambiato la sua posizione (Ansa, 16 ottobre 2002, ore 22.41). *Ma nemmeno l'amico Putin ci sta a prendersi le colpe della gaffe del premier italiano. Che l'indomani è costretto a cambiare ancora versione.*

Anche Putin è convinto che Saddam Hussein stia operando per occultarle (le armi di distruzione di massa, *nda*), per non farsi trovare con le mani nel sacco (Ansa, 17 ottobre 2002, ore 13.38). *Poi, meno di un mese dopo, torna alla posizione originaria, come se non l'avesse mai rettificata.*

In caso di guerra all'Iraq, l'Italia parteciperà (20 novembre 2002).

Sono stato l'unico fra i premier ad avere espresso il convincimento che Saddam Hussein avrebbe accettato la risoluzione dell'Onu (13 novembre 2002).

Sulla possibilità di evitare la guerra, noi siamo sempre ottimisti. Tuttavia io credo che ci saranno delle prove inoppugnabili (sulle armi di distruzione di massa, *nda*) e che quindi tutto avverrà attraverso il Consiglio di sicurezza delle Nazioni Unite (29 gennaio 2003).

La crisi irachena si risolverà, in un senso o nell'altro, al massimo entro tre, quattro settimane. Anche perché, se malauguratamente si decidesse per un'azione militare, occorrerà tener conto delle situazioni climatiche. Per cui la temperatura sarebbe troppo alta per consentire ai militari di indossare le tute speciali contro gli attacchi chimici (4 febbraio 2003).

«*Si vis pacem, para bellum*», se vuoi la pace prepara la guerra: è quanto ha detto Bush, e quanto abbiamo detto oggi Blair, io e lo stesso Consiglio europeo (Ansa, 21 febbraio 2003).

L'azione militare di un Paese al di fuori delle Nazioni Unite sarebbe un fatto talmente nefasto che non credo che qualcuno vorrà caricarsi di una responsabilità così grave (28 febbraio 2003).

Bush è il primo a non volere la guerra (13 marzo 2003). *Sette giorni dopo, il 20 marzo, gli angloamericani attaccano l'Iraq contro il parere delle Nazioni Unite.*

Non siamo una nazione belligerante: l'Italia non parteciperà direttamente a operazioni militari in Iraq, non invierà né uomini, né mezzi, come ho detto fin dall'inizio agli amici americani (alla vigilia dell'attacco Usa, 19 marzo 2003). *L'Italia con Berlusconi si proclama «non belligerante» ma «vicina» a Usa e Gran Bretagna. Alla cui aviazione presta le basi militari per far decollare e rifornire gli aerei per i bombardamenti. Poi inizierà a inviare anche le truppe.*

Io non sono mai stato convinto che la guerra fosse il sistema migliore per arrivare a rendere democratico un Paese e farlo uscire da una dittatura anche sanguinosa. Ho tentato a più riprese di convincere Bush a non fare la guerra, di trovare altre vie e altre soluzioni, anche attraverso un'attività congiunta con il leader libico Gheddafi. Non ci siamo riusciti e c'è stata l'operazione militare. Ma io ritenevo che si sarebbe dovuta evitare (a La7, 29 ottobre 2005).

Ho detto a Bush che vinceremo noi. Il governo statunitense teme un cambio di governo in Italia perché è avvertito dei progetti della sinistra (a Washington, parlando con i giornalisti dopo l'incontro con il presidente Usa, Ansa, 31 ottobre 2005, ore 20.14). *Vittorio Zucconi di* Repubblica *gli domanda: «Presidente, è sicuro che Bush abbia detto una cosa del genere? Si rende conto che questo sarebbe un incidente politico e diplomatico spaventoso, un'ingerenza volgare e capace di scavare ancora più a fondo nella antipatia crescente per questa America bushiana?». Lui allora fa retromarcia*:

No, no, Bush non lo ha detto, sono io che deduco logicamente che gli Stati Uniti non potrebbero non temere la vittoria di una sinistra che ha in programma il ritiro dall'Iraq. Ma è evidente che il governo americano teme un cambio politico per i progetti annunciati dalla sinistra. Teme un effetto Zapatero, con un ritiro immediato dall'Iraq proprio come ha annunciato il leader dell'Unione. Uno più uno fa due e quindi Bush teme quei progetti. Ma come sempre gli Stati Uniti non interferiscono nei problemi interni di altri Paesi, specialmente nei periodi elettorali e pre-elettorali. *Segue dichiarazione di Fred Jones, portavoce del Consiglio per la sicurezza nazionale Usa, che smentisce tutto: «Le elezioni italiane sono un problema del popolo italiano»* (Ansa, 31 ottobre 2005, ore 23.46).

Ho trascorso una giornata terribile per la notizia precisa e verificata di un attentato su Roma nel giorno di Natale. Un aereo dirottato sul Vaticano. Un attacco dal cielo, chiaro? E poi un allarme su un attentato devastante che avrebbe colpito un certo giorno le metropolitane di Roma o di Milano. La minaccia del terrorismo è in questo istante altissima. Ho passato la vigilia a Roma per fronteggiare la situazione. Ora mi sento più tranquillo, passerà. Lo diceva Eduardo. Non è fatalismo, ma la coscienza di avere la guardia alta (a Renato Farina di *Libero*, 28 dicembre 2003). *Il Vaticano, ignaro di tutto, chiede spiegazioni. Palazzo Chigi smentisce a metà con una nota ufficiale:*

Il presidente del Consiglio non ha rilasciato alcuna intervista. Non si può confondere un veloce scambio di auguri natalizi con delle dichiarazioni politiche. Le frasi virgolettate sono farina del sacco di Farina (nota di Palazzo Chigi, Ansa, 28 dicembre 2003).

Nella Cina di Mao i comunisti non mangiavano i bambini, ma li bollivano per concimare i campi (*Stampa*, 28 marzo 2006). *L'ambasciatore cinese a Roma protesta vibratamente: «Siamo scontenti di queste affermazioni, che sono completamente prive di fondamento. Le parole e i comportamenti dei leader italiani dovrebbero favorire la stabilità e lo sviluppo di relazioni amichevoli, tra la Cina e l'Italia». Il premier italiano però insiste.*

«Ma è storia! Mica li ho bolliti io i ragazzini. Se poi viviamo in un Paese dove non si può nemmeno esprimere una certezza...». *Intanto i suoi giornali e i suoi parlamentari si affrettano a difenderlo e a dargli ragione, impapocchiando improbabili «prove storiche» a sostegno della sparata. Ma, mentre il* Giornale *e* Libero *vanno in stampa con il frutto di cotante ricerche, Berlusconi ritratta tutto.*

«Beh, sì, sulla Cina ho fatto un'ironia discutibile, non mi sono trattenuto...». *E i suoi scudi umani restano con un palmo di naso.*

Per me Orbán ha sempre rappresentato la forza della giovinezza positiva: il peggio che potrebbe capitare all'Ungheria è di non approfittare della sua forza, della sua energia e del suo entusiasmo... I fatti e le cifre dicono che il governo Orbán ha fatto bene e sarebbe assurdo pensare che questa esperienza possa essere interrotta. La nostra è un'amicizia antica, l'ho conosciuto da presidente del Milan. Abbiamo una straordinaria sintonia (28 febbraio 2002). *Del primo ministro ungherese Viktor Orbán l'Ue denuncia le continue violazioni dello Stato di diritto. Ma Berlusconi se ne infischia.*

Con Orbán siamo amici intimi. Appare come una testa matta, ma è una persona ragionevolissima. E con lui andavo a vedere le partite del Milan"(22 maggio 2019).

Orbán sta facendo bene in Ungheria: a lui una lode assoluta (24 maggio 2019).

Lukashenko? Il suo popolo lo amava e questo è dimostrato dai risultati delle elezioni in Bielorussia che sono sotto gli occhi di tutti e che noi conosciamo e apprezziamo (29 novembre 2009). *Proteste e sconcerto in Italia e in Europa.*

Io sono un ragazzo della guerra, che per 50 anni ha vissuto nell'angoscia della Guerra Fredda e che nel 2002 è riuscito a far entrare la Russia nella Nato (conferenza stampa a Bruxelles, dopo una serie di incontri con i leader del Partito Popolare Europeo, 22 gennaio 2018). *Naturalmente la Russia non è mai entrata nella Nato.*

La nostra è un'amicizia fraterna: lui mi dice «Caro Silvio», io rispondo «Caro Volodia» (3 aprile 2002).

Ormai la Russia di Putin è matura per entrare nell'Unione Europea. E sono convinto che questo accadrà, deve accadere (28 maggio 2002). *Immediate smentite del presidente della Commissione europea Romano Prodi e del presidente francese Jacques Chirac.*

Al Cremlino un'orchestra di 50 elementi suona le mie canzoni (10 luglio 2002).

Ho detto alle sue figlie di chiamarmi zio (Agi, 16 ottobre 2002).

Con Putin avremo una linea telefonica diretta e protetta per gestire le emergenze e i nostri rapporti una volta alla settimana (16 novembre 2002).

Chiedo scusa a Putin, ma adesso intervengo io come suo avvocato difensore non richiesto, e per questo gli invierò una parcella di un euro. La verità è che ci sono delle realtà che anche in Italia come all'estero vengono spesso distorte dalla stampa. E anche per quanto riguarda la Cecenia. Lo so per certo perché mi sono informato con fonti italiane che conoscono bene la realtà in Russia: in Cecenia c'è un'attività terroristica con molti attentati anche contro cittadini russi senza che ci sia una risposta corrispondente da parte della Federazione russa, che ha invece organizzato un referendum democratico. Non diffondiamo quindi leggende, ma guardiamo ai fatti (al termine della visita di Putin a Roma, alla domanda di un giornalista di *Le Monde* sulle violazioni dei diritti umani in Cecenia da parte della Russia, Ansa, 6 novembre 2003). *Protestano i governi europei e le organizzazioni umanitarie, che denunciano le stragi e le feroci repressioni dell'esercito russo in Cecenia, con 200 mila persone eliminate su un milione di abitanti e la capitale Grozny rasa al suolo. L'intervento di Berlusconi verrà poi sbugiardato da una «deplorazione» votata dalla stragrande maggioranza dell'Europarlamento, la prima nella storia contro un presidente Ue in carica: «Si deplorano le dichiarazioni fatte dal presidente in carica dell'Unione Europea, quando ha espresso il suo appoggio alla posizione del governo russo sui diritti umani in Cecenia» (Ansa, 20 novembre 2003).*

Mi sono fatto spiegare da Putin come prendere il 71% alle elezioni (16 marzo 2004).

Putin è un fiero anticomunista. Non era mai stato convinto di quell'ideologia, ha vissuto l'assedio di Stalingrado e la sua famiglia è stata sterminata (23 dicembre 2005). *Peccato che Putin sia nato nel 1952, ben dopo la guerra mondiale, e che la sua famiglia sia stata sì sterminata, ma a Leningrado.*

Vladimir Putin è un dono del Signore (10 settembre 2010).

Vladimir è sensibile, aperto, ha il senso dell'amicizia, ha rispetto per tutti, soprattutto per le persone umili, e una profonda comprensione della democrazia (*Frankfurter Allgemeine Zeitung*, 22 ottobre 2010).

Ho un rapporto fraterno con Vladimir. Credo sia il migliore: ritengo che per la Russia sia una fortuna (Euronews, 17 gennaio 2013).

Sulla questione ucraina ha assolutamente ragione Putin. Porta le sue truppe sul confine perché gli abitanti della Crimea hanno paura che Kiev invii truppe che possano compiere stragi (*Bersaglio mobile*, La7, 20 maggio 2014).

Putin è un vero democratico, uno riflessivo, profondamente rispettoso degli altri, il leader numero uno al mondo (26 settembre 2015).

Putin è una persona sensibile, di sentimenti profondi, ha un sentire delicato: è un vero guerriero della libertà e della democrazia nel suo Paese (videointervista ad Alan Friedman per il libro *My way*, 6 ottobre 2015).

Putin è in assoluto il numero uno dei leader mondiali. Lo assumerei in una mia impresa. Ha un'idea molto chiara della pace del mondo. Tra tutti i leader mondiali è quello che ha una visione più lucida della situazione mondiale. È una persona di grandissima intelligenza e rispettosa degli altri, non prende il telefonino e fa un tweet quando sente che un capo di Stato gli ha detto qualcosa contro (convention di FI a Milano, Ansa, 5 ottobre 2018).

Putin è il più colto e anche il più democratico. Tutto il contrario di com'è dipinto sui media. Dobbiamo andare in Europa per far sì che la Russia si unisca a noi: ormai è un Paese occidentale (16 febbraio 2019).

Barack Obama è giovane, bello e anche abbronzato (a Mosca durante l'incontro con il presidente russo Dmitrij Medvedev, 6 novembre 2008). *Mentre montano le proteste e le polemiche in mezzo mondo per la battuta razzista, Berlusconi sostiene che il suo sia «un grande complimento, una carineria assoluta nei suoi confronti. Se non hanno il sense of humour, allora vuol dire che gli imbecilli sono scesi in campo, che se ne vadano a...».*

Dopo la guerra, in Italia c'era l'Am-Lira. Quando mia madre mi mandava a fare la spesa, pagavo con quella moneta. Funzionava benissimo. Oggi ovviamente si chiamerebbe lira e basta (13 febbraio 2017). *Qualcuno pensa che sia solo una boutade delle tante. Invece Berlusconi vuole davvero creare una doppia moneta nazionale, in aggiunta all'euro.*

Siamo convinti che la nostra idea sia compatibile con le regole dei trattati europei; certo potremo ottenere questo risultato con la capacità negoziale che solo un leader credibile, con una lunga esperienza internazionale e relazioni consolidate, può avere con i partner europei a partire da Germania e Francia (a *Libero*, 20 agosto 2017).

Macron è un bel ragazzo con una bella mamma che se lo porta sottobraccio (a proposito del nuovo presidente della Repubblica francese e della moglie Brigitte, di 24 anni più anziana di lui, 14 maggio 2017).

Le intercettazioni. *Ride il telefono*

Checché abbia sempre favoleggiato, Silvio Berlusconi dopo la sua entrata in politica non è mai stato intercettato dalla «magistratura deviata». Ma, viste le sue innumerevoli frequentazioni poco raccomandabili, è stato spesso ascoltato al telefono con personaggi inquisiti, essi sì intercettati per reati gravi.

«Montanelli è una merdolina»

Agosto 1983. Bettino Craxi, da tre settimane presidente del Consiglio, è all'hotel Raphael di Roma. E fa cercare urgentemente Silvio Berlusconi, che in quel momento è nella sua villa dell'Olivetta a Portofino, impegnatissimo con una delegazione di americani. Il leader socialista è furibondo con lui per la pessima accoglienza che Indro Montanelli, sul *Giornale* di proprietà dello stesso Berlusconi, ha riservato al suo neonato governo. I due non possono sapere che, da qualche giorno, i telefoni del Cavaliere sono intercettati dalla Guardia di finanza per conto della Procura di Milano, che indaga su di lui per traffico di droga (inchiesta poi archiviata nel 1991).

BERLUSCONI Pronto?

CRAXI Pronto, ciao Silvio.
BERLUSCONI Ciao Bettino (...). Sei a Roma, come va la vita?
CRAXI Eh, abbastanza bene...
BERLUSCONI Sei contento?
CRAXI Sì (*incompr...*)
BERLUSCONI Eh lo so, però mi sembra che... guarda, meglio di così non potevi... non poteva andare all'inizio eh...
CRAXI Ma (*incompr...*)
BERLUSCONI Sì, sì, comunque c'è in giro molta simpatia. (...)
CRAXI Senti, volevo dirti (*incompr...*) del tuo *Giornale*...
BERLUSCONI No, perché?
CRAXI È sempre (*incompr...*)
BERLUSCONI Ma no, hai visto i diversi articoli di Indro?
CRAXI Ma sì, ma è sempre una merdolina.
BERLUSCONI Beh, sai come sono...
CRAXI Mmh...
BERLUSCONI No, però io ho visto...
CRAXI Tu stai... stai lì stai?
BERLUSCONI Io no, io ritorno a Milano domenica sera.
CRAXI Ah, domenica sera (...) Beh, io adesso vedo, magari se riesco a venire a Milano lunedì...
BERLUSCONI Sì...
CRAXI Eh... e tu rientri tardi domenica sera?
BERLUSCONI Ma no, se tu mi dici che hai il tempo di stare insieme, vengo giù domenica, vengo prima.

Il 26 agosto 1983 Craxi riunisce per la prima volta il «consiglio di gabinetto», pomposamente ribattezzato «direttorio», per discutere del risanamento della finanza pubblica. *Il Giornale*, l'indomani, riporta indiscrezioni secondo cui il direttorio sarebbe stato subito aggiornato per insanabili contrasti fra la linea «rigorista» di Giovanni Spadolini, ministro della Difesa, e quella più allegra della Dc e del Psi. A illustrare il servizio c'è una grande foto di Spadolini. Craxi rimonta su tutte le furie e si riappende al telefono per protestare con Berlusconi. Con un tono sempre più minaccioso. Sono le 11.52 del 27 agosto.

CRAXI Pronto?
BERLUSCONI Bettino?
CRAXI Ti saluto, ciao.
BERLUSCONI Come stai?
CRAXI Bene, bene...
BERLUSCONI Bene.
CRAXI Volevo solo richiamare in via del tutto confidenziale la tua attenzione sul titolo del *Giornale* di stamattina.
BERLUSCONI Sì...
CRAXI *Il Giornale* di stamattina pubblica, è il solo giornale insieme a *l'Unità*, pubblica un resoconto della riunione di ieri del direttorio del governo mettendo al centro una bella foto di Spadolini come se fosse lui il presidente del Consiglio (*incompr...*)
BERLUSCONI Sì.
CRAXI E poi dopo dice: «Deludente esordio del direttorio, l'economia è relegata in un cantuccio». Dunque questa è la conferma dell'atteggiamento di ostilità nascosto di questo giornale che non so... è inutile che continuate a girarci intorno alle cose, questo è il solo giornale che mi ha insultato e mi ha chiamato «guappo» per la penna del suo direttore, e continua l'atteggiamento di ostilità, quindi *il Giornale* è liberissimo di farlo, però nessuno può farmi credere che l'atteggiamento sia diverso, è una roba che... è quella che è... è un giornale contro...
BERLUSCONI Va bene...

CRAXI ...naturalmente ne tireremo tutte le conseguenze, che devo fare?...
BERLUSCONI Sì, sì... senti Bettino io faccio così...
CRAXI No, no, tu non fai niente, perché che devi fare, non è che puoi telefonare e dire...
BERLUSCONI No, faccio una riunione in cui...
CRAXI No, non voglio niente...
BERLUSCONI ...faccio una...
CRAXI ...non chiedo niente, non voglio niente, dico solo che prendo atto che *il Giornale*, da tempo del resto, oltre ad averci dato quello che ci ha dato a Milano, del colpo che ci ha dato...
BERLUSCONI Mmh...
CRAXI ...oltre ad avermi ripetutamente insultato per la penna del suo direttore, continua ad avere un atteggiamento di ostilità, punto e basta, ne prendiamo atto e ne tireremo le conseguenze.
BERLUSCONI Vabbè, vabbè, ma adesso li mandiamo anche a cacare se ti (*incompr...*)
CRAXI Eh?
BERLUSCONI ...li mandiamo anche al diavolo...
CRAXI No...
BERLUSCONI Perché adesso...
CRAXI ...se questa è la posizione del *Giornale*...
BERLUSCONI Vabbè...
CRAXI ...oggi è il solo giornale d'Italia...
BERLUSCONI Sì, sì...
CRAXI ...oggi insieme all'*Unità* è (*incompr...*) da Spadolini del presidente...
BERLUSCONI Sì, sì...
CRAXI ...il quale ieri è uscito dalla riunione dicendo che abbiamo... la parte economica si è ridotta a una relazione ecc. La verità è che abbiamo sospeso la discussione perché lui ha chiesto di sospenderla.

BERLUSCONI Sì, sì...
CRAXI No?
BERLUSCONI ...che poi (Spadolini, *nda*) è l'unico che ha tenuto in tutta la vicenda della formazione del governo un atteggiamento da stronzo...
CRAXI ...e continua a tenerlo...
BERLUSCONI Sì, sì...
CRAXI ...e lo fa tenere dai suoi uffici... questa è la verità.
BERLUSCONI Va bene, senti, io lunedì sono giù, ti faccio... faccio questo tentativo.
CRAXI Che tentativo vuoi fare?...
BERLUSCONI (*incompr...*) coi pugni sul tavolo, a questo punto gli taglio i soldi...
CRAXI Ma non... ma non esiste guarda...
BERLUSCONI Dài, Bettino...
CRAXI ...non dire che ti ho chiamato io...
BERLUSCONI ...ma ti immagini...
CRAXI ...(*incompr...*) cosa che fanno... diranno che io faccio pressioni sui...
BERLUSCONI ...ma ti immagini...
CRAXI ...sui direttori...
BERLUSCONI Ma ti immagini, no, no, niente, me la prendo io, perché credo in questa cosa eh... me la prendo io. Faccio... adesso tiro fuori le unghie, cosa vuoi che gli faccia? Facciamo così, faccio questo tentativo... anzi non è un tentativo, vado lì eh... mi impongo, dài... su questa cosa qui mi prendo... prendo promesse perché adesso ho anche l'autorità per farlo, insomma, e poi se il signor Montanelli fa le (*incompr...*), lo mandiamo a 'fanculo, Cristo.
CRAXI Va bene...
BERLUSCONI Non si può andare avanti...
CRAXI Ci sentiamo.

BERLUSCONI Sì, ciao.

Non passa un'ora e alle 12.50 Berlusconi chiama *il Giornale* e parla con il condirettore, Gian Galeazzo Biazzi Vergani, che lui chiama Gianni, rimasto in redazione mentre Montanelli è in vacanza a Cortina. Gli gira e fa proprie le rimostranze di Craxi. Gli raccomanda di «non dire niente a Indro», ma al contempo di spendersi perché *il Giornale* tratti bene Bettino, che è «un amico» e soprattutto «ci deve fare la legge sulla televisione».

BIAZZI Pronto?
BERLUSCONI Ciao Gianni!
BIAZZI Caro dottor Silvio.
BERLUSCONI Come stai?
BIAZZI Bene, bene.
BERLUSCONI Senti un po', niente, noi abbiamo detto che ci vedevamo, no?
BIAZZI Sì.
BERLUSCONI Perché io per caso ho parlato con Bettino, mi ha fatto uno sfogo sul *Giornale* nuovo, no?
BIAZZI Sì...
BERLUSCONI E mi ha detto «Hai visto l'articolo di stamattina?» ecc. no... ecco infatti l'ho guardato, no? E siamo l'unico giornale che praticamente...
BIAZZI Guarda non proprio l'unico, ce n'è qualche altro (*incompr...*) il *24 Ore*...
BERLUSCONI Ma non lo so, è stato proprio Spadolini, mi diceva Craxi a non... a fare interrompere la riunione su queste cose economiche...
BIAZZI Mmh...
BERLUSCONI ...ecco (*incompr...*) il vento sia un po' cambiato, anche mettere la fotografia di Spadolini lì, insomma!

Il presidente del Consiglio è Craxi insomma, cioè non lo so, forse bisognerebbe che io e te ci vedessimo un minutino da soli senza nessuno...
BIAZZI Mmh...
BERLUSCONI ...perché questo qui (Craxi, *nda*) adesso sta giocando un ruolo importante, sta facendo una cosa per il Paese in cui io credo, ha dentro tutti...
BIAZZI Tu che rapporto hai?
BERLUSCONI Amichevole proprio, ma buono, e lui è quello che ci deve fare la legge sulla televisione o meno...
BIAZZI Eh...
BERLUSCONI ...è quello che adesso ti dirò anche singolarmente che mi ha fatto una cortesia che adesso ti racconterò quando ti vedo...
BIAZZI Sì...
BERLUSCONI ...no, ecco, mi sembra che abbia intorno... lui (Montanelli, *nda*) ha sempre avuto un po' di timore nei suoi confronti per quello che è ecc. per l'uomo che è. Però, Cristo, c'ha in giro gli Andreotti, i Forlani, tutta 'sta gente qui che è gente di buon senso ecc. Lui cose... cose cattive non ne può fare... ecco, non so, andare dietro a un pallone gonfiato come Spadolini. Tra l'altro, io, anche Spadolini continua a tirare fuori questa cazzo di cosa della P2, dico: ma abbiamo anche il coraggio di dire che è una fuga familiare questa qui (di Licio Gelli, *nda*)... *la Repubblica* hai visto, ha titolato «Un assassinio firmato P2», no?
BIAZZI Sì.
BERLUSCONI Cioè forse bisogna assumere anche un atteggiamento, se siamo convinti, non so (*incompr...*), sono stati tutti assolti, ha dimostrato che non c'è sotto niente di vero, è stata una montatura dei signori di *Repubblica* e noi siamo sempre nel corso di questa cosa...

BIAZZI (*incompr...*)
BERLUSCONI ...a rimorchio degli altri...
BIAZZI ...sta finendo questa storia.
BERLUSCONI ...insomma noi forse dovremmo avere il coraggio di dire...: «Guardiamola questa cosa qua nei suoi termini». Questo qua è un figlio (il figlio di Gelli, *nda*) che ha aiutato il padre a scappare, il padre è in galera per delle cose che gli sono state contestate in cui... la magistratura stessa ha respinto che è una cosa politica ecc. adesso hanno preso in mano la P2 e poi tutti... per dire non lo so, mi sembra che siano...
BIAZZI Senti (*incompr...*) Indro, perché sai, queste cose (*incompr...*), solo lui...
BERLUSCONI Sì, però bisogna che parliamo io e te prima, nel senso che...
BIAZZI Sì...
BERLUSCONI (*incompr...*) Non dire niente a Indro...
BIAZZI No, quando...
BERLUSCONI Io adesso siccome l'ho sentito, Bettino... dovevo vederlo domani sera...
BIAZZI Sì...
BERLUSCONI Mi ha telefonato e... mi ha fatto questo sfogo...
BIAZZI (*incompr...*)
BERLUSCONI Ecco cosa del genere...
BIAZZI ...è un po' eccessivo...
BERLUSCONI Ecco il coso, a questo punto dico così, io dico abbiamo lì un amico (Craxi, *nda*), io ho fatto di tutto per aiutarlo con la campagna elettorale, poi proprio con *il Giornale* che... il coso, dobbiamo... devo andare a rovinare una amicizia?
BIAZZI No, no...
BERLUSCONI ...mi sembra che sia (*incompr...*)
BIAZZI Bisogna dare qualche disposizione...

BERLUSCONI ...Eh... qualche cosa e dire basta, che roba, ma questo caso di Spadolini, (*incompr...*) pallone gonfiato, non fa, Cristo... cosa ha fatto nel suo coso quando era lui per l'economia? Io che lo so, non ha fatto una sola legge e adesso è lui che dice non abbiamo (*incompr...*) l'economia... Hanno ripreso, Cristo, ha avuto Craxi tre conversazioni con tre governi diversi...
BIAZZI Sì...
BERLUSCONI ...Su tutto...
BIAZZI Tutto in un giorno non si può fare...
BERLUSCONI Eh, ma cosa doveva fare, scusami (*incompr...*)
BIAZZI (*incompr...*)
BERLUSCONI Eh... e poi adesso dove vogliamo andare? Vogliamo portare il Paese... allo sbando, se cade questo governo cosa facciamo?
BIAZZI Dobbiamo tenere un atteggiamento... dobbiamo tenere un atteggiamento di attesa, non di (*incompr...*)
BERLUSCONI E appunto, lasciarlo lavorare eh...
BIAZZI (*incompr...*)
BERLUSCONI Poi io francamente insomma (*incompr...*) svolto sul *Giornale* e tutto e poi di avere invece che un aiuto...
BIAZZI (*incompr...*)
BERLUSCONI ...avere uno (*incompr...*) delle mie relazioni personali a cui dedico un mare di tempo, un mare di sacrifici, un mare (*incompr...*) ecc. e questo mi sembra che sia troppo...
BIAZZI Certo.
BERLUSCONI Capisci? Vabbè, scusami lo sfogo, ma è la botta calda...
BIAZZI No... (*incompr...*)
BERLUSCONI Ci torno domani sera, ci vediamo lunedì o martedì.
BIAZZI Lunedì o martedì va benissimo...

BERLUSCONI Va benissimo, ciao, grazie mille.
BIAZZI Ciao, ciao.

Poco più di un anno dopo, Bettino Craxi varerà i due «decreti Berlusconi» per salvare le trasmissioni fuorilegge della Fininvest dalle ordinanze di sequestro di tre pretori.

La bomba affettuosa

La sera del 28 novembre 1986 un attentato mafioso devasta la cancellata della residenza di Silvio Berlusconi in via Rovani 2, che è anche la sede di rappresentanza della Fininvest, nel centro di Milano. Il Cavaliere lo associa a un avvertimento simile di undici anni prima. E, davanti ai carabinieri accorsi sul posto, si lascia sfuggire il suo sospetto: che la bomba l'abbia piazzata il suo ex «fattore», il boss mafioso Vittorio Mangano, che gli risulta essere stato scarcerato. Poi se ne pente e, allarmato per quella voce dal sen fuggita, corre ad Arcore insieme a Fedele Confalonieri per telefonare a Marcello Dell'Utri e raccontargli tutto. Non sa che Dell'Utri, sotto inchiesta per bancarotta a Milano, ha il telefono intercettato. La chiamata, che inizia alle 00.12 del 29 novembre, e quelle successive sono fondamentali per comprendere i rapporti fra Berlusconi, Dell'Utri, Mangano e Gaetano «Tanino» Cinà (mafioso del clan Malaspina).

BERLUSCONI Pronto?
DELL'UTRI Pronto!
BERLUSCONI Marcello!
DELL'UTRI Eccomi!
BERLUSCONI Allora, è Vittorio Mangano...

DELL'UTRI Eh!... Che succede?
BERLUSCONI ...che ha messo la bomba!
DELL'UTRI Non mi dire!
BERLUSCONI Sì.
DELL'UTRI E come si sa?
BERLUSCONI Eh... da una serie di deduzioni, per il rispetto che si deve all'intelligenza.
DELL'UTRI Ah!...
BERLUSCONI ...È fuori...
DELL'UTRI Ah, è fuori?
BERLUSCONI Sì, è fuori.
DELL'UTRI Ah, non lo sapevo neanche!
BERLUSCONI E questa cosa qui, da come l'ho vista fatta, con un chilo di polvere nera...
DELL'UTRI ...ah!...
BERLUSCONI ...una cosa rozzissima...
DELL'UTRI ...ah!...
BERLUSCONI ...ma fatta con molto rispetto, quasi con affetto...
DELL'UTRI ...ah!...
BERLUSCONI ...è stata fatta soltanto sulla cancellata esterna.
DELL'UTRI ...ah!
BERLUSCONI Ecco, secondo me, è come una rich... un altro manderebbe una lettera o farebbe una telefonata: lui ha messo la bomba!
DELL'UTRI Perché... perché non si spiega, proprio!
BERLUSCONI Eh?
DELL'UTRI Cioè, non si spiega se non c'è un... se...
BERLUSCONI Io, purtroppo, stasera sono stato interrogato dai Carabinieri, mi hanno portato loro... quello di Monza, no?...
DELL'UTRI ...sì!...
BERLUSCONI ...sul fatto di Vittorio Mangano...

DELL'UTRI ...sì!...
BERLUSCONI ...e io ho dovuto avvisare, insomma! Cioè, ho dovuto dire: «Sì, è vero, era là...» (prestava servizio nella villa di Arcore, *nda*), gli ho raccontato la storia che loro sapevano benissimo, peraltro!
DELL'UTRI Eh, si capisce!
BERLUSCONI Loro c'erano arrivati prima di me!
DELL'UTRI Sì, sì, la sanno benissimo, sì, sì!
BERLUSCONI Ecco!
DELL'UTRI Tra l'altro, appunto...
BERLUSCONI Io... io penso che sia lui!
DELL'UTRI Sì, sì, sì.
BERLUSCONI Perché, scusami, tu spiegami perché uno debba mettere una bomba!...
DELL'UTRI No!...
BERLUSCONI Ti dirò, eh!
DELL'UTRI Io non lo...
BERLUSCONI Sì, poi la bomba fatta proprio rudimentale...
DELL'UTRI Sì, sì!...
BERLUSCONI Con un chilo di polvere nera!...
DELL'UTRI Quindi, proprio...
BERLUSCONI Proprio... sì, sì, col sistema proprio...
DELL'UTRI Per dire: faccio un botto!
BERLUSCONI Faccio, faccio un botto!
DELL'UTRI Sì!...
BERLUSCONI Ma poi con molto rispetto, perché mi ha incrinato soltanto la parte inferiore della cancellata.
DELL'UTRI Ah!
BERLUSCONI Una cosa, un danno da duecentomila lire.
DELL'UTRI Sì, sì, sì.
BERLUSCONI Quindi, una cosa anche... rispettosa e affettuosa.

DELL'UTRI Sì!... (*ride*)
BERLUSCONI Eh?
DELL'UTRI (*ridendo*) Pazzesco! Sì, sì, sì...
BERLUSCONI Vabbè, io ritengo che sia così! Quindi adesso aspettiamo che poi...
DELL'UTRI Certo, sentiamo, sì! Comunque... pare strano però, eh! Perché... sì, tu dici giustamente che lui...
BERLUSCONI Ah, non c'è un'altra spiegazione!
DELL'UTRI Sì, sì, sì.
BERLUSCONI È la stessa in via Rovani come allora...
DELL'UTRI Sì, sì...
BERLUSCONI E lui fuori di prigione.
DELL'UTRI Sì, sì. Però, sentiamo adesso!
BERLUSCONI Adesso vediamo! (...) Io ho fatto un summit con tutti i Carabinieri di Milano e di Monza, stasera.
DELL'UTRI Ah, ecco!
BERLUSCONI Quello di Monza, aveva la sua tesi...
DELL'UTRI Sì, sì!...
BERLUSCONI E... credo che sia così!
DELL'UTRI Sì, sì, sì. Eh, quindi, bene, va bene. Insomma, comunque credo anch'io che non ci sono altre richieste (o simili). Anche perché non ci sono, voglio dire! Si sarebbero fatte sentire, insomma, no? Eh! Sì, sì, beh! E insomma!...
BERLUSCONI Vabbè... niente, stiamo a vedere. (...) Pensaci un po' anche tu: per me l'unica cosa è quella lì!
DELL'UTRI Sì, sì, ma io non ci ho fatto ancora tante riflessioni, ti dirò. Però, sono... anch'io condivido.
BERLUSCONI Arcore...
DELL'UTRI Sì, sì, sì...
BERLUSCONI Beh voglio dire: via Rovani, via Rovani...
DELL'UTRI Sì, sì. No, ma poi, voglio dire, non c'è neanche, vedi... chi... chi...

BERLUSCONI Cioè, questo qui... mi hanno aperto un po' gli occhi i Carabinieri, quando hanno detto: «Questo qui è un chiaro segnale estorsivo!».
DELL'UTRI Sì, sì.
BERLUSCONI Non c'è un'altra spiegazione! Perché, se fosse un fatto terroristico...
DELL'UTRI Io. Classico avvertimento di un qualcosa che...
BERLUSCONI ...Estorsivo!
DELL'UTRI ...che vuole arrivare.
BERLUSCONI Un segnale di un'estorsione!
DELL'UTRI Sì, sì, sì.
BERLUSCONI E, quindi, il segnale di un'estorsione, ripensi... che a undici anni fa...
DELL'UTRI Uh, uh... sì, sì, sì. Sì, ma non non vedo neanch'io altro... Pensandoci bene, hai ragione! ...da dove può arrivare, insomma?
BERLUSCONI No, quando poi mi hanno detto che era uscito da poco!...
DELL'UTRI Ma e questo io non lo sapevo proprio! Perché non ci avevo proprio fatto riferimento. Infatti, mi è venuto... mi è passato, ma dico: «Mah, non può essere lui!». In effetti, però, se è fuori... non avrei dei dubbi netti, va! Vabbè, tu sei sicuro che è fuori, sì?
BERLUSCONI Sì, sì, me l'han detto loro!
DELL'UTRI Te l'han detto loro?
BERLUSCONI Ma loro han fatto tutto. Quando uno ti dice... mah!... È venuta da...
DELL'UTRI Sì, sì, no, guarda, se è fuori, allora possiamo dire certezza, non sospetto!
BERLUSCONI Ti passo Fedele.(...)
CONFALONIERI Marcello!
DELL'UTRI Allora?

CONFALONIERI Come va?
DELL'UTRI Eh!...
CONFALONIERI Sei d'accordo anche tu, no?
DELL'UTRI Sì, sì, guarda, non sapevo che è fuori!
CONFALONIERI Sì!...
DELL'UTRI Ma se è fuori, non ci sono dubbi, direi!
CONFALONIERI Sì, sì!...
DELL'UTRI Perché non c'è... a parte che non... non c'è... voglio dire...
CONFALONIERI Non è un uomo di fantasia!
DELL'UTRI Non è un... Esatto! Proprio è... si ripete...
CONFALONIERI (*ridendo*) Ha cominciato a dieci anni a far così...
DELL'UTRI Sì, sì!...
CONFALONIERI Ha quarantasei anni adesso!
DELL'UTRI Sì, e poi, anche con un tentativo timido, in effetti!
CONFALONIERI Sì, sì.
DELL'UTRI Solo per dire: «Sono qui!». (*ride*)
CONFALONIERI (*ridendo*) Eh già!
DELL'UTRI ...«Sono qui!», ma, dico, no, perché vabbè...
CONFALONIERI ...Come la lettera (o simile) con la croce nera, come l'altra volta, ti ricordi?
DELL'UTRI Sì, sì. Esatto. Che, tra l'altro, ce l'ha ancora la Bosco quella lettera conservata! (*ridono*)
CONFALONIERI (*ridendo*) Diventando vecchi, diventiamo cinici, Marcello!
DELL'UTRI Pazzesco! Sì, sì, dunque noi...
CONFALONIERI La povera Veronica è qui esterrefatta!
DELL'UTRI Sì, sì...
CONFALONIERI Pensa che addirittura è gelosa!
DELL'UTRI Ah! (*ride*)

CONFALONIERI Guarda! Ha fatto una scena di gelosia stasera, che era commovente! Io mi son commosso per Silvio!
DELL'UTRI (*ride*)
CONFALONIERI Guarda! Davvero ho detto: «Guarda che bello, avere cinquant'anni e avere ancora delle scene di gelosia per Silvio!».
DELL'UTRI Davvero?
CONFALONIERI ...Avere altrettanto!... (*ride*)
DELL'UTRI Il massimo della gratificazione! (*ride*)
CONFALONIERI Ciao, Marcello! Cura le tonsille, cura le tonsille!
DELL'UTRI Ok. Ti ringrazio.
CONFALONIERI Ciao, ciao.
DELL'UTRI Ciao.
CONFALONIERI Ti ridò Silvio. Ciao, ciao.
DELL'UTRI Grazie... ciao, ciao.
BERLUSCONI Pronto?
DELL'UTRI Pronto!
BERLUSCONI È sicuro, insomma, se ci pensi!...
DELL'UTRI Sì, sì, no, non ho dubbi! Sapendo che è fuori, ti dirò, è certezza! Non c'è dubbio. Poi...
BERLUSCONI Poi perché la dinamica è di una...
DELL'UTRI ...sì!...
BERLUSCONI ...semplicità, proprio...
DELL'UTRI Sì, sì... alla Mangano!
BERLUSCONI Eh!
DELL'UTRI Sì, sì, sì.
BERLUSCONI Poi un'ora di polvere... un chilo di polvere nera, insomma, proprio il minimo!
DELL'UTRI Sì, sì. Cioè, proprio come dire: «Ti faccio sen... sentire... Sono qui, presente!».

BERLUSCONI Sì! Come uno, come uno che manda una raccomandata: «Caro dottore»! E lui mi ha messo... una bomba! (*ridono*)
DELL'UTRI (*ridendo*) Perché non sa scrivere! (*ridono intensamente*)
BERLUSCONI Così è la vita!
DELL'UTRI Ma no...
BERLUSCONI Stamattina gliel'ho detto anche ai Carabinieri.
DELL'UTRI Eh!...
BERLUSCONI Gli ho detto: «Ah, sì? In teoria, se mi avesse telefonato, io trenta milioni glieli davo!». (*ride*) Scandalizzatissimi: «Come, trenta milioni? Come? Lei non glieli deve dare, che poi noi lo arrestiamo!». Dico: «Ma no, su, per trenta milioni!» (*ridono*).
DELL'UTRI Madonna!
BERLUSCONI Poi han circondato la villa, no?
DELL'UTRI Ah, no!...
BERLUSCONI Eh sì! Poi questi quando... allora siamo scesi io e Fedele dalla macchina, paurosissimi che ci sparassero a noi! (*ridono*)
DELL'UTRI Ah, tutti... e adesso siete guardati a vista?
BERLUSCONI No, no!
DELL'UTRI Ah!
BERLUSCONI Eh, sì, siamo protetti a vista!
DELL'UTRI Ormai!
BERLUSCONI Siamo protetti a vista!
DELL'UTRI Ormai non si avvicina più!
BERLUSCONI Comunque, secondo me, è una co... io... penso che sia proprio così!
DELL'UTRI Sì, sì, sì.
BERLUSCONI Questo qui...

DELL'UTRI No, ma scusa, non c'è dubbio, allora! Se è uscito, non c'è...
BERLUSCONI Perché spiegami che altra genesi potrebbe avere una bomba?
DELL'UTRI Ma appunto! Ma, dico, lo sapremmo! L'avremmo già saputo, no?
BERLUSCONI Saputo!... Cioè, la gente... ci sarebbe arrivata una lettera...
DELL'UTRI Eh, una cosa, certo!
BERLUSCONI ...ma questa qui è: «Siamo qui...!».
DELL'UTRI Sì, sì, proprio... Sì, guarda, è sicuro, è sicuro! L'unica cosa è che... vabbè, poi, casomai, vediamo. Vabbè, sentiremo. Va bene?
BERLUSCONI Aspettiamoci richieste.
DELL'UTRI Ok!
BERLUSCONI Ciao, ciao.
DELL'UTRI Ciao. Grazie, ciao.

Il segnale acustico

L'indomani mattina, alle 9.20, Berlusconi e Dell'Utri si riparlano al telefono: la bomba è ormai diventata un semplice «segnale acustico». Anzi Berlusconi confida all'amico Marcello che gli dispiacerebbe «se i Carabinieri, da questa roba qui..., da un segnale acustico, facciano una limitazione della libertà personale a lui», cioè se arrestassero Mangano per così poco. Dell'Utri è ancora perplesso sulla pista Mangano e dice che interpellerà «il dirigente della Digos» di Milano, Eleuterio Rea.

DELL'UTRI Pronto?
BERLUSCONI Ciao, Marcello.

DELL'UTRI Eccomi, ciao... Va bene. Senti, quella roba là, ci hai pensato su un minuto?
DELL'UTRI Sì, ci ho pensato: io... sono convinto! Ma perché non vedo proprio chi...
BERLUSCONI Ah!...
DELL'UTRI ...perché, se è fuori, guarda, è... è sicuro! Soltanto che mi sem... mi... vabbè, è strano, insomma, come fatto. È strano come fatto e...
BERLUSCONI Sì, non c'è un altro mov... movente!...
DELL'UTRI ...però non c'è... no!
BERLUSCONI ...anche perché è una ripetizione a memoria dell'unica cosa che lui sappia fare.
DELL'UTRI Sì, l'unica cosa che sa...
BERLUSCONI Questo, invece di mandare una lettera, di scrivere e domandare...
DELL'UTRI Sì, sì, sì...
BERLUSCONI ...perché, come hai detto tu, non sa scrivere...
DELL'UTRI Sì, sì...
BERLUSCONI Poi fatto con grande rispetto, con grande riguardo...
DELL'UTRI ...sì, sì, proprio...
BERLUSCONI ...perché se lo buttava all'interno, succedeva una cosa grossa.
DELL'UTRI Esatto! Non volere proprio...
BERLUSCONI Invece, proprio messa lì, fuori...
DELL'UTRI Sì, un segnale acustico!
BERLUSCONI Un segnale acustico, esatto!
DELL'UTRI Sì, sì, sì.
BERLUSCONI È stato un segnale acustico.
DELL'UTRI Sì, sì. Dice...
BERLUSCONI Adesso mi spiace, però, se i Carabinieri...
DELL'UTRI ...eh!...

BERLUSCONI ...da questa roba qui... da un segnale acustico, gli fanno una limitazione della libertà personale a lui.
DELL'UTRI Eh, beh, però, d'altra parte, insomma, la pista è troppo facile!
BERLUSCONI Sì!...
DELL'UTRI Cioè vuol dire, secondo me, l'ha anche... l'ha anche valutato.
BERLUSCONI Sì!...
DELL'UTRI Eh, come si fa? Eh, è un discorso... non c'è dubbio! Peraltro, adesso io vedo quello della... il capo della Digos...
BERLUSCONI Ah!...
DELL'UTRI ...che mi ha detto: «...Mah...!»... Adesso sentiamo cosa mi dice!
BERLUSCONI Eh!...
DELL'UTRI Credo che sappia anche lui qualcosa.
BERLUSCONI Ma comunque, io a questi qui, ieri sera gli ho detto...
DELL'UTRI Eh!...
BERLUSCONI ...questa roba qua, dico: «Mah, l'unica cosa potrebbe essere questa qua!».
DELL'UTRI Eh!
BERLUSCONI Io non sapevo nemmeno che era fuori.
DELL'UTRI Sì, sì, no... e appunto, quando tu me l'hai detto io...
BERLUSCONI Eh, guarda, han mandato a prendere il nome e tutto! Perché lì c'era quello (il carabiniere, *nda*) di... di Monza, che era al corrente dei fatti di Arcore.
DELL'UTRI Certo, certo.
BERLUSCONI E quindi io...
DELL'UTRI ...sì, sì!...
BERLUSCONI ...quando mi hanno detto: «Ma quel signore che era stato da lei...»...

DELL'UTRI Sì, ma se uno chiede, dice: «Lei cosa... cosa può sospettare?»...
BERLUSCONI Sì!...
DELL'UTRI ...gli puoi dire: «È lui!», onestamente, no? Eh?
BERLUSCONI Sì, certo!...
DELL'UTRI Non c'è nessun dubbio!
BERLUSCONI Certo. Va bene, va bene, va bene. Senti, ho vi... (*Omissis*)
DELL'UTRI Ti faccio sapere.
BERLUSCONI Ciao, Marcello!
DELL'UTRI Grazie.
BERLUSCONI Ciao. Io vado ad Arcore, mi trovi là, eh!
DELL'UTRI Perfetto!
BERLUSCONI Ciao, ciao.
DELL'UTRI Buona giornata, ciao.

Alle 14.01 dello stesso 30 novembre 1986 Dell'Utri richiama Berlusconi per dirgli che ha «parlato con quello lì» (cioè Rea della Digos) e «poi ho visto Tanino... che è qui a Milano»: è venuto apposta a Milano da Palermo ed è lì presente in casa sua durante la telefonata. Berlusconi non domanda chi sia questo Tanino perché lo conosce benissimo con quel diminutivo confidenziale: il mafioso Gaetano Cinà. Dell'Utri, senza nominare Mangano, fa capire che Tanino gli ha detto che è ancora in carcere e quindi il sospetto che sia lui l'artefice dell'attentato va escluso.

BERLUSCONI Ciao, Marcello.
DELL'UTRI Ecco, ciao! (...) Dunque, io... sta... stamattina ho parlato con quello lì... e poi ho visto Tanino...
BERLUSCONI Ah!...

DELL'UTRI ...che è qui a Milano.
BERLUSCONI Uh!...
DELL'UTRI E... invece è da escludere quella ipotesi!
BERLUSCONI Ah sì, eh?
DELL'UTRI Perché (Mangano, *nda*) è ancora dentro.
BERLUSCONI Uh, uh!...
DELL'UTRI Non è fuori!
BERLUSCONI Ho capito!
DELL'UTRI E Tanino mi ha detto che assolutamente è proprio da escludere, ma proprio categoricamente!
BERLUSCONI Uh, uh!...
DELL'UTRI Comunque, poi ti parlerò...
BERLUSCONI Uh, uh!...
DELL'UTRI ...perché... di persona!
BERLUSCONI Uh, uh... ho capito.
DELL'UTRI E, quindi, non c'è proprio... guarda, veramente, nessuna... da stare tranquillissimi, eh...
BERLUSCONI Perfetto!
DELL'UTRI ...secondo me!
BERLUSCONI Perfetto, ho capito!
DELL'UTRI Sì, sì...
BERLUSCONI Va bene!
DELL'UTRI Ok!

La cassata mafiosa

Il 20 dicembre 1986, alle 8.58, Gaetano Cinà chiama da Palermo casa Dell'Utri. Risponde il figlio Marco, che riconosce al volo Cinà: Tanino è proprio un amico di famiglia. Cinà anticipa a Marcello che spedirà tre cassate per Natale: una a lui, una a Confalonieri e la più grande a Berlusconi.

DELL'UTRI Pronto, ciao!
CINÀ *(ride)* Ciao! Bella 'a verità!
DELL'UTRI *(ride)*
CINÀ Quello, Marco, appena piglia il telefono subito sa che sono io!
DELL'UTRI Come stai, bene?
CINÀ Bene!
DELL'UTRI Tutto bene, sì.
CINÀ Ieri ho telefonato pure ad Alberto (il fratello gemello di Marcello, *nda*).
DELL'UTRI Ah sì?
CINÀ ...perché gli voglio mandare pure una cassatina...
DELL'UTRI Ah...
CINÀ ...però se la de... deve andare a prendere.
DELL'UTRI Se la... certo, la deve andare a ritirare.
CINÀ Ora, io te le mando queste cose il mercoledì... cioè, il giorno ventitré.
DELL'UTRI Ventitré, perfetto!
CINÀ Perché...
DELL'UTRI Sì!...
CINÀ ...ci può essere la nebbia...
DELL'UTRI Sì!...
CINÀ ...e va a finirci il Natale sottosopra! *(ride)*
DELL'UTRI Sì, certo.
CINÀ Siccome ho fatto fare dal falegname, per quella del Cavaliere...
DELL'UTRI Eh!...
CINÀ ...di proposito...
DELL'UTRI Sì!...
CINÀ ...perché certamente è grossa, è dieci chili!...
DELL'UTRI Ah, caspita! Bellissimo!
CINÀ ...perciò ci sto facendo fare la cosa dal falegname, adatta...

DELL'UTRI Appositamente!... Eh, capirai!
CINÀ Eh, io volevo sapere da te se nella cassata, sopra...
DELL'UTRI ...sì!...
CINÀ ...ci dobbiamo mettere qualche cosa di Canale 5, perché è grossa, oppure qualche cosa del Milan, o niente?
DELL'UTRI Ah! Potrebbe essere un'idea!
CINÀ Tu me lo devi dire.
DELL'UTRI Sì, sì, sì, come no!
CINÀ Eh, viene favolosa!
DELL'UTRI Certo! Ma metticela di... di... non del Milan... di Canale5!
CINÀ Di Canale5!
DELL'UTRI Sì, sì, sì, giusto! Ci mette lo... come dire, lo stemma di Canale5.
CINÀ Sì, sì, glielo faccio fare bello...
DELL'UTRI Bello, è una bella idea!
CINÀ ...perché lo sanno fare.
DELL'UTRI Sì, sì, caspita, bellissimo!
CINÀ E allora, io ne faccio... cioè tre...
DELL'UTRI Sì!...
CINÀ ...tre... aspetta, sono tre, una sopra all'altra, no?
DELL'UTRI Eh!...
CINÀ Tirate con lo scotch...
DELL'UTRI Sì!...
CINÀ ...e questa a parte. Perché una piccola è... è del Cavaliere, una tua e una di...
DELL'UTRI ...di Fedele Confalonieri.
CINÀ ...di Fedele.
DELL'UTRI Esatto.
CINÀ Perfetto.

«Vogliono la testa di Pier Silvio»

Alle elezioni europee del 1987 Cosa Nostra, per la prima volta, tradisce la Dc e vota Psi e Radicali per «punire» i democristiani, che non hanno ostacolato a sufficienza l'azione del pool di Falcone e Borsellino nel maxiprocesso. Secondo la Procura di Palermo, proprio ad agganciare Craxi tramite Berlusconi e Dell'Utri in vista di quella tornata elettorale era finalizzato l'attentato di via Rovani del novembre 1986. Ma dopo le Europee, evidentemente insoddisfatti, i boss pressano il Cavaliere con intimidazioni ancora più gravi. Questa volta minacciano di sequestrare e addirittura assassinare suo figlio Pier Silvio se non farà una certa cosa per loro «entro sei giorni». La circostanza, mai denunciata da Berlusconi, emerge da una telefonata con l'amico e socio Renato Della Valle, immobiliarista milanese, in quel momento sotto inchiesta e sotto intercettazione a Milano. Sono le ore 9.27 del 17 febbraio 1988. Berlusconi chiama Della Valle:

BERLUSCONI Renato…
DELLA VALLE Ciao, Silvio (…).
BERLUSCONI Ma, guarda, vado male da un punto di vista fisico, perché mi è venuto… c'ho un'artrosi, più un… un po' di altri dolori. Mi sono bloccato sulla sinistra, dietro, tutto.
DELLA VALLE Ma va!
BERLUSCONI E allora sono messo male fisicamente. E poi c'ho tanti casini in giro, a destra, a sinistra. Ce n'ho uno abbastanza grosso, per cui devo mandar via i miei figli, che stanno partendo adesso per l'estero, perché mi han fatto estorsioni… in maniera brutta.
DELLA VALLE Oh, Madonna!
BERLUSCONI Una cosa che mi è capitata altre volte, dieci anni fa, e… sono ritornati fuori.

DELLA VALLE Senti, Silvio...
BERLUSCONI Mmh.
DELLA VALLE Eh, vabbè, no... hai St. Moritz, se no ti dicevo: se vuoi mandarli anche qui a casa mia, non ci son problemi, eh.
BERLUSCONI Grazie, ma li mando molto più lontano.
DELLA VALLE Ah.
BERLUSCONI Sai, siccome mi hanno detto che, se, entro una certa data, non faccio una roba, mi consegnano la testa di mio figlio a me ed espongono il corpo in piazza del Duomo...
DELLA VALLE Oh, Madonna!
BERLUSCONI E allora son cose poco carine da sentirsi dire e allora ho deciso: li mando in America e buona notte.
DELLA VALLE Senti, ma vai anche tu... fuori.
BERLUSCONI Eh, io c'ho un po' di cosette qua da fare.
DELLA VALLE Eh, ma chi se ne frega, Silvio. Però insomma, se... se t'han dato una data, fino a quella data lì vai anche tu.
BERLUSCONI Ma, vedi, no, io sono qui difeso... per casa...
DELLA VALLE Se vuoi venire qui a casa mia...
BERLUSCONI Ascolta...
DELLA VALLE Devono passare sul mio cadavere, eh.
BERLUSCONI Così ci mettono la bomba in du... ci fan saltare in due (*ride*) (...).
DELLA VALLE Ma cosa vuoi che faccian saltare. La bomba... Senti... quando è quella scadenza?
BERLUSCONI Di Rizzoli?
DELLA VALLE No, no, no, la scadenza di quei... delinquenti lì che t'hanno detto...
BERLUSCONI Fra sei giorni.
DELLA VALLE Perché non prendiamo l'aereo domani, molliamo tutto e andiamo a fare un giro?

BERLUSCONI No, io son qui con...
DELLA VALLE Anch'io. Sapessi i casini che c'ho in ballo io, non ne hai idea.
BERLUSCONI Eh.
DELLA VALLE Però vaffanculo, andiamo... andiamo in giro per il mondo. Eh, se quelli hanno un Grumond (*fonetico, parola non certa*) che va forte come noi, ci beccano. Ma proprio da stare un giorno in un posto, un giorno in un altro.
BERLUSCONI Sì, vabbè, ma avendo allontanato l'oggetto, capisci?
DELLA VALLE Sì, vabbè, ma Silvio, se sono sei giorni...
BERLUSCONI No, sono preoccupato piuttosto per il Paolo, così, insomma.
DELLA VALLE Beh, Paolo, scusa, portiamo via anche lui.
BERLUSCONI Eh, sì. Vabbè.
DELLA VALLE Ragazzi, il mondo si ferma, eh.
BERLUSCONI Vabbè, lo so, lo so.
DELLA VALLE Eh.
BERLUSCONI Vabbè.
DELLA VALLE Facciamolo... Silvio, facciamolo davvero.
BERLUSCONI Ma no, dài. Io c'ho tante cose da fare qui. Io poi non ci credo a quelle robe lì, lo sai.
DELLA VALLE Hai paura di diventare povero?
BERLUSCONI No.
DELLA VALLE Sei giorni!
BERLUSCONI No.
DELLA VALLE Dài. Andiamo a fare sei giorni i pirla per il mondo.
BERLUSCONI No, no, ma io ti dico sinceramente che, se fossi sicuro di togliermi questa roba dalle palle, pagherei tranquillo, così almeno non rompono più i coglioni.

DELLA VALLE Eh, lo so, ma solo che questi qui... poi te lo... ci provano ancora, eh. Beh, ma, Silvio, avrai tutta la collaborazione che serve, no?
BERLUSCONI Sì, sì, tutti quanti. Sono molto... sono molto bravi.
DELLA VALLE Eh.
BERLUSCONI Vabbè. Senti, Renato...
DELLA VALLE Mi dispiace molto, Silvio.
BERLUSCONI Ci sentiamo (...).

Evelina, Elena e il Barbarossa

Il 21 giugno 2007, alle 18.40, Silvio Berlusconi, leader dell'opposizione al governo Prodi, chiama Agostino Saccà, fedelissimo direttore di Rai Fiction.

BERLUSCONI Agostino!
SACCÀ Presidente! Buonasera... come sta... Presidente...
BERLUSCONI Si sopravvive...
SACCÀ Eh... vabbè, ma alla grande, voglio dire, anche se tra difficoltà, cioè io... lei è sempre più amato nel Paese...
BERLUSCONI Politicamente, sul piano zero...
SACCÀ Sì.
BERLUSCONI ...socialmente, mi scambiano... mi hanno scambiato per il Papa...
SACCÀ Appunto dico, lei è amato proprio nel Paese, guardi, glielo dico senza nessuna piangerìa (*sic*, *nda*)...
BERLUSCONI Sono fatto... oggetto di attenzione di cui sono indegno...
SACCÀ Eh... ma è stupendo, perché c'era un bisogno... c'è un vuoto... che... che lei copre anche emotivamente...

cioè vuol dire... per cui la gente... proprio... è così... lo registriamo...
BERLUSCONI È una cosa imbarazzante...
SACCÀ Ma è bellissima, però!
BERLUSCONI Vabbè... allora?
SACCÀ Presidente, io la disturbo per questo, per una cosa fondamentale, volevo dirle alcune cose della Rai importanti in questo momento, perché abbiamo faticato tanto per conservare la maggioranza... eh, la maggioranza cinque (cinque consiglieri su nove nel Cda Rai sono rimasti al centrodestra, *nda*), è importante anche in questo passaggio, riusciamo a conservarla per un anno dopo la... ma è strategica questa cosa, ma se la stanno giocando in una maniera... stupida... proprio, cioè... quindi, volevo... lei già lo sa... perché le avevo... volevo darle questo allarme, perché, allora, se abbiamo la maggioranza in consiglio, e quindi abbiamo una forte importanza, questa maggioranza non la smonta più nessuno ormai dopo la decisione...
BERLUSCONI Sì... non capisco Urbani (Giuliano Urbani, membro del Cda Rai in quota Forza Italia, *nda*) che fa lo stronzo, no?!
SACCÀ Mah! Allora... Urbani, io non... non lo so... penso che in questi giorni sono stati più i nostri alleati... che hanno un po'... no!... lui forse ha fatto un errore su Minoli (Giovanni Minoli, aspirante direttore generale Rai, *nda*)... e l'altra volta... ch... però sono stati un po'... Ah e anche la Lega, che per un piatto di lenticchie hanno spaccato la maggioranza (...).
BERLUSCONI Adesso li richiamo... a (*parola incomprensibile*)...
SACCÀ Li richiami lei all'ordine... Presidente!
BERLUSCONI D'accordo.

SACCÀ Perché abbiamo una grande vittoria... qui in azienda stavamo riprendendo... anche consensi... in giro...
BERLUSCONI Vabbè... vabbè... adesso vediamo, vediamo un po'. Senti, io..., poi avevo bisogno di vederti.
SACCÀ Sì.
BERLUSCONI Perché c'è Bossi che mi sta facendo una testa tanto...
SACCÀ Sì... sì...
BERLUSCONI ...con questo cavolo di... fiction... di Barbarossa...
SACCÀ Barbarossa è a posto per quello che riguarda... per quello che riguarda Rai Fiction, cioè in qualunque momento...
BERLUSCONI Allora mi fai una cortesia...
SACCÀ Sì.
BERLUSCONI Puoi chiamare la loro soldatessa (Giovanna Bianchi Clerici, consigliere di amministrazione Rai in quota Lega, *nda*) che hanno dentro il consiglio...
SACCÀ Sì.
BERLUSCONI ...dicendogli testualmente che io t'ho chiamato...
SACCÀ Va bene, va bene...
BERLUSCONI ...che tu mi hai dato garanzia che è a posto...
SACCÀ Sì, sì è tutto a posto...
BERLUSCONI Chiamala, perché ieri sera...
SACCÀ La chiamo subito Presidente...
BERLUSCONI ...a cena con lei e con Bossi, Bossi mi ha detto, ma insomma... di qui di là... dice... Ecco, se tu potevi fare 'sta roba... mi faresti una cortesia.
SACCÀ Allora diciamola tutta... diciamola tutta Presidente... così lei la sa tutta. Intanto il signor regista ha fatto un errore madornale, perché un mese fa... ha dato... e loro lo

sanno... ha dato un intervista alla *Padania*, dicendo che aveva parlato con Bossi e che era tutto... io ero riuscito a rimetterla in moto la cosa, che era tutto a posto perché aveva parlato col Senatùr... bla, bla, bla... il giorno dopo il *Corriere* scrive...
BERLUSCONI Esiste... (*parola incomprensibile*)...
SACCÀ ...in due pezzi, dicendo, Saccà fa quello che gli chiede la... (*parola incomprensibile*), le mando poi gli articoli... così...
BERLUSCONI Chi è il regista?
SACCÀ Il regista è Martinelli, che è un bravo regista, però è uno stupido, un ingenuo, un cretino proprio...
BERLUSCONI Uhm...
SACCÀ Un cretino, mi ha messo in una condizione molto difficile, perché mi ha scritto un articolo sul *Corriere della Sera*... e poi non contento, Aldo Grasso sul *Magazine* del *Corriere della Sera*... scrive: il potente Saccà fa quello che gli dice Berlusconi e basta... ecc... Che poi non è vero, lei non mi ha chiesto mai...
BERLUSCONI Allora ascoltami...
SACCÀ Lei è l'unica persona che non mi ha chiesto mai niente... voglio dire...
BERLUSCONI Io qualche volta di donne... e ti chiedo... perché...
SACCÀ Sì... ma mai...
BERLUSCONI ...per sollevare il morale del Capo... *(ridendo)*
SACCÀ Eh esatto, voglio dire... ma, mi ha lasciato una libertà culturale di... ideale totale... voglio dire... totale... e questo lo sanno tutti, allora perché, e, malgrado questo, io sono stato chiamato poi dal presidente (Claudio Petruccioli, *nda*), dal direttore generale (Claudio Cappon, *nda*): «Ma com'è 'sta cosa!?». (E io ho risposto, *nda*:) «Questa cosa

vale perché... vale perché Barbarossa è Barbarossa, perché Legnano è Legnano...».

BERLUSCONI Certo, certo...

SACCÀ Perché i comuni a Milano hanno segnato la civiltà dell'Occidente... voglio dire...

BERLUSCONI D'accordo... va bene...

SACCÀ Quindi, adesso io la chiamo subito ecc... Presidente, poi quando lei ha un attimo di...

BERLUSCONI La settimana prossima sto a Roma... vieni a trovarmi quando vuoi...

SACCÀ Eh... vediamo...

BERLUSCONI ... chiama la Marinella (Brambilla, segretaria di Berlusconi, *nda*) lunedì...

SACCÀ Mi metto d'accordo con Marinella...

BERLUSCONI ...lunedì che ci mettiamo d'accordo, va bene. Senti, tu mi puoi fare ricevere due persone?

SACCÀ Assolutamente!

BERLUSCONI Perché io sono veramente dilaniato dalle richieste di coso...

SACCÀ Assolutamente...

BERLUSCONI Con la Elena R. non c'era più niente da fare? Non c'è modo?

SACCÀ No... c'è un progetto interessante... adesso io la chiamo...

BERLUSCONI Gli puoi fare una chiamata? La Elena R.; e poi la Evelina M. Non c'entro niente io, è una cosa... diciamo... di...

SACCÀ Chi mi dà il numero?

BERLUSCONI Evelina M... io non ce l'ho...

SACCÀ Chiamo...

BERLUSCONI No, guarda su Internet...

SACCÀ Vabbè, la trovo, non è un problema... me la trovo io...

BERLUSCONI Ti spiego che cos'è questa qui...
SACCÀ Ma no, Presidente, non mi deve spiegare niente...
BERLUSCONI No, te lo spiego: io sto cercando di avere...
SACCÀ Presidente, lei è la persona più civile, più corretta...
BERLUSCONI Allora... è questione di... (*parola incomprensibile, le voci si accavallano*)...
SACCÀ Ma questo nome è un problema mio...
BERLUSCONI Io sto cercando... di aver la maggioranza in Senato...
SACCÀ Capito tutto...
BERLUSCONI E... questa Evelina M. può essere... perché mi è stata richiesta da qualcuno (forse un senatore del centrosinistra, *nda*)... con cui sto trattando...
SACCÀ Presidente... a questo proposito, quando ci vediamo, io gli posso dire qualcosa che riguarda la Calabria... interessante (ma a proposito dei suoi contatti con il senatore, *nda*)...
BERLUSCONI Molto bene...
SACCÀ ...perché c'è stato un errore, in una prima fase c'è stato un errore per la persona che ha mediato il rappor... poi glielo dico a voce...
BERLUSCONI ...che non andava bene?
SACCÀ ...non andava bene...
BERLUSCONI Devo farlo io direttamente.
SACCÀ Esatto, non andava bene per nulla...
BERLUSCONI Va bene...
SACCÀ Poi le dico meglio,... Presidente...
BERLUSCONI Va bene, io sto lavorando in «Operazione libertaggio» (*sic, nda*)... l'ho chiamata così, va bene?
SACCÀ Va bene...
BERLUSCONI Va bene... se puoi chiamare questa signora qui...

SACCÀ La chiamo... e poi quando...
BERLUSCONI Evelina M...
SACCÀ ...ci vediamo le riferisco...
BERLUSCONI ...e anche Elena R... grazie, ci sentiamo...
SACCÀ Va bene... allora arrivederla Presidente...
BERLUSCONI La settimana prossima ci vediamo...
SACCÀ Oh... metta le mani però su 'sta maggioranza... perché veramente io ho rischiato tanto per avere la maggioranza in consiglio...
BERLUSCONI Faccio questo... anche se...
SACCÀ ...e si è sciolta dopo la set... abbiamo fatto una figura barbina!
BERLUSCONI Va bene...
SACCÀ Ma non per colpa... mi creda... di Urbani...
BERLUSCONI D'accordo...
SACCÀ Urbani fa altre cazzate...
BERLUSCONI Sì, sì va bene!
SACCÀ Grazie Presidente...
BERLUSCONI Grazie, ciao... ci vediamo la settimana prossima.

«Poi ti ricambierò dall'altra parte»

Alle 17.35 del 6 luglio 2007 Berlusconi e Saccà tornano a parlarsi.

BERLUSCONI Agostino!
SACCÀ Eccomi Presidente!
BERLUSCONI Niente, lì c'è stato un fatto che Alleanza nazionale e la Lega hanno voluto dare un messaggio mafioso all'Udc dicendo: guardate che se Casini sta tentando di fare

un... un accordo con la sinistra, siamo capaci di farlo anche noi e... lo facciamo prima di voi!
SACCÀ Chiarissimo.
BERLUSCONI Quindi praticamente hanno disdetto tutto quello che avevano detto a me. Io stamattina non mi son fatto trovare. Letta ha fatto una telefonata di fuoco a quelli di An. An gli ha detto: «Ma non c'entrate niente voi... il palinsesto non lo abbiamo tolto a voi perché abbiamo dato a Nardella (forse un dirigente di Rai Fiction, forse Carlo Nardello, responsabile dei palinsesti Rai, *nda*) una cosa importante. Era già da Leone (Giancarlo Leone, vicedirettore generale Rai in quota Udc, *nda*)». Hanno cercato di scusarsi, però questa è la situazione...!? E quindi io ho degli straccioni di alleati che si comportano con la slealtà che si è dimostrata anche in questa occasione (...).
SACCÀ Presidente è, come dire, da adesso in poi stare con gli occhi un po' aperti perché essendo un anno pre-elettorale se non...
BERLUSCONI Eh lo so! Stiamo con gli occhi apertissimi, però questa è...! Purtroppo ho a che fare con questa gente...
SACCÀ È assurdo!
BERLUSCONI Comunque senta... io la chiamo e le chiedo scusa anche se... ti chiedo scusa se insisto anche su quell'altra cosa. Ho quel problema anche che avevo accennato di Elena R... E tu mi avevi detto della produzione Bixio *Questo è amore* e *Betty la Fea*.
SACCÀ Esatto.
BERLUSCONI È una cosa possibile? Io ci terrei molto che si concretizzasse perché...
SACCÀ Allora, Presidente, su una delle due cose è... ragionevolissimo pensare, io mi impegno che si realizzerà sia su... soprattutto su *Betty la Fea* che è un ruolo che a lei piace,

piace molto ecc. Quindi su questo non ci sono dubbi. Io poi la rivedo anche lei per confermarglielo, la ragazza quindi... la Elena... non ci sono problemi su questo.
BERLUSCONI Ecco, Agostino, io ti ringrazio su questo perché, siccome ha avuto una delusione per una cosa che doveva essere fatta da un altro produttore che è andata a zero, è rimasta praticamente senza lavoro e, siccome è una persona molto orgogliosa, non è che si possa aiutare in altro modo che darle lavoro.
SACCÀ Sì sì, è una persona serissima, sono d'accordo con lei, Presidente, molto.
BERLUSCONI Allora, se tu mi puoi fare questa cortesia, è come se la facessi proprio a lei, ma la fai a me direttamente, te ne sono grato.
SACCÀ Va bene, me ne occupo e visto che i tempi di queste cose non sono immediate, perché *Questo è amore* le riprese inizieranno a dicembre e l'altra roba... nel frattempo vedo di farle fare altre cose, qualche altra cosa in attesa di... Adesso la curo con attenzione.
BERLUSCONI Ecco, guarda, ti ringrazio molto, perché io veramente ci tengo, perché è una situazione veramente dolorosa.
SACCÀ Va bene.
BERLUSCONI Io sai che poi ti ricambierò dall'altra parte, quando tu sarai un libero imprenditore, mi impegno a... eh! A darti un grande sostegno.
SACCÀ Sì.
BERLUSCONI Agostino, grazie.
SACCÀ Grazie, Presidente.
BERLUSCONI Un abbraccio forte, ciao.
SACCÀ Va bene, grazie.

La ragazza «pericolosa»

Il 12 settembre 2007, ore 15.18, nuova telefonata fra Berlusconi e Saccà. Parlano delle novità nel Cda Rai con l'arrivo dell'ulivista Fabiano Fabiani, designato dal Tesoro al posto del forzista Angelo Maria Petroni. Poi tornano a conversare di senatori da comprare per rovesciare Prodi e di attrici «pericolose».

BERLUSCONI Pronto?
SACCÀ Buonasera, Presidente, come sta? Bene, bene...
BERLUSCONI Sto lavorando per far cadere il governo e conto di riuscirci.
SACCÀ E credo che ce la può fare... io le volevo...
BERLUSCONI Io le telefono per due cose...
SACCÀ Sì, sì.
BERLUSCONI Oltre... ti telefono per due cose oltre alla vicenda della Rai, naturalmente, per cui...
SACCÀ Sì, sì (...).
BERLUSCONI Allora, le due cose per cui ti disturbo, Agostino, sono...
SACCÀ Sì, sì.
BERLUSCONI Una, e e e perché, e e e... tu mi hai parlato di quel calabrese...
SACCÀ Sì.
BERLUSCONI Eletto in Australia (il senatore Nino Randazzo, *nda*)...
SACCÀ E lì su quello io ho delle notizie importanti, molto importanti...
BERLUSCONI Ecco...
SACCÀ E possibilmente positive, se governata la situazione...

BERLUSCONI Sì, e allora io su quello sono interessato, che sto facendo l'operazione, sto cercando di aggregare più senatori possibili, no...
SACCÀ Sì.
BERLUSCONI Ecco, quindi su quello se hai delle cose da dirmi, se poi ti...
SACCÀ Io delle cose, se vuole gliele posso già dire al telefono e poi...
BERLUSCONI Sì, sì, dimmele, vai, dimmele, dimmele.
SACCÀ Allora, lui era il direttore... non è vero quello che mi avevano detto, perché lui in realtà di cultura era più, come dire, laburista, lì, no...
BERLUSCONI Uhm.
SACCÀ Questo è il dato, però, però, però... e dirigeva, non come mi è stato detto, *La fiamma di Sidney*, ma l'altro giornale della stessa proprietà, che è una proprietà di italiani che vengono dal Veneto, importanti, che sono grandi importatori dall'Italia di prodotti alimentari...
BERLUSCONI Eh.
SACCÀ E lui è un uomo di questi signori, praticamente, di questi signori qua... lui ha fatto due cose... intanto sta tornando poco in Australia, sta tornando molto poco, se vi dico come... perché fu un mio amico, e e e carissimo, che tra l'altro vive a Milano, è noto, eccetera, è un cugino di un grande ristoratore australiano, e questo signore andava tutte le sere a mangiare quando usciva dal giornale, a mangiare... e quindi so tutto proprio... e allora, lui ha fatto due cose: uno, ha dichiarato alla radio degli italiani in Australia che se il governo non fa entro quest'autunno, non approva comunque un disegno di legge sulla doppia cittadinanza per gli italiani d'Australia, lui lascia... evidentemente dice l'amico, e e e come dire, ristoratore, si sta preparando il modo per uscire, perché,

evidentemente, sta riflettendo chi lo rielegge la prossima volta, ed è chiaro che il governo non ce la fa a fare un disegno di legge, approvarlo, sulla doppia cittadinanza in Australia, e poi perché agli italiani e non ai sudamericani eccetera eccetera... L'altra cosa è che il giornalismo per lui è importante, è importante il futuro, chi l'aiuti... quindi, glielo vorrei dire meglio a voce, diciamo, Presidente...

BERLUSCONI Sì, ma senti un po', c'è una persona che potrebbe, che potremmo usare per contattarlo?

SACCÀ Sì, c'è questo mio amico che è un commercialista importante, di origine calabrese, che sta a Milano, che tra l'altro è nostro proboviro, lì, di Forza Italia a Milano (Pietro Pilello, *nda*), quindi è uno proprio nostro...

BERLUSCONI Di casa.

SACCÀ Nostro, importante, che io mi sono rivolto a lui sapendo che lui aveva questo cugino che era... aveva una catena di ristoranti importanti in Australia, e lui subito mi ha detto tutto...

BERLUSCONI Allora se tu puoi...

SACCÀ E lui si propone proprio per dire: allora se devo essere l'uomo di contatto, allora divento l'uomo di contatto...

BERLUSCONI Se tu potessi combinare un incontro con Marinella (Brambilla, segretaria di Berlusconi, *nda*) di questo signore a Milano con me lunedì o martedì prossimo, mi faresti una cortesia...

SACCÀ È troppo presto, Presidente, ci dobbiamo dare... non ce la faccio in così pochissimo tempo.

BERLUSCONI No, ma non del dep... del senatore...

SACCÀ Ah.

BERLUSCONI Del proboviro!

SACCÀ Ah, certo, del nostro amico, del nostro, e e e del commercialista, subito...

BERLUSCONI Va bene.
SACCÀ Questo lo faccio immediatamente.
BERLUSCONI Va bene; punto primo, e questo grazie moltissimo...
SACCÀ Sì.
BERLUSCONI Punto secondo, quella pazza della Antonella T.
SACCÀ Sì.
BERLUSCONI Si è messa in testa che io la odio...
SACCÀ Sì.
BERLUSCONI Che io ho bloccato la sua carriera artistica...
SACCÀ Ma...
BERLUSCONI È andata a dire delle cose pazzesche in giro... ti chiedo questa cortesia, di farle una telefonata...
SACCÀ La chiamo...
BERLUSCONI E di dire: guarda che e e e... fissare un appuntamento, non lo so, dire che c'è qualche cosa, e di dire che io ti ho tolto la tranquillità perché sono un po' di settimane che continuo a dirti: io devo far lavorare la T.
SACCÀ Va bene, la chiamo, la convoco...
BERLUSCONI Scusa, dille, sottolinea un mio ruolo attivo...
SACCÀ Va bene.
BERLUSCONI Perché io continuo a dirglielo, ma lei dice, pensa che io le sia di ostacolo addirittura, che è una cosa folle, io non sono mai stato ostacolo a nessuno in vita mia in nessun campo... va bene, però è pazza e quindi...
SACCÀ Sì.
BERLUSCONI Fammi questa cortesia, perché sta diventando pericolosa.
SACCÀ Va bene. Ho un'altra cosa da dirle io, perché io ho visto pure Pietro Fuda (senatore dell'Unione eletto in Calabria, *nda*), però so che lì sta andando anche un altro discorso avanti, eccetera eccetera, quelle due...

BERLUSCONI No, lì così siamo fermi invece.
SACCÀ Allora le dico quello che mi ha detto, glielo dico rapidissimamente, eccetera, lui mi ha detto, dice: «Guarda, Agostino»... lui poi è di poche parole, è stato due ore a casa mia, è venuto lui a casa mia in Calabria, a casa di mia sorella, ha detto: «Guarda, Agostino, intanto apprezzo questa cosa che Silvio ha messo te, che vuol dire che allora mi rispetta e mi stima, perché io ti consi...» le dico quello che mi ha detto, «ti considero un grande intellettuale, un uomo importante»...
BERLUSCONI Bene.
SACCÀ E quindi vuol dire che, che «mi valuta per quello che io merito», eccetera. «Però ti dico due cose che devi dire a lui. Allora: uno, che io sto con lui, cioè, voglio dire, li odio questi qua, io sono democristiano, dico, non sono, che so' stato costretto a finire lì... Due, che quand'anche io passo, se lui non risolve il problema di Casini, perché io vivo al Senato, in piedi il governo lo tengono i senatori di Casini»...
BERLUSCONI No, non possono tenerlo i senatori di Casini, perché Casini si sputtanerebbe definitivamente di fronte a tutti...
SACCÀ No, però di fatto, sotto sotto...
BERLUSCONI No, no, ma sotto sotto noi denunceremo con grande violenza tutto questo, andrei io in televisione a dire: questo Casini è un porco traditore e, quindi, squalificato per sempre dalla scena politica dei liberali.
SACCÀ Però lui mi ha detto: «Questo è il problema, perché siamo in dieci, non ce la facciamo più», mi ha detto...
BERLUSCONI Sì, sì, sì...
SACCÀ «Non ce la facciamo più».
BERLUSCONI Infatti io ce ne ho diversi, io sto facendo la corte a più di venti.

SACCÀ Un'altra cosa che lui mi ha detto... io ho detto: sì, però io... se Berlusconi si è scomodato per chiamarmi, io la cosa gliela devo portare, dico: Pietro, mica ci muoviamo, perdiamo tempo, voglio dire, dai, dico io, gli posso comunque dire una cosa, che se lo aggredissero personalmente sulle sue sostanze, sulla sua azienda, sulle sue cose, tu non ci stai: garantisciglielo. M'ha detto: «Questo glielo puoi garantire».
BERLUSCONI Grazie.
SACCÀ Poi sul resto vediamo... «Questo garantisciglielo, che su questo io non ci sto, e lo dichiaro, perché è una persecuzione, sarebbe una persecuzione personale»...
BERLUSCONI Va bene, grazie mille. Senti...
SACCÀ Il resto, io...
BERLUSCONI Allora adesso io Fuda penso di cucinarmelo io, gli telefono direttamente io, lo invito io.
SACCÀ Eh, io so che, che lui... qualcosa c'è, perché lui mi ha detto: «Eh, ma io poi lo vedo»... Cioè, capito, lui me l'ha detto questo...
BERLUSCONI Va bene.
SACCÀ Dico: benissimo... va benissimo, così gli ho detto...
BERLUSCONI Va bene... va bene.
SACCÀ Poi, Presidente, quando può e vuole, io le devo dire anche altre cose, la Rai, ma comunque...
BERLUSCONI Va bene, quando vuoi telefona alla Marinella.
SACCÀ Va bene, va bene.
BERLUSCONI Glielo dico e fissiamo un appuntamento subito.
SACCÀ Intanto io con Marinella mi metto d'accordo per mandarle il Pilello...
BERLUSCONI Come si chiama?
SACCÀ Pilello, Pietro Pilello.

BERLUSCONI Pivello?
SACCÀ Pietro Pilello.
BERLUSCONI Pilello.
SACCÀ Tra l'altro è un personaggio anche importante a Milano, perché è nella Commissione tributaria di Milano...
BERLUSCONI Benissimo, benissimo.
SACCÀ È una persona seria...
BERLUSCONI Grazie mille.
SACCÀ Va bene, Presidente.
BERLUSCONI Grazie.
SACCÀ Buon lavoro.
BERLUSCONI Grazie moltissimo, Agostino, ciao.
SACCÀ Comunque le voglio dire una cosa, che sul territorio ho trovato un consenso verso di lei, in Calabria, per cui è Papa subito (*ride*).
BERLUSCONI (*ride*) Va bene.
SACCÀ Ma è una cosa meravigliosa!
BERLUSCONI Va bene, grazie mille.
SACCÀ Arrivederla.
BERLUSCONI Ciao, grazie molto, grazie.

Madre Teresa con le tette

Alle 17.11 del 4 novembre 2007, Berlusconi richiama da Arcore il produttore Guido De Angelis per parlargli delle «mie fanciulle» e dei palinsesti delle reti Mediaset e Rai.

BERLUSCONI Pronto?
DE ANGELIS Ciao.
BERLUSCONI Ciao, Guido, come va?
DE ANGELIS Bene, tu stai bene?

BERLUSCONI Tutto bene, sì, sì. Lavoro troppo, ma insomma...
DE ANGELIS Eh, lo vedo, lo vedo.
BERLUSCONI Senti, per le fanciulle mie, ti ringrazio: le avete convocate, credo, tutte, quelle che vi ho dato?
DE ANGELIS Eh, quasi tutte meno che una, che non ancora... volevo parlarti un attimo a quattr'occhi per capire bene, perché, e e e chiedono. E allora volevo, volevo un attimo capire.
BERLUSCONI Avere la dimensione dell'impegno.
DE ANGELIS Come?
BERLUSCONI Avere la dimensione...
DE ANGELIS Avere la dimensione dell'impegno e come mi posso regolare.
BERLUSCONI Sì.
DE ANGELIS Perché almeno mi regolo io, però l'importante, io, è avere la dimensione, perché se uno sente loro, e e e va bene.
BERLUSCONI Vogliono fare le dive?
DE ANGELIS Sì, vogliono fare...
BERLUSCONI Marilyn Monroe!
DE ANGELIS Sì (*ride*).
BERLUSCONI Sono tutte Marilyn Monroe!
DE ANGELIS Mata Hari, tutti questi personaggi, Giovanna d'Arco, non so se te ne ho già parlato Giovanna D'Arco?
BERLUSCONI Guido, tu proponi Madre Teresa di Calcutta, vedi che si tirano indietro.
DE ANGELIS No (*ride*), veramente c'è stata, mi è stata proposta Madre Teresa di Calcutta, ma io ho detto: sì, con quelle tette, con i tacchi a spillo (*ride*).
BERLUSCONI (*ride*) Va bene, io per caso invece ho incrociato a Roma...
DE ANGELIS Eh.

BERLUSCONI ...una tua attrice. Tu fai *Vivere*, no?
DE ANGELIS No, no, no, no, no.
BERLUSCONI Ah, non lo fai tu *Vivere*?
DE ANGELIS No, no, no.
BERLUSCONI Chi lo fa?
DE ANGELIS *Vivere* lo fanno su alla Endemol, credo, no?
BERLUSCONI Ah, lo fa la Endemol, ah, la Endemol, ho capito (la Endemol è stata appena acquistata da Mediaset, *nda*).
DE ANGELIS Eh.
BERLUSCONI No, allora ho conosciuto per caso, mi è stata solo presentata *en passant* in un corridoio...
DE ANGELIS Eh.
BERLUSCONI Una che faceva *Vivere*, e credo che *Vivere* lo facessi tu; tutto qui, no, no.
DE ANGELIS Ah, no, no, no.
BERLUSCONI Va bene, allora, senti, ti chiamo io martedì mattina e fissiamo l'appuntamento.

«Facciamo fuori il Palazzo di Giustizia»

Il 18 ottobre 2009 il faccendiere Valter Lavitola chiama il premier Berlusconi, per raccomandargli il generale Emilio Spaziante come numero due della Guardia di finanza. Spaziante verrà arrestato nel 2014 per le tangenti del Mose e patteggerà 4 anni per corruzione.

LAVITOLA Buongiorno, dottore, come va?
BERLUSCONI Male male... dimmi...
LAVITOLA Quando ci riusciamo a vedere un minuto?
BERLUSCONI Venerdì.

LAVITOLA Venerdì ok, l'altra faccenda ancora sulla questione editoria... Ma prima... Quello lì che poi ha incontrato, è andato bene (il riferimento è al generale Emilio Spaziante, *nda*)? Perché ho avuto riscontri entusiastici...
BERLUSCONI Non conto niente... Che cosa vuoi che conti... Hai visto la Corte costituzionale (bocciando il "legittimo impedimento", *nda*) che ha detto che io sono esattamente come gli altri ministri... quindi non ho bisogno di tutele... Allora, parliamoci chiaro, la situazione oggi in Italia è la seguente: la gente non conta un cazzo... Il Parlamento non conta un cazzo... Siamo nelle mani dei giudici di sinistra, sia nel penale che nel civile, che appoggiandosi alla *Repubblica* e a tutti i giornali di sinistra, alla stampa estera...
LAVITOLA Ci fanno un culo come una casa...
BERLUSCONI Poi quando in Parlamento decidono qualcosa che alla sinistra non va, interviene il presidente della Repubblica che intanto non te la fa fare prima... come quella delle intercettazioni... e poi passa tutto alla Consulta, che hanno occupato, e con undici giudici la bocciano. Berlusconi è sputtanato, tiranneggiato, se va in Tribunale a chiedere giustizia perché gli hanno dato del buffone... Berlusconi va a Messina, lavora tutta la mattina per rifare le case, va in chiesa e sta tre ore in piedi con la gamba che gli fa male, di fronte alle bare. Abbraccia tutti coloro che deve abbracciare perché hanno perso i cari eccetera ... Poi dalla chiesa va alla sua macchina e ha quindici giovani da una parte e dall'altra che gli dicono «assassino», «buffone», «vergogna», «vai via», «vai a casa» e non succede niente. Vado da un avvocato e gli dico «vorrei denunciare questi qua» e l'avvocato mi dice «lei vuol perdere soldi e tempo». Poi quando Berlusconi aggredito dalla stampa non dico non fa querela, ma semplice-

mente chiede un danno per far capire a questi giornali che non possono andare avanti così, rivolgendosi in maniera disarmata a quella magistratura civile che gli è ostile e dicendo «se per caso trovo un giudice onesto e vinco, quello che porto a casa lo do a un'istituzione benefica»... ti dicono che non c'è la libertà di stampa, che lui è un dittatore e portano il Parlamento Europeo a discutere e a votare sulla libertà di stampa in Italia... Tu capisci che siamo a una situazione per cui: o io lascio, cosa che può essere anche possibile e che dato che non sto bene sto pensando anche di fare, oppure facciamo la rivoluzione, ma la rivoluzione vera... Portiamo in piazza milioni di persone, facciamo fuori il palazzo di giustizia di Milano, assediamo *Repubblica*: cose di questo genere, non c'è un'alternativa...
LAVITOLA Presidente, però, se lei mi permette, la prima opzione scordiamocela per due o tre motivi: uno, si distrugge il Paese; due, a lei la fanno a fettine sottili come la... come si chiama lì... la bresaola, diventa una cosa doppia, e mica solo a lei, a tutti quelli che...
BERLUSCONI Ci vediamo venerdì, ciao.
LAVITOLA Un bacio, grazie, buon viaggio.

«Via da questo Paese di merda»

Il 13 luglio 2011, nel pieno della tempesta finanziaria che sta travolgendo l'Italia, il premier Berlusconi chiama Lavitola su una sua utenza panamense, utilizzando una scheda telefonica che quello gli ha procurato per parlare riservatamente, intestata al cittadino peruviano Ceron Caceres. E si sfoga con lui sui suoi guai giudiziari.

BERLUSCONI Non me ne può importare di meno... perché io... sono così trasparente... così pulito nelle mie cose... che non c'è nulla che mi possa dare fastidio, capito? Io sono uno... che non fa niente che possa essere assunto come notizia di reato... quindi io sono assolutamente tranquillo... A me possono dire che scopo... è l'unica che possono dire di me... chiaro? Quindi io... mi mettono le spie dove vogliono... mi controllano le telefonate... non me ne fotte niente... Io tra qualche mese me ne vado per i cazzi miei... da un'altra parte e quindi... vado via da questo Paese di merda... di cui...sono nauseato. Punto e basta!

«La patonza deve girare»

Il 10 ottobre 2008, pochi giorni prima di portargli Patrizia D'Addario a Palazzo Grazioli, l'imprenditore-pappone barese Gianpi Tarantini commenta con il premier Silvio Berlusconi un festino particolarmente riuscito.

BERLUSCONI Ieri sera bene mi sembra?
TARANTINI Bene, una bellissima serata, perché eravamo pochi, tranquilli, poi eravamo stanchi pure.
BERLUSCONI Sì forse per tutte quelle...son troppe. Al massimo averne due a testa, però adesso voglio che abbia anche tu quelle tue, altrimenti mi sento in debito... Scusa portale per te che poi io mi porto le mie.
TARANTINI Va bene.
BERLUSCONI Poi ce le prestiamo... Insomma la patonza deve girare...

Coito ergo sum

Nell'estate del 2009 la escort barese Patrizia D'Addario consegna alla Guardia di finanza di Bari sei registrazioni delle sue conversazioni con Berlusconi nelle due serate trascorse con lui a Palazzo Grazioli (metà ottobre e 4 novembre 2008) e nei giorni seguenti.

D'ADDARIO Un giovane sarebbe già arrivato in un secondo. Sai, cioè, sarebbe arrivato... I giovani hanno un sacco di pressioni...
BERLUSCONI Però, se posso permettermi (...), il guaio secondo me è di famiglia.
D'ADDARIO Quale?
BERLUSCONI Avere l'orgasmo.
D'ADDARIO Sai da quanto tempo non faccio sesso da come ho fatto con te stanotte? Da molti mesi, da quando ho lasciato il mio uomo...è normale?
BERLUSCONI Mi posso permettere? Tu devi fare sesso da sola...Devi toccarti con una certa frequenza.

A Patrizia D'Addario e alle altre escort Berlusconi mostra le foto e racconta i dettagli delle feste a Villa Certosa.

BERLUSCONI Questo è l'ingresso della gelateria, questa qua è la gelateria, guarda che meraviglia, questa è la gelateria con tutti i posti per i gelati.
D'ADDARIO Ah, è il mio posto ideale...
BERLUSCONI Qua c'è... qua c'è la fabbrica dei gelati...
D'ADDARIO E i gelati chi li fa?
BERLUSCONI Questo è un altro lago...
D'ADDARIO Con i cigni?

BERLUSCONI Sì.
D'ADDARIO Con i cigni.
BERLUSCONI Sì, ma poi li tiriamo fuori perché vogliamo avere l'acqua pulita per fare il bagno (...) Questa è una balena fossilizzata (...) Sotto qua abbiamo scoperto 30 tombe fenici... del 300 avanti Cristo (...) Ecco, vedi, questi qua sono i meteoriti. Questi son quelli che mi ha regalato... visti questi qua io sono andato in India... questo qui è il labirinto che ti ho detto.

L'harem del sultano

Il 22 agosto 2010 la consigliera regionale forzista Nicole Minetti, igienista dentale al San Raffaele e amante di Berlusconi, parla con Licia Ronzulli, parlamentare europea del Pdl. Non di politica, ma di una serata che si svolgerà di lì a poco ad Arcore: bisogna reclutare un po' di ragazze dopo la partita del Milan.

MINETTI Ehi Licia.
RONZULLI Ehi Nicole, ciao.
MINETTI Io sicuramente non riesco ad essere lì per quell'ora, ho sentito le ragazze all'inizio... l'Annina mi aveva detto che voleva venire, poi però è a piedi, una cosa e un'altra, né lei né la Marysthell vengono lì allo stadio, perché sono a piedi entrambe, quindi aspettano che arrivo io, vado a prenderle io e poi dopo andiamo dove dobbiamo andare insomma.
RONZULLI Ok, ascolta, la cena non è da Giannino, è a casa del capo ad Arcore, quindi stai tranquilla.
MINETTI Ok, perfetto, va bene, meglio, sì no meglio, perché sennò diventa veramente... pericoloso.

RONZULLI Eh.
MINETTI No, l'unica cosa: ho provato a chiamarlo per dirgli che comunque anche loro non venivano perché mi dispiaceva, solo che non risponde, quindi magari se riesci ad avvisarlo tu, gli dici.
RONZULLI Glielo dico io, sì (...). Secondo me, prima di mezzanotte non siamo ad Arcore, poi io ti mando un sms.
MINETTI Ok.
RONZULLI Per avvisarti quando partiamo.
MINETTI Perfetto va bene va bene va bene.
RONZULLI Tu quanto tempo prima hai bisogno di saperlo?
MINETTI No, io un quarto d'ora ci metto, lì da Milano 2, tanto vado a prendere le ragazze là, per cui in un quarto d'ora sono lì.
RONZULLI Ok, allora io guarda, quando parto da San Siro ti mando un sms.
MINETTI Va bene, ma poi dopo lì allo stadio c'è qualcun altro, oppure eravamo soltanto noi? Perché mi dispiace se non va nessuno, capito?
RONZULLI Dunque eh, va bè a parte me, Giorgio, c'è un'altra mia collega.
MINETTI Sì.
RONZULLI Diciamo una deputata così poi c'è.
MINETTI Le gemelline?
RONZULLI Forse c'è la Lisa che viene.
MINETTI Ah ok.
RONZULLI Eh, le gemelline di Napoli (Eleonora e Imma De Vivo, *nda*), che lui mi ha detto che mi avrebbero chiamato, non mi hanno ancora chiamato.
MINETTI Sì.
RONZULLI Anzi, se tu hai il numero me lo mandi, mi fai un favore.

MINETTI Sì, ti mando il numero della Imma, io ne ho soltanto uno.

«Un puttanaio allucinante da Bagaglino»

Melania T., riminese, concittadina ed ex compagna di liceo di Nicole Minetti, ha appena preso la laurea in Giurisprudenza alla Bocconi e si prepara per la seconda in Economia. Nicole, dovendo reclutare ragazze sempre nuove per soddisfare il premier, si rifà viva con lei dopo mesi di lontananza nell'agosto del 2010. E la invita a una serata ad Arcore, prospettandole possibili vantaggi in ambito lavorativo. Melania rifiuta due proposte. Poi però a settembre cede, anche perché la Minetti la ospita per qualche giorno in casa sua mentre lei cerca un appartamento in affitto a Milano. La consigliera ragionale la convince a incontrare il capo del governo, a cui potrà esporre i suoi progetti futuri e magari averne dei benefici per la sua carriera. E alle 16.34 del 19 settembre 2010 le telefona, chiamandola "Mellì", per prepararla a grandi linee su ciò che vedrà quella sera a Villa San Martino.

MINETTI (...) Ho sentito adesso *the boss of the boss* e gli ho detto: «Oh, allora stasera – gli ho detto – guarda che porto una mia amica». Mi fa: «Ottimo». Gli ho detto: «Guarda che è alla seconda laurea – gli ho detto – ti darà del filo da torcere». «Ottimo», si vede che non poteva parlare (...). Amica... allora, lì si mangia: pastasciutta ai tre colori, quindi scegli tra in bianco, pomodoro e al pesto... e poi di solito c'ha... tutte cose molto... molto caserecce, cioè, non t'aspettare le *crudité* e la *nouvelle cuisine*, eh? No, ma infatti ti volevo un attimo briffare sulla cosa. Nel senso... giurami che non ti

> prende male… nel senso… cioè… ne vedi di ogni… cioè, te ti fai i cazzi tuoi e io mi faccio i cazzi miei, per l'amor del cielo, però ne vedi di ogni. Cioè, nel senso… la *disperation* più totale. Cioè… capirai, no? C'è gente per cui è l'occasione della vita, quindi ne vedi di ogni. Te fidati di me, punta su: "A" il francese, che lui… sbrocca, gli prende bene e tutto; digli tutto quello che fai, seconda laurea, sei stata tre mesi alla Sorbona, che anche lui ha studiato alla Sorbona, sì… sì… sì… (*riso lieve*)… si esalta di brutto, non entrare nei dettagli… vabbè, di' che cosa hai fatto, chi s… te cos'è che avevi fatto alla Sorbona? Hai fatto il corso di francese. Ok. Mhm. Sì, sì, tutte 'ste cose a lui piacciono, eh? Cioè… No… no, io lo dico nel senso… per… cioè, nel senso… per fart… per fargli entrare in simpatia, nel senso… Mellì, detto fuori dai denti, no…? Ci sono varie tipologie di… persone: c'è la zoccola, c'è la *sudamericans* che non parla neanche l'italiano e viene dalla favelas, c'è quella un po' più seria, c'è quella… via di mezzo, tipo Barbara Faggioli, e poi ci sono io, che… faccio quel che faccio, capito? Per cui… ecco, era solo per… non confonderti la mas… nella massa, non sii (*sic, nda*) timida, frègatene, sbattitene il cazzo… e via andare (…).

La Minetti passa a prendere Melania più tardi in auto, dando un passaggio anche ad altre ragazze prelevate in via dell'Olgettina. All'ingresso nella villa, nessun controllo. Nella residenza del premier, oltre a lui, ci sono in tutto una ventina di giovani donne, più i giornalisti Emilio Fede e Carlo Rossella. Il Cavaliere la saluta chiamandola «signorina dalle due lauree». Poi l'aperitivo, la cena, la musica, le canzoni di Berlusconi in francese e l'improvvisa svolta della serata che, nonostante la telefonata preparatoria di Nicole, imbarazza subito la studentessa. Che racconterà la scena ai pm: le ragazze improvvisano "trenini" attorno al tavolo e iniziano a spogliarsi mostrando i seni e i glutei al premier. Verso mezzanotte e mezza, si inizia a parlare del "bunga-bunga" e tutti scendono le scale al piano inferiore, in una sala-discoteca con luci rosse soffuse, un palo da lap dance, un bar col cameriere che serve alcolici e vari divanetti a ferro di cavallo. Berlusconi siede al centro, circondato dalle ragazze. Quasi tutte si cambiano d'abito travestendosi chi da poliziotta, chi da coccinella, chi da infermiera. La Minetti invece da uomo, in giacca, camicia e cravatta, ma senza pantaloni. Partono i balletti sexy attorno al palo. Alcune rimangono in slip e reggiseno. Nicole finisce in culotte e bustino nero. Le ragazze si scambiano baci lesbo, poi a turno baciano il premier, che ricambia con palpeggiamenti sui seni, sui sederi e tra le cosce. Melania è l'unica che non partecipa all'orgia: sempre più sconvolta, passa la serata su un divanetto in disparte, poi risale al piano di sopra impaziente di andarsene. La Minetti la raggiunge per dirle che il presidente vuole salutarla personalmente e la accompagna in un ufficio. Lì Berlusconi le chiede se si è divertita e lei risponde di no. Lui però sorride: non deve preoccuparsi, Nicole gli ha parlato dei suoi studi e delle sue ambizioni e lui la aiuterà. Poi le regala due cd con le canzoni scritte da lui e da Apicella, con una busta in mezzo. Lei fa per andarsene. Ma il premier: «Ma non mi saluti? Non mi ringrazi?». Lei risponde ancora di no e accelera il passo, temendo che «volesse ottenere qualcosa in cambio». Mentre lascia in fretta e furia la villa, sente le altre ragazze che fanno a gara per fermarsi la notte col padrone di casa. Tornando a casa in auto con Nicole, scopre che fra i cd c'è una busta con dentro 2 mila euro (quattro banconote da 500). Capisce la frase di Berlusconi. E chiede spiegazioni alla Minetti, che si fa una risata: «Ma figurati, è un gesto di generosità, guarda che lo fa, aiuta le persone in difficoltà, devi prenderlo come un regalo perché gli ho parlato dei tuoi sforzi per il futuro». Melania domanda all'amica se non si vergogni a comportarsi come ha appena visto, ma quella spiega che «è puro divertimento, non c'era nulla di male» e poi lei prova «un interesse, diciamo, affettuoso e sentimentale nei confronti di Berlusconi». La studentessa obietta: «Se fosse una cosa esclusiva, non ci vedrei nulla di male, però mi pare che ci sia una condivisione numerica, di questo sentimento, un po' eccessiva...».

L'indomani Melania, ancora sotto shock, si sfoga al telefono col padre, senza sapere di essere anche lei, come la Minetti, intercettata. Sono le 19.47 del 20 settembre 2010.

MELANIA Pronto...?
PADRE (...) Cos'è successo? Mi hai fatto preoccupare.
MELANIA Perché fatto preoccupare?
PADRE «Allucinante», hai scritto (in un sms, *nda*).
MELANIA Ah... sì. No, una tristezza infinita. Non so nemmeno quanto sia il caso di parlarne al telefono, ma anche *chissene...* nel senso che... vabbè, amen. Eh...
PADRE Qualcosa di quello che dicevo io, che davo per scontato?
MELANIA Sì, ma... mhm... quello che mi ha, diciamo così, fatto pensare è che, un conto è che le cose avvengano in disparte, no...? Un conto...
PADRE Davanti a tutti.
MELANIA Sì, sì, ma... te la dico in una parola, per essere fini (...) un puttanaio.
PADRE Ma ho già capito. Un'orgia.
MELANIA No. No, no, no, no, no, no, no. No. No. No.
PADRE. No?
MELANIA Alt, no (...). Però... cioè... capito? Diciamo che gli approcci erano quelli, però non è che c'è niente di...

PADRE. Ah, gli approcci erano quelli? Ok.
MELANIA Però... sì, sì, sì, sì.
PADRE Tipo mano in mezzo alle gambe... robe così?
MELANIA Sì, quelle robe... sì dai.
PADRE Mhm. Anche lui?
MELANIA No, no, no, no, no... "Solo" lui!
PADRE Solo lui?
MELANIA Verso le venti che c'erano!
PADRE Solo... solo lui. Mhm.
MELANIA Sì. C'era il suo amico (Fede, *nda*)...
PADRE. Vabbè. Va bene, ho capito.
MELANIA ...e poi un altro che, invece, mi ha molto deluso, perché lo facevo una persona... di rilievo (Rossella, *nda*).
PADRE Lo so. Ma lo sono, eh? Ma, quando poi... davanti a quella cosa lì... gli uomini son tutti uguali.
MELANIA Beh, babbo, però a certi livelli tu puoi anche prenderti una...
PADRE Mhm.
MELANIA ...il top e far certe robe, ma anche cinque alla volta, ma... davan... cioè, in una stanza. Non con le prime quattro cretinette, davanti a una che non conosci, che potrebbe essere chiunque, perché nessuno m'ha chiesto un documento, nessuno mi ha guardato la borsa (...).
PADRE E allora... e, allora, la Nicole come...?
MELANIA Che cazzo mi c'ha portato a fare e gliel'ho chiesto e... (*riso lieve*) la risposta è stata: «Eh, ci sono serate in cui ci sono... gli va di far festa e, quindi, via, c'è la serata in cui si è in quattro e, quindi, la cosa prende un'altra piega» (...). E lui è abituato, ovviamente, che la disponibilità è da parte di tutti e tutte, no?
PADRE Eh, certo. Sennò cosa sei andata lì a fare?
MELANIA Appunto.

PADRE Ti dice: «Sta' a casa tua», eh.
MELANIA No, no... Io sto a... per i cavoli miei.

Alle 19.55 Melania invia un sms all'amica Valentina B.: «Ciao cara, era solo un saluto. Come stai? Quanto alla serata, posso solo dirti: allucinante! Però io non sono stata messa in difficoltà in alcun modo». Alle 20.12 le due si parlano al telefono.

VALENTINA Dimmi.
MELANIA ...di' certe robe al telefono, ma... è male. Nel senso che... è proprio, molto, molto, male. Sì, sì, sì, sì, sì, sì (...).
VALENTINA Eh, m'hai scritto «allucinante».
MELANIA Ah, ma no, uso una parola ancora più chiara. Un «puttanaio»... (*ride*)... Cioè, proprio... no, no, no, no... no, no, ma proprio... no, no, no.
VALENTINA Perché, non t'aspettavi?
MELANIA No. Cioè, io posso aspettarmi che certe cose avvengano in privato, no...? Perché ognuno fa assolutamente quello che vuole. Penso che non ci siano problemi se uno, da adulto, no?, con un altro adulto... per carità, fai pure. Il problema è che avvengono in maniera assolutamente sfacciata, disinvolta, davanti a tutti. Poi... è così: ieri sera la serata era particolarmente... (...). C'erano molte ragazze... tipo una ventina. E c'era lui e il suo fedelissimo amico, che ha un ruolo importante... è bassino... mhm... adesso... vabbè... comunque... è... sì, mol... molo abbronzato, che parla benissimo di lui, lo venera proprio. Secondo me ti può venire in mente chi è, comunque. E... poi c'era un'altra persona ancora e... mhm... Questi loro tre e basta, e tutte ragazze. E noi siamo entrate proprio senza nessun tipo di controllo, nel senso che tu arrivi, fuori di casa e... dici il tuo nome ed en... e passi con la macchina, tranquillamente. Io avevo la mia

borsa, il mio cellulare, nessuno me l'ha guardata, nessuno mi ha chiesto niente.... L'ingresso è stato proprio, cioè, ma non informale, di più. Perché queste persone lo chiamano «amore», «tesorino»... cioè, ma proprio dei livelli... Vale... bassezza totale. Tu non immaginarti niente di quello che puoi immaginarti. Cioè, rendilo... mhm...

VALENTINA No, io mi posso immaginare solo quello che... che c'è scritto nei giornali.

MELANIA Sss... ecco, praticamente nei giornali dicono molto meno della verità. Cioè, anche quando lo m... anche quando, diciamo, massacrano... no, cioè, è molto peggio, molto più triste, molto più... ti dico, non c'è nulla di pericoloso. Fa tut... a me, proprio, mi ha lasciato l'amaro in bocca, ma non perché ho avuto paura, no, no, no... per la desolazione, cioè, sai quando vedi quelle cose...?

VALENTINA Ma più della persona e delle persone?

MELANIA No, della p... vabbè. La persona è... e, ti dico... cioè... io ho avuto un contatto diretto, non è che non l'ho conosciuto. L'ho proprio conosciuto, ma perché lui aspettava me e mi ha presentato a tutti. M'ha accolto in un certo modo, m'ha dedicato la canzone... cioè... proprio... Vale'...

VALENTINA Quindi è stato proprio... ospitale.

MELANIA Sì, sì, sì, ospitalissimo. Ma non aveva capito la... la questione. E... mhm... del resto lui, magari, è abituato che se una va lì... è pronta a tutto, diciamo. Ma io, sai... come sai, non ho problemi a dire no a nessuno, quindi ero nel mio angolo...

VALENTINA (...) Te, proprio... Ci voleva una persona comunque come te, sai, per riuscire...

MELANIA Ah sì, un'altra o si metteva a piangere o, magari...

VALENTINA ...per riuscire a (...) a gestire... dài, una cosa che, magari, non t'aspetti... a cui non sei abituata.

MELANIA Cioè, o uno si mette in difficoltà, o uno prende un taxi e va a casa, o uno... ci sta, diciamo così, perché puoi essere anche più debole. Quindi... niente, questo clima assolutamente informale, cena, omaggiata con vari... con tut... con vari presenti (...). Nel senso che erano cose... vabbè, a parte... brutte, come si dice... (*ride*)... cioè, sai quelle robe, no?... farfallesche e cose che non... non sono da me. Quindi, forse, se mi fosse piaciuto qualcosa me lo sarei anche tenuto, ma... anche no. No, è una persona molto simpatica, molto... di compagnia... cioè, l'immagine che s... eh... mhm... si... diciamo così, si trasmette, è vera. (...) Canta... No, no, intrattiene...
VALENTINA Carisma... carismatico.
MELANIA Ecco, invece no.
VALENTINA No?
MELANIA A me è scaduto tantissimo. Mi ha... mi sembrava di avere di fronte, non lui, ma le caricature del Bagaglino. (...) Ecco, io ho vissuto la serata come se fossi al Bagaglino. Hai presente quella volgarità spiccia... (...) cioè che non è neanche tanto costruita o fantasiosa (...) Non è *Eyes Wide Shut* il film con Tom Cruise... Cioè... no (...) è proprio una roba banale. Ecco, io mi sentivo lì dentro. In questa cosa in cui, a un certo punto, durante la serata, con l'Agostino di turno, tipo, Maria De Filippi, quello con... la pianola che canta... a un certo punto, non si sa bene come o perché, qualcuna ha iniziato a far vedere il culo e da lì la serata è decollata.
VALENTINA Ah.
MELANIA In un susseguirsi di cose, più o meno... mhm... volgari. Ma come se fosse naturale e, ti dico, tutti davanti a tutti. Quindi questo butta su...
VALENTINA Ma questo, a tavola...? Dopocena...?
MELANIA No, no, a tavola, mentre si mangiava! Dopodiché ci si è alzati e la cosa è peggiorata nella... lato diciam...

eh, no nel lato, in una sala-discoteca... mhm... e lì il degenero più totale. Cioè, proprio siamo... ripeto, in un puttanaio in cui si... ci si intrattiene come meglio si crede. Cioè, poi ognuno, alla fine, è libero di fare quello che vuole, nel senso che è una casa privata, no? E, ti ripeto, e io sottolineo, che nessuno mi ha proposto nulla, chiesto nulla, alluso a niente... Cioè, assolutamente no.
VALENTINA Sì, sì.
MELANIA Io son stata tutta la sera seduta, piuttosto che fumarmi una sigaretta, piuttosto che... mandare un messaggio al cellulare... rispettata assolutamente. Dopo, sai, anche solo il fatto di vedere certe cose può metterti in difficoltà (...). Forse lui pensa che tu sappia cosa vai a fare... ma perché, magari nel caso di tutte loro, è vero, no?
VALENTINA Ma... ma, scusa una cosa, ma tu non eri stata... così, diciamo, preparata da...?
MELANIA Allora... no, in rea... in realtà no, fino a un certo punto, nel senso che lei mi aveva detto: «Ah, non ti scandalizzare, vedrai, dai, un po' di tutto»... Ma io pensavo di vedere o delle *avances* o della disponibilità che poi, però, si sarebbe concretizzata in un altro posto. Cioè, capisci che, se io vedo uno che ammicca... una che ti dice «dài dài dài», che ne so, è un conto, no? Se poi io vedo un bacio... è un altro discorso (...). Se poi io non ne vedo uno, ma ne vedo venti...
VALENTINA Poi tu dici: se tanto, voglio dire, uno... lo spazio c'è, t'immagini che piuttosto...
MELANIA Quello. Brava. Brava.
VALENTINA ...uno vada... va a farsi i fatti suoi da un'altra parte, dici...
MELANIA Brava. Brava. È questo che io non mi sono spiegata, il perché di questo "butta su" collettivo... e, appunto, a giro, no...? Cioè, posso dare un bacio a una come a un'altra...

ma, così, ripetutamente e, ti ripeto, davanti a tutti, senza che abbia un senso. Perché, allora, qui c'è l'ostentazione, c'è il voler far vedere che lo fai, secondo me. E in questo ci deve essere, alla fine... boh... questa è una persona comunque molto molto grande, si potrebbe quasi dire... adesso... non anziana, ma... insomma... (...) voglio dire, ha una certa età.
VALENTINA Sì, beh, insomma, non dovresti avere più certi...
MELANIA Mah... così, no (...). Anche perché... aspetta, vorrei sottolineare che il livello di bellezza piuttosto che simpatia o intelligenza, non era da dieci e lode. Cioè, non tutte sono... c'è la disperata venezuelana, che non parla una parola e che c'ha dei vestiti allucinanti... neanche da dire che sono (...) dieci belle ragazze, ma anche fini (...). Cioè, perché una bella... la Nicole, va bene che ha una certa bellezza, molto appariscente, però è una persona che si sa vestire anche in modo fine, no...? E ieri sera, infatti, era (...) ma fine. Io posso essere meno bella ma, comunque, ho un certo tipo di modo di fare, comunque fine (...). E invece no, c'erano dei soggetti... spaventosi...
VALENTINA Mhm. Un livello basso, insomma, da... da...
MELANIA A un livello mooolto basso.
VALENTINA ...da cose che vedi in televisione, insomma. Eh, sì.
MELANIA Ah, no, ma c'erano soggetti di quel... di quell'ambiente. Ti posso citare... la Cipriani.
VALENTINA Oooh.
MELANIA Sì, sì, sì, sì, assolutamente. Ma...
VALENTINA Ah, lei... guarda, lei vorrei sapere se ci è o ci fa, ma secondo me ci è. Sicuro (...).
MELANIA Beh, però, alla fine lì è tutto, ti ripeto, un voler chiamare in quel... cioè, io, appunto, me ne sono stata in

disparte e, a fine serata, mi ha anche chiesto: «Ma ti sei divertita?», e io gli ho risposto: «Beh, insomma, non è questo il mio modo». Ma ti dico che, anche fisicamente, io lo vedevo diverso, nel senso che, quando tu puoi vedere certi discorsi che fa, ha un tipo di piglio (...). Lascia stare che vedi che s'è rifatto, che s'è tirato, però ha un piglio di una persona molto decisa... cioè, dai, anche come parla è un comunicatore, no...? Almeno in quello è uno... che si vende bene.
VALENTINA Ma perciò ti dicevo carismatico, nel senso che...
MELANIA E invece no, sembrava... un... guarda, ti dico, mi viene bene la figura del Bagaglino, cioè... una caricatura...
VALENTINA Una caricatura di se stesso.
MELANIA Sì, bru... guarda, una cosa molto brutta e molto triste.
VALENTINA Perché, tanto... voglio dirti... cioè, si esula completamente da quella che è la propria... diciamo così, la propria figura professionale, voglio dire.
MELANIA Assolutamente sì (...). Forse io pensavo che lui mantenesse un contegno e, poi, facesse i fatti suoi. Invece, no. Assolutamente no. Cioè, lui si presenta in un certo modo ma... molto basso, e mi dispiace perché... boh... mhm... non c'è bisogno.
VALENTINA Ma, forse, a volte si sono... appunto, si sono dette delle cose molto pesanti, però più... non lo so, forse sulla base di... di certe cose. Arrivare a dire tipo: «Sei malato»... cioè, sua moglie lo diceva.
MELANIA Sì, sì, si, sì, sì (...). Però, al di là di tutto, è una cosa che... cioè, io ti posso dire tranquillamente... a volte uno, finché non vede certe cose, può non rendersi conto.
VALENTINA No, ma infatti... no, ma infatti è per quello che io t'avevo detto... eh... ero per il sì, nel senso... sia perché,

comunque, cioè, ti conosco e so che... per quanto sia... cioè, non è che vai (...). Non t'immagino che quella è una situazione pericolosa, capito? Però, secondo me... cioè... mhm... cioè, capisci veramente molte cose solo se hai la possibilità di vederlo con i tuoi occhi, capito? Di, di, di... viverle.
MELANIA Ma, soprattutto, capisci che... è un attimo.
VALENTINA Però, non so la s... non so qual è la morale... cioè, che ti porti a casa, nel senso...
MELANIA No, la morale che io mi porto a casa è che ci vuole veramente un attimo a... volendo, avere di più in senso materiale. Poi ti spiegherò meglio anche questa, adesso non è il caso... (...). Però... il passo è breve perché, se ci pensi, alla fine, anche persone che tu, magari, ritieni irraggiungibili, alla fine, ti ripeto, varchi la soglia di casa loro senza nessun particolare... problema.
VALENTINA Sì, a volte, la vita ti po... ti porta... dai, situazioni anche... così, inaspettate.
MELANIA Sì, imprevedibili. E ti rendi con... io quello che mi ren... mi son... cioè, quello, diciamo che ho... così, considerato nuovamente, ma che già potevo pensare... è che, proprio, nella vita, quello che conta molto molto molto... forse ho cambiato idea, ancora più della salute che, purtroppo... va beh, a volte può non esserci... però sono i rapporti umani veri e sinceri. Perché tu, quando vedi... appunto, una persona che ha anche così tanto potere, così tanti sol... cioè, che veramente potrebbe fare qualunque cosa, Vale, perché... più di tutti noi messi insieme.
VALENTINA La Madonna...
MELANIA Eppure si riduce a fare questo, in fondo vuol dire che... cioè, io piuttosto sto con il nipote, il figlio, la moglie, non so. Capito...
VALENTINA Ah, Madonna... e poi ne ha...

MELANIA Dunque... eh, brava, qualunque altra cosa. O, piuttosto, mi faccio una fida... tanto, ti dico, ho visto che anche molte belle ragazze non gli dicono di no, no...? Quindi, piuttosto, mi faccio la fidanzata fighissima, trent'anni in meno e mi diverto così. O anche se...
VALENTINA Però dai un senso...
MELANIA Però do un senso. Io ti dico che... per me...
VALENTINA Tu dici che... non vedi il senso.
MELANIA No. No, non ce l'ha. Perché, ti ripeto, vuoi allora l'amante bellissima che in camera tua ci fai quello che vuoi? Ma che senso ha 'sto puttanaio? E lì è la mancanza, è la... l'impossibilità di cost... tu hai paura di costruire un rapporto perché pensi che sia, comunque, interessato e allora fai un po' di festa così, perché non ti leghi a nessuno, perché non ti scopri con nessuno, finché c'è tutto quel *bulerone*. Quindi, io, ti ripeto, mi son sentita... ma anche le ragazze che erano lì, con cui poi ho parlato... cioè, loro, fra di loro... comunque, c'è un sacco di rivalità e competizione (...).
VALENTINA Sì, eh, sicuro questo, eh.
MELANIA Una roba allucinante. Io, infatti...
VALENTINA Tanto son tutti lì con lo stesso... scopo (...).
MELANIA Assolutamente. Sì. E io (...) che ci fosse un momento, adesso non voglio dirti, istituzionale, no...? Perché no, però pensavo ci fosse un momento serio e poi, ripeto, un degenero o un cambiamento di cosa in cui io, però, mi faccio i fatti miei. Quindi, se io avessi avuto un canale in cui... della serie, faccio un colloquio con una persona, no...? E questa persona mi dice: «Ah, torna, così riparliamo... eh», sarei andata. Capisci? Ma posto che si è aperta un tipo di serata in cui io non so se lui sapeva o, comunque, capirà che io non... non ero... non mi proponevo in quella veste... Ma non mi pongo neanche più il problema. Cioè, o la Nicole mi telefona e mi

dice: «Guarda, ti vuole parlare», e io le dico: «No, guarda, Nicky, non vengo più», e lui, a questo eventuale non vengo più dice: «No, no, no, ma vediamoci in ufficio alle quattro del pomeriggio»... capito? È un altro discorso. E, poi, anche lì ci penserei molto bene perché, ripeto, non mi piace. Ma io ho chiesto alla Nicole: «Ma certe persone, che non mi sembrano tutte delle figone, come fanno ad avere certi ruoli? Cioè, la strada è unica?»... e lei m'ha detto: «No, no, però, attraverso di lui è facile che lo sia» (...). Io per esempio non pensavo che ci fosse un sistema, a fine serata, chiamiamolo di ringraziamenti e congedi, in cui tu... ricevi qualcosa.
VALENTINA Cioè, a tutte le persone, tutte le volte...
MELANIA A tutte.
VALENTINA Anche se una è già andata?
MELANIA No... brava, non a tutte (...). A sua discrezione, come del resto un padrone di casa, no? ...Su tutto, diciamo, può avere... preferenze e gusti, a un certo punto... ti dico, questo è stato l'approccio dell'inizio in cui m'ha detto quelle due cose, ha cantato 'sta canzone in francese (...). Poi basta, perché io non ho più rivolto la parola. Dopodiché sono stata chiamata... mhm... con la Nicole, eh? Però in disparte, nel suo ufficio: «Ah, come sei stata? Come non sei stata?» e io, appunto... cioè, ho detto: «No, non... non è il mio stile». Lui mi ha detto: «Guarda, vorrei darti un contributo per i tuoi studi, questo è quanto». Io, lì, siccome io non ho fatto niente di male e, siccome mi viene detto: «Avrei piacere di aiutarti negli studi, perché la Nicole mi dice che studi, sei una brava ragazza. Tieni», io lì ho detto: «Grazie», ho preso e sono andata. E, quando mi è stato detto: «Ah... ma non mi ringrazi...», tipo una battuta che, però, ho capi... ho capito benissimo a cosa si riferisse, ho detto: «No»... Cioè, della serie... il mio ringraziamento è dire «Grazie»,

anche perché, altrimenti, no? ...questa cosa te la puoi tenere. Tu mi dici che mi aiuti per gli studi, guarda... fai pure, e, visto che non mi hai chiesto niente e che io non tornerò mai più, no...? Quindi, per dirti che...
VALENTINA Cioè... ti giuro che non riesco a immaginarmelo.
MELANIA No, è una cosa anche abbastanza... cioè, ti f... un'altra... cioè, torna anche la volta dopo. Questo è sicuro (...). Anche perché... cioè, non sto... cioè, è un... diciamo, quest'anno non ho avuto la borsa di studio e... l'ho avuta lo stesso, per intenderci.
VALENTINA Ah, quindi non... non era un regalo, diciamo.
MELANIA No, no, no. no, no, no, no (...).

Ruby, Papi, la pupilla e il culo

Fine ottobre del 2010. Ruby si confida con il padre.

RUBY Silvio ha detto al suo avvocato: dille che le pagherò il prezzo che vuole, l'importante è che lei chiuda la bocca, che neghi tutto... Che io non ho mai visto una ragazza di 17 anni.

Nello stesso periodo, parla con l'amico Sergio Corsaro.

RUBY Non siamo preoccupati per niente perché Silvio mi chiama di continuo. Mi ha detto: «Cerca di passare per pazza, racconta cazzate».

Ruby al telefono con Antonio Passaro, un ex ballerino suo amico.

PASSARO Come lo chiami?
RUBY Papi. Noemi è la pupilla, io sono il culo.

Il 16 ottobre 2010 Ruby parla al telefono con l'amica Poliana.

RUBY Il mio avvocato mi ha detto: Ruby dobbiamo trovare una soluzione. È un caso che supera quello della D'Addario e quello della Letizia.

Scatti e ricatti

Il 17 gennaio 2011 Nicole Minetti parla con Emilio Fede, direttore del Tg 4, uno dei reclutatori di escort insieme a lei e a Lele Mora. Sono preoccupati per la scarsa selezione delle ragazze e delle possibili conseguenze per il premier.

MINETTI Pompini a trecento euro. La notte a trecento euro. Marysthell l'ha dovuta allontanare. Lavorava con uomini che vomitavano in macchina. L'hanno trovata in macchina con droga e un coltello.
FEDE Quante hanno letto tutti i messaggi di lui (Berlusconi, *nda*). A una di quelle che c'erano ieri sera gli ho dato di tasca mia 10.000 euro perché aveva delle fotografie scattate col telefonino. Aveva bisogno di soldi.

«Culo flaccido» e altre delizie

Il 17 gennaio 2011 Barbara Faggioli, altra frequentatrice dei festini di Arcore, si lamenta di Berlusconi con Emilio Fede.

FAGGIOLI Non mi ha invitato. Ormai preferisce invitare le cubane e le venezuelane.

Lo stesso giorno Imma De Vivo commenta con la gemella Eleonora lo stato di forma di Berlusconi dopo l'ultima festa

DE VIVO L'ho visto un po' out. Ingrassato. Imbruttito. L'anno scorso stava più in forma. Adesso sta più di là che di qua. È diventato pure brutto: deve solo sganciare. Speriamo che sia più generoso. Io non gli regalo un cazzo.

Nicole Minetti si sfoga contro Berlusconi con la sua segretaria.

MINETTI Un vecchio, un pezzo di merda e basta... un culo flaccido.

Il fidanzatino

Il 19 gennaio 2011 Nicole Minetti chiama da Villa Certosa Barbara Faggioli. Parlano anche del fatto che il premier Berlusconi, a 74 anni, si è ufficialmente fidanzato con un'altra, Roberta Bonasia. Ma per loro le cose non cambiano. Infatti restano tutte a casa sua.

FAGGIOLI E tu?
MINETTI Eh, niente, sono qua in piscina...
FAGGIOLI Ah, sei rimasta là?
MINETTI Certo.
FAGGIOLI Mmh come è andata?
MINETTI Benissimo...
FAGGIOLI Sì?

MINETTI Da Dio... *(ride)*
FAGGIOLI Bene... e, ma non torni?
MINETTI Eh, bè, sì, penso di sì... domani o dopodomani... t'ha detto di venir su oggi?
FAGGIOLI Sì.
MINETTI Eh, vieni...
FAGGIOLI Non posso, anche la Mary è rimasta?
MINETTI Sì, sì anche la Marysthell (Polanco, *nda*) è rimasta... sì...
FAGGIOLI E poi?
MINETTI E poi è rimasta... la Marysthell... la Iris, le gemelle, la Lisa, la Annina, la Roberta., e poi... la Marysthell.
FAGGIOLI Tutte!
MINETTI Sì, tutte.
FAGGIOLI Ah sì.
MINETTI Mmh ho fatto le sette...
FAGGIOLI Hai fatto?
MINETTI Le sette... sono stanca morta, ti giuro, sono distrutta...
FAGGIOLI E chi eravate?
MINETTI Eh, noi... solite...
FAGGIOLI Tutti?
MINETTI Ah, no, tutti no...
FAGGIOLI Quindi tu, Lisa, Anna.
MINETTI Sì.
FAGGIOLI Anche Marysthell.
MINETTI No.
FAGGIOLI Roberta.
MINETTI Sì.
FAGGIOLI Com'è?
MINETTI Carina...
FAGGIOLI Sì.

MINETTI Mmh molto carina, secondo me è innamorato.
FAGGIOLI Cosa?
MINETTI Secondo me è innamorato, lui...
FAGGIOLI Di lei?
MINETTI Sì, sì, sì... una cosa pazzesca, ti giuro, non l'ho mai visto così, in tutta la mia vita, con nessuno.
FAGGIOLI Ma davvero?
MINETTI Ti giuro, Barby, indicibile.
FAGGIOLI Anna come l'ha presa?
MINETTI Ma bene... cioè... figa, non gliene frega niente, cioè...
FAGGIOLI Sì, va bè... certo dai...
MINETTI Va bè, ma tanto cioè... non toglie niente a nessuno, cioè è... carino sempre comunque con tutti indistintamente.
FAGGIOLI Ah, ok.
MINETTI Eh, va bè, ma io non lo ho mai visto andare in Sardegna con una da sola.
FAGGIOLI Come no?... figurati...
MINETTI Praticamente sono due settimane che sono insieme mattino, pomeriggio e sera...
FAGGIOLI Amore guarda che anche io sono andata in Sardegna con lui due settimane.
MINETTI Tu sei andata due settimane in Sardegna... non ho capito...
FAGGIOLI Sì...
MINETTI Mah, secondo me no, ieri ha detto che sono fidanzati a un certo punto.
FAGGIOLI Ah, infatti... questo è diverso...
MINETTI Ha detto che è la sua fidanzata... ha detto che... poi lei, secondo me è una intelligente, molto furba, molto intelligente.
FAGGIOLI Te l'avevo detto...

MINETTI Poi è laureata in infermieristica, ti dico... secondo me... è avanti.
FAGGIOLI Mmh sì, avanti è avanti... e quindi ha detto che si sono fidanzati...
MINETTI Sì, sì, era seduta di fianco a lui... l'ha fatta sedere di fianco a lui, alla sua destra... io mi ero seduta, mi fa: «Siedi qua, mettiti qua...», tipo due posti più in la... «che qua c'è Roberta... così la conosci... ci siamo fidanzati stamattina...».
FAGGIOLI Quello che ti avevo detto io al telefono, era da un po' che non capitava, sì, ma poi passerà... ricapiterà...
MINETTI Secondo me non gli passa...
FAGGIOLI Ma figurati...
MINETTI Secondo me non gli passa.
FAGGIOLI ...Amore, fidati, prima o poi.
MINETTI Secondo me, no.
FAGGIOLI Amore è la stessa cosa... vuoi l'elenco? Lisa... Renata...
MINETTI Ma tu devi vedere come sono "piccipicci"... si dicono le cose nell'orecchio... madonna mia...
FAGGIOLI Ti innervosisce un po' eh, di la verità.
MINETTI Vuoi la verità? Non me ne frega un cazzo... (*ride*).
FAGGIOLI Ma davvero?
MINETTI Ma che cosa vuoi... io son contenta se lui è contento... Barby... e ha trovato una con cui sta bene, io son contenta per lui... cioè... che cosa devo fare? Non è che mi vuole meno bene...
FAGGIOLI Sì, sì, per lui sì.
MINETTI Ah va bè, ho capito... ma a me chi mi toglie qualcosa? Mica toglie qualcosa a me... cioè, cazzo me ne frega.

12 chili di coca

Il 3 agosto 2010 Ramirez Della Rosa, fidanzato dell'olgettina dominicana Marysthell Polanco, viene arrestato per spaccio di droga: la Polizia l'ha fermato a bordo della Mini Cooper della ragazza, che l'aveva avuta in prestito dalla Minetti. L'uomo viene trovato in possesso di oltre 12 chili di cocaina, di cui una parte nell'auto e tre nascosti nell'appartamento della compagna, nel residence di via Olgettina pagato dal ragionier Spinelli coi soldi di Berlusconi. Nicole viene avvisata mentre è in vacanza alle Seychelles. E, terrorizzata, racconta tutto a un'amica.

> MINETTI Questi sono scemi, guarda in che guaio mi trovo. E Berlusconi e Mora non si prendono a cuore la faccenda... Questa è una cosa molto pesante.

Il 5 agosto la Minetti, ancora alle Seychelles, riceve un'allarmatissima telefonata da Barbara Faggioli, che le domanda se è riuscita «a sentirlo», perché «lui» (chissà chi è) «mi ha detto di non parlarne al telefono... mi ha detto "fammi chiamare"... e fa: "Eheeem, di' alla Nicole di fare una denuncia per la sua macchina, la sua Mini"». Cioè: la consigliera regionale di FI dovrebbe fingere di aver subìto il furto della sua auto per allontanare i sospetti da sé, ma anche dal fidanzato della Polanco. In pratica, depistare le indagini della Polizia su un gigantesco traffico di droga. La proposta indecente sconcerta persino la Faggioli, incredula all'idea che l'amica Nicole debba denunciare il furto mai avvenuto della sua Mini Cooper. Nicole concorda con lei: «Ma no, infatti, non c'è niente da nascondere, hanno trovato degli stupefacenti». È furiosa perché ormai lo scandalo è di dominio pubblico: l'ha già chiamata «un giornalista». E soprattutto, com'è possibile che «lui» sia venuto a sapere della vicenda della coca e del fermo dei due spacciatori sulla sua auto già all'indomani del fatto? «Io che non ho mai fatto un cazzo di illegale nella mia vita... Vatti a fidare delle persone...».

Infatti il premier continua come se nulla fosse a frequentare e a ospitare la Polanco anche se ha scoperto che è fidanzata con un trafficante di droga (che verrà condannato a 8 anni in primo grado). Ma fa anche di più: fa dare a Marysthell dalla Presidenza del Consiglio il numero diretto del prefetto di Milano Gian Valerio Lombardi per ottenere il passaporto e la cittadinanza italiana. Nel dicembre del 2010 la ragazza dominicana chiama il prefetto, ma dalla segreteria non glielo vogliono passare. La Polanco insiste: «Questo numero me lo ha dato Berlusconi. Chiamo per conto di Berlusconi, datemi il passaporto!». Lombardi si precipita al telefono e le fissa un appuntamento per il 13 gennaio: «Può entrare direttamente in Prefettura con la macchina». L'appuntamento è per il 18 gennaio. Alla fine il prefetto si raccomanda con Marysthell: «Mi saluti il presidente». Cose che capitano a ogni donna extracomunitaria fidanzata con un grande spacciatore. Purché abbia un santo in paradiso. E non uno qualunque: il Santo.

Appendice

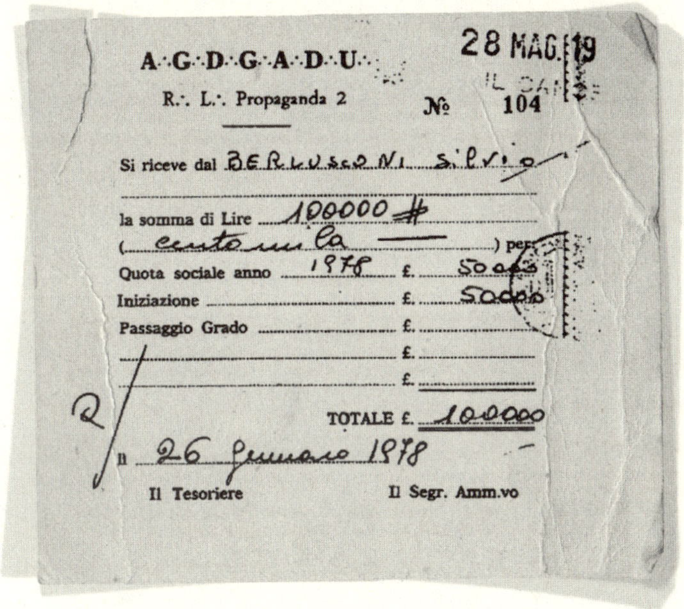

A∴G∴D∴G∴A∴D∴U∴

R∴ L∴ Propaganda 2

28 MAG. 19

№ 104

Si riceve dal BERLUSCONI silvio

la somma di Lire 100000

(cento mila) per

Quota sociale anno 1978 £. 50000

Iniziazione £. 50000

Passaggio Grado £.

£.

£.

TOTALE £. 100000

Il 26 Gennaio 1978

Il Tesoriere Il Segr. Amm.vo

26 gennaio 1978: Berlusconi viene affiliato alla loggia P2 e versa la quota di iscrizione di 100 mila lire, ricevendo dal tesoriere di Licio Gelli la regolare ricevuta. Ma negherà sempre di avere pagato.

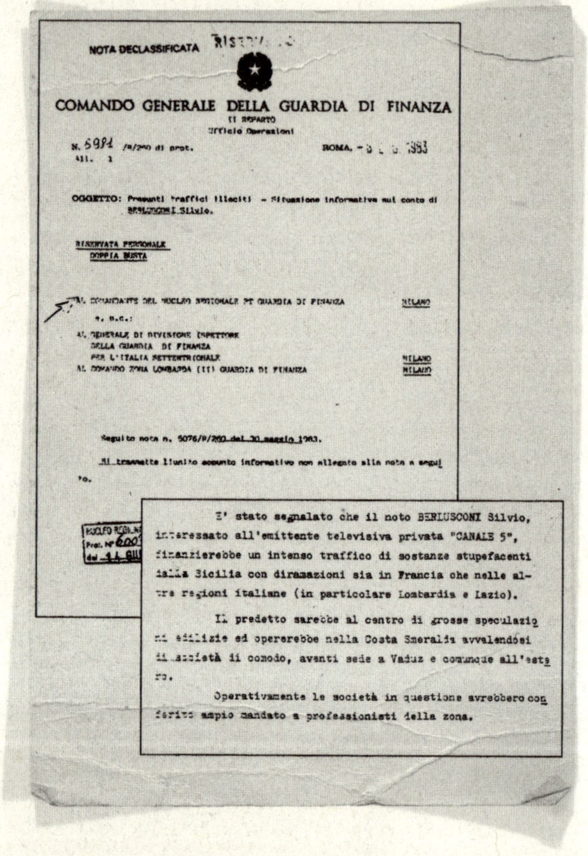

NOTA DECLASSIFICATA RISERVATO

COMANDO GENERALE DELLA GUARDIA DI FINANZA
II REPARTO
Ufficio Operazioni

N. 5991 /P/260 di prot. ROMA, - [illegible] 1983
All. 1

OGGETTO: Presunti traffici illeciti - Situazione informativa sul conto di BERLUSCONI Silvio.

RISERVATA PERSONALE
DOPPIA BUSTA

AL COMANDANTE DEL NUCLEO REGIONALE PT GUARDIA DI FINANZA MILANO
e, p.c.:
AL GENERALE DI DIVISIONE ISPETTORE DELLA GUARDIA DI FINANZA PER L'ITALIA SETTENTRIONALE MILANO
AL COMANDO ZONA LOMBARDA (II) GUARDIA DI FINANZA MILANO

Seguito nota n. 5076/P/260 del 30 maggio 1983.

Si trasmette l'unito appunto informativo non allegato alla nota a seguito.

Nucleo Regionale Prot. N° 600 del 11 giu

E' stato segnalato che il noto BERLUSCONI Silvio, interessato all'emittente televisiva privata "CANALE 5", finanzierebbe un intenso traffico di sostanze stupefacenti dalla Sicilia con diramazioni sia in Francia che nelle altre regioni italiane (in particolare Lombardia e Lazio).

Il predetto sarebbe al centro di grosse speculazioni edilizie ed opererebbe nella Costa Smeralda avvalendosi di società di comodo, aventi sede a Vaduz e comunque all'estero.

Operativamente le società in questione avrebbero conferito ampio mandato a professionisti della zona.

30 maggio 1983: il rapporto del Comando generale della Guardia di finanza per la magistratura milanese, che indaga su Silvio Berlusconi per un presunto traffico di droga fra la Sicilia, la Francia e tre regioni italiane, in particolare la Lombardia e il Lazio, e per le speculazioni edilizie in Costa Smeralda tramite società di comodo domiciliate all'estero, in particolare nel Lichtenstein. L'indagine sarà archiviata nel 1991 (documento pubblicato in *Al di sotto di ogni sospetto* di Michele De Lucia, Kaos, 2013).

Mosca, maggio 1988: il manifesto celebrativo del contratto fra la televisione dell'Unione Sovietica e Publitalia 80, la concessionaria pubblicitaria della Fininvest che ottiene l'esclusiva per gli spot di tutte le aziende europee in Russia (documento pubblicato ne *Il baratto* di Michele De Lucia, Kaos, 2008).

Indice

Introduzione 9

La vita. *Una scoria italiana* 19

Le sentenze. *Lo chiamavano Impunità* 201

I governi. *I peggiori danni della nostra vita* 349

Le parole. *Le mille balle blu* 382

Le intercettazioni. *Ride il telefono* 449

Appendice 522

Finito di stampare nel mese di luglio 2023
presso Puntoweb Srl - Ariccia (RM)